信息技术教育研究进展

中国教育技术协会信息技术教育专业委员会
第七届学术年会论文集（2011）

解月光　张立新　主编

教育科学出版社
·北京·

出 版 人　所广一
责任编辑　陈锐娟　贾立杰
版式设计　沈晓萌
责任校对　曲凤玲
责任印制　曲凤玲

图书在版编目（CIP）数据

信息技术教育研究进展：中国教育技术协会信息技术教育专业委员会第七届学术年会论文集（2011）/解月光，张立新主编．—北京：教育科学出版社，2011.12
ISBN 978-7-5041-6158-1

Ⅰ.①信…　Ⅱ.①解…　②张…　Ⅲ.①信息技术—应用—教育工作—学术会议—文集　Ⅳ.①G43-53

中国版本图书馆 CIP 数据核字（2011）第 246396 号

信息技术教育研究进展——中国教育技术协会信息技术教育专业委员会第七届学术年会论文集（2011）
XINXI JISHU JIAOYU YANJIU JINZHAN——ZHONGGUO JIAOYU JISHU XIEHUI XINXI JISHU JIAOYU ZHUANYE WEIYUANHUI DIQIJIE XUESHU NIANHUI LUNWENJI（2011）

出版发行　教育科学出版社
社　　址　北京·朝阳区安慧北里安园甲 9 号　　**市场部电话**　010-64989009
邮　　编　100101　　**编辑部电话**　010-64981280
传　　真　010-64891796　　**网　　址**　http://www.esph.com.cn

经　　销　各地新华书店
制　　作　北京金奥都图文制作中心
印　　刷　保定市中画美凯印刷有限公司
开　　本　210 毫米×297 毫米　16 开　　**版　　次**　2011 年 12 月第 1 版
印　　张　16　　**印　　次**　2011 年 12 月第 1 次印刷
字　　数　423 千　　**定　　价**　40.00 元

目　录

专题一　中小学信息技术课程与教学研究 …………………………………………………………………………（1）
中小学信息技术课程的现状与未来发展 ………………………………………… 范　红　徐晓东（3）
信息技术课程目标中的“信息社会学”相关内容之国际比较研究 ……………… 钱松岭　董玉琦（8）
后现代观指导下的高中信息技术课程 4R 教学 ………………………………… 陈展虹　李呈林（15）
高中信息技术有效教学的实践研究 ………………………………………………………………… 曹红霞（19）
STS 教育理念下“数据管理技术”教学案例设计 ……………………………………… 李　娜　陈　梅（24）
项目教学模式在机器人教学中应用探索 …………………………… 孙宏志　解月光　张　蓓（29）
高中《信息技术基础》“信息资源管理”部分结合 STS 分析的教学设计和思考 ………… 邢建秀（34）
打造义乌区域特色的信息技术学科教学品牌 ……………………………………………………… 廖丽鸳（42）

专题二　信息技术教学应用研究 ……………………………………………………………………………（47）
基于知识可视化的网络课程应用研究 ………………………………………………… 王和鸾　李鸣华（49）
普通高校函授学生网络学习效果调查研究——以浙江师范大学为例 ……………………… 禹丽锋（54）
中学仿生机器人实验平台的设计及其在教育教学中的应用 ……… 于旭珩　夏广峰　孟宪明（61）
嵌入式数字语音教学系统的结构设计及应用研究 …………………………………… 徐小燕　夏洪文（66）
论学科教学思想创新的价值及其可能性——关注信息技术的促进作用 …… 张　婧　解月光（70）
基于混合式学习课程设计的个案研究 ………………………………………………………………… 季益龙（75）
任务驱动在中职 CAD 教学中的应用研究 ………………………………………………… 田振清　袁福华（81）
面向问题解决能力培养的初中数学信息化教学模式构建研究 ………………… 魏国宁　解月光（86）

专题三　数字化学习环境研究 ………………………………………………………………………………（91）
虚拟课堂生态建设策略研究 ………………………………………………………………… 张立新　李茂林（93）
基于 SNS 的非正式学习环境模型的研究——以博客为例
……………………………………………………………………… 张　纯　王　锋　吴军其　程明凤（98）
基于前概念问题的适应性学习系统策略研究 …………………………… 王　珏　杨　宇　解月光（102）
基于云计算的微型学习平台架构设计 …………………………………… 李　响　刘　菁　韩　骏　张　倩（106）
论和谐人机情感交互的网络远程教育虚拟实验平台设计的理论依据与关键技术
……………………………………………………………………………………………… 李勇帆　李里程（111）
HOTs 培养取向的高中生物虚拟实验设计 ……………………………… 张浩然　解月光　李　波（118）

网络教学中在线讨论问题的设计 …………………………………………………………………… 孙卫华(122)
基于 AppScale 的网络教学平台架构研究 ………………………… 荆 莹 韩 骏 刘 菁 刘 琳(127)
基于学习风格的适应性内容呈现和导航设计 ……………………………………… 葛超娜 张家华(132)
国家精品课程资源建设现状分析及对策 ………………………………………… 张小宁 郭冠平(136)
网络课程用户体验的开发现状分析研究 ………………………………………… 齐世凤 胡世清(141)
以学生体验为中心的信息化教学资源设计研究 ……………………… 梁凯华 解月光 王东英(150)

专题四 教育游戏研究 ……………………………………………………………………………… (155)
教育游戏的研究现状分析 ……………………………………… 彭习梅 颜丽梅 杨家宽 叶小波(157)
基于认知负荷理论的教育游戏设计 …………………………………………………………………… 王 吉(163)
教育游戏的"教育性"和"游戏性"测评——以某款网络盛行的教育游戏为例
…………………………………………………………………………… 崔 勇 章苏静 卢雪栋(168)
小学英语教育游戏界面信息传达探究 …………………………………………… 高晓晶 张军征(172)

专题五 面向教育信息化的教师专业发展研究 ……………………………………………………… (177)
河北省农村信息技术教师专业能力调查与对策分析
——以"国培计划"河北师范大学信息技术教师培训为例 ………………………… 陈晓丽 张庆秀(179)
信息技术教师专业发展研究综述 ……………………………………… 田宝春 李海清 高丹阳(184)
中小学教师隐性知识管理模式的建构 ……………………………………………………………… 徐永祥(189)
中小学教师教育技术能力培训教学设计实践的反思 ………………… 李呈林 陈展虹 柯 菁(194)
新疆中小学教师教育技术能力现状调查及分析 …………………………………………………… 王 炜(200)
基于混合模式实践共同体的师范生教育技术能力培养途径探究 ……………… 高 明 解月光(209)

专题六 基础教育信息化发展研究 …………………………………………………………………… (215)
论农村学校推进教育信息化的特殊性及其对绩效评估体系构建的影响 …… 魏俊杰 解月光(217)
广西乡镇中学教育信息化建设情况调查研究 …………………………………… 王兴辉 孔雪龙(221)

专题七 理论研究与学科建设 ………………………………………………………………………… (227)
日本学科学习心理学研究综述及其启示 ………………………………………… 边家胜 董玉琦(229)
教育技术学专业教材建设存在的问题及建议 …………………………………… 施德路 于洪涛(234)
教育技术学专业主干课程教材建设问题探析——信息道德教育的视角
…………………………………………………………………………… 汪基德 郝兆杰 赵万霞(241)
高中信息技术教材质量静态比较研究 …………………………………… 刘 力 白 艳 张晓卉(249)

专题一　中小学信息技术课程与教学研究

中小学信息技术课程的现状与未来发展

范　红　徐晓东
（华南师范大学教育信息技术学院，广东　广州　510631）

摘　要： 高速发展的信息化时代，对肩负着培养青少年信息素养重任的信息技术课程提出了更高的要求。为顺应时代发展，满足“数字土著”成长需求及促进课程本身的发展，本文提出今后我国中小学信息技术课程的发展将由培养“信息素养”提升到培养“信息文化素养”的高度。基于这一思想，本文着眼于当前我国信息技术课程现状，通过访谈一线教师和查阅文献，指出了目前我国中小学信息技术课程在实现上述目标中存在的问题，进而提出了培养“信息文化素养”的必要性和紧迫性。

关键词： 数字土著　信息素养　信息文化素养　信息文化课程　信息技术课程

引言

当网络化、数字化、智能化技术大量涌入生活中时，我们不禁感叹信息时代已经到来！新科技创造新生活，科技的大量普及应用正在改变人们的工作与学习方式，尤其是与信息时代一起成长起来的新一代儿童。

台南师范大学的林奇贤曾说过这些儿童的“学习方式在改变，他们善于使用数字媒体来学习……他们生出来就和我们不一样，他们吃的东西和我们不一样，讲的东西不一样，学习的方式也会不一样。以前的学习方式也许适合上一代，不一定适合下一代”[1]。美国南加州大学媒体学教授埃伦·塞特对8—12岁儿童进行了长达4年的计算机教学的实证研究。他在研究中提到：在教授孩子计算机和上网的过程中，孩子们一点都不害怕与新技术交互，并且很快掌握了新的计算机使用技巧，哪怕他们是第一次接触计算机。而在20世纪80年代以前出生的成年人，只能敬畏地看着现在的孩子，吃惊地发现孩子们在电脑面前显得如此的自如和精通。这些在互联网时代成长起来的一代人被美国作家兼电子游戏开发人马克·普伦斯基（Marc Prensky）称为“数字土著”（Digital Natives）。这一代的儿童从小接触数字技术，完全彻底地融入数字化时代，甚至不会将计算机视为技术[2]。

尽管我国信息时代的到来迟于发达国家，但据中国互联网发展状况统计报告[3]介绍，截至2010年年底，我国网民规模已占全球网民总数的23.2%，亚洲网民总数的55.4%。其中，10—19岁网民占31.0%，10岁以下上网人数占整个网民群体的1.1%。我国中小学生在校人数2亿多，从这些数据粗略估算，大约有6400万的中小学生以网上生活作为其现实生活的一部分，这些学生可以被看做我国首批“数字土著”。

当前以技术操作为主要内容的信息技术课程显然已经不能满足“数字土著”的需求，那么该课程是否有存在的必要？信息文化时代为儿童提供了表达自己的奇思妙想、创造自己的文化的机会，同时也给他们的生长发展带来了诸多危险和隐患。因此，我们认为有必要创设这样一门课程来担负起绿化“数字土著”的数字化生活，使他们的学习方式和网络生活方式更细致的任务。但信息文化社会对人才的要求，已超出信息技术课程中信息素养的范畴。因此，我们要在当前信息素养的基础上，将时代发展与人才成长所需的新的素养囊括进来，建构信息文化社会的素养框架，即“信息文化素养”框架。

一、我国信息技术课程的发展历史

查阅董玉琦《信息技术课程与教学》[4]一书后，根据我国信息技术课程标准的变迁，本文将该课程的发展历程归纳如下（如图 1－1 所示）：

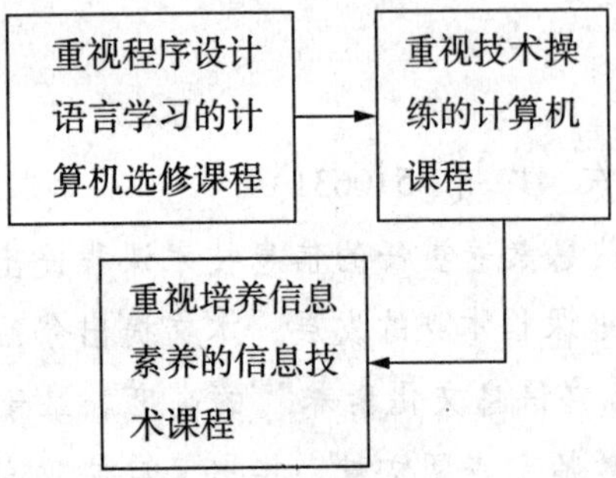

图 1－1　信息技术课程的发展历程

从 1983 年到 2003 年，20 年间的信息技术课程标准变迁与时俱进，顺应着时代的发展和社会的需求，但继 2003 年《普通高中技术课程标准（实验）》（简称《课标》）颁布后，一直没有新的课程标准取而代之。8 年来，信息技术课程和信息文化社会之间的差距越来越大，信息技术课程本身存在的问题也逐步外显出来。

二、信息技术课程的现状与存在的问题

（一）“信息素养”与信息技术课程的理念

关于“信息素养”的界定，本文选用道尔在《信息素养全美论坛的终结报告》中给出的定义：一个具有信息素养的人，他能够认识到精确和完整的信息是作出合理决策的基础，他能够确定对信息的需求，能够形成基于信息需求的问题，能够确定潜在的信息源，能够制订成功的检索方案，从包括基于计算机的和其他的信息源中获取信息、评价信息、组织信息用于实际的应用，将新的信息与原有的知识体系进行融合以及在批判性思考和问题解决过程中使用信息。

教育部制定的《中小学信息技术课程指导纲要（试行）》（简称《纲要》）中指出：中小学信息技术课程的主要任务是：培养学生对信息技术的兴趣和意识，让学生了解和掌握信息技术基本知识和技能，了解信息技术的发展及其应用对人类日常生活和科学技术的深刻影响。通过信息技术课程使学生具有获取信息、传输信息、处理信息和应用信息的能力，教育学生正确认识和理解与信息技术相关的文化、伦理和社会等问题，负责任地使用信息技术；培养学生良好的信息素养，把信息技术作为支持终身学习和合作学习的手段，为适应信息社会的学习、工作和生活打下必要的基础。

《纲要》指出，要培养学生良好的信息素养。《纲要》中规定的课程主要任务是培养学生以下信息素养：掌握信息技术基本知识和技能操作、信息处理能力、信息道德、运用信息技术支持终身学习和合作学习等。由此可知，信息技术教学重视的是软件操作技能和信息处理等技能。因此，很多学者将当前的信息技术课程定位为“工具课程”或者“手段课程”。

笔者就信息技术教育现状、问题及改革，对华南师范大学附属小学特级教师吴向东、王继华进行了访谈。针对“信息素养”的访谈内容如下。

笔　者：一直以来，大家对信息素养的讨论比较多，吴老师对信息素养有什么看法？

吴向东：我感觉目前的《纲要》和《课标》对信息素养的界定大都是对那几个信息加工过程的陈述，好像我们学习这些技术，就是为了获得加工、处理、收集信息的能力，无非是将技术应用在信息加工的过程中。当然这些素质是信息时代的公民应该具备的，但仅仅这样做，离信息技术课程目标还是有些距离，学生的创新能力比较缺乏，原因可能是教材内容始终局限在技术操作上，学生又不喜欢。我认为信息素养如果只是信息加工，课程目标就有些狭隘了。所以，我们就想从文化的高度来理解孩子，引导学生参与到文化的生产中，将孩子培养成文化的创造者、生产者，而非信息的消费者，将孩子内在的兴趣激发起来，培养学生的数字文化创作素养。

教育应将学生能力发展放在重要位置，21 世纪信息技术的高速发展对学生提出了更高的要求。本文将马克 · 普伦斯基（Marc Prensky）[5]、马克 · 埃伦（Mark Hellen）[6]、周以珍[7]等多名

学者提出的关于新时代人才必备的能力总结归纳为：信息的理解、获取、处理与评估信息；问题解决、判断决策与独立思考；计算思维、创新思维和批判思维；主动参与和交流协作能力以及适应新的信息环境的能力等。20世纪后期备受重视的技术操作、信息处理等核心素养在信息时代依旧需要，但已不再是该时代的主流素养。为了顺应信息文化时代的发展、人才的需求，需要修缮、改进与升华信息素养。华南师范大学认知与技术研究室徐晓东[8]在信息素养的基础上，提出了“信息文化素养”概念。本文借助麦克卢尔提出的观点“信息素养是整合了，传统素养、计算机素养、媒体素养、网络素养而成的解决信息问题的技能”，将信息文化素养分为信息技术文化素养、媒体文化素养、数字化文化素养。

（二）教材与课程内容

《纲要》指出：信息技术课程的设置要考虑学生心智发展水平和不同年龄阶段的知识经验和情感需求。但是当前各地试行的各种版本的信息技术教材和课程内容，能否满足学生的知识经验和情感需求呢？

笔者针对信息技术课程教材问题的访谈内容如下。

笔　者：小学信息技术课程没有统一的课程目标，在这样的情况下，课程内容是否符合时代发展的需求？教材在没有课程目标指导的情况下能否再现课程改革的理念？

王继华：我们在实际的教学过程中，有时候会发现学生不喜欢某些课程内容。例如板报页面处理这部分内容，教材用比较专业的方式教学生进行版面设置，但是学生觉得这个内容很枯燥，不愿意学。课后我们和学生们了解到：学生认为学这些将来没有用处，又因为技术发展快，将来的排版有可能会用更新的专业软件实现，所以学生学习热情不高，课程内容有许多值得商榷的地方。

还有一些一线教师反映：现在的信息技术课程实际教学内容要么就是平时用不上的内容，要么就是不用教、学生自学也能学会的内容。我们随意拿一本计算机教材，一些关于计算机的概念解释，学生背出来有何用？而类似于Word的应用软件操作，其实老师不用教，学生自己上机就能学会，就像不用特别授课大家就会使用手机一样。因此学生觉得信息技术课程“没劲”是此门课程内容设置的失败。

部分信息技术教材确实不能体现《纲要》或《课标》中规定的满足学生知识经验和情感需求的理念。对于教材中存在的其他问题，笔者进行了文献查阅。将姜荣华、董玉琦[9]、郭芳[10][11]、李梅、胡继强[12]等学者指出的信息技术课程教材中存在的主要问题与不足总结如下：①义务教育阶段信息技术课程目前仍然没有统一的课程标准，使得信息技术教师在教学过程中无据可依。②信息技术的学习立足于操作实践，信息技术课程实施仍然呈现技能化倾向，表现在课程教材上则是计算机技术的传授多，而体现网络素养、信息科学、信息伦理等的内容少，课程文化内涵与价值的提升少，使信息技术课程混同于计算机课程；③教材没有体现出衔接性，不同年级或不同学段之间教材内容衔接得不好，教材编排的零起点与模块化，导致教学内容很难体现螺旋式上升。

信息技术课是一门新学科，而且这门课的知识更新很快，教材内容选择也需要与时俱进。此外，信息技术课程教材编写定位需要调整：综合培养信息素养的同时兼顾人文精神、创新能力、批判性思维、道德意识、团队协作和社会责任感的培养[12]。同时信息技术课程的设置要考虑学生心智发展水平和不同年龄阶段的知识经验和情感需求，教学内容应体现螺旋式上升[13]。

（三）信息技术课程的其他问题

信息技术知识更新快，学生有时甚至比老师还更擅长某方面的内容（如某些软件或技术知识）。不管教师还是学生，都必须不断地学习和提高，培养终身学习的意识。教师面临着知识更新和教学方法改进的问题。同样，信息技术课程受重视程度和学生、家长对此课程认识的偏见等问题也是该课程一直存在的问题。

信息技术的快速发展、“数字土著”的不断增长、课程本身发展的需求这三方面的动力必将驱动信息技术课程的迅速发展。那么，信息技术课程的发展方向在哪里呢?

三、信息技术课程发展趋势展望

徐晓东认为信息技术课程改革势在必行，其出发点是：逐步地从信息素养、媒体素养、数字化素养的教育，转向信息文化素养、媒体文化素养、数字化文化素养的教育。本文基于徐晓东的观点，将未来课程定义为培养“信息文化素养”的“信息文化课程”，如图1-2所示。

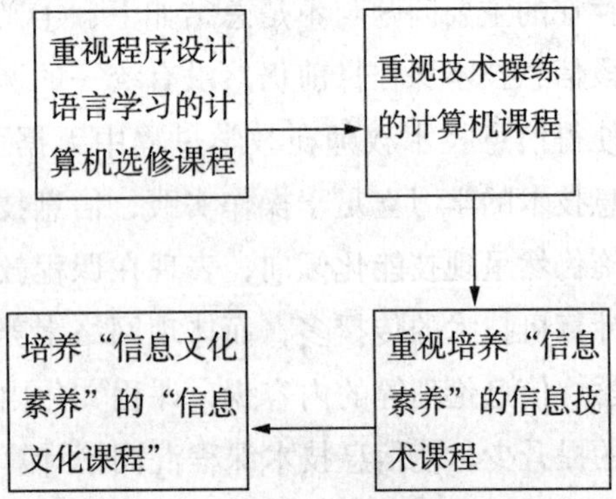

图1-2　信息技术课程发展趋势图

“文化”概念是英国人类学家爱德华·泰勒在1871年提出的，他将文化定义为“包括知识、信仰、艺术、法律、道德、风俗以及作为一个社会成员所获得的能力与习惯的复杂整体”。可见，文化是一种高度参与性的活动形式，是人们创造的产物，并长期累积形成的习以为常的行为模式和生活方式。

信息技术是“信息文化”产生与发展的一个标志性事物，或者说是核心特征。“信息文化”是指在现代社会活动中以信息技术的广泛应用为特征，从而形成的一种新文化形态。同时，信息文化给人类社会带来了深远的影响，有积极作用也有负面影响。Gee[14]提出从一种文化素养的视角看，素养不是单一的结构，而是根植于一种文化的社会实践并在实践中发展的。那么信息文化素养应该是根植于信息文化的社会实践并在该实践中逐渐发展与积累的。

因此，本文将“信息文化素养”界定如下：习惯并熟练运用信息技术进行知识的建构和再创、培养生活和生存的技能、形成表现自我与表达生活的积极态度和正确的价值观，在培养基本素养的过程中逐步形成积极参与的意识、批判性思维与创作能力等素养，能够在信息社会的生活中继承与批判信息文化中的精华和糟粕。如，借助QQ、MSN与别人交流；借助博客、微博关注别人、表达自我；利用社交网络发展人际关系；利用网络休闲方式娱乐生活等。

徐晓东还指出：“信息文化素养”包含信息技术文化素养、媒体文化素养、数字化文化素养，它是一个内涵丰富、具有内在逻辑的理性结构体系框架。这三种文化素养相互包含，相互补充、相互融合，构成信息文化素养的重要部分。其中每种文化素养体现在信息文化素养中又有其相对应的主要要素。

（1）信息技术文化素养的主要要素为技术的熟练应用。习惯并熟练地应用技术的能力，并逐渐地将技术内化为自己的生存本领。

（2）数字化文化素养的主要要素是创造与创作。美国著名作家、未来学家安德鲁朱利说过：当人类的物质生活无比丰富的时候，人类剩下的唯有创新精神[15]。信息时代现实与网络生活丰富多彩、数字媒体设备日新月异，创造作为人类特有的认识能力和实践能力，则成为推动时代进步和社会发展的不竭动力。南国农教授认为普及信息技术教育和培养创新人才，这是当今世界教育领域人们普遍关注的两大热点问题，也是世纪初我国教育者的两项重大使命。我国教育者应运用信息技术促进创新人才培养[16]。吴向东老师开展了数年的儿童数字文化创作课程设计可以为一线教师培养学生数字文化素养提供可行的借鉴，吴老师总结出该课程的最终目标是培养学生参与到文化的生产，要将孩子培养成为文化的创造者、生产者，而非信息的消费者!

（3）媒体文化素养的主要要素为批判性思维和参与意识。信息时代的一个重要特点就是知识的创新，但随之而来的是知识良莠不齐。即便互联网能快速地对人们学习、生活和工作中遇到的任何一个问题提供无数的答案，但是如果人们不理解答案的确切含义，无数的答案也只是一种沉重的负荷。缺乏足够批判性思维的学生，就会在浩如烟海的知识海洋中迷失方向。

同时，随着数字媒体技术的更新、互联网的普及，社会参与性已越来越得到大家的重视。参与性不仅要求大众被动地接受信息和数字媒体，还要求大众利用各种数字媒体设备积极活跃地表达思想和参与到社会活动中[17]。美国理论家Henry Jenkins指出，个人和媒体文化间的特征是共享参与性。有些国家已经将参与性列为信息教育的重要目标。2009年，Laura Stein&Anita Prewett将美国媒介素养教育的目标进行了扩展，其中提到要形成学生的公民意识和民主意识，要求学生积极参与社会活动。

四、总结

信息时代对教育提出了更高的要求，也对我们从事信息技术教育工作的一线教师和研究者提出了更大的挑战。孩子们希望“我的信息技术课我做主”，他们希望借助计算机与网络等技术来表达自己的思想，创造属于他们自己的文化，今后，我们将进一步构建“信息文化素养”框架并开发“信息文化素养”为核心目标信息文化课程，期望能推动我国中小学信息技术课程的快速发展。

参考文献：

[1] 魏宁. 面向“N时代”的信息技术课程形态的可贵尝试［J］. 中小学信息技术教育，2010，7(8)：25－26.

[2]［美］马克·普伦斯基(Prensky,M.)，胡智标，王凯译. 数字土著数字移民［J］. 远程教育杂志，2009(2)：48－50.

[3] 中国互联网发展状况统计报告（CNNIC第27次，2011年1月）.

[4] 董玉琦. 信息技术课程与教学［M］. 北京：电子工业出版社，2009：13－44.

[5] 马克·普伦斯基（Prensky，M.）. 21世纪重要技能［J］. 2009（5）.

[6] Mark Hellen，M. *Information handling and adaptive expertise*［J］. Educ Inf Technol，2011，(16)：107－122.

[7] 周以珍，王飞跃，译. 计算思维. ［原文］Communications of ACM. Vol. 49，No. 3，March 2006：33－35.

[8] 徐晓东. 以实践促进信息文化、媒体文化、数字化文化素养的教育［J］. 中小学信息技术教育，2010(9)：23－25.

[9] 姜荣华，董玉琦. 义务教育阶段信息技术课程实施的现状与分析［J］. 中国远程教育，2007(5).

[10] 慈黎利，郭芳. 对现行小学信息技术教材内容的调查分析与启示［J］. 中国信息技术教育，2007(5)：61－63.

[11] 郭芳. 中小学信息技术教材存在的问题探讨［J］. 课程·教材·教法，2007(1)：66－70.

[12] 李梅，胡继强. 云时代的中小学信息技术教材建设［J］. 中小学电教：教师版，2009(6)：23－25.

[13] 李美凤，李艺. “螺旋上升”式信息技术课程内容设计研究［J］. 中小学信息技术教育，2008(2)：14－16.

[14] R. 基思·索耶主编，徐晓东，等，译. 剑桥学习科学手册［M］. 北京：教育科学出版社，2010：356－357.

[15] 孙西朝. 谈新版美国NETS·S对我国中小学信息技术教育的启发［J］. 中国信息技术教育，2010(6)：92－93.

[16] 南国农. 信息技术教育与创新人才培养(上)［J］. 电化教育研究，2001(8)：42－45.

[17] Chi-Kim Cheung. *The Significance of Media Education: Current Realities and Future Possibilities*［J］. Springer Science + Business Media B. V. 2009：217－230.

信息技术课程目标中的"信息社会学"相关内容之国际比较研究

钱松岭[1]　董玉琦[2]

(1. 东北师大附中净月实验学校，吉林　长春　130117

2. 东北师范大学信息技术教育研究所，吉林　长春　130024)

摘　要：本文针对美英日三国学校信息技术课程目标中"信息社会"的内容，从知识、能力与态度三方面进行了解析，并提出了构建信息社会学课程目标的要素与信息社会学课程知识的领域。其要素从表征上包括知识、能力态度，从维度上应考虑文化、信息处理流程、学生的社会化发展等。其知识领域包括信息伦理、信息法律、信息安全、社会信息系统以及信息对社会的影响五方面。

关键词：信息社会学　信息技术课程目标　美英日

随着信息社会的到来，信息技术渗透到社会的每个角落，人们在彼此的信息交流活动中不断地改变着自己的行为方式。人们如何有效地参与信息社会的各种活动，对学校信息技术教育提出了更高的要求。学校信息技术课程是全球基础教育课程改革的重要内容，作为提高新一代信息素养的重要途径，各个国家都在积极行动。

信息社会学是研究信息社会流通以及信息与社会变化的相互关系和信息化社会结构的一门学科，在信息技术课程发展的过程中，越来越多的信息社会学内容开始融入其中。很多国家在开展学校信息技术教育时都非常重视在增加和提高学生的信息技术知识与技能的同时，使学生关注、了解信息科学与信息技术可能带来的社会影响，促使学生对信息科学与信息技术反思与批判，从而安全、负责任地使用信息科学与信息技术并有效参与到信息社会中。美国、英国、日本都是世界上较早开展信息技术教育的国家，有着相对成熟的经验，而且又因各自的国情而呈现出自己特有的特点，考察这几个国家的学校信息技术课程目标中的信息社会学内容，必定会对构建、完善我国的学校信息技术课程起到积极的作用。

一、美国学校信息技术课程目标中的信息社会学内容

在美国，没有国家层面的课程标准，一般由各个学科领域的专业组织提出各种国家课程标准、计划以及课程开发指导意见，联邦政府和教育部只对这些课程标准等提出建议。信息技术在小学、初中不独立设科，高中阶段各州情况也不一样，有一些州在高中阶段开设"计算机科学(Computer Science)"。因此，美国的信息技术课程状况比较复杂，美国不同类型的课程中，都有与信息技术教育相关的内容。按照与信息技术相关的程度，体现比较集中的领域有教育技术、图书馆教育和计算机科学三方面。在这三个领域中，也都有相关的专业组织提出课程标准或计划。在这些计划与标准的目标中，对信息社会学的内容都有明确的体现。下面我们从这三个方面分别考察体现信息社会学内容的目标。

(一) 教育技术领域：美国国家学生教育技术标准

1998年，国际教育技术协会（ISTE：International Society for Technology in Education）发布了美国国家学生教育技术标准（National Educational Technology Standards for Students)，该标准把学生需要达到的目标分成六个领域，其中的一个领域就属于信息与社会主题，即“社会、伦理和人文方面的问题。学生能够理解与技术相关的伦理、文化和社会问题；学生能够负责任地使用技术系统、信息和软件；学生能够具备使用技术的积极态度，用技术促进终身学习、互相合作、个人追求以及提高生产效率”。2007 年 6 月，国际教育技术协会公布了新版的国家学生教育技术标准，也依据总的六个领域描述了每个阶段学生要达到的不同程度的技术能力目标。其中的一个领域是：“数字公民资格（Digital Citizenship）：学生理解与技术相关的人类的、文化的以及社会的问题、法律实践与道德行为。”具体目标为：“①安全、合法以及负责任地使用信息技术；②在利用技术支持合作、学习以及生产效益时表现出积极的态度；③表现出对个人终身学习的责任；④表现出数字公民权的领导力。”

（二）图书馆教育领域：21 世纪学习者标准

1998 年，美国图书馆协会和教育传播与技术协会（Association for Educational Communication and Technology）共同出版了《信息力量：创建学习的伙伴》（*Information Power：Building Partnerships for Learning*），其中提出了学生学习的信息素养标准，指出学生应具有的素质目标。该标准从信息素养、独立学习和社会责任三个方面明确列出了信息素养的九大目标，其中社会责任方面有三个目标：“①对学习社区和社会有积极贡献的学生具有信息素养，并能够认识到信息及民主化社会的重要性，积极为社区和社会作贡献；②对学习社区和社会有积极贡献的学生具有信息素养，并能够实行与信息及信息技术相关的道德行为，积极为社区和社会作贡献；③对学习社区和社会有积极贡献的学生具有信息素养，并能够积极参与小组活动来探求和生产信息，积极为社区和社会作贡献。”

2007 年 11 月，在 1998 年版的学生学习的信息素养标准的基础上，美国学校图书馆馆员协会（AASL，American Association of School Librarians）又制定了“21 世纪学习者标准。”“21 世纪学习者标准”承认信息素养在学生学习中的作用，但同时也强调学校图书馆媒体课程也能提升学生的多方面素养。该标准共有四项目标：“①探究、批判性地思考以获得知识；②推断结论，作出明智决定；在新情境中运用知识，创造新的知识；③分享知识，遵守道德，参与民主社会，并成为其中的有效成员；④追求个人与审美的发展。”每项目标中的责任都涉及信息社会学内容，如在第一项“①探究、批判性地思考以获得知识”中的责任目标包括“1. 3. 1 尊重作者知识产权/著作权；1. 3. 2 在信息收集与评价时寻求不同观点；1. 3. 3 在信息收集与使用时遵守道德法律；1. 3. 4 能在学习团体中交流观点；1. 3. 5 负责任地使用技术”。

（三）计算机科学教育领域：ACM K－12 阶段计算机科学课程示范模型（第二版）

2003 年，美国计算机协会计算机科学教师协会 CSTA（Computer Science Association）公布了“ACM K－12 阶段计算机科学课程示范模型（第二版）（ACM Model Curriculum for K － 12 Computer Science）”，它包括四个水平的课程，即“水平 1——计算机科学基础（1—8 年级）；水平 2——现代世界中的计算机科学（9—10 年级）；水平 3——作为分析与设计的计算机科学（10—11 年级）；水平 4——计算机科学主题（11—12 年级）”。在该课程模型中，涉及信息社会学的具体内容如下。

水平 1——计算机科学基础：这一水平的学习目标是根据国家教育技术标准制订的，这部分主要是信息技术的内容，特别强调技术对其他学科的支持。水平 1 分为 K—2 年级、3—5 年级、6—8 年级，具体学习目标涉及信息社会学的内容如表 1－1 所示。

表 1-1　水平 1 信息社会学课程学习目标

K—2 年级	①在使用技术时能与同伴、教师或其他人合作。②在使用技术时表现出积极承担社会责任，遵守道德。③负责任地使用技术系统和软件。
3—5 年级	①讨论日常生活中技术的使用，了解技术的优缺点。②讨论与使用技术、信息时应承担的责任，并能描述不正确的使用对个人带来的影响。③根据不同受众（课内外）使用技术工具（如多媒体编辑工具、演示工具、网络工具、数码相机、扫描仪）进行个人的或与他人的写作、交流和发表活动。
6—8 年级	①表现出对当前信息技术变化及其对工作与社会的影响的认识。②在使用信息和技术时表现出遵守法律与道德的行为，并讨论不正确使用的影响。

水平 2——现代世界中的计算机科学：本水平的学习目标的设置，是为了把它作为第一个所有高中学生的计算机科学课程，它提供了关于本学科的广泛介绍，使学生为未来的技术世界做好准备。其中涉及信息社会学内容这个主题的概念理解包括“与计算机、网络相关的伦理问题（包括安全、隐私、知识产权、公众领域中软件的优势与劣势以及因特网上信息的可靠性）以及科技对人类文化的积极与消极影响”。

水平 3——作为分析与设计的计算机科学：它是 AP（Advanced Placement，即高级进阶，大学预备课程）考试预备课程，它的重点是科学和工程学原理。但完成此水平学习后，要求学生应理解信息社会学相关主题，如“①社会问题：软件是知识产权，专业实践；②计算机相关行业：计算机科学家；计算机工程师，软件工程师；信息技术专家”。

二、英国学校信息技术课程目标中的信息社会学内容

2007 年，英国资格与课程开发署（QCDA，Qualification and Curriculum Development Agency）公布了新的中学课程方案。新修订的《国家课程》中，将 ICT 作为与英语、数学等 7 门课程一样的核心课程，并将 ICT 与英语、数学课程中的实践技能作为基础技能。ICT 课程的目标核心是增进学习者所需要的品质与技能。英国国家课程是按照“重要性陈述、关键概念、关键过程、范围和内容、课程机会”五方面表述的。表 1-2 以 K—3 阶段 ICT 课程为例说明其包含的信息社会学课程学习目标。

表 1-2　K—3 阶段的信息社会学课程学习目标

目标维度	信息社会学内容
ICT 重要性	ICT 能使人快速了解不同社区、不同文化以至于范围更广的人们的想法与经历，并让学生能进行大规模的合作和信息交流。ICT 是改变公民与社会的强大动力，应该对 ICT 在社会、经济、法律和伦理方面的影响有所了解。
关键概念	技术的影响：①探求 ICT 是如何改变我们的生活方式的，以及其对社会、伦理和文化产生的显著影响；②认识到围绕 ICT 使用的风险、安全和责任问题。
关键过程	安全和负责任地使用 ICT；安全和负责任地交流和交换信息（包括数字化交流）。
范围和内容	ICT 对个人、社区以及社会的影响，包括在 ICT 使用过程中对社会、经济、法律和伦理的影响。
课程机会	分享使用 ICT 的观点和经历，考虑 ICT 的使用范围，以及对个人、社区和社会的意义。

三、日本学校信息技术课程目标中的信息社会学内容

日本的“信息”课程一直重视信息社会学内容。日本文部省依据 2008 年颁布的最新学习指

导要领，从作为信息社会的一员，培养学生自主地应对社会的信息化发展的能力和态度的观点出发，将现行的高中阶段的“信息 A”“信息 B”“信息 C”科目修改为“社会与信息”“信息科学”，并要求学生必修其一，于 2013 年实施。具体变化如图 1－3 所示。

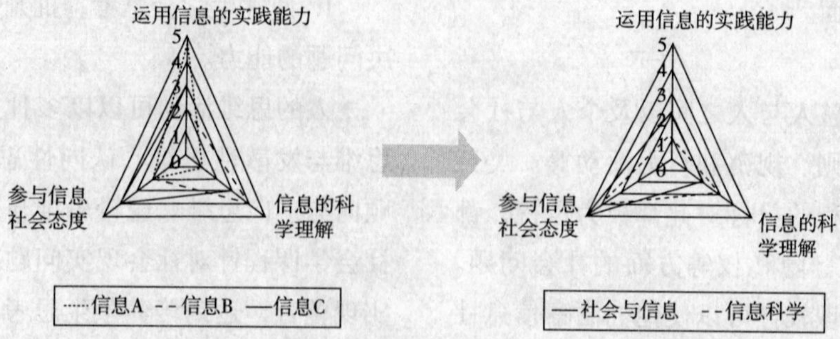

图 1－3　日本高中信息课程科目变化

从图 1－3 我们可以更加清楚地看到，“社会与信息”的主题是日本“信息”课程中极为重要的内容之一。日本“信息”课程的总目标是“让学生掌握运用信息和信息技术的知识和技能，使学生形成关于信息的科学观点和思想，理解信息和信息技术在社会中的作用和影响，培养学生主体性地适应和参与社会信息化发展的能力和态度”，并具体从“信息运用与表现、信息通信网络传播、信息社会的课题与信息伦理道德、构建理想的信息社会”四个维度表述。其中“信息社会的课题与信息伦理道德”与“构建理想的信息社会”维度都完全是信息社会学内容，如表 1－3 所示。

表 1－3　日本“社会与信息”科目中的信息社会学课程学习目标

信息社会的课题与信息伦理道德	A. 信息化对社会的影响和课题：理解信息化对社会的影响，同时理解理想的信息社会的状态和正确运用信息技术的必要性。 B. 信息安全的确保：理解个人认证和密码化等的技术性对策和信息安全策略等提高信息安全的各种方法。 C. 信息社会中的法规与个人的责任：使学生认识到大量的信息被公开流通的现状，同时理解信息保护的必要性和为此制定的法规和个人的责任。
构建理想的信息社会	A. 社会中的信息系统：学生理解信息系统的种类特征，同时理解其对社会生活的影响和作用。 B. 信息系统和人：学生思考何种信息系统容易利用，并利用信息通信网络给出建议，归纳信息系统选择的方法。 C. 信息社会中问题的解决：学习正确使用信息设备和信息通信网络等解决问题的方法。

四、美英日三国学校信息技术课程目标中的信息社会学内容解析

根据对上述目标内容的考察，我们不难发现，信息社会学课程目标从知识、技能与态度三方面来进行表征。下面我们按照布鲁姆的教育目标分类来具体解析一下美英日三国学校信息技术课程目标中的信息社会学内容。

（一）信息社会学知识

信息社会学知识是人们在认识与探究信息社会过程中发现、总结、归纳和概括并逐渐积累的

描述或阐释客观事物和现象的知识，即人类文化成果中的间接经验，当间接经验经过课程开发转为课程内容的时候，便成为我们一般意义上的学科性知识。从这三个国家的目标涉及的内容看，有以下几个关键方面。

1. 信息伦理。

信息伦理是调整人与人之间以及个人与社会之间信息关系的原则、规范和行为活动等。美英日学校信息技术课程的目标对此都极为重视，都涉及例如知识产权、隐私权等方面的社会问题。对学生进行信息伦理教育可以使他们洞察信息社会道德生活的特征和规律，把握信息活动中的各种关系和信息活动规范。

2. 信息安全。

即保证信息的完整性、秘密性、可用性和可控性。非法入侵、电脑病毒和网络犯罪为社会信息安全带来巨大挑战，因此使学生具有信息安全意识，并具备安全使用信息的能力也是美英日学校信息技术课程的重要目标之一。

3. 信息法律。

信息法律调整的是社会信息活动中组织和个人的信息行为以及相互间形成的社会信息关系。信息法律总体上是一个社会最低信息道德准则的表达，是对极端不道德信息行为的预防和惩处。当社会的赏惩的方向与信息道德教育方向一致，对学生的内在影响才有普遍有效性。因此，法律也必须是信息技术课程的重要目标之一。

4. 信息对社会的影响。

让学生意识到信息技术对社会的经济、文化、组织、日常生活的影响。例如，日本的“信息与社会”课的以下目标就很注重对整个社会信息系统的理解：“使学生理解信息系统的种类和特征，同时理解其对社会生活的影响和作用。”美国的 ACM 计算机科学课程模型中还提出信息职业教育的目标是“使学生认识到与计算机相关的职业”。

（二）培养学生能力

美英日三国学校信息技术课程目标中，关于信息社会学的课程目标关注信息社会和学生生活的现实问题，注重学生在认识和解决这些现实问题过程中形成的多方面能力，其中信息社会学课程所培养的能力有其独特的优势，主要包括批判性思维能力、合作能力、交流与沟通能力等。

1. 使学生学会思考，批判性地分析信息、解决问题的能力。

人的思维活动可以以多种方式进行，如线性思维与发散性思维、认同性思维与批判性思维、顺向与逆向思维、逻辑思维与形象思维等。信息社会学课程针对社会现实问题，使学生思维方式实现整合，达到培养学生思考的目标。例如，美国“21 世纪学习者标准”的目标是：“①探究、批判性地思考以获得知识；②推断结论，作出明智决定。在新情境中运用知识，创造新的知识；”信息社会学课程通过自身提供与信息社会紧密相关的内容，使学生遵守信息社会的基本规范，履行自己的社会义务并行使权利。

2. 培养和发展学生的主动合作能力。

信息社会学课程强调学生的社会性，信息社会需要社会成员具有主动合作意识与能力，一般包括组织能力与参与能力。信息社会学课程具有特有的价值，信息社会学课程为学生提供如何符合道德地、负责任地与他人开展信息活动，在这个过程中，学生的组织能力与参与能力也会得到充分发挥。这些在美英日三国的学校信息技术课程的目标中都有非常明确的陈述。

3. 培养和发展学生的信息交流与沟通能力。

学生的交流与沟通活动在内容上主要包括精神或情感、物质的、技术信息的、学生与社会成员之间、学生与各种信息媒体的交流与沟通。特别是与远距离的个人或团体的在线交往是信息社会学课程中特有的机会，能使学生发展组织与参与的意识与能力。例如，美国“21 世纪学习者标准”的目标“1.3.4 能在学习团体中交流观点”；英国 ICT 课程目标之一“……并让学生能进行大规模的合作和信息交流。”

（三）信息社会态度

在各国有关信息社会的课程目标中，我们可以非常明确地看到对学生关于信息的态度和情感的培养，信息社会学课程目标使学生形成关注信息社会问题的意识或态度；形成公民意识和社会责任感；形成集体观念以及合作意识；尊重他人的特质，形成理解并尊重多元文化的态度。例如，英国ICT课程目标之一就是“使人快速了解不同社区、不同文化以至于范围更广的人们的想法与经历”；日本“信息”课程的目标之一是“理解信息和信息技术在社会中的作用和影响，培养学生主体性地适应和参与社会信息化发展的能力和态度”。

五、启示

综合美英日三国的学校信息技术课程目标，我们可以看到，随着技术的不断发展，对于技术的社会影响越来越成为课程的重要组成部分，而且涉及的信息社会问题越来越具体。美国的“国家学生教育技术标准”“ACM计算机科学课程示范模型”“21世纪学习者标准”、英国的K—3阶段ICT课程都将信息技术对社会的影响作为一项重要组成内容来表述，特别是日本的“信息”课程的两个模块之一就是“社会与信息”。对于如何构建一个系统的信息社会学课程体系，以下两点值得我们思考。

（一）关于信息社会学课程目标要素

日本“信息与社会”课程目标是按照信息社会的信息生成过程来表述的，强调整体社会信息系统。美国的信息社会学课程目标按照能力维度表述，强调关注信息技术对经济的影响，强调学生参与信息社会，对学生进行与信息技术相关的职业启蒙教育。英国的信息社会学课程目标是按照课程要素表述的，相比较来说，更强调与不同社区与文化背景的人进行交流合作，强调信息活动的社区乃至社会价值。这几种表述方式都涉及知识、能力和态度等维度。而我国大陆的高中信息技术课程标准中与信息社会相关的目标都是放在情感态度与价值观维度中表述的。各国在目标表述中都重视信息处理过程，即“经历信息技术过程”，强调自我发展、个人与他人和社区乃至社会的关系，强调促进个体社会发展进程，关注跨文化交流合作。因此，在考虑信息社会学课程目标的时候，要考虑知识、能力、态度，还要考虑文化、信息处理过程、学生社会发展等要素，如图1－4所示。

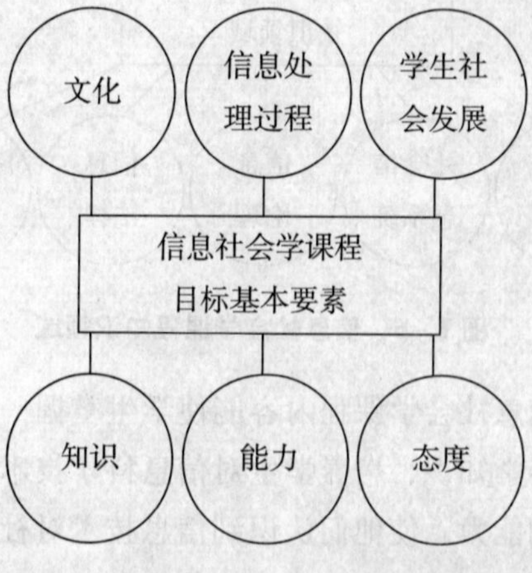

图1－4 信息社会学课程目标基本要素

（二）关于信息社会学课程知识领域

我们看到，美英日三国的学校信息技术课程目标涉及的信息社会学课程知识领域有“信息伦理、信息法律、信息安全、信息对社会的影响”等方面。按照信息社会生产信息的流程来看，信息伦理与信息法律可称为信息政策，即信息流通的规则；信息安全应该是确保信宿能安全、可靠地接收信息；社会信息系统可以理解为信道的统称。信息伦理、信息法律、信息安全体现的都是社会信息系统的控制功能，如图1－5所示。

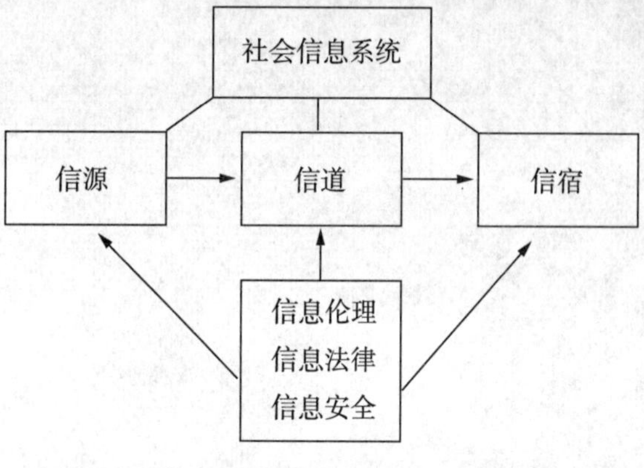

图1－5 信息社会学课程目标领域与信息流程对比

如果把信息伦理、信息法律、信息安全、社会信息系统看做信息社会学课程知识横向维度，那么信息与社会发展的历史，包括对文化、社会组织、社会制度等方面影响的知识应该是纵向维度，这样就构成了信息社会学课程知识的领域，如图1－6所示。

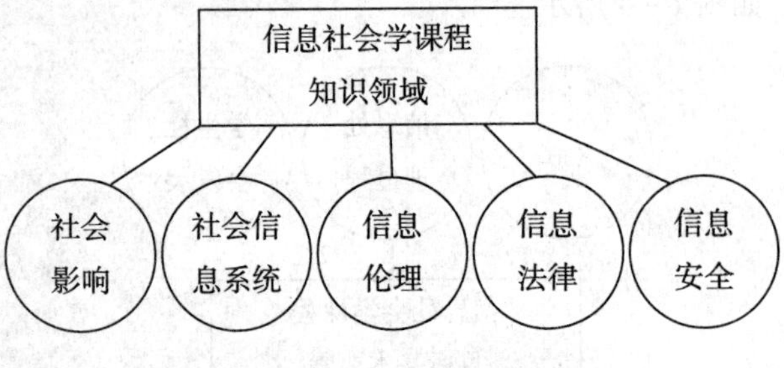

图1－6　信息社会学课程知识领域

信息社会学课程内容能使学生掌握一定的信息社会学知识，培养学生对信息科学技术的反思与批判能力，使他们认识到信息技术对社会产生的影响，并能负责任地应用技术积极参与到信息社会的建设中。因此，系统地在学校信息技术课程中融入信息社会学的内容，对丰富、完善信息技术课程具有重要意义。

参考文献：

［1］*National Educational Technology Standards*［OE/BL］. http：//www.iste.org/AM/Template.cfm? Section = NETS.

［2］*Standards for the 21st－Century Learner*［OE/BL］. http：//www.ala.org/ala/mgrps/divs/aasl/guidelinesandstandards/learningstandards/standards.cfm.

［3］ACM K－12 Task Force Curriculum Committee A Model Curriculum for K－12Computer Science［OE/BL］. http：//csta.acm.org/Curriculum/sub/ACMK12CSModel.html.

［4］*ICT and the national curriculum aims*［OE/BL］. http：//curriculum.qcda.gov.uk/key－stages－3－and－4/subjects/ict/keystage3/ICT_ and _ the_ national_ curriculum_ aims.aspx.

［5］高等学校普通教科「情報」改訂のポイント［OE/BL］. http：//www.mext.go.jp/b_menu/shingi/chousa/shotou/056/shiryo/_ icsFiles/afieldfile/2009/03/09/1249662_ 001.pdf.

＊本文是2010年度全国教育科学规划青年课题“信息社会学课程化研究”（课题编号：CCA100174；课题负责人：钱松岭）的阶段性成果之一。

后现代观指导下的高中信息技术课程4R教学

陈展虹　李呈林

（福建教育学院信息技术研修部，福建　福州　350001）

摘　要： 以后现代主义4R课程观，即课程的丰富性、回归性、关联性和严密性，来指导当前高中信息技术课程教学具有重要意义。本文简述了高中信息技术课程开放性教学系统的生成性，以及应该以主题引领、以项目探究为导向，使教师作为教学活动的领导者和平等一员与学生共同合作，促使师生及教学内容间的对话成为有意义的和转变性的对话。

关键词： 后现代主义课程观　高中信息技术　课程教学

一、后现代主义4R课程观

关于后现代主义的含义的阐述众说纷纭，后现代主义大师小威廉姆·E. 多尔对后现代框架的勾勒始于开放与封闭系统的区别[1]。他借鉴了皮亚杰、布鲁纳、杜威和怀特海等人的教育观点，设想了一种后现代课程，来表现我们在应对自然、社会与课程的过程中所创造的基本隐喻和假设。这一后现代课程，促使人类创造性组织和再组织经验的能力在有效环境之中发挥作用，这种环境要在寻求终结的需要和愿望之间保持有益的张力。教师的角色不再是原因性的，而是转变性的。课程不再是跑道，而是跑的过程自身；学习则成为意义创造过程之中的探险。多尔的课程理想是“没有人拥有真理而每个人都有权利要求被理解”。教师是领导者，但也只是学习者社区之中的一个平等成员。课程及其教育目标、规划和评价都是开放的、灵活的，侧重过程而非成果。

多尔将他所设想的课程视为具有4R特点的课程，即丰富性的（rich）、回归性的（recursive）、关联性的（relational）、严密性的（rigorous）。其基本意思如下[2]。

丰富性，来自它的开放性和假设性，意指课程的深度、意义的层次、多种可能性或多重解释，它为合作性对话探索提供了多重领域。

回归性，即强调一个人通过与环境、与他人、与文化的反思性相互作用形成自我感知的方式，一个学习终点也是新起点。回归性很重要，因为像布鲁纳的螺旋式课程概念一样，一种丰富的课程产生于对自身予以反思所带来的丰富性和复杂性之中，而且，从杜威的观点来看，它为经验的反思性再组、重构和转变提供了机会。

关联性，指的是对观点和意义之间联系的不断寻求，并考虑历史和文化背景与关系感知方式之间的联系。它包括教育联系和文化联系，教育联系关注的焦点在于课程结构内在的联系，通过回归性发展课程的深度。而文化联系则强调描述和对话是解释的主要工具。教师不能直接传递信息，而是在帮助学生协调思维时发生作用。

严密性，成为对可供选择的关联和联系的有目的地寻求。主要是指后现代主义的解释性和不确定性，即有目的地寻找不同的选择方案、关系和联系，以及这些不同方案假设之间的协调通道，促使对话成为有意义的和转变性的对话。

二、高中信息技术课程的4R教学

（一）丰富性

高中信息技术课程有着丰富的教学内容，课程设置包括“信息技术基础”“算法与程序设计”“多媒体技术应用”“网络技术应用”“数据管理技术”和“人工智能初步”6个模块。同时，其他课程教学也愈发紧密地整合了信息技术课程的某些知识。但是，在课程内容设置的过程中，我们往往容易痴迷于广度。丰富的课程内容为课程的深度、意义的层次、多种可能性或多重解释提供了可能，但过于痴迷于广度的课程有浪费学生时间和导致学生认为自己能够精通一切信息技术知识的缺点。信息技术课程不过是课程编制者从大量有价值的知识中选择出的极微小的知识样本。所以，以知识广度为主旨的高中信息技术课程设置对高中学生的学习有着极大的障碍，教学中可以作以下两方面的处理。

1. 内容讲授方面有效把握“更少即是更多”。

即以深度教学替代课程广度[3]。在教学中，应突出学生学习的兴趣点。例如，Word的教学要突出其信息版面的美观，表达的高效智能，呈现撰写规范、设计美观的论文、公文、总结报告、电子期刊或板报，引发学生的学习兴趣，让学生从大的视点来认知Word软件，而不是拘泥于样式或某个工具栏应用技巧的学习；同样，Excel的教学要突出其对数据处理的简单易学、高效快速的特点，以大量数据表格的排序、选择、图表处理等为示例作为教学视点；Power Point演示文稿的教学要突出演示设计的震撼表现力；等等。然后，在抓住不同软件进行信息加工和表达的“神韵”的基础上拓展课程，进一步深挖软件应用背后的技术细节。让学生持续地学习一个主题，引导他们超越浅尝辄止的行为，深入、综合地去理解所学内容。

2. 合作学习真实体现“与模式游戏”。

学校课程教学的宗旨是让学生涵盖新知识和模式化教学。教师习惯按照教材内容讲授知识，学生也习惯了接受完成不连续任务的教学，而不连续任务要求重现繁杂的知识点。在高中信息技术课程教学中，既要体现“更少即是更多”的思想，又要打破已有模式化教学的束缚，可行的方式是：以主题引领、项目探究方式导向学生学习，针对契合的主题开展对话、转变学习。例如，在讲授信息加工与表达这一教学内容时，可以围绕计算机能够丰富信息表现方式这一主题，要求学生以电子板报、论文、图表、演讲稿等系列活动中的一种或多种方式表达主题；可以围绕计算机提升效率这一主题，引发对Excel的智能工具、数据查询与处理、数据库应用系统、语音控制、人工智能等内容的思考，去突出探究一项技术或几项技术、一段程序、一个系统、一个软件在某方面的应用过程；可以围绕计算机拓展人的能力这一主题，引发学生对人工智能、算法教学与数学相关问题的解决与改进，激发学生学习利用编程解决现实问题的兴趣，引发学生作技术与科学进步、社会伦理等方面的深层次思考。

（二）回归性

“回归性反思”是转变性课程的核心。布鲁纳1960年提出的“螺旋式课程”[4]为界定回归性课程提供了一个开端，他声称“如果没有回归性，任何关于思想的理论都是无用的”[5]，他更多的是指人类将思想回归到自身的能力而不是数学意义上的重复。即一个人通过与环境、他人、文化的反思性相互作用形成自我感知的方式。一个学习的终点即是下次学习的起点。

在高中信息技术课程的学习中，回归性主要是指在完成项目学习或主题学习的活动过程中，及时地对所学内容进行反思性评价。例如，在学习文本信息的加工和表达时，可以以“求职信的撰写”为学习主题，通过了解职业发展趋势、求职信息、个人简历及封面设计、个人名片制作等系列活动综合学习内容，在活动中以师生互评、自评的方式反思学习目标的达成。包括对知识点学习和应用的反思，如网上信息获取和筛选能力，问题分析规划设计能力，文字基本操作和格式化，表格、文本框、自选图形及图形工具使用，以及分析问题、解决问题的综合能力。另一方面，也可以让学生对活动本身进行反思，哪些活动是最喜欢的？哪些活动最有挑战性？哪些活动最有用？

因此，回归性主要是指在充分理解学习内容

的基础上，在课程教学进行中螺旋上升的反思性评价。

（三）关联性

课程结构的内在联系通过回归性发展课程的深度。小学、初中、高中同样讲授 Office 软件，总的目标是提高学生的信息素养，却各有不同的侧重点。小学是最基本操作的学习，初中更多地强调技术的综合提高，高中阶段要求学会对技术学习进行反思和信息素养的初步形成。从文化联系的观点看，强调对技术学习的描述和对话，教师不能直接传递信息，而是在帮助学生协调思维时发生作用。

高中信息技术课程的编制强调以信息加工和表达为主线。在这一主线的引领下，分为信息获取、信息加工和表达、信息的编程加工和智能化加工、信息交流和信息管理几部分。以生活化的真实场景，紧密关联各知识模块。例如，设想自己到某旅游公司求职（信息的获取和文本加工与表达），通过后进入公司，研究公司现状并进行市场调查（数据、多媒体的信息加工与表达），公司决定投资旅游业，帮助公司规划建立公司旅游网站（信息交流和信息管理）。

另一方面，从文化联系的视点看，可以这样处理信息技术课程内容。讲信息与信息技术一课时，可以与成语、诗词、故事建立联系，如“知己知彼，百战不殆”、“春雨贵如油”、孙膑“减灶退敌”等知识，帮助学生深刻理解信息的特征与内涵。讲电子板报时，与介绍旅游景点、某种动植物、家乡等联系，让学生真实体验需求分析、信息获取、加工、发布的真实过程。真正使学生在应用信息技术的同时，进行知识拓展，既可激发对信息技术课程概念的进一步认识，也可激发其利用信息技术学习其他知识的兴趣。

（四）严密性

强调课程的严密性，是为防止课程转变性落入反标准和非标准的相对主义。一方面有目的地寻找不同的选择方案、关系和联系来阐释课程关联性；另一方面为这些不同方案假设提供协调通道，促使学习活动对话成为有意义的和转变性的对话。例如，同是利用 Word 进行文本信息的加工和表达，撰写求职信和设计个人简历时更强调设计的技术的正确运用，而在制作旅游网站的旅游规划时则更强调对问题的分析和解决。再如，同样进行数据的分析和处理，在运用 Excel 时强调数据操作技巧的正确运用，而利用数据管理软件如 Access 数据库时，则强调对数据操纵语句的正确使用，以及信息交流的方便友好。

应以清晰明确的方式组合教学内容，不断在教学中探索，寻求新的内容组合、解释和教学新模式。

三、4R 高中信息技术课堂实践

（一）营造课程教学的开放系统

传统的教学是教学目标、内容预设完好，教师进行模式化教学的封闭系统。建构主义的课程是通过参与者的行为和相互作用而形成的，而非预设的开放系统。从高中信息技术课堂实践来看，应该从信息处理这条教学主线上的各知识点来界定和充实相关的意义网络。教师尽量提供丰富的资源，让知识点和知识点之间产生尽量多的交叉点，帮助学生构建更加深化的意义联系。

一方面，以探究性学习、项目学习为主要学习形式，结合信息技术奥赛、机器人比赛以及学校各种文体活动的开展，充分拓展高中信息技术课堂教学。另一方面，改革和完善高中信息技术课程的评价体系。让学生可以有挑战性的、又在时间相对充裕的情况下选择自己的学习内容和学习进度，并最终达成学习目标，如高中信息技术水平考试[6]，与会考、高考互为补充。

（二）利用积极干扰重组课程教学

模式化教学的封闭课程系统抵制干扰，对影响课程教学的因素天生具有某种程度的恐惧。通俗地说，这应是教学是否达到艺术性的分水岭。构建良好的开放系统课程不应拒绝干扰，应该能够积极利用干扰，同化和顺应干扰，重组课程教学。

从另一方面来说，一个教学系统总是处于不断的变化中，处于平衡——不平衡——新的平衡——新的不平衡的循环上升之中。有益的干扰可以加快平衡向积极方向的转化。例如，在讲授人工智能这样抽象的内容时，如果只是单纯地讲授概念，以及人工智能在模式识别和自然语言理解两方面的应用，则难以激发学生的兴趣。这时候，适当地引入干扰，把抽象的知识变为直观的感觉，有利于学生对抽象知识的理解，并消除潜意识里的恐惧感。例如，加入语音控制软件，通过语音控制让计算机听令于教师来自动演示教学内容。这比简单地要求学生集中注意力听讲效果明显，也更加轻松自然。

（三）内在于学习情境的教师角色

现行的学校层级结构教学模式，容易导致学生的学习活动与教师的教学活动分离，使教师凌驾于学生的学习活动之上，或是成为学生学习的旁观者。一方面，是因为教师束缚于现有的教学评价体系和课程内容结构，喜欢进行模式化教学。另一方面，教师囿于教学能力和教学经验的不足，难以对教学内容进行充分驾驭。

多层次意义教学、系列化教学活动以及灵活的教学评价方式，可以打破教师作为旁观者的角色定位。一个个教学任务成为学习活动的“旋涡”，自然而然地把学生和教师吸引过来。教师可以摆脱疲于讲授过多内容的困惑，学生可以在真实有意义的情境中懂得技术的内涵。例如，讲授计算机系统结构时，可以设计组装多媒体计算机、为计算机安装系统、计算机选购研讨等主题活动，让学生参与和行动起来，放手让学生去实践。再如，要讲授网站建设与维护，可以分为创建公司主页、制作“公司信息”和“产品信息”、制作“联系我们”和“在线帮助”、网站的创建和维护等主题。让学生通过分析比较自己自主创建的网络和大家熟知的学校网络，体验网站建设的过程。

（四）基于学习转变的课程评价

通常的评价是封闭系统下教师以促使学生以特定的方式获得特定的知识体系为目的的。在后现代的框架中，可以通过各方面人员的共同判断来开展评价，评价应该是共同背景中以转变为目的的协调过程。即强调评价主体的多元性和平等性，以发展为目的。评价的内容应该是学生的信息技术水平，而不仅仅是分数和作业完成的情况。

总之，以后现代主义 4R 课程观来设计高中信息技术课程教学时，应该为学生充分提供学习资源，让学生和教师在平等的学习探究或项目学习的过程中，进行平等对话和交流，教师作为平等关系中的首席者，在充分理解教学内容的基础上，有效利用课程的教育和文化联系，以有效的系列化学习活动重组教学内容，选择有限的主题进行深度的、有意义的学习，从而达到“更少即更多”和“与模式游戏”的有效教学目的。

参考文献：

［1］小威廉姆·E. 多尔 著，王红宇 译. 后现代课程观［M］. 北京：教育科学出版社，2000：2－5.

［2］小威廉姆·E. 多尔 著，王红宇 译. 后现代课程观［M］. 北京：教育科学出版社，2000：248－261.

［3］弗雷斯特·W. 帕克，埃里克·J. 安科蒂尔，戈兰·哈斯 著，孙德芳 译. 当代课程规划（第 8 版）. 北京：中国人民大学出版社，2010：371－378.

［4］Bruner J. *The process of education*［M］. *Cambridge*，MA：Harvard University Press. 1960：127.

［5］Bruner J. *Actual minds，possible worlds*［M］. *Cambridge*，MA：Harvard University Press. 1986：97.

［6］李呈林. 多元智力视角反思高中信息技术课程教学及其评价［J］. 电化教育研究，2011（3）：116－120.

高中信息技术有效教学的实践研究

曹红霞

（黑龙江省实验中学，黑龙江　哈尔滨　150001）

摘　要：有效教学是教师永恒的课题。高中信息技术有效教学应该能够实现认知活动与技术活动的内在统一，促进学生认识技术的价值、学会技术的思想方法，并能够正确运用信息技术解决学习和生活中的实际问题，在“做中学”“学中做”的过程中提升他们的信息素养。有效的教学，首先要保证教学策略的科学有效。“基于任务的范例教学策略”“基于活动的做中学策略”“基于问题的研究交流策略”是基于上述认识，以我省现行高中信息技术教材为蓝本，针对“信息技术基础”和“多媒体技术应用”模块的教学内容设计的，在教学设计与实施中力求摒弃就技术学技术、就软件教软件的错误方法，关注技术的多层面内涵；挖掘技术需求，体现技术价值；着眼全局，保证学习内容的连贯一致，知识技能建构的连续性和完整性；注重具体技术运用基础上的总结和提升，关注技术背后的思想和方法。

关键词：高中 信息技术 有效教学　教学策略

有效教学是学校教学活动的基本追求。本次课程改革，信息技术作为一门独立的课程形态存在，课程理念、课程目标、课程结构、课程内容方面都发生了显著的变化。如何上好这门未列入高考科目的必修课，有效地落实新课程理念，实现课程目标，是每个信息技术教师面临的重大课题。为此，在黑龙江省教育科学规划办领导和专家的关怀支持下，我们开始了高中信息技术有效教学的实践研究。

一、高中信息技术有效教学的基本要求

《普通高中技术课程标准（实验）》规定：“高中信息技术课程的总目标是提升学生的信息素养。学生的信息素养表现在：对信息的获取、加工、管理、表达与交流的能力；对信息及信息活动的过程、方法、结果进行评价的能力；发表观点、交流思想、开展合作与解决学习和生活中实际问题的能力；遵守相关的伦理道德与法律法规，形成与信息社会相适应的价值观和责任感。”[1]由此可见，高中信息技术课程强调信息技术与社会实践的相互作用，注重原理、方法的理解与技能的形成相结合，关注技术能力与人文素养的双重建构。因此，高中信息技术有效教学应该能够实现认知活动与技术活动的内在统一，促进学生认识技术的价值、学会技术的思想方法，并能够正确运用信息技术解决学习和生活中的实际问题，在“做中学”“学中做”的过程中提升他们的信息素养。

二、高中信息技术有效教学的实施策略

（一）基于任务的范例教学策略

1. 设计思路。

在深入分析教学内容的基础上设计一个或多个任务，将需掌握的基本知识、基本技术和方法融入其中，并以任务作为范例展开教学活动，引导学生在完成范例任务的过程中学习相关技术，总结解决此类问题的基本思想和方法，并借助这些思想和方法进一步学习、迁移，利用其解决实际问题。

2. 实施程序。

（1）课前分析与设计。

认真分析教学内容，提取其中的基本知识、

技术和方法，结合学生实际情况，设计范例任务及实施策略，预设可能出现的问题及解决方案。

（2）课堂实施。

①提出任务。

创设情境，引入教学内容，提出范例任务。

②范例学习。

围绕范例任务，利用恰当的方法分析任务需求、寻求解决方法，在完成任务的过程中学习相关知识、技术和方法。

③交流总结。

展示学习成果，讨论解决范例学习过程中遇到的问题，在范例学习的基础上归纳相关的知识原理，总结解决此类问题的技术方法，完成知识与方法的意义建构。

④应用迁移。

学生巩固应用所学的知识、技术和方法，解决实际问题；作举一反三、触类旁通的联想和迁移；拓展学习内容，在掌握一般原理和方法的基础上进行更深入的个性化学习。

3. 运用说明。

基于任务的范例教学策略适合于基本技术方法的教学。任务要大小适中、难度适当；能够承载要学习的内容，为教学服务；同时要贴近学生，能够激发学生的学习需要。

4. 应用案例。

案例名称：动作渐变动画

范例任务：制作“飞机投弹”动画

设计意图：用“飞机投弹”动画承载动作渐变动画的基本技术和方法。“飞机”的运动体现了最基本的动作渐变动画，炸弹的运动是典型的路径动画，需要用到引导层、改变运动速度，而且为了呈现炸弹由远及近的动画效果，需要改变炸弹的大小、透明度等。

实施过程：

（1）提出任务。

在复习旧知识的基础上引入教学内容，提出范例任务。

（2）范例学习。

以制作“飞机投弹”动画为主线，引导学生分析需求、明确意图，然后构思设计、编写稿本，最后制作动画，亲历动画制作的全过程，在完成任务的过程中学习设计动画、制作动画的基本方法，了解动画创作的基本流程。

（3）交流总结。

通过交流讨论，将探索实践中形成的感性认识和动作技能上升为理性认识，归纳动作渐变动画的制作流程及适用情况，落实教学重点，并为后续创作动画作品奠定基础。

（4）应用迁移。

学生应用所学的技术和方法创作自己的动画作品，再次亲历动画创作的全过程，体会动画创作的思想和方法，体会动画在呈现信息、表达意图方面的特点和作用。

（二）基于活动的“做中学”策略

1. 设计思路。

遵循“做中学”的教育理念，以学生为主体，围绕学习目标，组织学生开展信息活动，在活动中引发技术需求，再从需求出发学习技术、应用技术解决问题，力求通过有效的信息活动，让学生在“做”中习得知识、学习技术、掌握方法、锻炼能力，使学生的信息素养在知识与技能、过程与方法、情感态度与价值观三个层面得以提升。

2. 实施程序。

（1）活动设计。

课前，设计活动、收集所需素材、准备支撑性的学习资源、预设活动中可能出现的问题及解决方案。

（2）活动实施。

①提出任务，明确要求。

教师提出活动任务，明确要求，说明活动建议、注意事项及提供的相关素材、学习资源等。

②学习实践，开展活动。

学生根据活动要求展开信息活动，在活动中引发技术需求，然后，从需求出发学习技术、解决问题，通过自身的学习实践、同学间的交流协作、教师的点拨指导，完成活动任务。

③成果展示，交流评价。

学生展示活动成果、交流学习经验和体会，并对他人的成果及学习过程进行评价、提出改进建议等。

④归纳整理，修改完善。

在交流评价的基础上，修改完善自己的作品、归纳总结，进一步强化活动成果。

3. 运用说明。

基于活动的“做中学”策略适合在学生具备一定的学习能力和实践能力的情况下，培养学生综合运用多种技术和方法解决现实问题的能力，或者引导学生学习一些比较简单，学生通过自身的努力、同学间的交流就能够学会的技术和方法。本策略符合技术学习的认知规律，比较贴近现实生活，有利于培养学生的多方面能力，实现多维目标，但要注意活动的效率，教师要关注学生的活动进程，并有效调控。活动设计应能体现技术的应用价值，能够不断引发学生学习技术的需求，从而激发和保持学生的学习兴趣。另外，为了保证活动的有效实施，课前可以准备一些素材和学习资源，提供给学生作为学习支架。

4. 应用案例。

案例：音频作品创作

活动简介：为了学习音频的采集和加工技术，我们设计了音频作品创作的主题活动，要求学生以小组为单位，自选主题，利用 Cool Edit Pro 制作一份音频作品。考虑到 90 后学生的特点，提供了几个参考主题，如卡拉 OK、配乐故事、配乐诗朗诵、音乐剧等。同时考虑到时间有限，可能有学生找不到合适的素材，于是提供了一些素材，学生可以选用教师提供的素材，也可以自备素材。

设计意图：通过这样一个活动，将数字音频的采集、加工的基本技术方法融入其中，在创作音频作品的过程中引发技术需求，再从需求出发引导学生学习相关技术，应用技术解决问题。

实施过程：

（1）提出任务，明确要求。

教师展示并说明活动任务与要求、活动建议及提供的相关素材、学习资源等。

（2）小组协作，创作作品。

学生以小组为单位，策划作品、收集加工素材、合成作品。

（3）成果展示，交流评价。

小组派代表展示本组的作品，说明作品主题、创作意图、呈现手段和方法，并对本组的作品进行自评，交流活动体会等。其他同学倾听、欣赏，对他人的成果及学习过程进行评价，提出改进建议。

（4）归纳总结，修改完善。

在交流评价的基础上，归纳总结作品创作的技术方法及注意事项，修改完善小组的作品。

（三）基于问题的研究交流策略

1. 设计思路。

将学习置于问题情境之中，让学生围绕某个问题的解决进行研究性学习，通过多种渠道收集资料、加工整理，形成解决问题的方案或提出自己的观点，加以论证，并以作品展示、成果交流等方式与同学分享。

2. 实施程序。

（1）提出问题。

提出要研究的问题及要求。

（2）选题与规划。

确定研究内容，拟定研究题目，制订研究计划。

（3）研究与总结。

针对研究内容收集资料，并对资料进行分析、加工和处理，形成研究报告。

（4）成果共享、展示交流。

展示研究成果，分享成功与失败，交流学习体会。

3. 运用说明。

基于问题的研究交流策略是针对信息技术教学中一些弱构问题的学习提出的，如信息技术对社会的影响、信息伦理问题等。这些问题伴随着信息技术的发展而形成，切切实实地存在于我们的工作、学习、生活中，是信息技术课程的教学内容。这些问题没有固定的答案，也没有公认的标准和解决方法，说教式的讲授学生不愿接受。本策略有利于调动学生的积极性，通过学习交流澄清模糊认识，对某一问题形成全面客观的认识。问题的设置要贴近学生生活，尽量选择能够引起学生广泛关注的社会热点问题。问题难度适中，既要具有研究价值、有挑战性，又要具有可行性，保证学生在有限时间内能够完成。

4. 应用案例。

案例：信息技术与社会

实施过程：

（1）创设情境，提出问题。

展示几个信息技术应用的事例，师生共同分析。

总结引入：信息技术影响着我们的工作、学习和生活，在给我们带来了方便的同时，也引发了许多矛盾和问题，如信息开放与网络安全的问题、信息共享与尊重版权的问题等，作为信息社会的公民，我们应该如何面对和解决这些问题呢？

（2）选题与规划。

①每组在下述4对矛盾中任选一个作为本组的研究主题：开放与安全、共享与尊重、自由与规则、虚拟与现实。

②确定本组的研究内容、拟定研究题目、制订研究计划。

③填写活动规划表。

（3）研究与总结。

①组内成员分工协作，针对本组的研究内容收集资料、分类存储。

②对所收集的资料进行分析、加工和处理，形成研究报告。

③制作电子作品（作为交流的辅助工具，可选做）。

（4）成果共享、展示交流。

①主题演讲：小组代表阐述本组的研究成果。

②补充阐述：小组成员补充发言，阐述个人观点。

③互动交流：师生提问，小组答辩。

三、高中信息技术有效教学的几点思考

（一）正确理解课程内容，关注技术的多层面内涵

信息技术课脱胎于计算机课，但并不等同于计算机课。李艺教授在《我们需要的是内容充实价值丰富的信息技术课程》一文中有这样的论述："就技术类内容而言，它应该包括：动手的技术；如何做的技术，即设计与规划的技术；为何做的技术，即技术的思想与价值。"[2]即将信息技术课程中的技术类内容分为三类：动手的技术、设计与规划的技术、技术的思想与价值。相对于具体的软件操作，课程标准更加强调设计与规划的技术，而技术的思想与价值则是技术的灵魂。因此，信息技术教学应改变以往将信息技术等同于计算机操作的错误认识，摒弃就技术学技术、就软件教软件的错误方法，关注技术的多层面内涵。

为何做的技术、如何做的技术、动手的技术，构成了信息技术课程中的技术类内容。这三类技术并不是独立存在的，而是相互关联、相辅相成的。以动画技术为例进行说明。首先，动画不受时间、地点、对象等客观条件的限制，能将实物难以表达、摄像机拍摄不到的内容生动形象、具体地演示出来，能将人们在现实生活中难以亲眼目睹的事物及其变化过程模拟出来。正因为动画在呈现信息、表达意图方面有这样的特点，动画才能广泛应用于动画片、广告特技、教学演示、模拟实验等领域。这是动画技术的价值，是我们学习动画技术、应用动画技术的原动力。其次，创作动画作品首先要明确表达意图、构思设计动画，撰写文字稿本。这是设计与规划的技术，是后续动画制作的基础。最后，根据前期的规划设计，应用相应的技术和方法，制作动画。这是动手的技术，是动画构思与设计的具体实现，是动画技术价值的现实体现。

（二）着眼全局，合理调整和重组教学内容

信息素养的培养不是一朝一夕的事，教学的有效性是渐进的，所以教学设计不能只着眼于一节课，而应立足信息技术课程或某一个模块、某一个学习单元，从教学总体要求着眼，整体规划、统筹安排，保证学习内容的连贯一致、知识技能建构的连续性和完整性。

以"多媒体技术应用"模块的教学为例进行说明图、声音、动画、视频都是常用的媒体形式，它们各有特色，相对独立，但又有着千丝万缕的联系，图和声音是动画的主要构成元素，视

频可以集文字、声音、图、动画于一体。教学中要处理好它们之间的内在联系，可以首先从整体上对教学内容进行把握并加以统筹安排，然后再具体研究每一节课的教学目标、教学内容，确保前一节是后一节的基础与铺垫，后一节是前一节的继续、延伸与拓展，从而实现对教学目标、教学内容的整体与局部的双重把握，确保学生学习的循序渐进。

除了注意模块内各章节的联系外，还要考虑不同模块间内容的联系，根据教学实际，合理调整和重组教学内容，创造性地使用教材。例如：图片、声音、视频、动画等媒体信息的加工与表达是“信息技术基础”和“多媒体技术应用”模块共同的教学内容，只是侧重点不同，要求掌握的程度不同。如果将“信息技术基础”与“多媒体技术应用”模块的相关内容加以整合、统筹安排，做专题式学习，更有利于学生充分体验和实践，保证学习内容的完整、学生学习的连贯和深入，而且在一定程度上解决了课时不足的问题。

（三）挖掘现实需求，体现技术价值

纵观技术的发展历史，需求是技术发展的原动力，技术总是为了满足某种需要而诞生，又在应用中不断发展。信息技术的价值在于应用，信息技术课堂教学的活力来源于应用。因此，信息技术教学要关注技术的应用，挖掘现实生活中的技术需求，引导学生从需求出发学习技术、应用技术解决问题。

例如：学生获取的图像素材存在不尽如人意的地方，无法满足表达的需要，是图像处理的需求所在，也是加工图像的出发点。因此，在加工处理图像之前，先引导学生分析所收集的图像素材，挖掘加工需求，然后，再针对加工需求学习相应的处理方法、加工处理图像。现实生活中的需求引发了学生学习技术的需要，图像加工技术的价值得以体现，接下来从需求出发学习图像处理技术、加工图像的环节，学生就比较积极、主动。

（四）关注技术背后的思想和方法

技术是为需求服务的，应用技术解决问题，首先要明确需求，然后选择恰当的技术方法加以实现。这是利用信息技术解决问题的基本思想和方法，是需要学生体会和掌握的，比单纯学会某种技术更为重要。有效的信息技术教学不能停留在技术层面，而应注重具体技术运用基础上的总结和提升，挖掘技术背后的思想和方法。例如：在多媒体作品创作的教学中让学生亲历“需求分析→规划设计→素材收集→作品制作→测试发布”的全过程，体会软件工程开发的思想和方法；在程序设计的教学中遵循“分析问题→设计算法→编写程序→调试运行”的一般流程；在数据信息加工的教学中，引导学生在完成数据统计和图表化的基础上进一步分析总结，从数据中提炼信息、揭示规律、获得启示，体会数据信息加工的思想和价值；等等。

参考文献：

[1] 中华人民共和国教育部．普通高中技术课程标准（实验）[M]．北京：人民教育出版社，2003.

[2] 李艺．我们需要的是内容充实价值丰富的信息技术课程．http：//blog. cersp. com/6001/1257659. aspx，2007－12－09

[3] 应吉康．信息技术基础［M］．上海：上海科技教育出版社，2008.

[4] 应吉康．多媒体技术应用［M］．上海：上海科技教育出版社，2008.

[5] 李艺．信息技术课程与教学［M］．北京：高等教育出版社，2005.

* 本文系黑龙江省教育科学“十一五”规划重点课题“新课标指导下的信息技术教学实践研究”（课题编号：HZJ279；主持人：曹红霞）的研究成果。

STS 教育理念下“数据管理技术”教学案例设计

李　娜　　陈　梅
（内蒙古师范大学传媒学院，内蒙古　呼和浩特　010022）

摘　要：《普通高中技术课程标准（实验）》已将“数据管理技术”列为信息技术科目的选修模块之一。笔者通过对普通高中技术领域课程的性质、数据管理技术模块的内容标准以及实际教学情况的分析，融入 STS 教育理念并充分考虑到案例实施的可行性，设计了“班级图书共享园”案例。该案例能够较充分地展现教学内容，提高学生的学习兴趣，较好地帮助学生深入理解教学的重点和难点，让学生在创设的实际技术情境和社会情境中学习和理解数据管理技术的基础知识和数据库设计的一般方法，学会使用大型专业数据库，初步学会使用数据库技术管理信息，处理日常学习与生活中的问题，体验并认识数据管理技术对人类社会生活的重要影响。

关键词：普通高中　数据管理技术　案例设计　STS 教育

一、“数据管理技术”教学案例设计的必要性

（一）从“数据管理技术”的课程性质分析

数据管理技术是现代信息技术的重要组成部分，在国家信息化的进程中占有重要的地位，已经在现代社会的各个领域得到应用，广泛地渗透到人们的日常生活之中。《普通高中技术课程标准（实验）》已将“数据管理技术”列为信息技术科目的选修模块之一。通过本模块的学习，学生应该掌握数据管理技术的基础知识和数据库设计的一般方法，学会使用大型专业数据库，初步学会使用数据库技术管理信息，处理日常学习与生活中的问题，体验并认识数据管理技术对人类社会生活的重要影响。

《普通高中技术课程标准（实验）》对其课程性质的描述为：普通高中技术课程是立足于实践、高度综合、注重创造的科学与人文融合的课程。其课程价值还特别强调了要“引导学生融入技术世界，增强学生的社会适应性”，即通过技术学习，学生可以有意识地感受到信息时代技术发展给经济和社会带来的变化，感受到日常生活中技术的存在；可以更好地了解社会、了解生产、了解职业，了解它们与技术的联系；可以更加理性地看待技术，以更为负责、更有远见、更具道德的方式使用技术；可以以亲近技术的情感、积极探究的态度利用所学技术更为广泛地参与社会生活，提高对未来社会的主动适应性。[1]

这样的课程性质要求数据管理技术不能再按照传统的封闭式的教学方式进行，不能单纯依据教材在课堂上展开教学，不能单纯地传授知识与技术，而需要采用更加灵活开放的教学方式使学生在掌握科学技术的同时，了解它们在社会生活中的作用。教学案例是连接课堂与社会的桥梁，设计能够让学生切身体验到数据管理技术在日常生活中的应用、带给日常生活的变化、使学生能够亲历亲为的案例，是激发学生利用所学技术更为广泛地参与社会生活的热情所必需的。

（二）从学生的学习情况以及目前的教学情况分析

学生通过初中信息技术课程的学习，已经掌握了一定的数据处理技术，能够使用电子表格进行简单的数据处理，对数据筛选、排序及统计的

概念有了一定的了解，这为高中数据管理技术的学习打下了基础。通常使用电子表格进行数据处理是在一张数据表内部，围绕一个主题进行相关的数据统计、汇总分析。与此相对，高中阶段的数据管理技术，更加注重关系数据模型的建立，注重关系模式之间的联系。但是，由于学生通常缺乏某一领域的专业知识，建立合理的关系数据模型对于学生来讲就是较难理解和掌握的。

目前，数据管理技术教学实践一般采用三种教学方式，即沿教材顺序进行规范的教学、按制作作品的主线展开教学、教师教学范例与学生主题两条主线平行展开教学。[2]后两种教学方式能够更好地适应新课标的要求，但是案例的选择是至关重要的。已有案例中，有的侧重于单个数据表的设计和使用，和电子表格的功能基本相近；有的案例是学生力所不能及的，学生很难了解其中的数据组织结构；有的案例只针对数据管理的某个阶段，难以贯穿整个教学。

因此，根据教学对象的特点和社会经验，设计能够涵盖从问题的分析到数据库的建立、使用和管理的全过程并能突出数据库逻辑结构特点的案例，是帮助学生理解和掌握数据管理技术，达到数据管理技术模块的教学目标所必需的。

二、STS 教育理念下“班级图书共享园”案例的设计

（一）STS 教育理念的引入

STS（科学 Science，技术 Technology，社会 Society）教育强调科学、技术、社会之间的互动关系；重视科学、技术在社会生产、人们生活中的应用；重视科学的价值取向，要求人们在从事任何科学发现、技术发明创造时，都要考虑社会效果，并能为科技发展带来的不良后果承担社会责任[3]。STS 的提出和研究顺应了时代的发展，反映了新时代对人才的要求，STS 教育成为科学教育领域中一种非常重要的改革力量。

STS 教育的理念与普通高中技术领域课程的性质是一致的。将 STS 教育理念融入数据管理技术的教学过程，把对数据管理技术教育问题的研究置于 STS 教育的视野下有着重要的意义，可以更好地达到《普通高中技术课程标准（实验）》的要求。

目前关于“STS 教育”并没有明确的界定，但是作为科学教育改革思潮中的一种观念形态，它带来的启示至少包括以下两点。①应该关注关于科学和技术的认识问题（知道科学起到什么样的作用），而不仅仅是操作问题（知道科学是如何进行操作的）[4]，科学和技术不是为了操作而存在的，是为了解决社会的问题而存在的。②学生的学习要在一定的社会背景下开展。一方面，学生的学习是为了适应社会发展的需要；另一方面，社会背景能够影响学生对科学和技术的理解。

Aikenhead 从 STS 融入课程的程度作了探讨，他依据 STS 融入的方式、内容的比重和评价的方法，归纳出常被实施的 STS 教育方式：以 STS 内容引发学习动机；没有计划地将 STS 内容融入一般科学课程中；有目的地将 STS 内容融入一般课程中；单一学科地实施 STS 内容；经由 STS 内容学习科学；科学与 STS 内容一起；科学融入 STS 的内容中；完全的 STS 内容[5]。

从目前高中教育的现状来看，将 STS 教育理念引入数据管理技术课程，如果开设独立的 STS 课程具有较大的难度和实施阻力，但是可以从尝试以 STS 内容引发学习动机开始，以 STS 教育给我们的启示为指导，设计适当的案例使学生在创设的实际技术情境和社会情境中学习和理解科学技术知识，使学生在对实际问题的研究过程中学会理解与合作，培养认识和掌握科学理论和科学方法的能力，获取个人发展的机会。

（二）“班级图书共享园”案例设计的基本思路

目前数据管理技术的案例多采用学生成绩管理、图书馆管理系统，产品进销存管理系统等，要么过于老套，容易禁锢学生的思维；要么问题过大，增加了复杂性，干扰学生对重点内容的关注；要么超出了学生的常识范围，不利于对知识的理解。因此，按照 STS 教育理念的启示，应当在案例的设计上考虑知识技术与社会的互动关系，以社会问题为背景，引发学生的学习动机，让学生学有所用；又要考虑学生的社会背景，选择的问题应当是学生力所能及的，以便于学生理解数据库的理论知识、掌握数据库的基本技术。

观察高中生的日常学习生活，每个同学都有很多书籍，彼此之间也会相互借阅。因此可以设计这样的活动，提出为了让大家更好地共享资源，请学生将自己的书籍提供出来，在班级内部建立“班级图书共享园”。鉴于大家对书籍，至少是对自己书籍的保护意识，“班级图书共享园”的管理制度由大家共同商讨制定。在这一过程中，大家会考虑到如何记录书籍本身的信息、书籍是由谁提供的以及书籍借阅的情况等，甚至还会提出相应的违约、破坏的处罚制度等。学生可能会首先采用手工记录的方式来管理书籍。进一步采用数据库技术来实现“班级图书共享园”的任务就可以与课堂教学过程同步，数据库建立的过程与教学内容环环相扣。这种前期的亲身体验，可以让学生切身体验到数据管理技术对于解决社会问题的便利性，带着问题展开学习，更重要的是学生能够把握问题的实质，更好地理解数据库设计和开发的基本理论。

（三）案例要点与教学内容的对应关系

1.“数据管理技术”模块的内容标准以及教学重点和难点的分析。

《普通高中技术课程标准（实验）》将“数据管理技术”模块划分为3个主题：数据管理基本知识；数据库的建立、使用与维护；数据库应用系统。各主题的内容结合数据库的设计开发过程，即按照需求分析、概念结构设计、逻辑结构设计、物理结构设计、数据库实施、数据库运行与维护的线索，可以进行如下划分。

（1）数据管理基本知识。

①知道数据管理技术的基本概念，能说出数据管理技术的产生历史与发展趋势。（1－1）

②理解数据库、数据库管理系统、数据库应用系统的概念及相互关系。（1－2）

③理解层次和网状数据模型的基本概念，掌握关系数据库中的库、表、字段、记录等概念，理解“关系”所表达的含义。（1－3）

④能描述数据库应用系统在信息资源管理中的作用；通过调查与实例分析，了解数据库在多媒体和网络方面的应用方法与应用价值；能够使用现有数据库辅助学习，开展专题研究。（1－4）

（2）数据库应用系统的设计与开发。

①初步掌握分析问题、收集数据、分类数据的基本方法。（2－1）

②初步掌握建立关系数据模型的基本方法，学会使用实体—关系图描述关系数据模型。（2－2）

③初步掌握关系模式的建立方法，明确数据规范化的思想、意义，知道其在数据库应用系统建设和使用中的价值与作用。（2－3）

④熟悉一个数据库管理系统软件；掌握建立数据库结构、添加数据和编辑数据库的常用方法。掌握数据库之间的链接、数据导入导出的基本方法。（2－4）

⑤了解结构化查询语言SQL的基本概念；掌握SQL的基本数据操作与数据查询语句（SELECT、INSERT、DELETE、UPDATE）的使用方法。掌握数据检索及报告输出的基本方法；掌握常用的数据筛选、排序及统计的方法。（2－5）

课程的重点在第二部分——数据库应用系统的设计与开发中，特别是使用结构化查询语言进行数据检索。难点是根据实际问题建立关系数据模型；明确数据规范化的思想、意义。数据库的设计与开发除了要求具备数据管理技术之外，还要求具有相关领域的专业知识、了解其业务流程等，如果学生恰好缺乏对所要设计的数据库的相关专业的了解，那么就难以理解关系数据模型的建立，进而在数据库设计与开发中遇到困难。因此，要使学生能够较好地掌握关系数据模型的建立方法、明确数据规范化的思想和意义，就必须选取贴近学生的案例，从而帮助学生加深对本部分知识的理解，同时有助于学生根据实际问题设计查询功能实现数据检索。

2. 案例要点与教学内容的对应关系。

“班级图书共享园”案例涵盖了数据库应用

系统的设计与开发部分的教学内容，包括从问题的分析到数据库的建立、使用和管理的全过程。尤其是问题分析阶段，可以使学生亲身体验实际问题的工作流程，为建立数据模型打下基础。同时，案例涉及多个实体，实体间存在明显联系，便于学生理解数据的组织结构。该案例能够满足解决教学重点和难点的需要。

下面以图表的形式，简单地呈现教学内容与数据库设计开发步骤以及该案例要点的对应关系，如图1－7所示。

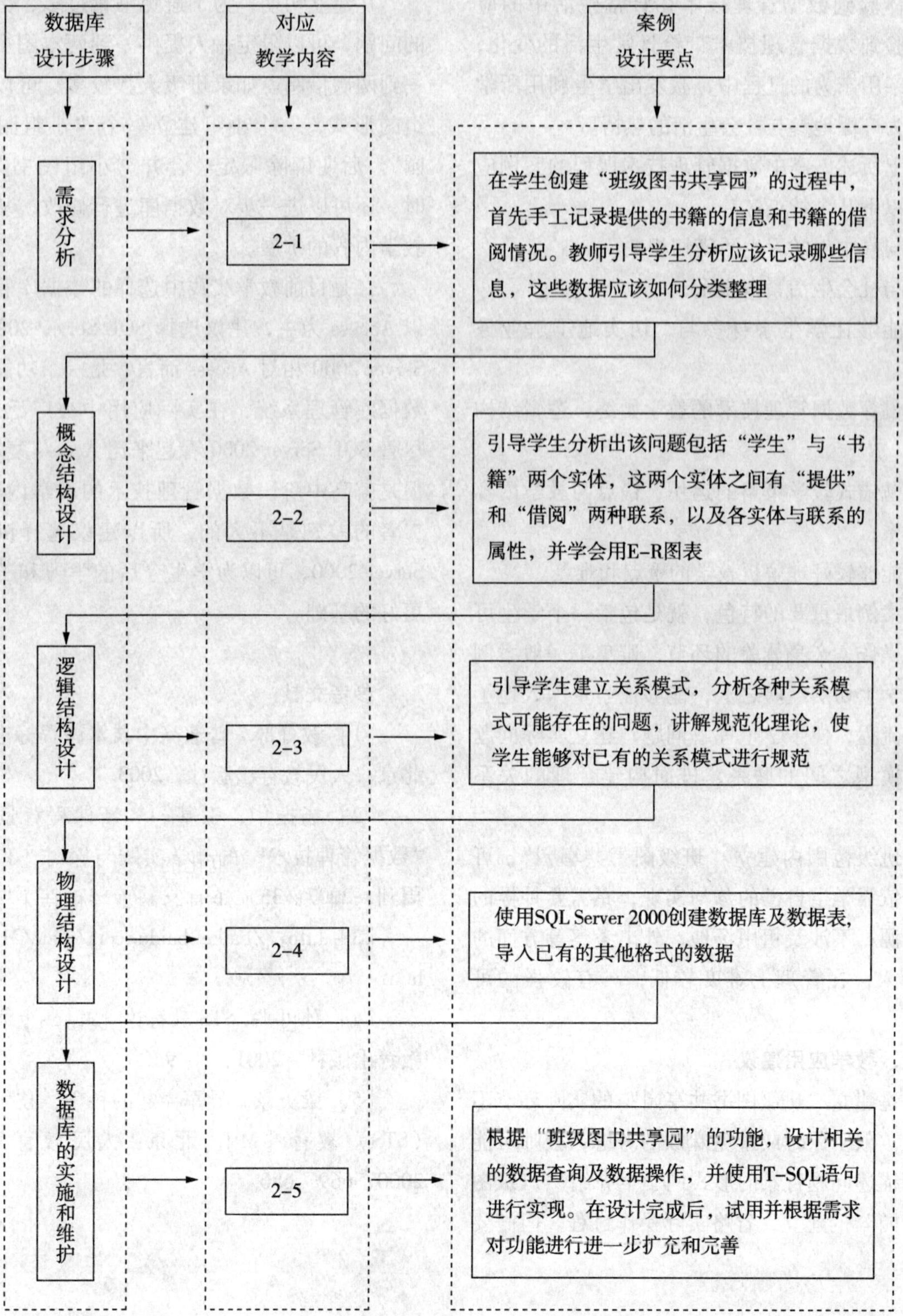

图1－7　“班级图书共享园”案例设计

三、案例特点及可行性分析

“班级图书共享园”案例是与高中生学习生活密切相关的，是大型图书馆管理数据库系统的缩影，是学生接触社会生活的桥梁。通过对“班级图书共享园”数据库的设计与开发，能够让学生亲身体验到数据管理技术在日常生活中的应用，体验到数据管理技术带给日常生活的变化，在自己亲历亲为的过程中，激发出学生利用所学技术更为广泛地参与社会生活的热情。

综上所述，高中数据管理技术课程的案例应该具备以下几个特点：

①与高中生学习生活密切相关；

②与社会生活紧密联系；

③能够让学生亲身参与，切实地了解业务流程；

④贯穿数据管理技术的教学始终，逻辑结构完整；

⑤抛锚式教学策略的运用，锚点与教学内容紧密联系；

⑥能够较好地解析教学的重点和难点。

本案例最重要的特色，就是包括一个学生可以实际操作、亲身体验的环节，避免了一般案例凌驾于学生切实经验之上，能够让学生深入地了解业务流程，便于学生理解问题，建立实际问题与数据模型之间的联系，进而构建合理的关系模式。

在班级范围内建立“班级图书共享园”，可以完全依靠学生自己的参与实现，不需要外界的辅助资源；不涉及租用场地、外出考察等方面的经济投入；在管理上难度较低，具有较强的可行性。

四、教学应用建议

一是建立“班级图书共享园”的实际环节不可缺省。限于课时或避免麻烦的考虑，教师可能会采用描述问题背景的形式向学生介绍“班级图书共享园”的建立，省略实际操作过程。但需要强调的是，这个看似简单、容易描述清楚的环节，在实际操作中是不可或缺的。只有让学生们真正地参与进来，才能调动起他们的积极性，一方面提高他们的学习兴趣，另一方面加强他们对问题的深入认识，有助于后续学习的开展。

在建立初期，为了避免书籍过多、借阅频繁的问题，可以限定每人提供一到两本图书、进行一到两次借阅。如果班级人数较多，可以采用分组的形式，一个小组建立一个“小组图书共享园”。后期解除限定、合并“小组图书共享园”时，还可以进一步对数据库进行修改，从而进行教学内容的扩展。

二是目前教学实践中选择的数据库管理系统以 Access 为主，建议选择 SQL Server 2000。SQL Server 2000 相对 Access 而言，是一个功能强大的数据库管理系统，在实际应用中被广泛地采用。尽管 SQL Server 2000 看起来比 Access 复杂得多，但是就高中阶段数据管理技术的教学内容而言，二者的差别是不大的，所以建议选择讲解 SQL Server 2000，可以为学生今后的学习和工作打下更好的基础。

参考文献：

[1] 教育部．普通高中技术课程标准［M］．北京：人民教育出版社，2003.

[2] 杨振华，王基一．新课程背景下高中“数据管理技术”的教学实践与探讨［J］．考试周刊，2007：33.

[3] http://baike.baidu.com/view/2169774.htm.

[4] 孙可平．STS 教育论［M］．上海：上海教育出版社，2001：3－96.

[5] 梁英豪．异军突起的科学、技术、社会（STS）教育［M］．北京：人民教育出版社，2000：669－680.

项目教学模式在机器人教学中应用探索

孙宏志[1]　解月光[2]　张　蓓[1]
（1. 东北师范大学理想信息技术研究院，吉林　长春　130117；
2. 东北师范大学软件学院，吉林　长春　130117）

摘　要：项目教学模式应用于机器人教学，可以将学生创新精神和实践能力培养的教学目标落到实处。文章结合机器人课程的特点、教学目标以及项目教学的特征，分析了项目教学模式应用于机器人教学的优势和价值，探讨了项目教学模式在机器人课程教学中应用的设计方法与步骤，为机器人课程教学的开展提供了一种新的思路和方法。

关键词：机器人教学　项目教学　创新精神　实践能力

随着机器人技术的进步以及我国基础教育信息化的发展，人们对机器人教育的价值有了越来越充分的认识。通过智能机器人这种全新的信息技术综合教学平台，学生可以充分发挥想象力去设计各种智能装置，培养他们的创新精神和综合实践能力。机器人走进课堂，不但为课堂教学内容增添了新的素材，同时也推动了教学思想、教学策略、教学方法、教学模式等的改革与创新。近年来，国内许多有条件的中小学校纷纷将智能机器人引入校园，开展机器人教学活动的形式主要有课外科技小组、选修课、综合实践活动课等。2003 年，教育部颁布的《普通高中技术课程标准（实验）》将“简易机器人制作”列入通用技术科目的选修模块。

目前国内对于机器人教学的深入研究较少且较晚，国外对机器人教学的研究则已经深入到教学模式、教学策略、学习过程、学习评价等方面。国外的机器人教学普遍采用基于项目的教学方式，一些研究者认为支持孩子们沉浸在设计项目中的技术为学习提供了丰富的机会。以色列的 Igor M. Verner 做了一个关于机器人的基于项目教育的价值研究，它对项目导向的教育活动的六大特征，即动机、问题解决、时间限制、跨学科方法、团队协作和可应用的结果进行了研究[1]。而目前国内还缺乏对基于项目教学模式的机器人教学的深入研究。

基于此，本文结合机器人课程的特点及教学目标，分析项目教学模式应用于机器人教学的优势及价值，探讨项目教学模式在机器人课程教学中应用的设计方法与步骤，以期为机器人课程教学的开展提供一种新的思路和方法，从而促进机器人教学的有效实施，使学生创新精神和实践能力的培养落在实处。

一、机器人课程的特点及教学目标

机器人课程的主要特点是创新性和综合性[2]。机器人是人类创新能力和创新成果的载体，通过机器人这种全新的信息技术综合教学平台，学生可以充分发挥想象力去设计各种智能装置，实现自己的创意。机器人蕴涵机械技术、控制技术、传感技术、人工智能技术、信息技术等多学科领域的知识，是综合性很强的现代技术。

《普通高中技术课程标准（实验）》指出，简易机器人制作模块的设置旨在给学生提供运用当代先进技术和先进思想方法进行设计、制作，以解决实际问题的机会。课程将“探究尝试”“实践活动”“活动延伸”有机地融为一体，凸显“师生互动”“在探究中学习”的教学理念，以提升学生的信息素养和技术素养，培养学生的实践能力和开发其创造潜能[3]。

二、项目教学模式及其应用于机器人教学的优势和价值

（一）项目教学的内涵及特征[4]

基于项目的教学是指基于项目的学习（Project - Based Learning，PBL）模式。它是以学习/研究某种或多种学科的概念和原理为中心，以制作作品并将作品推销给客户为目的，在真实世界中借助多种资源开展探究活动，并在一定时间内解决一系列相互关联问题的一种教学/学习模式。

项目教学主要由“内容、活动、情境、结果”四大要素构成。与传统教学方法相比，项目教学具有以下特点：有一个驱动性的问题；多学科知识的交叉；教学活动以学生为主体；强调学习活动中的合作；学习是在现实生活中进行实践探究；学习成果多样化，有一个或一系列最终作品；学习具有一定的社会效益。

（二）项目教学模式应用于机器人教学的优势和价值

结合机器人课程的特点、教学目标以及项目教学的特征，可以发现机器人教学特别适合采用基于项目的教学模式。基于项目的教学模式应用于机器人教学的优势和价值主要体现在以下几方面。

1. 学习内容符合机器人课程内容的特点。

机器人课程的内容具有创新性和综合性，机器人作为一个新型的技术载体，它以有趣的物化形体出现，能够吸引学生的兴趣，同时机器人蕴涵多学科领域的知识。而项目教学模式的主要学习内容正是在现实生活和真实情境中表现出来的学生经过努力可以解决的、能够吸引学生兴趣的、各种复杂的、非预测性的、多学科知识交叉的问题。机器人课程内容的特殊性决定了该课程的教学适合采用基于项目的教学模式。

2. 学习活动体现机器人教学的探究性和实践性。

机器人课程将“探究尝试”“实践活动”“活动延伸”有机地融为一体。项目教学模式的核心要素就是活动，PBL 模式的活动指的是学生在一定的情境下，借助信息、资源和工具，应用一定的项目研究、执行方法，在教师的指导下，对问题求解所采取的探究行动[5]。

3. 有助于学生主体作用的发挥，培养学生的创造力。

为了达成机器人教学培养学生创新精神和实践能力的目标，机器人教学应以学生为中心，充分发挥学生的主体作用，发挥他们的想象力和创造力，主动建构机器人所蕴涵的多学科概念与知识，设计和搭建各种智能装置。项目教学模式改变了以往学生被动接受的学习方式，创造条件让学生能积极主动地去探索和尝试。在项目教学中，从信息的收集、计划的制订、方案的选择、目标的实施、信息的反馈到成果的评价，学生参与整个过程的每个环节，成为活动中的主人。

4. 促进机器人制作过程中的合作学习。

在机器人教学活动中，机器人的制作是一项复杂的任务，适合采取小组合作的方式进行。项目教学模式注重促进学生之间的合作学习，教师、学生以及涉及该项活动的其他人员相互合作，形成“学习共同体”。在学习共同体中，成员之间是一种密切合作的关系。

5. 实现学生创新精神和实践能力培养的目标。

机器人教学的目标是培养学生的创新精神和实践能力。项目教学模式创造了使学生充分发挥潜能的宽松环境，其学习成果不仅是知识的积累，更重要的是能力的提高。项目教学模式强调促进学生掌握丰富的技能并将这些技能运用到终身学习中。学生在项目执行过程中掌握运用知识的技能和策略，学到多学科知识、团队工作能力以及创新精神和创造能力，同时还包括凝结了学生智慧、创新、能力、价值观的物化产品[6]。在机器人教学活动中，这种产品就是学生制作的、凝结了他们的知识、技能和创意的、多样化的机器人作品。

6. 形成一定的社会效益。

项目教学模式中的学习具有一定的社会效

益，学生的作品能够与老师、家长以及商业团体进行交流和分享，学生制作的作品可以提供给商家在市面上销售，从而获得一定的经济效益[7]。把项目教学的这种特征迁移到机器人教学中，学生制作的机器人作品可以参加国内外的各项机器人竞赛，大家交流经验、互相学习，可以对机器人技术及其相关学科领域的发展起到一定的推动作用，具有一定的社会效益。

三、项目教学模式在机器人课程教学中应用的设计方法与步骤

机器人教学非常适合采用项目教学模式，那么如何在机器人教学中有效地运用项目教学模式呢？笔者依据项目教学的相关理论基础（如建构主义学习理论、情境学习理论），参考项目教学模式中各要素的设计方法，结合机器人课程的特点及理念，探讨了项目教学模式在机器人课程教学中应用的设计方法与步骤。

（一）选定机器人制作项目——项目具有探索性和实践性

机器人课程蕴涵多学科领域的知识，这些知识除了来源于教材，还有一部分需要学生在实践探索中获取。因此选择的制作项目包含的学习内容应该丰富，融合多门学科的知识，具有一定的探索性，与现实生活相关，需要学生进行探究和实践才能获得完成项目所需的知识和技能。

在项目选定之初，可以通过开展有关机器人的专题讲座、实物演示、展示机器人的图片和视频等多媒体资料的方式，激发起学生对机器人的兴趣。学生在教师指导下，选择感兴趣的并且最好与现实生活相关的制作项目，例如移送机器人、机器人起重机的构造及原理就与日常生活中常见的伸缩晒衣架、挖土机的机械手臂、消防车的升降云梯等密切相关。选择这样的项目，便于学生在真实情境中通过实践探究获得完成项目所需的知识和技能。

选定项目后，教师应该指导学生从各个角度去考虑论证项目的可行性。应该充分考虑项目开展的时间、规模、难度，学生现有的知识经验和能力水平，以及学生通过努力是否有可能达到项目学习的目标，解决项目中出现的各类问题。项目开展的时间依据机器人制作的复杂性和所涉及知识的难易程度而定，一般不少于两周，使学生有充足的时间进行探究并学习丰富的学习内容。根据维果斯基的“最近发展区理论”，教师应考虑学生选择的项目是否在现有水平基础上稍稍带有难度。只有这样，在项目开展过程中才能充分调动学生的积极性，发挥其潜能，提高其能力。

（二）建立小组——形成学习共同体

机器人的制作是一项复杂的活动，适合采取小组合作的方式进行，项目教学注重促进学生之间的合作学习。在确定了项目之后，应该组织学生建立小组，制订计划，任务分工，交流合作，形成学习共同体，针对具体的项目展开探究和实践。

首先，要求学生准备较为全面的个人资料，包括兴趣爱好，对机器人搭建、机器人编程等相关知识的掌握程度等。提交这些材料的目的是根据学生的兴趣和学生的特点形成学习小组。例如选择相同制作项目的学生组成小组，对机器人相关知识掌握好的学生和掌握较差的学生组成小组，动手能力强的学生和不善于动手操作的学生组成小组，以利于小组成员之间优势互补，互相学习。

然后教师指导学生制订详细的时间流程安排，对项目涉及的活动预先进行规划，对小组内每个成员的任务进行恰当的分工。

合作学习贯穿于整个活动过程中，教师应引导学生按照小组分工承担相应的任务和责任，同时对学习过程进行必要的监控调节。教师可以设计具体的合作任务，引发学生共同参与完成，如让学生分别通过实地调查、专家访谈、收集资料等方式获取信息，共享资源，共同学习单片机及单片机汇编语言的基础知识等。通过这样的合作学习环境，学习共同体中的成员（包括教师和每位学生）之间互相交流、讨论，分享、评价彼此的创意和观点，每个成员的思维与智慧就可以被整个群体所共享，共同达成项目学习的目标。

（三）设计活动、创设情境——凸显在实践

探究中学习的机器人教学理念。

设计一定的情境和活动是项目教学设计最重要的环节。机器人课程将“探究尝试”“实践活动”“活动延伸”有机地融为一体，因此活动的设计和情境的创设应凸显在实践探究中学习的教学理念。

在学习活动中应注重改变学生被动接受的学习方式，创造条件让学生能积极主动地去探索和尝试，在实践探究中学习。活动应具有一定的难度和挑战性，不仅是已有知识、技能的应用，而且要求学生运用已有知识，在一定范围内学习新知识、新技能，通过解决问题提高自身的技术理论知识与技术实践能力。例如，搬运机器人的制作涉及单片机、控制器等知识，学生需要在认识单片机的基础上，掌握单片机汇编语言中的常见指令，学会使用控制器来控制外部设备。教师可以为学生提供中国机器人网、单片机学习网等包含相关知识的网址，学生通过这些网站学习知识和技能。教师还可以推荐相关的专家学者，学生通过访谈或咨询获得知识和经验。基于这些资源和活动的设计，学生自主探究，在经历中亲身体验知识的产生，并建构自身的知识。

情境是指支持学生进行探究学习的环境，这种环境可以是真实的工作环境，也可以是借助信息技术条件所形成的工作环境的再现，情境能够促进学生之间的合作，情境有利于学生掌握技术实践知识、工作过程知识[8]。那么如何创设有利于学生进行自主探究的情境呢？一是创设有丰富资源的学习环境。机器人涉及多学科领域的知识，信息技术特别是网络能为学生的探究活动搭建一个便捷的资源平台，教师可以为学生提供广泛的信息资源，例如与机器人相关的专题网站、参考资料库、机器人制作的案例等，以便学生根据自己的兴趣、需要去主动发现、主动探索。二是创设协作学习的环境。可以充分利用基于计算机网络的协同学习系统、研究性学习活动支持平台等支持学生进行独立学习、合作学习、讨论交流、自主探究。

（四）作品制作——关注分析、设计、创新等高阶思维能力的培养

在机器人制作过程中，学生需要进行软件设计、编程设计、分析计算、运行调试等活动，这些活动均属于高层次的认知水平，对这些能力的培养正是对学生高阶思维能力的培养。因此，这一环节的设计要注重引导学习者积极参与，交流合作，运用技术工具，不断反思尝试，将先前的知识和技能有效地迁移到新情境中，在机器人的搭建、编程、运行和调试过程中，培养学生分析、设计、实验、创新等高阶思维能力。

学生运用在学习过程中获得的知识和技能来完成机器人的搭建，并进行运行调试。教师作为指导者和促进者，应鼓励学生积极参与，发挥自己的创意，并和小组成员交流分享。在学生遇到困难时教师应鼓励学生充满信心，充分利用各种信息资源和技术工具以及同伴的帮助解决问题，不断反思尝试，通过不懈的努力完成作品的制作。

（五）成果展示——强调机器人教学的最终目标是能力的提高

学生制作的机器人作品凝结了他们的知识、创新和能力。学生在机器人制作过程中掌握了运用知识的技能和策略，获得了丰富的经验，提高了团队工作能力，培养了创新精神和实践能力。因此这一环节更应该关注学生之间经验的交流和分享，并将获取的技能运用到终身学习中，而不单纯是机器人作品的展示。

教师可以组织召开作品展示会、座谈会、小型比赛等，参与的人员除教师和学生之外，还可以邀请家长、其他学校的教师和学生以及相关的专家等；将一些成功的作品和资料进行必要的处理或整理，形成示范案例，或者推荐参加不同级别的机器人大赛；引导学生进行经验的交流和分享，感受作品制作成功的喜悦。

（六）活动评价——多种评价方式结合，注重对学习过程的评价

定量评价与定性评价、形成性评价与总结性评价、个人评价与小组评价、自我评价与他人评价相结合，尤其注重对学习过程的评价。评价的

内容主要包括：项目的选择、计划、时间安排，学生在小组合作学习中的表现、学习体会，最终作品和成果展示等方面。对过程的评价强调对活动记录、学生在小组合作学习中的表现、学习体会等的评价，对结果的评价强调学生知识获得和技能掌握的程度，如机器人外形设计是否有创意，机器人是否能顺利完成指派任务等。评价的主体可以是专家、学者、教师，也可以是同伴或者学生自己。

教师可以设计学习活动评价量规，对学生的学习过程和学习结果进行评价。学生之间进行互评、自评和反思，学生可以反映他们自身以及同伴在活动中的表现、小组的工作情况、对活动的感受以及获得的知识和技能。通过来自教师、专家、学者、自我与同伴的评价，明确学习活动过程中和学习成果中存在的不足，从而为进一步完善自己的作品打下基础，为以后学习活动的开展积累经验。

四、总结与展望

项目教学模式在机器人教学中的有效应用，有助于学生技术素养、创新能力和实践能力的全面提高。项目教学模式在机器人课程教学中应用的设计方法与步骤，为教师设计机器人教学活动提供了借鉴。由于研究条件的限制，将项目教学模式应用于机器人教学的设想还未能在实际教学中得到实施和验证，这也是本研究的后续研究之所在。随着机器人教育领域中理论与实践的不断发展和探索，相信会有越来越多的人关注机器人教育，对机器人教学目标的定位产生新的思考，随即开发出更多有利于机器人教学的教学模式和方法。

参考文献：

[1] Igor M. Verner. *The Values of Project – based Education in Robotics* [J]. Robo Cup – 97: robot soccer world cup I, 1997.

[2] 大力推进智能机器人进入中小学的进程——郭善渡先生访谈 [J]. 信息技术教育，2005(11)：9.

[3] 普通高中技术课程标准（实验）[M]. 北京：人民教育出版社，2003.

[4][5][7] 钟志贤. 信息化教学模式 [M]. 北京：教育科学出版社，2005：113 – 114.

[6][8] 徐涵. 项目教学的理论基础、基本特征及对教师的要求 [J]. 职教论坛，2007(3)：11.

高中《信息技术基础》“信息资源管理”部分结合STS分析的教学设计和思考

邢建秀

（内蒙古师范大学传媒学院，内蒙古　呼和浩特　010022）

摘　要：为了更好地进行信息资源基础课程模块的教学，系统规划的教学设计非常重要。STS（科学，技术，社会）教育强调科学、技术与社会之间的互动关系，强调从与现实世界相关联的角度来实施教学。高中《信息技术基础》中信息资源管理部分综合性很强，笔者通过对信息资源管理课程的特点分析认为，将STS分析方法融入到信息资源管理教学过程中具有重要意义。所以对信息资源管理内容，从教学目的、教学内容、学习者特征、教学策略、教学过程、教学评价等方面融入STS分析方法进行完整的教学设计，更加有利于学生向信息技术教育的培养目标迈进。

关键词：信息资源基础　信息资源管理　STS分析　教学设计

从古代的藏书阁、户籍管理到近代的图书馆、档案馆，再到现代政府、企业、学校等各行各业的信息中心，人类社会的信息资源管理历史源远流长。

当代信息技术管理是在经济和科学技术高度发展的条件下，对文献、知识和信息管理的延伸和拓展，是文献、知识和信息管理由古代到现代不断演变和发展的产物。对信息资源的特征、性质、获取和组织进行深入研究是有效开发、管理和利用信息资源、促进社会经济信息化的基础和前提条件[1]。

“信息资源管理”作为高中《信息技术基础》的重要组成部分，其技术理论程度和学习能力要求较高，这部分内容理论性强且抽象，要求学生掌握一定的技术操作能力，但又不能把这门课当成纯粹的技术课来教，要以培养高中生的信息素养和终身学习能力为宗旨，注重学生多元思维方式的开发，注重学生获取信息能力、判断分析信息能力、交流表达能力、协作能力等的开发。我国教育部之所以把这样的课程作为高中信息技术的选修课开设，是因为它有着重大的教育意义[2]：①有利于多种思维方式和信息素养的培养；②有利于学生逻辑思维能力的培养；③有利于学生获取信息和判断分析信息能力的培养；④有利于激发学生对于信息社会美好未来的追求。

“信息资源管理”部分内容有课程新、理论性强的特点，使得教师不容易很好地驾驭教材，讲授过程中多以技术性知识为主，忽略STS分析等，没有以信息技术教育的培养目标为主进行教学。本文主要针对这几个方面，对该部分知识进行详细、系统化的教学设计，并在科学知识中融入社会知识，通过活动、任务的学习引发学生的思考，从而向着信息技术的培养目标努力。

一、课程内容的STS分析

通过以上分析表明，“信息资源管理”在高中信息技术中有着重要的意义。首先，在科学技术方面，可以增强学习者学习科学文化知识的动力和兴趣，让学习者会利用信息技术获取信息资源、有效管理信息资源，简化现实生活中复杂的问题。其次，从社会方面来看，学习者通过学习可以清醒地认识到信息资源管理在我们的日常生活、工作和学习中无处不在，有效的信息资源管理可以增强个人获取信息资源、分析信息资源的能力，为我们提供更多思考、学习、工作的时间，同时增强对信息技术发展前景的向往。系统化的教学设计是有效教学过程的基础，《信息技术基础》的教学内容对于高中生而言，教学时结合实际应用更容易理解，STS课程分析方法是比较适用的。这种分析方法是对与信息技术有关的科学、技术和社会方面的知识进行详细的分析，有利于学生学习时与社会实践结合，更好地理解和应用学习内容。笔者以该课程中理论性较强的“信息资源管理”为例，应用系统的教学系统设计方法进行教学设计。笔者首先对该部分知识进行了以下STS分析。

1. Science（科学）。

明确信息资源管理的含义、特征和获取资源所用到的工具，就可以理解信息资源管理的普遍性及其重要意义，以此促进信息资源管理的发展。

教学内容从三个方面来分析，分别是信息资源管理概要（图1－8）、搜索引擎（图1－9）、数字图书馆（图1－10）。同样是结合STS分析方法，把知识点和相对应的社会性知识联系在一起。

（1）信息资源管理的含义及其特征。

（2）搜索引擎的含义及其工作原理。

（3）数字图书馆的含义及关键技术。

2. Technology（技术）。

通过对信息资源获取、分析、整理存储的学习，了解获取各种资源的最佳方式，理解信息资源管理的重要作用。

（1）利用搜索引擎方式快速获得所需要的图像、视频、网页、文字等信息资源。

（2）网络信息资源丰富无比，要善于分析，发现和运用其中的技术技巧，对信息进行有效的下载。

（3）对收集的信息资源进行整理、分类、存储。

（4）数字图书馆的简单使用。

3. Society（社会）。

（1）在利用搜索引擎获取信息资源时，要特别注意网络信息的安全。

（2）在获取信息资源时，涉及的侵害到个人隐私和知识产权的问题。

（3）使学生体会信息技术的“双面性”，以及与获取信息资源相关的伦理道德问题，增强学生正确使用信息资源的意识，培养学生的价值观。

（4）从日本地震防震措施及平日的防灾教育体系中思考，引导学生增强自我保护意识，学习一些灾难自救的方法。根据STS分析，在信息资源管理的教学中，尤其是在学习活动和任务的选择和操作过程中渗透了相关的社会问题，主要体现在教学策略的选择和应用上，以及相应的教学过程中。该模块的具体教学设计方案将在下面给出。

二、“信息资源管理”的教学设计方案[3]

（一）教学内容分析

由STS分析和内容分析图可知，“信息资源管理”的教学目标是：知道信息资源管理的含义和特征，能够运用搜索引擎和超星数字图书馆获取各类信息资源，提高分析、整理、分类、存储信息的能力，从而提高学生善于思考和解决问题的能力。

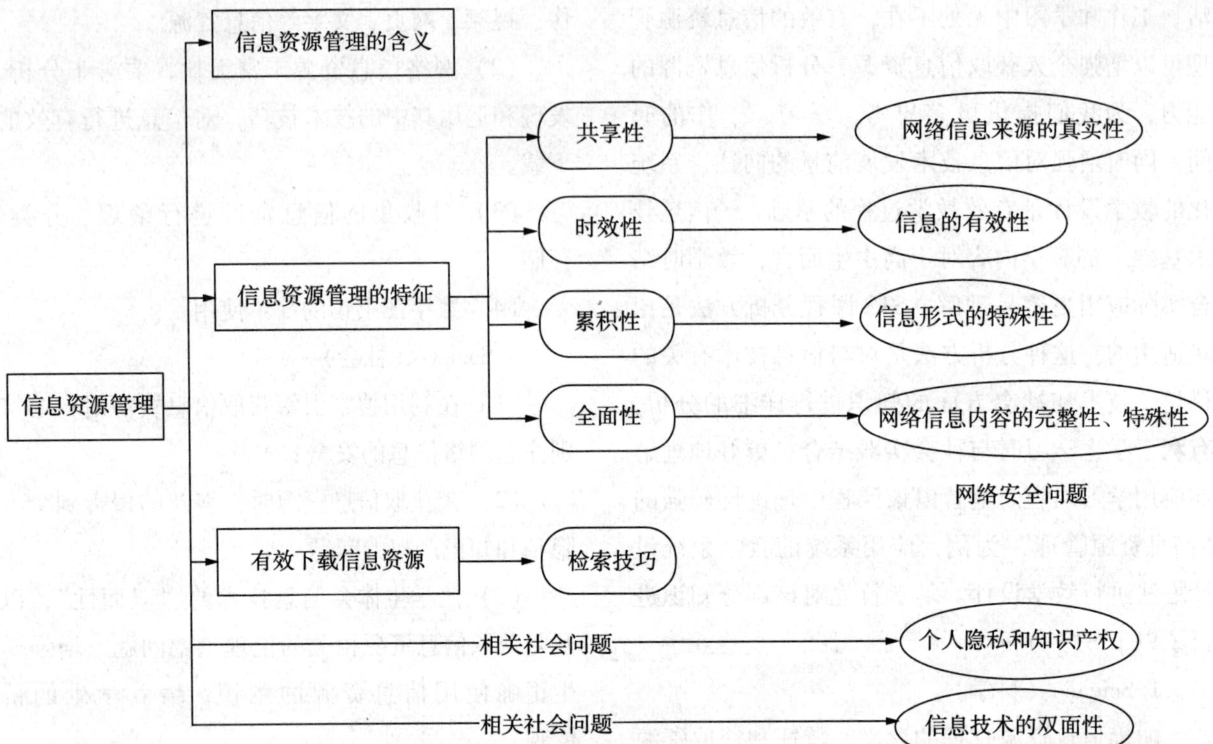

图1-8　信息资源管理概要内容分析

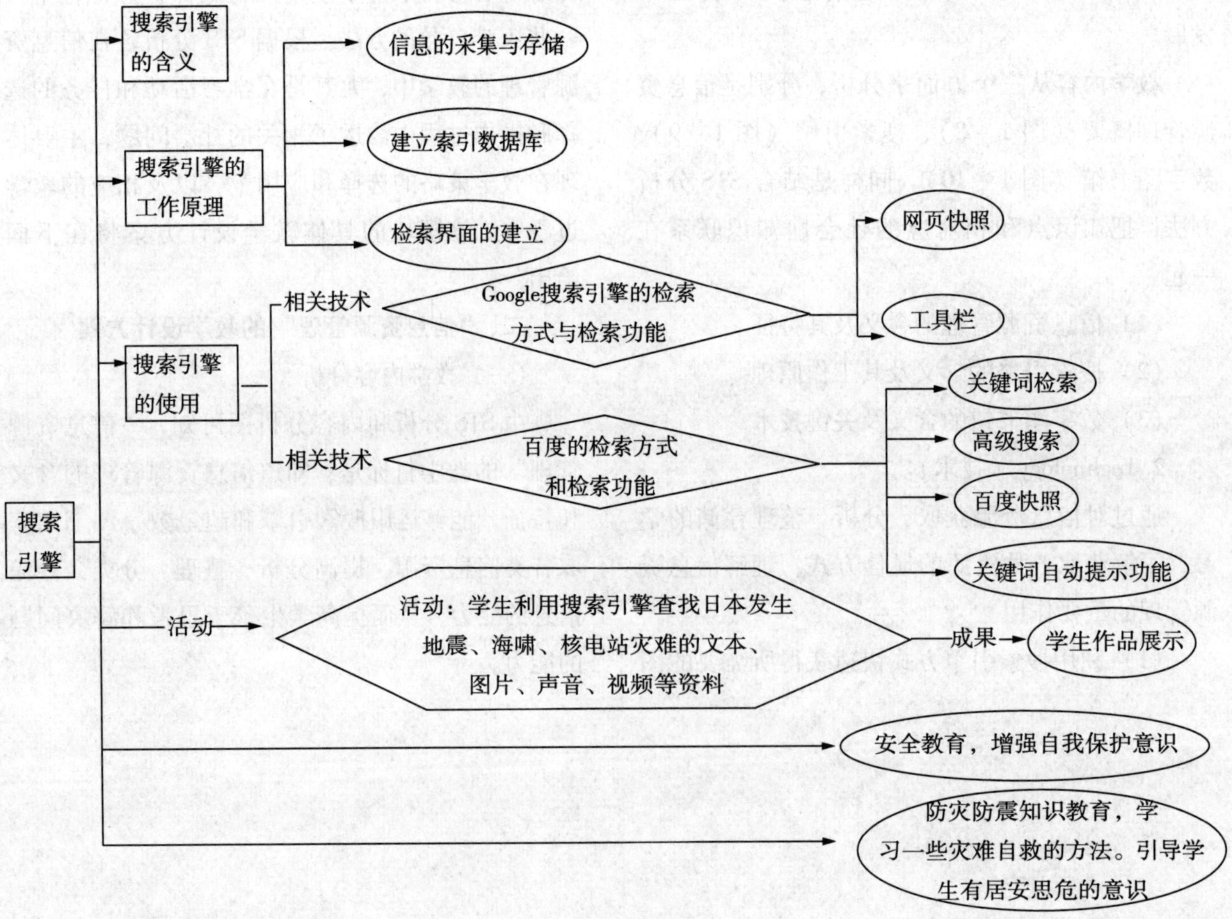

图1-9　搜索引擎内容分析

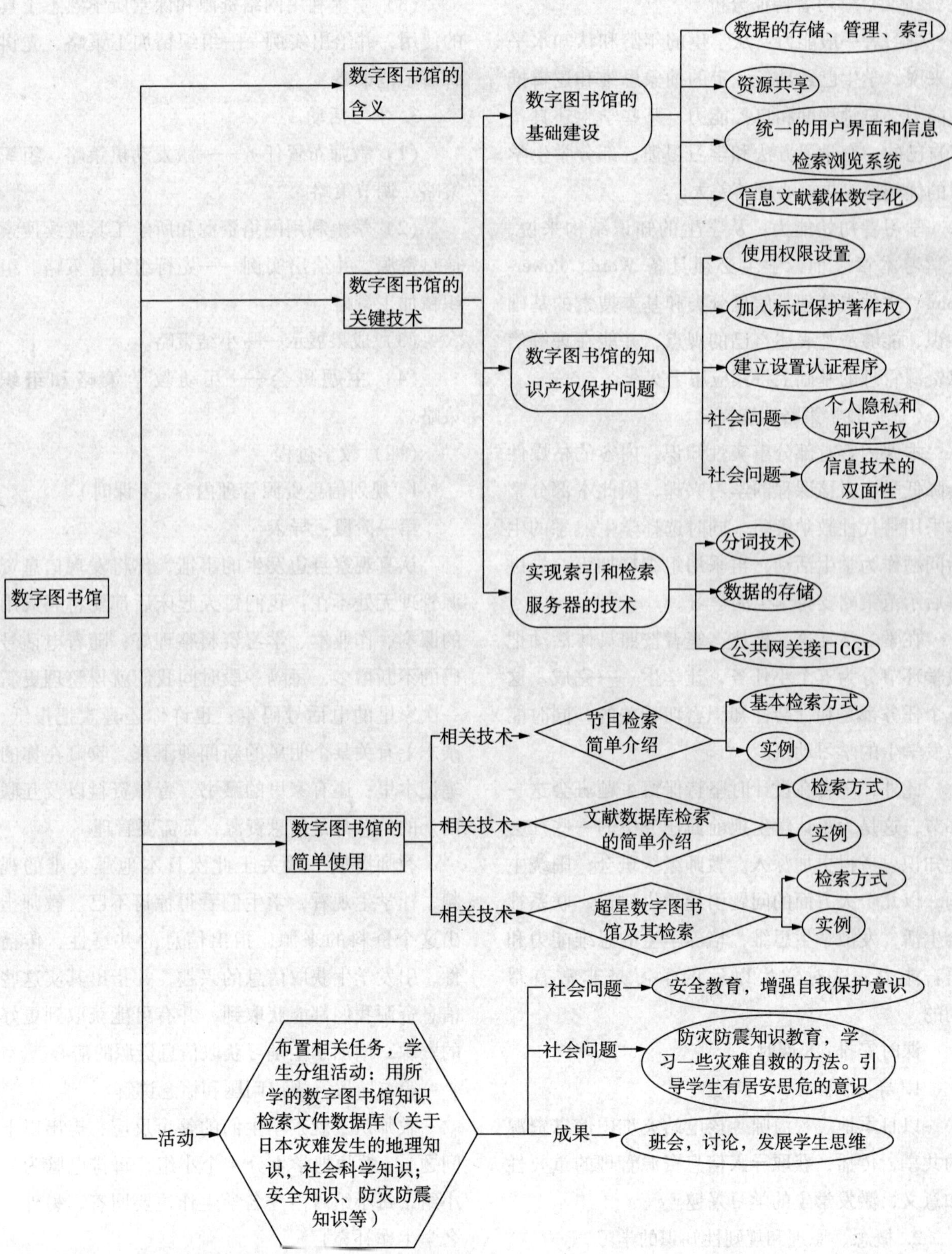

图1－10　数字图书馆内容分析

（二）学习者特征分析

学习者一般能力：从学生的年龄和认知水平上来说，学生已经具备一定的抽象思维和逻辑推理能力、自觉程度和自控能力，某些学生还具备了自己的一套学习方法和学习习惯，部分学生学习的优越感丧失，心理落差大。

学习者初始能力：从学生的知识结构来说，在学习本章之前，学生必须具备 Word、PowerPoint、文件夹管理、信息分类和基本搜索的基础知识，能够清楚表述自己的观点，并能在理解信息资源管理的基础上将其应用于实践。

（三）教学策略的选择

本课内容有部分事实性知识，内容的枯燥性会降低学生对该课程的学习兴趣，因此本部分整体采用替代性教学策略，同时选择学生熟悉的生活问题作为学生活动，再采用组织精加工、先讲解后示范策略支持学生的学习。

在学习活动这一模块，笔者按照具体活动把教学环节分为五个小任务，让学生一一完成。这五个任务都是和社会性知识密切相关的，同时能激发学生的学习动机。

此外，笔者在设计时坚持保留主题班会这一环节，这是为了让学生把前面任务中的一些社会性知识思考得更加深入。教师组织班会，围绕主题，以几个大方面的问题引导学生讨论，联系社会生活，发散学生思维，培养学生的思维能力和语言能力，这对学生以后的学习是非常有帮助的。

课时安排：8 课时

1. 导入。

以日本地震、海啸、核电站灾难中信息资源的共享，传播、获取导入信息资源管理的重要性和意义，激发学生的学习兴趣。

2. 概念、原理和规则性知识的学习。

（1）学生利用网络资源搜索各个概念和教师的课堂讲解——概念形成策略和复述策略。

（2）教师讲解原理——替代性策略、组织精加工策略，学生复述各个知识表示的原理，即复述策略。

（3）学生利用网络资源和课堂所学熟悉工具的使用，并给出实例——组织精加工策略、先讲解后示范策略。

3. 学习活动。

（1）教师布置任务——激发动机策略、组织策略、调节策略。

（2）学生利用网络资源和所学工具继续搜索信息资源，并给出实例——先行组织者策略、组织精加工策略。

（3）成果展示——小结策略。

（4）主题班会——互动教学策略和组织策略。

（四）教学过程

1. 规划信息资源管理内容（1 课时）。

第一阶段：导入

认真观察身边发生的事情，你将发现信息资源管理无处不在：我们每天起床后都要将当天用的课本、作业本、学习资料整理好；随着电话号码的不断增多，每隔一段时间我们就得整理更新一次家里的电话号码本；也许你还喜欢把报纸、杂志上有关某个明星的新闻剪下来，收藏在你的笔记本里；还有家里的藏书、音像资料以及互联网上的信息都是信息资源，都需要管理。

教师播放一段关于此次日本地震灾难的视频，让学生观看，学生们看得惊讶不已。教师指出这个资料的来源，指出信息的共享性、传播性，引发学生获取信息的兴趣，并指出其实这些信息资源我们都能获取到，并有可能获取到更好的资源，增加学生学习获取信息资源的信心。

第二阶段：提出问题和概念讲解

教师认真观察学生们的整个反应，提出以下问题。（教师把学生分 4 个小组，每排电脑为一小组，每小组可由一名学生作主要回答，另外一名学生作补充）

（1）获取信息资源时我们要用到什么工具？（引入搜索引擎、数字图书馆概念）

（2）怎样能保证我们获取到的信息资源是准确的呢？（引入信息资源特征）

（3）对于日本地震灾难，你们还想找到哪些

信息资源？你们准备怎样获取相关资源？（让学生明白信息资源的种类是多种多样的）

（4）从哪里获取到的信息资源更为权威？（学生分组讨论并回答）

教师组织学生讨论，并让小组回答，每小组回答完后教师都进行点评。

以这些问题引出“信息资源管理”的内容、搜索引擎和数字图书馆的用法等。

然后，教师花几分钟时间给学生讲解信息资源管理的含义、信息资源管理的一般过程、信息资源管理特征、搜索引擎的含义、数字图书馆的含义等基本概念。

第三阶段：布置任务

任务1：利用搜索引擎查找日本发生地震、海啸、核电站灾难的文本、图片、声音、视频、网页等信息资源。（目的是让学生掌握获取信息的能力，理解信息资源管理的几个特征）

任务2：用所学的数字图书馆知识检索文献数据库（关于日本灾难发生的地理知识、社会科学知识、安全知识、防震防灾知识等）。（目的是发散学生思维，让学生自己思考一些引发灾难的知识，培养学生多动脑，爱思考的习惯）

任务3：对检索的信息资源进行整理。

任务4：分析这些信息资源的有效性。（目的是引导学生发现网络信息资源的安全性问题、有效性问题，以及文献中涉及的知识产权和个人隐私问题）

任务5：把整理好的信息资源制作成课件。（目的是让学生对这些信息资源进行归类，培养学生的逻辑思维能力，同时进一步熟悉课件的制作）

2. 获取、加工信息资源（5课时）。

在本小节中主要以“百度搜索引擎”和“超星数字图书馆”为例进行讲解，本节的主要内容是在五个不同的小任务的驱动下，利用百度搜索引擎和超星数字图书馆来查找和获取信息资源，然后把获取到的信息资源进行整理分类，制作成课件。主要分四部分进行：教师讲解示范、查找信息资源、课件制作和建立超链接。

小组内每个同学完成一个个独立的查找任务，相互之间可以通过讨论互助的方式来协作完成任务。要求：查找和主题（日本发生地震、海啸、核电站灾难）相关的文字、图片、网页、视频、文献等信息资源；下载获得所需文字、图片、视频、文献之类的信息资源后再进行筛选；分析、整理、选出最有代表性的信息资源。

在制作课件时注意以下几点。

（1）同一个小组的主题相同，应进行创造性的设计（提供一些优秀的布局的实例用于参考）。

（2）课件尽量做到主题突出，布局协调等。在制作过程中如有不懂的问题先进行组内讨论或利用 Google、Baidu 搜索解答，也可以小组提问。

（3）要求学生把制作过程中遇到的问题都一一记录下来。（记录表）

课后查看各小组完成的情况，对优秀的给予表扬，对存在的问题进行总结，提炼出重点、难点，同时详细解答学生的“提问”并进行演示，以便于后面内容的学习。

建立超链接时，将各小组前几节课完成的资源在课件中通过超链接组合起来，介绍一些建立超链接的方法，如可以通过图片、文字等建立超链接，学生根据小组实际情况，自主学习完成任务。

3. 课件演示和主题班会（2课时）。

（1）每小组派代表陈述、演示自己的课件，同学们进行讨论。

讨论主题的课件内容是否丰富，每个课件有哪些值得学习的地方，哪些地方还需要改善等。

（2）主题班会。

教师以学生制作的课件为资料，在深入讲解课件涉及的具体内容时，分别从以下几个大的问题来引导学生讨论，教师是班会的组织者，并及时给予指导、提示、引导学生进行发散性思考。

①分析讨论信息资源有效下载问题。

②分析讨论网络信息内容的安全性、及时性问题。

③分析讨论下载过程中遇到的知识产权和个人隐私问题。

④分析讨论信息技术体现出的“双面性”问题。

⑤分析防震、防灾知识教育问题。

⑥分析安全教育问题。

（3）作业。

每个学生根据自己的课件内容和我们的主题班会写一个小报告，谈谈自己的学习结果和感受。

（五）学习评价

通过“信息资源管理”章节的学习，旨在让学生通过学习获得信息资源管理的初步体验和了解。通过学习活动告诉学生需要完成的任务和需要解决的问题，让学生明白自己到底要干什么。因此，过程性评价与总结性评价、定性评价与定量评价相结合的课程评价方法就显得十分重要。

1. 过程性评价。

要检测学生的学习过程，就要特别注意学生在学习过程中的表现，同时，教师要监控整个班级，认真观察班级中 4 个小组的具体活动情况，教师的作用也会因此体现得极为充分。所以，我们的过程性评价分为两部分，那就是学习过程记录（由小组内的其中一名同学负责）和教师观察。

（1）学生学习过程记录。

①本小组任务分配情况是怎样的?

②本小组的搜索过程是怎样的?

③本小组中的哪位同学提出了什么问题？分别是怎么解决的?

④在整个学习过程中，本小组遇到的共同问题是什么?

⑤本小组特别喜欢哪一环节的学习？为什么?

（2）教师观察记录表（如表 1－4 所示）

表 1－4 和表 1－5 仅供各小组内针对组员在课程任务协作完成过程中的表现进行评价。每位成员的表现填写一个表格，计算出总得分，每小组提交一份包含每个人的评价表和简要成绩单的 Word 文档。

表 1－4　个人记录表（组别：第××组）

记录内容			分值	得分
个人动手能力强			1	
能够选择合适的工具			1	
自主完成分工任务			1	
主动承担任务			1	
积极参加小组讨论与活动			1	
能够提出问题			1	
认真倾听别人的观点			1	
遇到问题的解决办法			1	
能够愉快地合作			1	
有创见			1	
姓名		总计	共 10 分	

表 1－5　小组记录表

记录内容		分值	备注（详细说明）	得分
小组动手能力		2		
小组主动承担任务情况		2		
小组遇到问题的解决能力		2		
小组合作协调能力		2		
小组作品进展情况		2		
组别		总计	共 10 分	

2. 总结性评价。

每组同学要完成一个作品，每个小组还要展示各自小组的作品，并对各自的作品有一个陈述。为此，我们制作如表 1－6 所示的评价量规。

表1－6　评价量规

评价参考标准＼评价主体		组内自评	组间互评	教师点评
主题	表达是否清楚（10分）			
	设计是否有创意（10分）			
获取的资源内容是否全面有效（15分）				
内容陈述	表述是否清楚（10分）			
	表达是否流畅灵活（10分）			
小组成员是否分工协作（5分）				
小组成员能否完成分配给的任务（5分）				
作品	布局是否合理（10分）			
	内容是否丰富（15分）			
	制作的难易程度（10分）			
总分				

三、反思与总结

我国高中《信息技术基础》课程的开展由于起步较晚，还有很长的路要走。把先进的教学设计理念有效地运用到教学实践中，有效地设计教学，促进学生更好地学习具有重要意义。尤其是对那些理论性较强、学生不感兴趣的规则原理知识来说，任课教师更应该针对学生的实际情况详细、系统地进行教学设计。应该很好地利用STS分析法，分别从科学、技术、社会三个方面来分析阐述教学的三维目标；根据目标分析和学习者的学习特征选择相应的策略，合理设计学习任务，并对每一学习任务设计评价方案进行考查；注重学生的学习过程，发散学生思维，引导学生思考一些相应的社会问题，将对学生的学习有更好的促进作用，同时也有利于教师的专业发展。加强高等院校专业教师和一线教师合作进行课程资源的开发和建设，有利于信息技术教育工作更好地开展。

参考文献：

［1］马费成，赖茂盛．信息资源管理［M］．北京：高等教育出版社，2006.

［2］普通高中技术课程标准（实验）［M］．北京：人民教育出版社，2003.

［3］李龙．教学设计［M］．北京：高等教育出版社，2010：43－44.

打造义乌区域特色的信息技术学科教学品牌

廖丽鸳

（浙江省义乌中学，浙江　义乌　322099）

摘　要： 毛泽东在20世纪50年代曾经写过一篇《谁说鸡毛飞不上天?》，约半个世纪后，义乌人用自己的行动验证了鸡毛可以上天。不仅鸡毛可以上天，义乌人还让鸡毛飞遍世界。身在义乌做义乌，借鉴义乌经验，学习义乌精神，本文提出应该"打造义乌特色的信息技术学科教学品牌"，形成本土化、区域化的信息技术教学特色。

关键词： 品牌　市场　信息技术　教学

一个山沟沟里的小县城，却以繁荣发达的商贸服务业吸引着全国乃至全世界的目光，今天，义乌被誉为"小商品海洋""购物者天堂"，是全球著名的小商品品牌经营中心。在"义乌经验""义乌指数""义乌模式"等一个个冠以"义乌"的名号被津津乐道的同时，"品牌"效应也在不知不觉间影响着每个义乌人的态度和观念，义乌特色品牌的形象已由企业延伸到教育机构。在义乌，从上级教育行政部门到各级教育工作者都着眼于这个目标，努力打造出属于自己的品牌。

2010年10月10日，"义乌特色"教育受到了教育部的表彰，相关经验在全国推广。在这个大环境下，义乌特色的品牌教学法已经深入义乌中学各学科教师的课堂。义乌中学物理组结合小商品市场的地域优势，开发了"玩具与物理"的特色教学课程。信息技术与其他学科整合，开展了"商城义乌街头巷尾的店面广告""义乌女商人的生活调查""义佳易商业计划书""企业文化铸就企业辉煌""义乌企业的发展方向"等主题研究，深受学生欢迎。在品牌打造理念的驱动下，打造义乌特色的信息技术学科教学品牌，已成为义乌中学信息技术课堂教学的焦点和目标。

一、品牌定位

信息技术是一门和其他学科有着紧密联系，而又为广大学生喜爱，关乎学生身心健康成长和未来发展的重要学科。它为学生创设了独有的、开阔的学习和活动环境，又为学生提供了充分的观察、思维、实践的机会，对于学生创新能力的培养和实践能力的提高具有其他学科无法比拟的优势。

动手（上机操作）是该学科最大的特点，在整个教学中占有重要地位。然而，盲目地上机不仅达不到教学目标的要求，还可能导致适得其反的效果。教师可根据社会经验和本土文化，在内容选择上生活化、实例化，将知识点的重要性提高到学生认识的层面上，让学生从心里接受、喜欢、想要获取信息及其信息技术，主动利用信息资源自主学习。

信息技术教学应该在对学生进行信息知识与信息技能培养的基础上，使学生明确什么是手段、什么是工具、什么是目的，以及如何利用手段与工具达到自己的目的。会用不是关键，更重要的是"怎样应用信息工具"和"用信息工具干什么"，切实解决实践中出现的问题。应该深入开展"立足本土"的对策性与开发性研究，建立小商品信息超市，提供数字化在线学习。既然

"世界在义乌小商品城变小，品牌'从鸡毛换糖'做大"，我相信信息技术课堂小天地，也可以铸就教学大品牌。

二、义乌经验

经过一段时间的发展，义乌人神话般地把一个小集市办成了"卖天下货、买天下货"的世界超级市场，其"小商品海洋，购物者天堂"的定位全球知名。高中新课改实验确实给高中信息技术开创了一个崭新的局面，然而，新课程建设和市场建设一样有着其内在的发展规律，高中信息技术课程的建设还有很长一段路要走，信息技术课程的理念、目标和价值要得到广泛意义上的理解和支持，也需要经历一段漫长的时期。"因为一无所有，所以才能无中生有"，义乌人用自己的行动验证了"鸡毛可以上天"，这一现象对我们信息技术学科的发展也许不无启示。

（一）放权

教学意味着更多的控制与支配，而学习则意味着更多的主动与自由。义乌中学在"电脑绘画、电子报刊、动画制作"的教学中，放开时间，放开内容，让学生根据生活实际自选主题，收集素材，大胆尝试，设计制作出学生自己满意的电脑作品。学生甚至在完成主题作品的任务过程中帮助父母解决了不少电脑操作问题，而且会想办法给熟悉的小业主解决实际困难。其中，2007届黄斯等同学开发设计的简易商务记账表获义乌市科技创新大赛一等奖，并被某商户采用。

（二）开放

信息技术课堂也应该是开放的课堂，利用小商品的海洋这一本土得天独厚的资源的原生态的动态课堂教学是信息技术教师的首选方式。例如，个别企业家庭的学生甚至参与了自家商品的网站维护和更新，真实地感受到了信息技术在日常生活中的作用，也给了来自不同家庭的同学一个很好的实例，同学间对日常事例有了交流与分享，缩短了同学间原本的城乡差距。根据教学内容在网络的应用教学中引进义乌工商学院学生近几年淘宝网利用的成功体验和事例也取得了良好的效果。

（三）策略

成就感能极大地鼓舞学生主动学习。学生喜爱的应该是一种没有任何压力、轻松自然的绿色课堂，可以有错误、有失败、有争论，而我们就尽量为学生创造出这样的绿色课堂。课堂上展示学生电脑作品，点评他们做得好的地方，也给他们提出一些修改建议。"赏识""尊重""期待"也是爱的方式，是一种教学策略和技巧，能激励更多学生愿意上进，主动参与。

（四）勤奋

义乌人自古敢闯敢干，义乌民间有句俗语，"天上有金子掉下来，也要你自己走出去捡"。实践操作是巩固学生学习信息技术的一个重要环节，俗话说"熟能生巧、勤能补拙"，多练习，多操作，不知不觉中就掌握了知识要领。

（五）积累

在主题网站教学中，建议学生选择适合自己的主题，确定资料类别，用一个学期的时间先积累素材。可以利用周末或者节假日的时间通过数码拍照、上网获取，利用自家电脑整理相关资料，分类管理自己的素材。第二个学期开学初在课堂上阐述作品主题，简述自己的设想，寻找作品制作的合作伙伴，跟同学们分享素材，开展协作学习。

三、品牌经营

开展社会教学、绿色实践活动。信息技术与社会课堂教学整合的创新，不仅仅是一种方法上的更新，更重要的是把信息资源带到了课堂教学活动中。把学习空间还给学生，给学生提供视觉、听觉和创新思维，倡导生活回归、注重能力的培养，利用本土资源，合理、机动地运用信息技术，实现信息技术教育与综合实践活动的整合，是一条越走越宽的道路。

（一）考察市场，确定主题，创作作品

企业，在品牌定位前，在产品上市前，在上市策略出来前，在价格出来前，需要进行市场考察才能制订出更符合实际的企业赢利方案。为了改变学生被动接受的学习方式，培养学生的创新与自我实践的能力，充分利用学生的探索性和创造性，在教学中要给学生一定的实践机会，展示现有的学生作品，渗透一种“作品意识”，让他们自主选题，自主创造。

作品主题都由学生自己经过初步调查提炼而成，源自学生的生活，研究范围涉及旅游购物、环保、义乌古镇文化、城市建设、市场搬迁、企业管理、科学玩具、国际商贸城等。本着学生自愿的原则，组织各种创作小组，在假日活动和实践活动过程中走市场，看商场，访商户，深入摊位，走访企业，共同探讨，坚持下来，学生开阔了视野，增加了多种生活体验，培养了合作意识和创新精神，也能获得较好的成绩。

（二）学会思考，利用资源，自主学习

引导学生主动思考，利用资源来支持学习。在教学中，培养学生的创造性思维，提高学生的自主学习能力是信息技术新课程教学设计改革的方向。在教学中应给学生必要甚至足够的学习空间和时间，让学生自己往前走，而不是被老师牵着走。

应鼓励学生以自己的方式看问题，在上机的过程中遇到问题不是马上举手，而是先想“为什么?”“怎样解决?”，然后上机探索、查书，再问周围同学，最后才是举手问老师，让学生体会到自己动手动脑解决问题的成功的喜悦。强调学习应当被促进和支持而不应受到控制与支配，强调学习者对资源的利用而不是应用，利用各种工具和信息资源（如文字材料、音像资料、CAI与多媒体课件以及 Internet 资源等）来达到自己的学习目标。在这一过程中学生不仅能得到教师的帮助与支持，而且学生之间也可以相互协作和分享。

（三）建立基地，开发资源，选择利用

义乌有“四多”，商品多、车多、酒店多、老外多。到义乌市场参观，如果在每个商位前站3分钟，按照每天8小时计算，至少需要一年时间才能走遍整个义乌市场。这个比方恰如其分地注解了义乌市场“小商品海洋”之深、之大。千万个市场主体是义乌市场繁荣的血脉。信息技术则更“多”：多媒体、多技术、多应用、多渠道、多学科整合、多资源、多沟通、多平台。互联网是一个知识的宝库，教师要引导学生利用网络资源改善自己的学习和生活，使得自己的学习更加有趣，更加有价值。

教研组或者备课组应建立学科教学基地，共享知识，为学生提供丰富的专题学习资源、协作平台和研讨区，为学习者提供协作学习、展示成果的舞台，全面提高学生的信息素养。

鼓励学生在网络中冲浪时，不妨做一个有心人，及时保存并记录有用的或者可能有用的信息，使之成为让人激动不已的经典资源。提醒学生在信息收集、处理和利用时，学会筛选，对所获得的信息逐一进行评估，要认真思考信息内容的有效性、信息陈述的准确性、信息依据的充分性，重视培养学生对有用信息和无用信息的鉴别能力、法制观念和审美意识。

（四）批零兼营，分层教学，体现个性

信息技术课程是具有普及性质的基础工具课程，但是鉴于各种原因，即使在义乌，也存在有的学生家里有电脑，但有的学生根本没有接触过电脑的现象。如果完全采用班级集体授课的形式，教师不可能兼顾全体学生的需要。因此，教学中要使班集体教学与个别辅导相结合，对不同层次的学生采取不同的指导方式，对层次高的学生多采用点拨和启发，对中等层次的多指导，对层次较低的多帮助。在教学中为各层次的学生确定不同的学习任务。如教授动画制作内容时，对于普通型的学生，要求其根据书上的例子模仿完成；对于提高型的学生，要求其根据自己的知识技能将例子进行进一步的美化；对于创意型的学生，要求其根据自己的构思，结合生活实际，灵活创作图文并茂的作品，明白所学内容可以用在哪些方面。

信息技术带给孩子们最多的，不是技术的使用，而是其承载的生活方式、思维方式和行为方式，这些东西将影响他们今后的生活。信息技术的教学不是单纯的技能训练、就软件教软件，而应该以学生自身的需求为根本，提高学生的信息素养和能力。建议学生选择一个重点，确立一个主攻方向，制作出富有个性的作品，可以以网页制作为特色，也可以以 Flash 动画制作为特色，还可以把重点放在电脑绘画上，总之要集中精力寻求突破。

（五）提出问题，拓展创新，强者恒强

义乌是靠立场立市、兴市的典型。但是，如果缺乏创新，不重视升级换代，现在的强者或许就是明天的弱者，繁荣的背后潜伏着危机，义乌人绝不会掉以轻心。居安思危，已经进入“指数时代”的义乌仍在不断寻找自己的不足，开展“解放思想十问”大讨论，跳出义乌发展义乌。

对教育而言，没有问题便是最大的问题，教师在信息技术课堂教学中对学生的追问和对自身教学方式的自问是品牌发展所必需的。

追问，作为提问的一种特殊形式是不能被预设的，教师应能抓住时机善追问、巧追问，成为一个智慧的“追问者”。学生在使用信息技术的过程中，会遇到各种各样的问题，许多问题都源于生活，教师可以把这些问题收集整理作为课堂教学的良好素材。可以通过精心设计的课堂提问来帮助学生走出简单的模仿，形成创造性的思维，提升学生的素养。课堂教学是遗憾的艺术。一堂课可能成为成功的经验，也可能成为失败的教训，教师应学会反思，坚持“一不做得过且过、不思进取的教师；二不做人云亦云、没有自己思考的教师”，学会思考，精益求精，激活教学智慧。

四、品牌提炼

义乌教育走“本土化”“ 校本化”“信息化”之路，因势利导，引导区域教育特色化。“引进一个项目，创造一个品牌”，义乌市稠州中学的外教工作得到社会各界的高度关注，《中国教育报》、中央电视台等多家国家级媒体作了宣传。打造义乌特色的信息技术学科教学品牌，义乌中学在信息技术课的教学中，让学习任务在学生的现实生活中找到落脚点，使得电脑作品的主题能在社会实践中找到生长点。将学生实际生活中的教学资源引入课堂，关注学生的实际需要，努力创设生活情境，让信息技术走进生活；让生活融入信息技术课堂，让课堂散发生活的气息，让学生在生活中学习，在学习中更好地生活，从而获得有活力的知识。例如，有位教师在“彩色世界”一课的拓展环节中，读了一封求助信“有一家服装厂积压了大量 T 恤衫，请同学们帮助设计新的式样”，于是掀起了这节课的高潮。

五、结束语

在国家级课改实验区工作推进中，义乌扎根商城文化沃土，努力培育学科精品。王迎副市长在国家教育部的专题报告中指出“义乌特色”的学校教育有“两途径”，即走“网络化”“信息化”之路，促进教育的资源共享和交流沟通；走“本土化”“校本化”之路，“一校一品”的教育格局悄然形成。

没有信息交流就没有群体、社区、社会。信息技术是信息交流的第一需要，在这些源于生活或贴近生活的“问题活动”中，信息技术的运用将实现学生个体与社会信息的重组与统一。我校将秉承优秀经验，打造义乌特色的信息技术学科教学品牌，立足本土，开放资源，让信息技术的教学品牌冒出来，让义乌特色的教学名牌亮起来。

参考文献：

[1] 叶力汉. 教育技术学专业品牌建设的战略与实践研究 [J]. 电化教育研究，2007.

[2] 谢凡. 以“铁军”精神铸“红色”品牌 [J]. 现代教育报，2010 (10).

[3] 孙玉凯. 回归学生，回归文本 [EB/OL]. 中国教育网 www.chinaedunet.com. 2009－06－05.

[4] 冶兰英. 徜徉在小商品的海洋里 [N]. 深圳商报，2007－08－09.

[5] 义乌打造购物天堂，努力弥补零售业“短腿”[EB/OL]. 中国时尚品牌网. 2010－12－30.

专题二　信息技术教学应用研究

基于知识可视化的网络课程应用研究

王和鸾　李鸣华

（浙江师范大学教师教育学院，浙江　金华　321004）

摘　要：在国家政策的支持及技术发展的推动下，远程教育已经成为不可或缺的一种教育形式，而网络课程在远程教育中占据着越来越重要的地位。目前网络课程在数量和质量上都取得了可喜的成绩，但仍然存在许多问题，如知识迷航、缺乏有效交流、评价不全面等。而知识可视化能够有效地解决这些问题，它将个体的知识以图解的形式表达，形成知识的外在表现形式，有利于学习者对知识的共享、传播和创新。笔者在对知识可视化及其工具的分析基础上，运用知识可视化的理论和观念，针对网络课程中存在的问题，以"人工智能及其教育应用"网络课程为例，运用思维地图等可视化工具，设计并实现了课程知识可视化、互动交流可视化和学习评价可视化。

关键词：知识可视化　网络课程　人工智能　教育应用　思维地图

一、引言

知识可视化[1]是在科学计算可视化、数据可视化、信息可视化的基础上发展起来的，是研究如何应用视觉表征改进两个或两个以上人之间复杂知识创造与传递的学科[2]。其初衷是建立和管理企业组织的知识，主要应用在情报学、地学、图书馆管理等领域。近几年来逐步应用到教育领域，并成为研究热点。

随着网络教育的蓬勃发展，在国家政策鼓励下，以及学校、社会各界人士的支持下，掀起了网络课程建设的高潮，形成了国家、省市、学校的三级精品课程建设体系，大幅度地提高了资源建设的规模和水平。在取得可喜成绩的同时，网络课程建设仍存在着许多问题。

本文将知识可视化运用于网络课程中，运用知识可视化的理念和方法研究其在教师与学习者群体之间、教师与学习者个体之间、学习者之间的应用，设计资源组织可视化、交流可视化、评价可视化，以期有效解决网络课程中存在的问题。

二、网络课程的现状

（一）知识迷航

"迷航"原指人或交通工具在行进的过程中失去自己行进的方向。在网络课程中，也存在着学习者"知识迷航"的现象，即网络课程的设计者将知识体系设计得过于复杂，且在学习上缺乏引导，而使学习者产生"迷航"。产生"知识迷航"的主要原因是设计者无法使学习者站在一个能俯视整个知识体系的高度来认识知识、认识自我。网络课程中，学习者大多以自主式学习为主，"知识迷航"使学习者的学习具有很大的盲目性，犹如摸着石头过河，致使很多人半途而废，极大地浪费了时间和精力。

（二）缺乏有效的交流

网络课程中的师生交流，主要有同步交流与异步交流之分。同步交流中，由于各种因素影响，出现教师未能给予学生及时的反馈信息等现象，导致师生间反馈交流的频率不高、实时性差。例如，网络传输延迟，引起教学内容或教学要求设计出现问题、平台交互设计不理想、学习者延期提交作业等。

异步交流中，由于异步交流的内容大多呈树形排列或者线性排列，学习者将过多的精力放到交流的内容上，忽略从整体上把握讨论的进展情况，且缺乏有效组织或指导。这种现象严重阻碍了学习者通过交流获得有意义的信息和好的资源。

（三）网络课程评价不全面

2010年，刘名卓[3]对网络课程的可行性现状进行了调查与分析，发现2009年精品课程中约有93%的课程提供了测试反馈功能，即总结性评价。目前网络课程中的评价方式大多以教师对学习者的评价（作业和考试）为主，很少考虑学习者的自我评价，或同伴间的评价，而这两种评价对于学习者获得学习成就感比较有效，在网络课程评价体系中也不可或缺。

三、知识可视化在网络课程中的作用

知识可视化的目的是通过赋予人们表达他们所知道内容的更丰富的方式来提高人与人之间知识的生成和传递速度，增进个体间的知识密集型交流。针对网络课程中存在的问题进行分析，知识可视化的优势如下。

第一，对于网络课程中的迷航来说，知识可视化利用人类可认知的视觉表征手段，直观地展现出知识点之间的内在联系，使学习者对学习的内容有较清晰的整体印象，并将注意力集中在关键的知识点上，从而促进学习者对知识进行正确的重构、记忆和应用，减轻学习者的认知负荷。

第二，对于网络课程中的互动交流来说，知识可视化可以聚合网络互动交流中的信息，使用整合的信息源代替多种信息源（通常以图文并茂的形式呈现），吸引学习者的“注意”，使学习者聚焦于知识的创新和迁移，从而促进学习者的互动交流。

第三，对于网络课程中的评价来说，知识可视化从整体的角度呈现评价对象以及各评价者，具有导航的功能。可以引导学习者找到所需的评价结果，为学习者指示评价对象的位置，并告诉学习者有哪些人对该评价对象进行了评价。

四、知识可视化的工具比较

通过文献分析[4][5][6]，本文从工具的定义、起源、表现形式、应用、常用软件5个方面对概念图、思维导图、认知地图、思维地图以及语义网络这5种可视化工具进行分析和总结，如表2－1所示。

表2－1　知识可视化工具

	定义	溯源	表现形式	应用	常用软件
概念图（Concept Map）	是用来组织和表征知识的工具	诺瓦克博士（J. D. Novak）1972年首创	节点、链接、文字标注（节点间关系）形成网状结构	促进教学效果，用于设计、作为头脑风暴、教学评价工具等	CampTool，Inspiration
思维导图（Mind Map）	是对发散思维的表达，是一种做笔记的方法	托尼·巴赞（Tony·Buzan）在20世纪60年代创造的	节点（概念）、线条树状结构，向外辐射	促进灵感产生，用于讨论、笔记、准备报告、论文写作、计划安排等	MindManager，EasyThinking
认知地图（Cognitive Map）	是人存储在记忆中对客观世界内部表征的空间属性所反映出的地图	爱德华·托尔曼（Edward Tolman）在1948年提出	“想法”通过带箭头的线连起来，隐含“因果关系”或“导致”	用于决策分析和战略管理，用来分析个人或组织的问题表征和因果逻辑	PersonalBrain

续表

	定义	溯源	表现形式	应用	常用软件
思维地图（Thinking Map）	是以“UptonSamson”模式为指导，帮助学习的语言工具	大卫·海尔渥博士（David Hyerle）开发于1988年	圆圈图、起泡图、双起泡图、树型图、括号图、流程图、复流程图、桥型图	促进迁移、思考及神经网络发展。用于对事物进行对比分类，分析事物的原因和结果	MindMapper
语义网络（Semantic Networks）	是采用网络形式，用带表示的有向图表达人类知识的方法	奎廉博士（Quillian）1968年提出	节点、圆弧、圆弧上的标签形成有向图	提高用户的交互性和信息检索，用于概念检索、智能导航与知识推理	Protege，swoop，kaon，OntoEdit

五、具体应用实例

下面以“人工智能及其教育应用”网络课程[7]为例，以思维地图的流程图为工具，说明实现课程知识可视化、互动交流可视化以及学习评价可视化的主要方法。

（一）课程知识可视化

通过对课程内容的分析，由浅入深，将该网络课程分为三部分，分别为“导论篇”“理论分析篇”和“实践应用篇”。为避免学习者由于知识储备不足，盲目学习高深内容，丧失对网络学习的积极性，也为了提高学习者的学习兴趣，使学习者按顺序学习，在设计流程图时，设计“点亮”功能，如图2－1中的标注“C”，以灰色表示，代表学习者通过了这一知识点的前测或在经过知识点学习后达到合格，预示着学习者可以不再学习这一知识点。同时，设计锁定功能，即只有学习者完成前一部分知识的学习，才能进入下一部分的学习，如图2－1中标注“D”的灰色区域，代表该部分处于锁定状态。

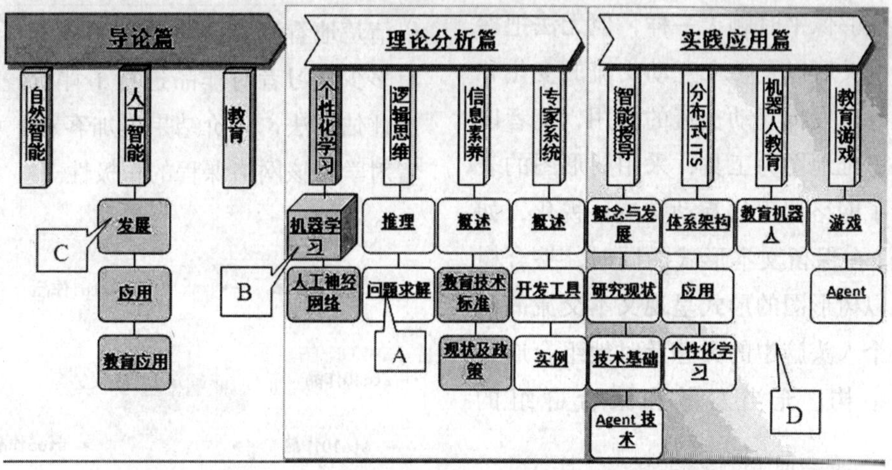

图2－1 “人工智能及其教育应用”网络课程知识可视化

流程图中每一部分分为三层，以“导论篇”这一部分为例，第一层为“导论篇”，以五角形表示，代表按序进行，即箭头所指方向为学习者所要学习的下一部分内容；第二层分为“自然智能”“人工智能”和“教育”三个知识点，以长方体表示，代表“导论篇”学习者需要掌握的知识点；第三层，以“人工智能”为例，分为“发展”“应用”和“教育应用”几个知识点，以圆矩形表示，代表可选过程，即学习者可以从这几个知识点中任意选择一个知识点学习，学习不分先后次序。同样的，“理论分析篇”和“实践应用篇”也分三层设计，从而形成了“人工智能及其教育应用”网络课程三层脉络结构的课程知识可视化。

设计流程图仅为了告知学习者所需学习的知识点，以及知识点所在的位置。因此，在流程图中，每个知识点均设置超链接，如图2－1中标注“A”，用于实现知识点间的跳转。同时，为防止学习者迷航，流程图还设有“定位”功能，如图2－1中的标注“B”以立方体表示，代表学习者正在学习与“机器学习”相关的知识。

（二）互动交流可视化

现有的网络课程中，互动交流的形式，最常见的是文本形式。其优点是使用方便，参与互动交流的学习者能够像平时聊天一样，但无法把握各讨论主题间的关联以及整个互动交流的变化和趋势。为了更好地发挥互动交流的作用，笔者以知识可视化的思维地图为工具，采用树形图的表现形式，设计了网络课程的互动交流可视化，如图2－2所示。在保留文本形式的同时，整合树形图的形式，以树形图的形式呈现文本交流的内容，将分散在个人头脑中的灵感及时地组合成一个整体性的结构，充当发散和聚合群组的观点[8]。

（三）学习评价可视化

知识可视化的工具除了作为构建学习者的知识导航工具以外，也能成为教师与学习者的评价工具。图2－3是一个作品评价的可视化，教师发布有关某一主题的“晒晒作品”区，学习者将

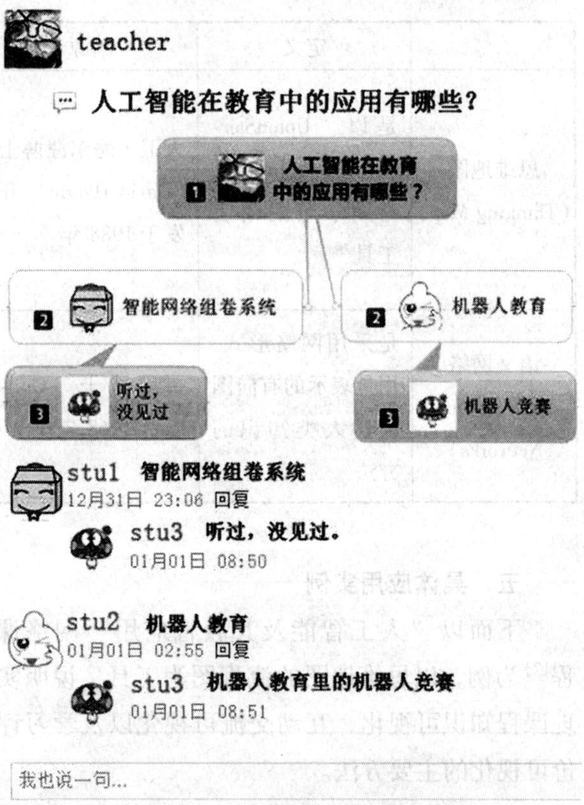

图2－2　互动交流可视化

作品放到这个区域，并通过添加附件或者超链接链接到自己的作品上，将作品展示给所有人。学习者本人、学习共同体或者教师可以对其作品进行评价。通过这种思维导图式的评价分布图，可以清楚地看到有多少学习者发布了自己的作品，有多少学习者对作品进行了评价。通过这种360度评估方法，评价结果更加客观，可以增加学习者对学习该网络课程的积极性。

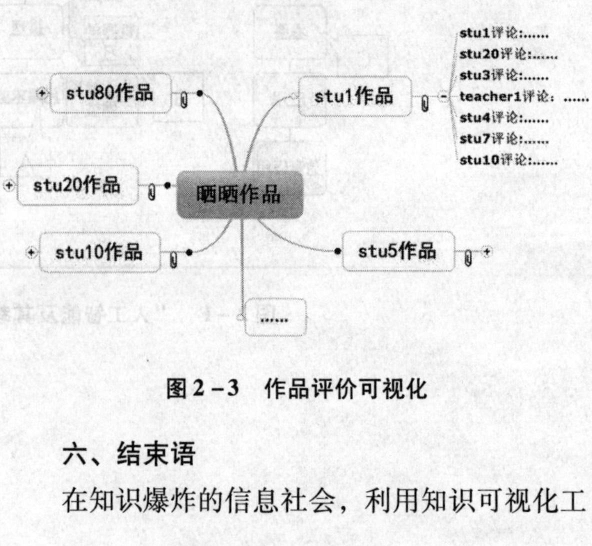

图2－3　作品评价可视化

六、结束语

在知识爆炸的信息社会，利用知识可视化工

具，将抽象的知识转变成易于被人们认知的图形图像，有利于学习者对知识的建构和应用，促进知识的传播和创新。可以运用知识可视化工具构建课程知识可视化、互动交流可视化以及学习评价可视化，构建一个更加友好的网络课程学习平台。可以利用知识可视化构建网络课程，以图示的形式建构自己的知识或观念，或以图示的形式构建群组的观点，实现知识、经验、意见、价值观、态度的共享。以此开展协作学习、项目学习或问题求解等学习活动，需要强调的是，必须对要构建的网络课程的相关知识有透彻的理解。同时，在知识可视化的过程中，对知识有透彻的理解，能很好地把握概念与概念之间的关联，避免因可视化而加重学习者额外的认知负担。

参考文献：

［1］Eppler M. J. & Bnrkard R. A. Knowledge Visalization：Towards a New Discipline and its Fields of Application，ICA Working Paper#2/2004［R］. University of lugano. In Schwartz，D. G（Ed.）Encylopedia of Knowldge Management. Idea Group，2004.

［2］赵国庆. 知识可视化 2004 定义的分析与修订［J］. 电化教育研究，2009(3)：15－18.

［3］刘名卓. 网络课程可用性现状的调查与分析［J］. 中国远程教育（综合版），2010(12)：49－54.

［4］赵国庆. 概念图与思维导图辨析［J］. 中国电化教育，2004(8)：42－45.

［5］申灵灵. 思维地图及其在美国的应用［J］. 上海教育科研，2008(1)：58－61.

［6］王应解. 领域概念语义网络的数据库设计——以情报学概念语义网络为例［J］. 情报学报，2009，28(3)：339－346.

［7］李鸣华. 人工智能及其教育应用［M］. 北京：科学出版社，2008.

［8］邱婷，钟志贤. 论图形组织器［J］. 远程教育杂志，2009(6)：61－66.

普通高校函授学生网络学习效果调查研究

——以浙江师范大学为例

禹丽锋

（浙江师范大学教师教育学院，浙江　金华　321004）

摘　要：在信息化背景下，函授教育必须与网络结合发展，运用现代信息技术和现代远程教育方式改造函授教育，即实现函授教育网络化。本文以浙江师范大学函授学生为研究对象，对函授学生网络学习效果进行调查。研究结果表明：函授学生普遍认同网络教学这种形式；函授学生普遍适应网络教学这种形式；函授学生在网络化学习中存在的问题分别为函授学生的内部动机有待提高和函授学生应具有积极且适度的网络学习行为。本文根据问卷结果分析提出了函授教育网络学习系统应包括教学、互动、学习支持和考核四个关键要素，并指出函授教育网络化是函授教育发展的新方向。

关键词：函授教育　网络教育　函授教育网络化

一、引言

函授教育是高等教育的一种形式，它是一种以自学为主，辅以面授和书面答疑的教学方式。我国的函授教育是在人口基数庞大、教育欠账较多、教育供给严重不足和社会对人才强劲需求的背景下逐步发展起来的。在20世纪80年代至90年代，函授教育作为一种传统的教育方式和一种灵活便利的成人教育形式，由于较好地适应了社会的需要，对促进我国高等教育的发展，提高人口素质发挥了巨大作用。随着现代信息技术的迅猛发展和在教育领域的广泛应用，传统函授教育在生源竞争、师资紧缺、工学矛盾等方面面临着新的难题[1]，函授教育暴露出越来越多的弊端，其社会声望也不断下降。近几年，随着网络技术的快速发展和广泛应用，普通高校开始运用现代信息技术和现代远程教育方式改造函授教育，即实现函授教育网络化[2]。那么普通高校函授教育网络化的效果如何？这是本文试图探寻的一个问题。

考察一个事物的好坏，就要对其进行评价，根据评价主体的多样性和目前提倡的“以学生为中心”的教育思想，从函授学生的角度来考察函授教育网络化的效果，则能更真实地反映网络对函授教育改造的效果。根据普通高校函授教育网络化的途径主要是通过建立网络教学平台来开展的情况[3][4]，本文以浙江师范大学函授学生为研究对象，以自编的“浙江师范大学网络教学辅导平台应用情况调查”为研究工具，来考察函授学生的网络学习效果。

二、问卷编制

（一）被试

采用随机抽样的方法，在浙江师范大学函授学生中发放问卷300份，回收290份，回收率为96.7%，去除其中的漏选、故意偏选的问卷，有效问卷288份，有效率96%。

（二）项目分析

将反向题进行重新编码后，进行项目分析。将问卷的主观题部分进行加总，排序，选取总分前27%和后27%为高低分组，采用独立样本T检验，分别考察高低分组在每个题项上的差异显著性。结果显示A3、B5、B9、B12、B18、D5题项不符合要求，将其删除，并对剩余题目作进一步分析。

（三）效度分析

对问卷进行因素分析，球性检验（$\chi^2 = 5796.491$，$df = 741$，$P < 0.001$），$KMO = 0.938$），得到特征值大于1的维度有7个，累积解释量为64.890%，并对7个维度进行因子命名（各因素负荷量见表2－2）。

表 2-2　各题项因素负荷量

	A	B	C	D	E	F	G
C7	0.764						
C8	0.727						
C3	0.678						
C6	0.659						
C2	0.638						
C4	0.629						
C10	0.565						
C1	0.555						
C14		0.685					
C13		0.612					
C12		0.569					
B8		0.541					
C11		0.530					
C5		0.510					
B1			0.795				
B3			0.738				
B2			0.693				
A4			0.613				
B16			0.521				
B4			0.475				
B10			0.464				
D3				0.723			
D4				0.669			
D6				0.661			
D7				0.579			
D2				0.567			
D1				0.559			
B17					0.636		
B19					0.616		
B20					0.495		
B15					0.472		
B11					0.436		
A1						0.823	
A2						0.804	
B14						0.483	
B13						0.465	
B7							0.750
B6							0.703
C9							0.583

注：A-网络学习交互满意度　B-网络课程满意度　C-网络结构布局满意度　D-网络学习效果认同度　E-考核方式满意度　F-自我表现满意度　G-网络教学适应性

（四）信度分析

总量表和各维度分量表的 Cronbach'α 系数分别为 0.961、0.863、0.866、0.742、0.905、0.801、0.764、0.711，具有较高的内部一致性，说明问卷的信度指标较好。

三、研究结果

（一）函授学生普遍认同网络教学

本文是通过调查问卷来评估函授学生对网络学习效果所产生的反应，其结果反映函授学生对于网络学习的态度和看法。结果显示，对于“我对网络教学辅导平台系统的应用情况感觉很满意”的调查，70.4%的函授学生赞同，20.2%的函授学生不确定，9.4%的函授学生不赞同，表明半数以上的函授学生对于网络学习感到满意，觉得所经历的学习是有帮助、有意义的。进一步对函授学生网络学习效果认同度维度及各题项求平均值，结果发现所求均值都在他们各自的平均值（3分）之上，说明通过网络学习，函授学生的学习兴趣、自学能力和学习质量等得到了提高，这表明函授学生对网络教学普遍认同。

（二）函授学生普遍适应网络教学

调查结果显示，对于“我能在老师指定的时间之内完成老师布置的作业”的调查，78.3%的函授学生赞同，17.4%的函授学生不确定，4.1%的函授学生不赞同；对于“教学视频中，老师讲课逻辑清晰、有条理，讲课内容清楚，我能听懂”的调查，76.6%的函授学生赞同，17.0%的函授学生不确定，6.4%的函授学生不赞同，表明大部分函授学生觉得能够接受网络学习这种方式，并有能力完成课程任务。进一步对函授学生网络教学适应性维度及各题项求平均值，结果发现所求均值都在他们各自的平均值（3分）之上，这说明函授学生普遍能够适应网络教学这种形式。

函授教育网络学习是近几年发展起来的一种比较新的学习方式，要克服一般人心理上的怀疑，消除函授学生可能产生的任何的负面感受。通过对函授学生网络学习效果的满意度和适应性调查，得出函授教育网络化能被大多数函授学生接受和认同，为其学习方式的行销与推广提供了现实依据。

（三）函授学生在网络学习中存在的问题

1. 函授学生的内部动机有待提高。

作为函授教育网络化的服务主体——函授学生，在此过程中又有哪些问题呢？为此，我们对函授学生的学习动机进行调查，结果表明，7.7%的函授学生因工作单位要求，3.3%的函授学生因岗位危机，14.0%的函授学生为了评职称，7.7%的函授学生为了换工作或找工作，67.3%的函授学生为了获得新知，提高自身素质。不同的学习动机，导致他们的网络学习效果也不同，结果如表2-3所示。

表2-3 不同动机的网络学习效果

	工作单位要求	岗位危机	评职称	换工作或找工作	获得新知，提高自身素质	总分
N	21	9	38	21	183	272
均值	143.7619	110.1111	144.1579	139.0000	147.9180	145.1324
标准差	35.43008	28.30391	24.14318	16.89970	25.89834	26.76874

根据学习动机可以分为内部动机和外部动机，我们进一步把工作单位要求、岗位危机、评职称、换工作或找工作归为外部动机，把获得新知，提高自身素质归为内部动机，则基于外部动机驱动而参加函授学习的学生为32.7%，基于内部动机驱动的学生为67.3%。以内外部动机为分组对其网络学习效果进行独立样本T检验（F=0.541，P=0.014），结果表明，外部动机和内部动机对网络学习效果的影响有显著差异。如图2-4所示，内部动机越高，函授学生的网络学习效果越好，因此应强化函授学生参加学习的内部动机。

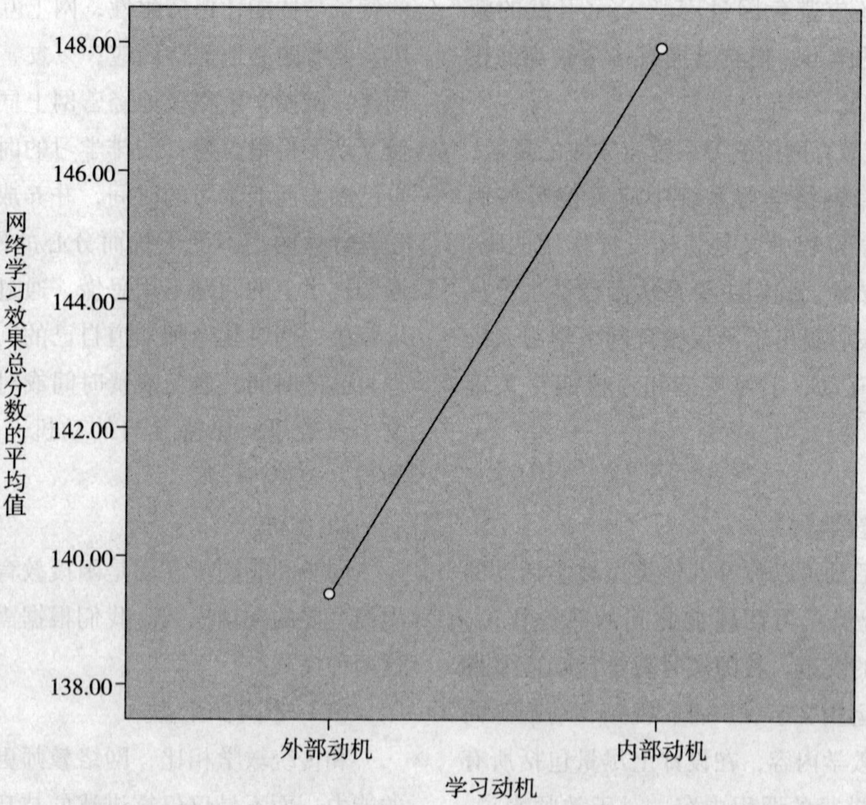

图 2-4 不同动机水平下的网络学习效果

2. 函授学生应具有积极且适度的网络学习行为。

对函授学生的网络学习行为进行调查的结果显示，几乎每天登录的函授学生为17.0%，一周登录两次的函授学生为20.9%，一周登录一次的函授学生为13.1%，两周到一个月以上登录一次的函授学生为15.2%，要求上网时才登录的函授学生为33.7%。不同的学习行为所产生的网络学习效果如表2-4所示。

表 2-4 不同学习行为的网络学习效果

	几乎每天	一周两次	一周一次	两周到一个月以上	要求上网时才登录	总分
N	48	49	37	43	95	282
均值	144.1250	151.6780	153.8649	142.7907	137.2632	144.4681
标准差	27.56163	24.95751	22.20756	25.27898	27.45294	26.58902

我们对学习行为和网络学习效果进行单因素方差分析（$F=4.213$，$P<0.01$），结果表明，不同的学习行为产生的网络学习效果有显著差异。我们进一步对其进行LSD事后比较，结果发现，一周登录两次和一周登录一次的网络学习效果显著高于要求上网时才登录的学生的学习效果。此外，如表2-4所示，一周登录两次和一周登录一次的网络学习效果也优于其他情况，但它们所占的比例仅为34%；要求上网时才登录的，即被动学习的函授学生其学习效果是最差的，这也表明学习积极性与网络学习效果在一定范围内呈正相关。学习行为在一定程度上也反映了函授学生的学习态度，函授学生应保持良好的学习心态，积极参与到网络学习中，以达到较好的效果。此

外，函授学生还应避免因过度学习而引发的疲劳，保持适度的学习，使自己拥有一个较高的投资报酬率（ROI）。

（四）函授教育网络学习系统应关注的要素

在函授教育网络学习系统中应关注哪些因素，它们在教学过程中又是怎样发挥作用的呢？根据调查分析结果，我们主要是从函授学生意见反馈的角度出发，提出了函授教育网络学习系统应包括教学、互动、学习支持和考核四个关键要素。

1. 教学。

（1）实时教学。

实时教学活动可以弥补其他类型教学活动的不足之处，[5] 提升学习团体彼此间的熟稔程度，增进共同学习的友谊。教师实时教学活动应掌握及时的特性，运用文字、声音、视频、动画等向学生实时传授教学内容，在设计上尽量包括所有一切需要面授进行的课程内容。对于教师来说，需要的特质能力也很多，网络教学教师除了具备传统教师所拥有的学科知识和教学技能外，还应具备信息素养、网络学习平台使用能力、沟通互动的技巧以及网络教学的专业等。虽然是实时教学，但教师和学生毕竟不是在同一个地理空间内，教师必须了解函授学生状况，维持函授学生的学习动机，提供适合函授学生网络学习的教学内容。此外，还要求教师的教学方式灵活多样、课时安排合理、授课逻辑性强且易于接受，并对学生的问题提供回馈等。

（2）自主学习。

自主学习可以促进函授学生基本知识背景的建立，可运用于取得一般知识，建立基本背景的训练。学习的时间有弹性，学习者可以自由选择学习主题与内容，学习时间较短，可以速成。教师可通过创意设计如奖励制度来提高函授学生的学习兴趣与学习动机。在学习过程中，函授学生需要建立合理的学习目标，构建并形成自己学习所需要的技巧和策略，促成学习目标的达成。学习技巧的形成可以从以下几个方面来培养：从基础开始学起，慢慢建立自己参与网上教学所需要的背景与技能；保持耐性，网上互动有一定的规范，要有耐心地等待回应；以友善的态度来认识同伴，函授学生积极地经营网上同伴关系，可以使互动变得很有趣；安排学习的时程，先安排好自己参与网上学习的时间，并养成习惯；为自己建立舒适的，不受干扰而分心的网上学习环境；遇到技术上的问题不用恐慌，通过支持服务来寻求解决，同时让老师知道自己的问题；适当地管理自己的时间，避免浪费时间或时间分配失当影响学习效果；保持参与的动机，经常性地主动参与。

2. 互动。

同步和非同步互动是函授教育网络教学过程中最主要的互动模式。我们根据需要，灵活使用这两种模式。

（1）非同步互动。

和传统教学相比，网络教师更需要组织协调的能力，而不是仅仅靠讲述的技巧。教师在网上互动过程中应关注函授学生的个人发展，且拥有比较强的学术功底和专业素养，让函授学生从心里对教师心悦诚服。非同步交互主要是通过网上讨论来进行。网上讨论通常以主题来引导讨论的范围，讨论主题应该和课程作业或课程活动等进度相一致。教师最好能主导讨论主题和讨论时机的产生，这是因为教师比较了解什么样的主题与课程相关，对学习最有帮助。在讨论过程中，教师的参与很重要，但要把握好程度和时间，既要有教师的支持，又不能让讨论完全由教师掌控，陷入教师权威的困境。教师在开始时积极引导学生参与讨论，之后尽量建立一种回应的规律和机制，让函授学生大致清楚自己的问题大概什么时候可以得到回应。在讨论区中，教师还应培养学生之间建立讨论共同体，并不是每个问题教师都要回答，有些问题其他函授学生也能帮助解答，目的是提高大家的参与性和成就感。讨论也不是花的时间越多越好，教师要适时引导，避免函授学生讨论的话题与课程学习偏离太远，讨论之后，教师可进一步地将主题聚焦，开发出一些次主题，使讨论更深入。

通过活动的设计鼓励群体的合作学习与深度思考，同时建立与其他类型活动之间的关联，发挥整合的效果。非同步的网络交互把不同时空的人聚集在一起，不同的思考与见解串在一起，而且容许更多的时间让这些智慧传递并且在不同的个体之间消化吸收。函授学生在积极参与非同步讨论过程中，会运用学到的观念来解决问题，将自己的想法通过文字来表达，并且从别人的回应中衍生出更多的思考，通过师生、生生间的交流、讨论，建立一个互动良好的社群。

（2）同步互动。

目前同步互动可以通过文字、视频同步传递信息。通常在线讨论的理想人数是5人左右，如人多，则必须有举手发言和安排发言的机制。讨论本身的长度最好不要超过一个小时。由于信息在短期记忆中只能存在约20秒，且容量是有限的，所以函授学生接受的信息最好能适当地分解，在信息处理上会容易一些，越深入的学习会让学到的知识更深入地植入长期记忆中。目前开发出来的双向视频互动系统，可以让学生和教师身处异地，也能通过图像、声音和文字进行实时交流，如同在同一个教室上课，在一定程度上可以消除学生学习的孤独感。

3. 学习支持。

网络学习中教师和学生作为教学活动的主体，他们的积极参与是网络学习所必需的，但一个结构良好的网络系统，还必须拥有强大的学习支持系统，它是确保网络教学顺利进行的关键。通过网络，可以向函授学生提供资源服务、信息服务、人员服务和技术支持服务等。例如，课程资源库的建设，可为函授学生的自主学习提供帮助；课程通知和公告栏信息更新及时，和课程进度相符合，可使函授学生及时了解课程信息，为课程学习做好准备；学法指导和学习导读可以让函授学生更快地掌握学习方法和学习要领，提高学习效率；课程术语表，可为师生提供专业概念的解读和帮助。所有这些支持，对网络教学中教师的教和学生的学都提供了必不可少的帮助。

4. 考核。

传统的函授教育仅关注结果性评价，这是由于条件的限制，教师和函授学生很少见面，导致教师对函授学生的学习进度和学习状态不了解，函授学生有问题也不能及时地向教师寻求帮助，考核主要是通过学科论文来衡量，同时，教师布置的平时作业由于师生间的时空分离问题也形同虚设。而函授教育网络化进程中，通过网络使得传统函授教育的考核方式从形式到内容有了新的变化，考核不仅关注函授学生的结果，还关注函授学生的学习过程。教师可以很方便地指导函授学生的平时作业，并对函授学生的学习行为进行跟踪，如教师可以通过网络了解函授学生目前的学习进度、各课程单元与教学活动的完成比例、作业上交情况、每天与每周浏览的课程网页数量、课程单元内容被浏览的时间以及网上教学的参与情况等。对于每个知识单元，可以设计在线测试，并和平时作业结合起来，让函授学生更及时有效地巩固所学知识。网络的便捷性，使得函授教育的考核方式更加有效、合理。

四、函授教育网络化——函授教育的发展趋势

通过本文的调查和分析，充分肯定了函授教育网络化有其存在和发展的可行性空间。尤其是近几年来，传统函授教育面对着普通高等教育扩招、各种高等教育形式之间竞争激烈、生源对象范围缩小、专业设置不合理、整体教育质量下降等日益严峻的挑战，网络教育必将取代函授教育的呼声越来越高。然而，在我国，仅有68所普通试点高校和中央电大建立了网络教育学院，其余高校在相当长的一段时间内还将继续以函授教育的形式开展远程教育。此外，我国已建成的网络学院也不是尽善尽美，它们本身在运行和发展中还存在相当多的问题，有待进一步完善。因此，面对我国非常庞大的成人教育市场需求，函授教育有其继续存在的必要性和合理性。当然，随着信息技术和网络技术的发展，函授教育也不是止步不前。由本文调查分析可知，由函授教育和网络教育相结合而产生的一种新的学习方式——函授教育网络化，就是目前解决函授教育和网络教育冲突的一个途径[6][7]。实践证明，函授教育网络化，也逐渐成为我国多数普通高校函授教育学院发展的新方向。在“整个函授教育中，网络教学和面授结合得很好，达到了较好的效果”的调查中，62.1%的函授学生赞同，27.4%的函授学生不确定，10.5%的函授学生不赞同。可以看出虽然很多人对网络学习与网络教学的成效心存疑惑，但是我们依然可以看到这些新学习方式的潜力。它毕竟对我们的传统函授教育带来了冲击，使我们的教育向着更加开放和多元化的方向迈进，这有利于实现函授教育本身的优化，也为我国成人教育的发展和完善增添了新的生机和活力。

参考文献：

[1] 曾海军，马国刚．网络教育那些事儿[M]．北京：高等教育出版社，2009.

[2] 李平，郭慧珍．我国高等继续教育持续发展方略[J]．中国高教研究，2007(4)：38－41.

[3] 纪望评．成人函授教育与现代远程教育整合的研究与探析[J]．现代远距离教育，2006(3)：16－18.

[4] 钱伟．充分利用网络优势促进函授教育发展[J]．成人教育，2007(4)：53－54.

[5] 周云红．高校函授教育信息化改造的可行性及基本教学方案[J]．中国成人教育，2007(9)：126－127.

[6] 荆玉焕．函授教育向现代远程教育整合的思考与实施[J]．成人教育，2010(9)：53－54.

[7] 王晓东．函授教育中的网络教学研究[J]．中国成人教育，2007(8)：137－138.

[8] 翁曦勉，周岩．远程教育形势下成人高等函授教育的整合策略研究[J]．中国成人教育，2010(8)：46－47.

中学仿生机器人实验平台的设计及其在教育教学中的应用

于旭珩　夏广峰　孟宪明

（北京师范大学天津附属中学，天津　300222）

摘　要：机器人学科是一门交叉性极强的综合性学科，涉及机械、电子、计算机、人工智能等领域，是信息技术课程和相关科技活动的良好载体。随着机器人技术的发展，机器人教育将走入中小学校。因此，开发一套价格相对较低、适合中小学技术教育的机器人实验平台，是一项十分必要和非常有价值的工作。调查表明，仿生机器人是机器人发展的方向和世界科技的前沿，具有优于其他项目的开放性和趣味性，能够通过丰富的实验活动充分调动学生参与其中，吸引学生投入学习和动手研究。本文介绍的这套仿生机器人实验平台是在整合现有机器人实验研究与仿生学成果的基础上开发的，具有模块化硬件结构和开放性软件系统的实验平台。在中学机器人教育教学中，开展了一系列教学实验，均取得了良好的实践教学效果。通过研究设计、制作、调试机器人，激发学生的想象力，培养学生的设计能力、创新能力、动手能力和协作精神。

关键词：仿生机器人　控制系统　教学实验

一、引言

机器人学科是一门交叉性极强的综合性学科[1]，涉及机械、电子、计算机、人工智能等领域，是信息技术课程和相关科技活动的良好载体。一些发达国家已经看好机器人教育对未来高科技社会的作用和影响，在中小学的信息技术教育中都不同程度地对学生进行机器人知识的教育。在大力推广素质教育的今天，我国已经意识到了机器人教育的重要性，相关部门已经把“机器人”纳入到中小学技术教学内容中。这将给普通中小学教育带来新的活力，机器人也必将会成为青少年能力、素质培养的重要途径。在这种背景下，广大中小学生和教师渴望有一种支持和激发学生的创造性思维，寓教于乐的机器人实验平台。

“仿生机器人”是指模仿生物、从事生物特点工作的机器人，它是未来机器人领域的发展方向。仿生机器人不仅具有独立行走、承载等功能，而且每条腿还可以作为机械手臂进行相关操作。将仿生机器人应用于教育教学活动中，能最大限度地激发学生的学习兴趣，充分发挥学生的创造力和想象力。

因此，有关人员将机器人实验平台的研究与仿生学结合，设计开发了一种具有模块化硬件结构和开放性软件系统的仿生机器人实验平台，此平台适用于中小学信息技术课程教学、课外科普教育活动以及相关竞赛。

二、仿生机器人实验平台的设计

（一）机械结构

仿生机器人实验平台的机械结构采用关节型结构，因为这种机器人在相同条件下比非关节型机器人具有更大的相对空间和绝对空间，这种多关节结构的机器人能充分挖掘机械、电子技术中丰富的教学资源，为学生的实验教学提供很好的手段。

机械配件选取了质量轻、强度高的亚克力材料，每个舵机可以通过结构板的工艺孔进行安装和拆卸，并在结构板的中央部分预留了控制电路板和电池的安装位置，在前后分别预留了传感器接口。通过不同的模块组合以及外部配件的组装，可组合成不同结构形式的仿生机器人。

（二）控制系统

整个仿生机器人实验平台实现的是多关节实时控制，其控制采用分层控制结构。机器人各模块功能独立，机械上可拆分，相互之间有接口相连，便于互换和维护。

1. 控制系统结构。

仿生机器人实验平台的控制系统主要由 4 个模块组成，ARM 主控制模块、传感器控制模块、舵机控制模块和人机交互模块。仿生机器人的控制系统框架如图 2－5 所示。

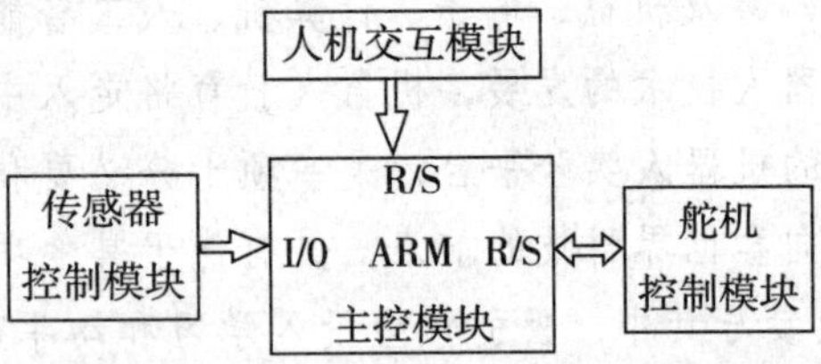

图 2－5　仿生机器人控制系统框架

机器人的主控制模块作为机器人控制系统的调度核心，实时响应用户命令，并与舵机控制模块与传感器控制模块进行信息交换与处理，实现对机器人的全程控制。

传感器控制模块通过 8 个传感器感应环境强度变化，并将检测结果进行分析处理，实时调度机器人的行进路线。

舵机控制模块接收主控模块发送的指令，从而控制舵机的旋转角度和运转速度，完成机器人的稳定行走。

人机交互模块是基于 PC 机开发的编程软件，主要功能是产生仿生机器人的运动数据，并对机器人的运动数据进行传输和编辑。人机交互模块结构如图 2－6 所示。

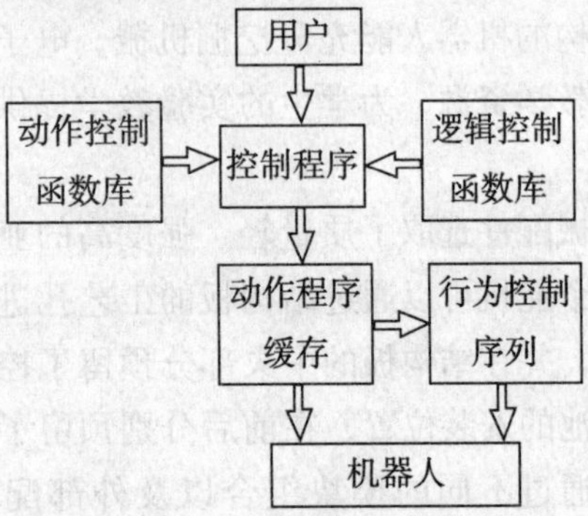

图 2－6　人机交互模块结构

2. 软件设计。

仿生机器人实验平台的软件部分是以 Windows XP 为平台，采用 C 语言开发而成的，适合中小学生的 C 语言教学。为了满足开放性教学的需求，本软件设计依据结构化、标准化、可升级的原则。[2] 控制系统的软件流程图如图 2－7 所示。

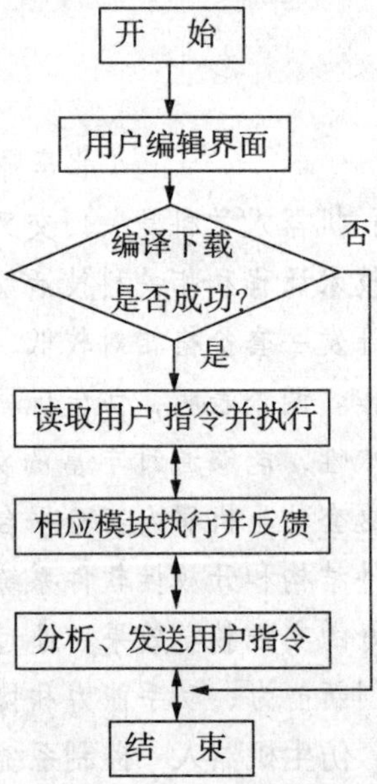

图 2－7　机器人控制系统的软件流程图

三、仿生机器人实验平台的应用

（一）组装机器人

仿生机器人行走时一般不是多足同时直线前进，而是将其分成两组。同一时间只有一组起行走作用，另一组起支撑作用。

教师先让学生自查仿生机器人的步态形式，鼓励学生提出不同的结构设计方案。

图 2－8　仿生机器人机械结构

如图2-8所示，学生将控制电路板安装在框架板的上方，分别在框架板左右两侧安装多组运动部件，每组由两个舵机及多个配件组成。这种组装方式由两个舵机作为一组，其中一个舵机控制左右摆动，另一个舵机控制前后摆动，通过若干组系列摆动动作的组合，使机器人能够完成前进、后退、转弯等动作。

在开放式的模块化结构下，学生可以根据需要自由拼接机器人的机械结构，设计机器人的传动方式，在动手实践的过程中，加深对机器人机械系统各部分的原理及作用的理解。

（二）软件调试

人机交互软件是提供给学生控制机器人的交互界面，如图2-9所示。主界面分为4个区域，有菜单控制区、舵机控制区、运动数据显示区以及功能控制区。

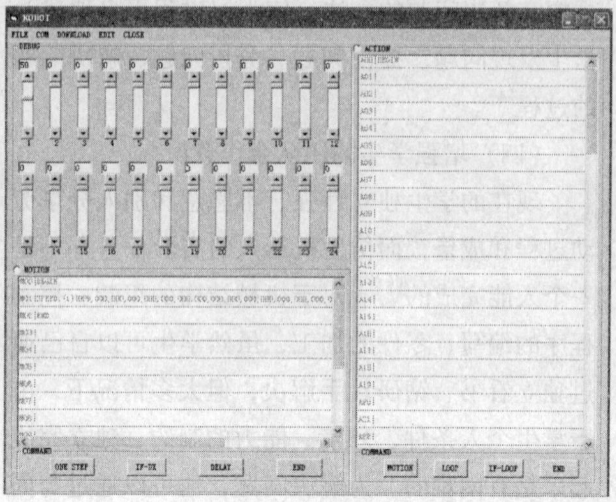

图2-9 机器人编程界面

学生可以在舵机控制区通过拉动各个舵机对应的拉条分别调试舵机的转动角度，每个角度在0~180度之间。这样就可以完成机器人的一个基本动作设计，然后将几个动作按照时序进行组合，显示在运动数据显示区，并存入计算机缓存，最后利用一根串口线完成用户程序到机器人的下载。学生除了编写基本的动作程序之外，还可以运用功能控制区中的传感器控制指令和常用的逻辑运算指令，控制机器人的行为活动。

在友好的编程界面下，学生充分发挥想象力和创造力，设计了形态各异的行走方式，并在编程的过程中锻炼了自己的逻辑思维能力。

（三）机器人巡线

机器人巡线实验主要利用传感器模块检测路面上的轨迹，并将轨迹信息送到主控模块，主控模块计算出行走方案，指挥舵机控制模块，控制行走部分，最终使机器人可以按照路面上的轨迹行走。

教师首先给学生展示巡线场地图，并给学生讲解巡线的工作原理，然后师生讨论传感器模块的安装位置，最后学生在教师的指导下动手组装机器人。

如图2-10所示，巡线场地为白色，虚线框表示机器人，Line为机器人行走的黑色引导线，Left为机器人的左部分舵机、Right为机器人的右部分舵机，A和B为传感器模块中两个相同的传感器。

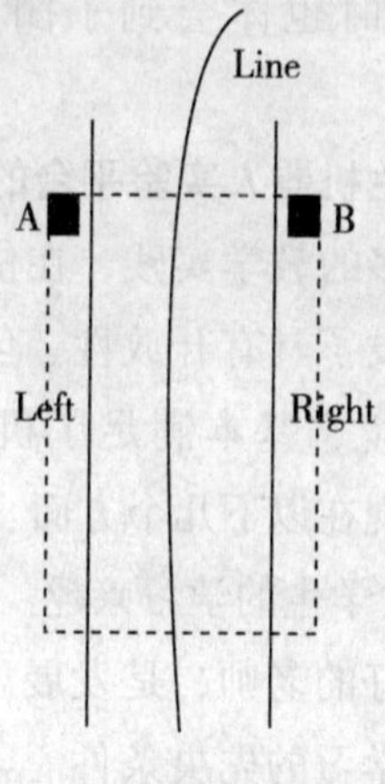

图2-10 机器人巡线示意图

机器人组装完成后，学生以小组为单位开始设计机器人巡线控制算法，并绘制程序流程图，如图2-11所示。机器人在前进过程中，传感器模块不断探测，得到引导线和机器人的相对位置。如果A传感器检测到黑线，则机器人控制舵机调整数值向左方移动，如果B传感器检测到黑线，机器人控制舵机调整数值向右方移动。最终使得机器人的运动方向不断纠正而保持沿着黑色引导线运动。

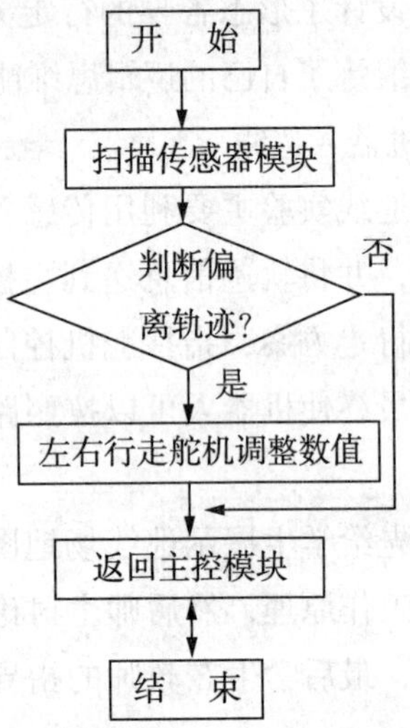

图 2－11 机器人巡线流程图

学生经过反复调试、修改，最终完成了机器人巡线任务。在这个过程中，学生不但知道传感器的工作原理，掌握设计机器人巡线的方法，更重要的是提高了分析问题和解决问题的能力，在自主学习的同时也体会到了团队合作精神的重要。

四、对仿生机器人实验平台的几点思考

通过两年多的教学实践，在仿生机器人实验平台上已经创设了具有开放性、创造性、实践性的设计制作环境，基本满足了机器人教学的需要。其意义体现在以下几个方面。

（一）激发学生的学习兴趣

兴趣是最好的老师，是发展思维能力的巨大动力，是乐于学习的先决条件[3]。仿生机器人具有优于其他项目的开放性和趣味性，它的丰富多彩的设计活动和具有一定深度的单片机的控制知识，激发了学生浓厚的学习兴趣，特别是将机器人设计与仿生学结合，实现机器人真正的行走功能，对学生产生了相当大的吸引力。学生在这种积极的学习氛围和环境中，能够自主地寻找新知识点和新处理方法，试图去解决学习中的问题。

（二）提高学生的创新实践能力

仿生机器人的实验活动不仅要关注控制系统的功能，而且要考虑机器人的步态控制方式。学生通过实验平台可以编制机器人的步态控制程序，设计形态各异的机器人，编完后亲自体验设计的结果，当机器人的行为达不到期望效果时，还要不断修改和调试控制系统的功能。有时学生在设计调试的过程中会产生自己的见解和想法，有时学生制作的成品会让老师们始料不及，这些都是我们教育所期望的。由此可见，仿生机器人实验平台在技术上，在知识的应用上，特别是在知识的综合应用上，其创新的空间是无限的。

（三）培养学生的自主探究精神

仿生机器人涉及的知识面较广，比如机器人的步态控制方式，学生在书本中很难搞懂，通过对实物观察和操作，问题往往迎刃而解。又比如在机器人巡线时，教师经常要求学生留心观察机器人的运动情况、周围的光线环境以及黑线的位置等，这在很大程度上锻炼了学生的观察能力。教师借助不同形式的实验活动能够很容易地引导学生主动地观察，发现设计中的问题，并让其自主探究解决问题的办法，使学习过程更多地成为学生发现问题、提出问题、分析问题、解决问题的过程[4]。

（四）增强学生的团队合作意识

现在的学生独立性强，不愿意和别人分享劳动过程和成果，而仿生机器人的实验任务并不是一个人能完成的[5]。对于机械结构的组装、控制程序的编写、零件的加工，虽然学生可以自己通过独立看书、钻研动手解决，但大多情况下，由于学生个人条件、环境、能力的制约，独立完成起来是有困难的。为解决问题，他可以通过与同学交流，向教师、向家长等多方面寻求解决的方案，就自然需要并且形成了合作，这也是将来走上工作岗位需要的合作思维方式和方法。

五、结束语

随着机器人教育的不断普及，在教学实践中诞生、成长、完善的仿生机器人实验平台的模块功能以及可供开发的设计内容也会随之丰富。这将为中学机器人教学和实验提供更加便利的环境，能够有效地提升学生的综合实践能力，给中学基础教育内容和形式带来更多的惊喜与期待。

参考文献：

［1］蒋建武．教育机器人基础开发平台设计［D］．苏州大学，2005.

［2］胡伟华，李文锋，张帆．基于 ARM9 的智能教育机器人设计［J］．微计算机信息，2009，25，12（2）：190－190.

［3］董得手．创新教研激活机制——浅谈机器人教学进中小学课堂的实践与研究［J］．研究探索，2010(5)：6－6.

［4］张文伟．机器人教学活动中创新能力的培养［J］．现代教学，2010(4)：58－58.

［5］刘敏燕．机器人中综合能力的培养［J］．实验教学与仪器，2010(1)：51－51.

嵌入式数字语音教学系统的结构设计及应用研究

徐小燕　夏洪文

（浙江师范大学教师教育学院，浙江　金华　321004）

摘　要： 嵌入式数字语言学习系统采用先进的数字语音处理技术、开放的体系架构，并结合科学的辅助教学思想、丰富的学习资料，突破了传统语音教室只能作为单纯的教学工具、利用率低等特点，大大提高了学生的学习效率。本文在数字语音教学系统的需求分析基础上，设计了嵌入式数字语音教学系统的体系结构及运行模式，并从语言教学、语言考试、远程教学等角度探析了其实际应用价值。

关键词： 数字语音教学系统　嵌入式　结构设计　应用研究

随着现代教育改革和信息技术的发展，语音教室在各个学校都已有了广泛的应用。传统的语音教学系统主要是以录音机机芯为主体，尽管其价格低廉，操作简单，但稳定性差，音质不理想，系统功能单一，教学交互性较差，因此很难充分利用多媒体技术和网络技术所带来的丰富的教学资源和方法[1]。此外，所有的模拟语音教学系统在上课后只能闲置，没有任何利用的空间，这使得改进语音教学系统势在必行。

数字语音教学系统是一种建立在数字网络数据交换的基础上的全新系统，其核心是基于计算机传输协议的网络技术。它的主要目标是为师生提供一个先进的教学平台，使学生多种感官参与学习，从而充分发挥计算机辅助教学的作用，改变并促进师生之间的信息交流，实现资源共享和教学互动，满足教学方式多样性需求。

一、语音教学系统的应用现状

目前国内大、中、小学校的语音教室主要有以下三种。

（一）传统的语音教学系统

其核心设备是录音机机芯，由于机芯的机械运动、振动和磨损所造成的故障是模拟系统中最常见的问题。其产品连接、线缆及连接方式均为厂商自定义，因此产品连接复杂，故障率高，用户难以进行维护和维修[2]。

（二）简易数字语音教室

简易数字语音教室是通过在机房的 PC 机上安装语音教学软件和语音设备来实现的，这样的数字化虽然能节约不少成本，但由于 PC 机可用资源丰富，学生容易迷恋娱乐项目，上课容易开小差，从而影响学习效率。而且机房与语音室的合一容易造成学生使用时间的冲突。

（三）数字语音教学系统

少数学校实现了语音教学系统的数字化，但系统中教师机的设计大多只涉及集中教学等主要功能的实现，上课内容固定，学生没有自由选择语音资料的权利，不能满足教学方式多样化和学生自主学习的需求。

基于以上情况，本文将设计一个用于普通教室的数字化语音教学系统，该语音系统是采用数字音频、编解码、存储、液晶显示、网络通信等新技术的多媒体语音教学系统，教师机采用 PC 机，学生机采用嵌入式终端，并在教师机端增加个性化教学这一新的教学模式，可为学生上课的自主控制、资源共享、互动学习提供很大的便利。

二、数字语音教学系统的结构设计

考虑到建构主义思想对教学的影响，本系统采用集中管理控制的模式，在满足功能需求的基础上让学生自主操作、自由把握学习进度，并保证语音教室维护、管理简便。

（一）数字语音教学系统的总体设计

嵌入式技术的迅猛发展使得语音教学系统已经越来越向嵌入式语音终端发展。嵌入式数字语音教学系统是由一台教师机和 N 台学生机，通过局域网互联，从而实现了教室内一位教师可以对若干位学生进行语音教学。系统采用基于数据包的数据分组交换方式，可以实现真正的语音分组教学和交互教学。为了更好地利用网络资源，本系统采用开放式的数字媒体架构，系统总体结构图如图 2－12 所示。

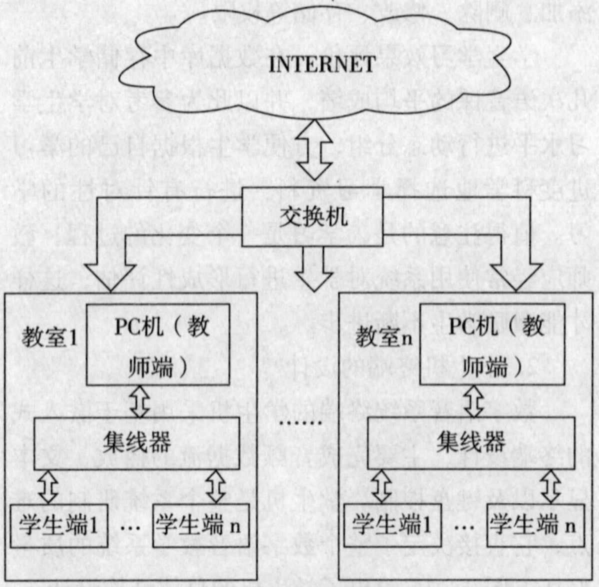

图 2－12　嵌入式的数字语音教学系统总体结构图

与传统的语音教学系统相比，本系统的创新之处在于系统的简单智能化设计。目的就是将一些传统的耗时耗力的教学活动，如名册管理等交由系统来处理，学生进入语音教室登录教学系统后就可以享受语音教学服务了。

（二）数字语音教学系统的运行模式

数字语音教室的教师机终端一般采用传统的 PC 机设计，主要的功能还是完成常规的教学任务，授课方式分为集中授课模块、个性化授课模块等。学生机终端则是采用嵌入式的数字语音终端的设计，主要功能是接收教师机发送的数据文件，自主选择、播放数字语音文件等。

整个教学过程分为集中教学模式和个性化教学模式两种。

在集中教学模式下，教师以集中教学方式授课，学生机终端作为语音资料的接收方。教师机和学生机之间建立了单向的媒体通信，语音文件从教师机流向学生机。

在个性化教学模式下，学生可以根据自己已有知识水平或兴趣爱好来点播资料库中的数据文件。教师机终端增加了学生学习效果评价功能，便于教师动态地了解课上学生的学习情况，也有利于学生及时地认识自己的学习情况，提高学生的学习热情。学生机与教师机之间的运行模式如图 2－13 所示。

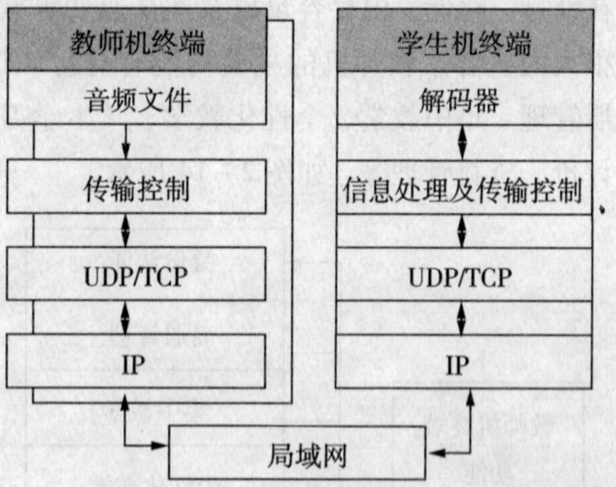

图 2－13　数字语音教学系统的运行模式

在集中教学模式下，教师机以广播的方式向学生机发送语音文件，学生机无条件接收，并调用播放器进行解码播放。

在个性化教学模式下，学生可自主点播语音文件，学生机与教师机的交互过程如下。

①学生机通过“信息处理以及传输控制”单元向教师机发送传输文件请求，请求下载某个语音文件。

②教师机收到来自学生机的“传输文件请求”后，调用数据处理进程，用于向学生机传输语音数据。教师机通过“传输控制”单元向学生机发送“连接的传输文件请求应答”通知学生机。

③学生机接收到来自教师机的“连接的传输文件请求应答”后，做好接收数据的准备，向教师机发送“连接请求应答确认通知”。

④教师机向学生机传送语音数据。

⑤重复步骤④直到文件传输结束或学生机强制结束数据传送。

（三）数字语音教学系统的终端设计

数字语音教室的终端设计包括采用传统 PC

机的教师机终端的设计和基于嵌入式的学生机终端设计。通过局域网互联，实现在一个数字语音教室内，一位老师可以对若干位学生进行语音教学的功能。

1. 教师机终端的设计。

教师机终端采用传统的 PC 机，以 Windows XP 为操作系统，使用 Delphi 高级语言开发。PC 机在计算、存储、内存容量以及运算速度等方面有很大的优势。教师机的主要功能有身份认证、名册管理、集中教学、个性化教学、学生学习效果评价、资料管理等，如图 2－14 所示。

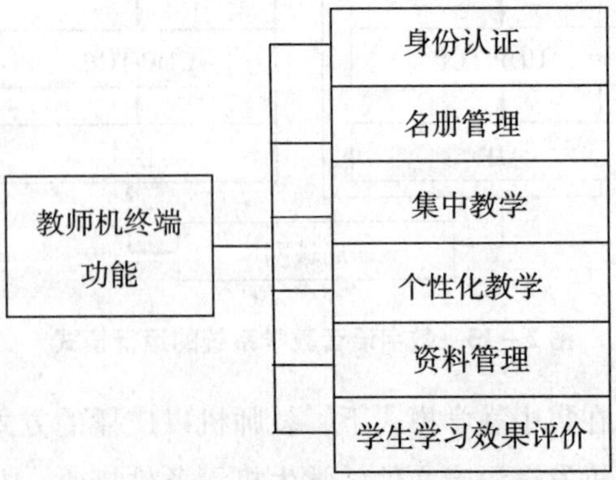

图 2－14　教师机终端的功能结构

身份认证：用户在登录时，要进行身份验证。教师或系统管理者采用数据库存储方式存储用户的信息，并将用户输入的密码与数据库中存储的用户表信息进行核对，确定信息一致后才能进入系统。

名册管理：在传统的语音教室中进行教学前，教师需要抽出课堂时间来做学生的名册管理活动，不仅烦琐也容易出错。在本系统中，教师机可以通过查询学生机的 ID 状态以确定学生的到课情况。学生机启动后，会通过局域网自动发送自己的 ID，教师机通过对 ID 数据的读取，获得学生的到课情况，从而达到点名的目的。

集中教学：集中教学虽然是传统的教学模式，却是数字语音教学不可或缺的一个环节，尤其在讲授新课的环节中。在授课过程中，教师机通过广播方式向学生机发送语音文件，学生机无条件接收，并解码播放。授课结束后，学生可进行自主学习。

个性化教学：个性化教学是一种新的教学模式。在个性化教学模式下，学生可以向老师发送学习问题、提交学习成果，教师也可以对学生的问题进行解答并将学习评价结果发送到学生机上。学生可以根据自己的学习情况来自主点播语音库中的语音资料。

资料管理：为了方便教学资源的管理，本系统中教师机有对语音资料库中的资料进行查找、添加、删除、修改、存储等权限。

学生学习效果评价：在数据库中存储学生前几次语音课的平均成绩，并以此为参考对学生学习水平进行动态分组，方便学生根据自己的学习进度科学地选择学习资料，进行有针对性的学习。值得注意的是，学习是一个变化的过程，教师应经常使用系统对学生进行形成性评估，这样才能激励学生不断进步。

2. 学生机终端的设计。

数字语音系统终端的学生机采用基于嵌入式的终端设计，主要完成音频数据流的播放、文本显示以及键盘控制。学生机是整个系统研制的难点，它直接决定了整个数字语音教学系统的质量好坏。图 2－15 给出了学生机的总体结构设计。

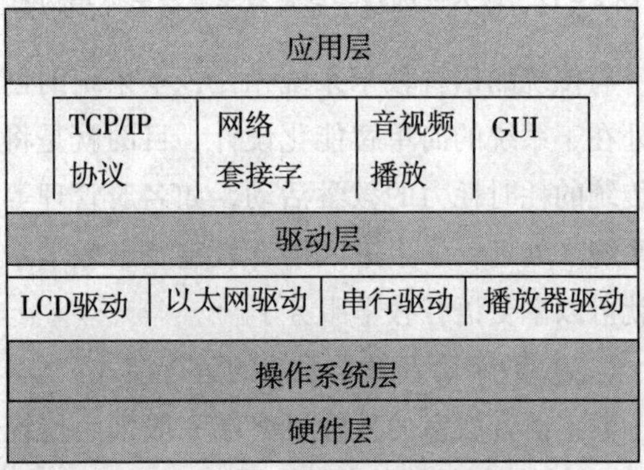

图 2－15　学生机终端的结构设计

该结构中由下至上的层次结构如下。

硬件层：整个嵌入式操作系统和应用程序运行的硬件平台，不同的应用通常有不同的硬件环境。嵌入式系统的一个主要特点是硬件平台的多样性。

操作系统层：嵌入式操作系统用来完成嵌入式应用的任务调度和控制等核心功能，具有内核精简、可配置、与高层应用紧密关联等特点，并具有相对稳定性[3]。由于 Linux 系统具有代码开放，支持大多数硬件平台，内核具有高效稳定，可裁剪等特征，建立在其上层的各种硬件的驱动开发已经很成熟，选用 Linux 作为操作系统有很大的优势。

驱动层：该层用来完成各个模块的驱动程序设计。嵌入式系统中的驱动程序是嵌入式系统控制硬件的接口，驱动程序的开发在嵌入式系统的开发中具有举足轻重的地位。

应用层：该层运行于操作系统之上，利用操作系统提供的机制完成特定功能的嵌入式应用。该层分析嵌入式因特网协议栈，实现播放程序的开发，提供友好的图形化用户界面，完成数字语音教室的功能。

三、嵌入式数字语音教学系统的教学应用

嵌入式数字化语音教学系统的诸多优势使得其在教育领域大有用武之地，常见的辅教辅学应用主要有语言教学、语言考试、远程教学和自主学习平台等。

（一）语言教学

数字语音教室主要是为了外语教学而建设的。数字语音教室采取开放式学习模式，努力挖掘学生的主动性与创造性，用丰富的教学手段弥补了语言交流环境的不足[4]。学习者在安静舒适的环境中利用集声音、图像、文字于一体的数字资源，按照自己的学习需求和进度进行自主学习，并可以通过示范和模仿来进行语言的实践。

（二）语言考试

目前，语言学习的能力认证通过各项语言测试来确定。国内占主导趋势的普通话等级考试、外语等级考试等语言类测试都可以通过该系统进行。在笔试类考试中，考生首先输入准考证等个人信息进行身份认证后进入系统自主学习考试说明，监考人员通过查看学生提交的信息决定是否发送试题，学生在规定时间自主完成题目并提交电子试卷。在口语类考试中，学生通过视音频输入设备获得题目信息并将自己的回答录成流文件保存后供评价，既高效公正，又能充分节约人力资源。

（三）远程教学

由于数字资源具有共享性和易传输性，可以利用网络使系统实现远程控制，使师资匮乏地区的学生通过终端获得远程名师的教学。授课模式采取网络自主学习与在线辅导课相结合，学生不仅可以依据自我情况有针对性地选择学习内容，控制学习进程，还可以根据学习需要选择丰富的学习资源；不仅可以就学习内容在网上发布自己的观点或针对学习中遇到的问题在线寻求帮助，而且可以选择性地参与社区各种议题的讨论。交互双方采用的是音频、视频、文字、图像、Flash 动画等多媒体信息形式，较之传统的课堂教学中抽象的语言交互和形体语言交互，其交互内容更具体生动、直观形象。

（四）自主学习平台

将数字语音教室的设备与机房放在一起管理，对全校的所有学生开放，让学生课余时间自由上机，能让有需要的同学充分利用已有资源并发挥它的学习作用，这是对学生课堂学习的有益补充。

四、小结

随着教学改革和科学技术的不断发展，数字语音教室将逐渐普及到各级教育机构中。本文仅介绍了一种嵌入式数字语音系统的结构设计，在具体的应用过程中还应进行改进和本土化。另外，在应用该系统前，应对使用者（教师、学生、设备管理员）进行严格的培训，以保证系统的使用效率和生命周期。

参考文献：

［1］栗红生．多媒体数字语音室与传统语音室之异同［J］．科技论坛，2005(19)：64.

［2］Li Deyi. *Knowledge Representation and Discovery Based on Linguistic Atoms*［J］. Journal of Computer Science and Technology，1997（2）：481－496.

［3］田泽．嵌入式系统开发与应用［M］．北京：北京航空航天大学出版社，2005.

［4］李继平，黄育雁，王鹏．数字化语音教室的设计与应用［J］．牡丹江教育学院学报，2009(1)：127.

论学科教学思想创新的价值及其可能性

——关注信息技术的促进作用

张　婧[1]　解月光[2]

（1. 东北师范大学理想信息技术研究院，吉林　长春　130117

2. 东北师范大学软件学院，吉林　长春　130117）

摘　要：信息技术与学科课程有效整合的关键在教师，而先决条件在于依托信息技术的学科教学思想的创新。本文辨析了学科教学思想内涵及其创新的价值，通过反复追思学科教学思想创新的条件，进一步分析信息技术催化其发生改变的过程，试图探讨利用信息技术促进学科教学思想的创新是否存在可能，并进一步用教学实践为佐证，明确了学科教学思想创新的可能性和价值所在。

关键词：信息技术　学科教学思想　创新　可能性

信息技术与课程整合的研究走到今天已经卓有成效，大部分专家学者已经将研究的焦点从"整合的基本理论"转移到"整合有效性"上，并不断地强调技术的有效利用，以及技术在教学模式、方法和策略转变时起到的重要作用。但我们始终认为，在深入地探讨技术如何被利用之前，应该先思考和认识信息技术在学科教学思想层面的意义和影响，然后才能在教学思想的逐步更新和改变中体现技术在教学实践中的巨大作用。换句话说，信息技术在课堂中的直接作用是作为一种"刺激"条件来引发和促进教师教学思想意识的变化乃至创新。但是，我们必须在确定这种观点之前来探讨这种变化和创新的可能性，事实上也是要确定信息技术是否能够真的对教师学科教学思想的创新起到应有的推动作用。

一、学科教学思想创新的内涵与特征

学科教学思想[1][2]是指具有教师个性化特征和学科特征的教学思想和行为意识，是教师对教学现象的理性认识、主张、观念、态度的集合，体现在各门学科的教学实践中，还包含教师对于学科教学方法、教学策略、教学内容的选择与思考。作为教师在教学实践过程中形成的思想认识，学科教学思想本身就具有时代性和创新性的特征，而"创新性"就是学科教学思想本体所具有的最重要属性。我们在这里所定义的思想的"创新"实际上有两个方面[3]：第一，"创新"体现在学科教学思想本身，指出现了一些新的教育教学思想，是对旧思想的二次加工，或者是创造新的教学思想，有创造和改造的含义；第二，"创新"体现在将思想转化为实践的过程中，也就是新的思想带来哪些新的实践，对于实践的对象产生新的变化和效果，有转变和转化的含义。

由此可见，我们要想深入地挖掘信息技术促进学科教学思想创新的可能性，就需要将问题从两个方面来看。一个是在信息技术的作用下，学科教学思想本身是否可以创新；另一个是在运用这些"新"的教学思想时，教学实践有没有发生转变或变化。只有满足这两方面的条件时，我们才能说明信息技术促进学科教学思想是可能的。

二、学科教学思想创新的价值确认

教育的价值在于它对个体和社会发展需要的一种满足，需要产生一定的积极意义，而在长期的研究当中我们发现，学科教学思想创新的价值在于它对课堂教学实践和教师本身所产生的积极作用，尤其体现在教师这一学科教学思想的重要载体上。无论学科教学思想创新有着怎样的教育

实践价值，最终将其实践出来并体现它的效果的始终是教师本身。从这个意义出发，学科教学思想所带来的最直接价值首先应该是对教师的积极影响，其次才能落实在课堂教学实践的其他要素上。事实上，正是学科教学思想引导着教师去思考“为什么而教”“成为课堂中的什么角色”以及“如何教”才能对自身的教学水平和专业发展有帮助。因此，学科教学思想也是有效地形成教学反思和提升教学能力的前提和保障。

当然，尽管学科教学思想的创新其直接的实践价值在于教师本身教学能力的改变，但同时，它也会逐步地对教学结构的转变、学生潜能的提升和高水平思维能力的培养起到重要作用。教师教学能力和方式方法的转变，使得整个课堂教学呈现出新的面貌，更重要的是，教师会自觉地探索学生能力发展对于教学提出的新需求，从而重视课堂当中学生投入型（自主型、建构型）的学习状态，最终形成培养学生高水平的思维能力、提升终身发展潜能的教学追求。

除此之外，学科教学思想的创新还具有一定的理论意义。时至今日，针对教师学科教学思想创新规律及其影响因素的研究仍存在很大的探索空间，我们对于学科教学思想创新及其可能性的慎思明辨实际上也会给这些理论提供支撑和依据。与此同时，信息技术如何影响学科教学思想的创新、教师的学科教学思想与技术作用观之间的联系等问题也会给这些理论的探索提供大量的研究切入点。

三、学科教学思想创新的条件

无论在什么因素的作用下，一种思想的创新需要两个至关重要的条件。一是目前是否存在思想创新的现实需要；二是是否给这种思想的创新搭建了有利的平台。

首先，众所周知，教育理论可以指导教育实践，当教育教学的需求发生改变时，我们就需要用新的教育教学理论去指导新的实践，这样才能迎合这些新的需求[4]。对于教学理论而言，它本身就来源于教师的教学认知和教学反思。学科教学思想这一概念的内涵证明，当学科教学思想经过长时间的发展变化、整理和总结后，最终也会上升为一种“教学理念”。由此可见，教师的学科教学思想需要紧跟教育需求发生的变化，不断改革创新。就目前而言，基础教育课程改革从启动到深入实施，已走入第12个年头。在这期间，它对教学模式的转变、教师专业发展水平的提升、学生能力素质的培养等问题不断提出新的要求。尤其在信息技术与课程整合深入实践的今天，我们的教学环境发生了巨大的变化，由原来的“一书一笔一黑板”逐步转向了信息技术进入课堂，搭建起信息技术的教学环境。教育教学的新需求是希望在信息技术教学环境中实现教师专业素质的全面发展、扭转旧的教学结构、利用新的教学模式提升学生的潜能，特别是那些较高水平的思维能力等。从这个意义出发，我们更应该摒弃“新瓶装旧酒”——用旧的教学思想去指导新的教学实践来促进“教学的变革”，而需要从创新教师学科教学思想和观念的根源上寻找满足这些要求的办法。换句话说，这些教育的现实需求将以一种不可抗拒的力量“迫使”教师去不断改变和更新自己的学科教学思想。由此可见，在教育现实需求明朗的条件下，教师的学科教学思想创新是可能的。

其次，各种教学交流活动，如集体备课、教学公开课、信息技术优质课大赛等，都会成为教师的学科教学思想创新的平台。事实上，针对学科教学思想本身而言，它具有一定的传承性和交流性的特点，这就需要教师在一定的环境中相互学习彼此的经验，扬长避短，逐步更新自己的教学思想和实践。各类的教学交流活动恰好为了这种“传承性”和“交流性”搭建了有利的环境。为捕捉教学实践中教师交流思想的真实情况，笔者走访了C市三所处于不同水平的中学（乡镇中学、一般中学、省重点中学），以这三所学校作为每一水平学校的代表，通过问卷调查、实地观察和访谈等形式展开调查。其中我们发现，仅针对语文这一个学科，无论各个学校是否作出要求，教师都会自觉地在课堂教学实践后进行教学反思、在备课时相互交流经验。尤其是新课程实施以后，语文教师为达到新的课程教学目标要求，不断地更新自己的思想，探索出很多新的教学方法。在我们目前所作的调查问卷中，有61.5%的语文教师总是在集体备课或教师研讨后反思自己的教学思想，有超过一半的语文教师认为在与其他教师的教学活动对比或借鉴后更容易创新自己的教学思想。甚至有部分教师在问卷和访谈中明确表示：不参与教学研讨、不反思教学实践，对教师自身的发展和教学思想及方法的创新和提升是有害无益的。这些事例都证明，在学校组织的各种教学交流活动这一有利平台的促进下，学科教学思想本身更容易创新。

除此之外，已有研究证明，学科教学思想的最重要特征就是“创新性”，加之“时代性”的约束，就给学科教学思想适用性界定了“保质期”。换句话说，在教学实践过程中，随着教学条件和需求的不断变化，加之教学活动的开放程度不断加大，不可能存在一成不变的教学思想。从这个理论意义上出发，学科教学思想的创新是可能的。

四、信息技术催化学科教学思想改变的过程

已有理论表明，将信息技术作为一种催化剂来促进教师学科教学思想的创新是可能的。信息技术进入课堂当中，改变了教学的各个要素。但这种通过改变教学要素从而改变教师学科教学思想的过程是如何开始的呢?

从某种程度上来说，在我们大力推进教育信息化之前，教师没有在信息技术教学环境中教学，他们所面对的教学要素——口耳相传的教学传播途径、单纯的文字作为教学内容的载体，在一定条件下很难发生改变。因此，教师的学科教学思想来源于对每一次教学实践的不足或成功之处的反思，并从这些反思中创造出新的想法去解决教学实践中一直存在的问题，以此来深化和改善教学实践。但是，随着信息时代教育教学新需求的召唤，学校教育信息化迅速发展，特别是新课程改革的深化，以网络和计算机为核心的信息技术开始广泛进入课堂教学当中，它除了改变资源和内容呈现与共享的方式外，还改变了教师的教学方法、策略、模式、师生关系等要素。尤其是信息化教学模式的应用，更进一步带来了教育主体（师和生）教与学行为和能力的变化，这些由信息技术教学环境引发的各类变化给教师带来了思想上的种种冲击。中央教育科学研究所的易凌云博士曾在《论教师的教育理论意识》[5]一文中提道：“教育理论可以帮助教师形成个人教育信念。如果教师不想成为‘盲目的执行者’，首先就必须对‘教育是什么’‘教育干什么’等涉及教育的本质与意义的问题进行追问”，那我们是不是也可以说，如果教师不想成为教学中盲目的技术利用者，不想成为教育中的信息技术的简单操作者，就需要对“教育为什么需要信息技术”“在课堂教学中用信息技术做什么”“信息技术如何改变教与学”，以及“如何更好地运用信息技术改善教与学”等技术与教育教学关系的本质问题进行追问。而我们也确信，这个追问的过程就是催化学科教学思想改变的过程，所形成的思考、认识、观点与思想再融于教师本身所具有的教学风格，就会诞生新的学科教学思想。

分析这个催化过程可以让我们认识到，信息技术或信息化教学环境所能改变的不仅仅是那些能够触摸到、能够观察到的要素，也一定间接地引发教师教学思想的改变。如果这种改变不仅包含了对旧思想的“再次加工”，或诞生新的教学思想，同时，在将思想转化为实践的过程中，也带来新的实践样态，特别是对于实践的对象产生新的变化和效果，那么，这种改变就是一种创新性的变化，就是技术促进教师学科教学思想创新的成果。当然，教师的学科教学思想从另一个角度也间接地影响了那些课程或教学的要素在真实的教学实践中所能发挥的作用。

五、信息技术促进教师学科教学思想创新的实践样态举例

（一）教学方法的改变

J中学的胡老师在信息技术走进作文课堂后不断地反思传统作文教学方式的不足，她发现：传统的语文作文教学方式多侧重于教师对写作模式的讲授，以及对于范文的主观推荐，学生没有

太多思辨和创新，抑制了他们的表达能力和鉴赏能力。信息技术能够展示大量的学习内容和学生作文范例，这给学生提供了更多展示自我的机会，让学生从原来的“被动接受”转变为现在的“主动学习”。因此胡老师试图在作文课中利用信息技术激发学生的创作欲望，提高学生的表达能力和鉴赏能力。她采用多媒体幻灯片的形式展示学生的作文，实时地进行点评和修改，将修改的结果直接呈现给大家，或是让学生们亲自操作计算机以修改他人的作文，标出优秀的段落或句子，提出自己的质疑等。既激发了学生的写作兴趣，又培养了他们分析、评价、综合的能力。胡老师在多次运用信息技术授课后总结：“与其让教师给学生灌输写作文的方法，不如让学生自己去发现如何写，教师利用师生互评作文的教学方式更能激发学生的写作热情。”

（二）学生能力培养目标的重新定位

教师在运用信息技术进行教学的过程中会思考学生能力的培养方向，并对学生能力培养目标进行重新的定位。YL 中学初中语文教师佟老师认为：“在现代文阅读教学中，出于让学生分析课文、积累文学知识的目的，教师总是习惯于利用信息技术罗列教学内容和相关资源。但信息技术对于学生能力培养的作用不能仅局限于此，还应该让学生们自己收集资料，进一步激发他们的学习热情，在提升信息素养的同时，对这些海量的网络资源分析和评价，提高自身的批判性的思维及创新能力。”佟老师在多媒体教室讲授《范进中举》一课之前，给学生布置了人物形象分析的作业，希望学生通过网络信息检索、用图片、文字、视频或动画的形式描述自己心目中范进的人物形象。在正式上课时，教师对同学们找到的资料进行收集整合，大大激发了学生的认知欲望，他们在相互交流和批判中寻找最恰当的描述方法，部分同学能根据资料的相似程度迅速形成团队，对其他同学或小组进行反驳，形成独具匠心的见解。在这个过程中，学生不仅掌握了“范进”这一人物的形象，还学会了从不同角度看问题，对学生批判性思维及创新能力的发展都会有所帮助。与学生机械学习如何分析、总结课文的过程相比，他们在利用信息技术收集资料、评价总结的过程中能获得更多的能力提高。

（三）教学内容的重新认识

信息技术使得课堂中充满了更多真实的、鲜活的教学元素（虚拟现实的情境、丰富的课程资源等），这让教师在传授陈述性知识的同时还要去思考被这些技术带来的元素是否能够帮助学生将这些知识转化为程序性知识，并从中获得学习的策略、形成能力。以笔者的实际调查研究为例：YS 中学的语文教师丁老师在较为枯燥和很难掌握的语文语法（修改病句）讲授中，除了运用信息技术展示相应教学内容和有关资料以外，还将其作为一种情境工具和认知工具。丁老师认为：“无论教师用多么鲜活的语言去讲解，学生都不会立刻将这些枯燥而又抽象的语法知识转换成真实的语境来理解，只有依托信息技术提供的情境支持，才能让学生将陈述性的知识程序化、策略化，从而习得知识、提升技能。”丁老师用多媒体课件展示影视作品中出现的病句和经典的修辞方法，形成了一种真实的语言情境，学生们饶有兴趣地将所学的语法知识应用于这种情境中，不仅掌握了判断病句的方法，还能总结出不同的、正确的语义表达形式，同时积累大量的修辞手法。一节枯燥的语法课，在信息技术的支撑下，经过丁老师的细致思考和设计，成为一节生动有趣的语法知识“模拟实践”课。

通过这些教学实例的分析，我们不难看出，信息技术在改变课堂教学要素的同时也影响着教师固有的教学思想，经过不断地思考和实践，教师们会寻找到一条合理利用信息技术改善教学实践的途径。由此可见，信息技术不仅在理论上可以促进教师学科教学思想创新，在教学实践中也可以更好地提高教学效果。

结语

我们对于信息技术促进学科教学思想创新可能性的研究，实际上也是在明确信息技术促进学科教学思想创新这一问题的真伪，进一步明确其具有的现实意义和价值。当然，它也带给我们对于深层次问题的追问：学科教学思想的创新在信息技术的影响下会出现何种表征，学科教学思想与信息技术教学环境的辩证关系，以及新的学科教学思想如何指导新一轮的教学实践等，都是我们需要进一步细致探究的问题。

参考文献：

[1] 顾明远．教育大辞典［M］．上海：上海教育出版社，1990.

[2] 袁振国．教育新理念［M］．北京：教育科学出版社，2007：9.

[3] 陈培瑞．创新教育与教育创新［J］．教育发展研究，2001(2).

[4] 张鲁宁．教育理论与教育实践关系的再辨析——从教育理论和教育实践应当是什么的角度审视［J］．教育学术月刊，2009(5).

[5] 易凌云．论教师的教育理论意识［J］．教师教育研究，2007(4).

基于混合式学习课程设计的个案研究

季益龙

（浙江师范大学教育学院，浙江　金华　321004）

摘　要：混合式学习既可以发挥教师的主导作用，又可以发挥学生的主体作用，其关键在于如何进行课程设计，维持各方式、各要素之间的平衡。因此，基于混合式学习的课程设计就显得十分重要。本文首先分析了以往有关混合式学习的内涵、混合式学习的基本原理、混合式学习的组成的论述及相关研究，进而结合浙江师范大学国家精品课程“现代远程教育”实例，对混合式学习课程设计框架进行详细的阐述。经过多年的实践教学验证得出虚拟学习环境下的混合式学习在教学实践中得到了教师和学生的充分肯定，混合式学习中学生的积极性、主动性得到最大程度的调动，学生应用信息技术分析问题、解决问题的综合能力得到显著提高。

关键词：混合式学习　课程设计　个案研究

课程是教学的最基本单元，也是培养学生知识、能力、素质的重要载体，它是影响人才培养质量的最活跃因素[1]。混合式学习（Blended Learning，BL）并不是一个新概念，它起源于20世纪90年代初美国最早的企业发展培训。随着互联网的普及和数字化学习的发展，E－Learning开始风靡全球，同时它也给人们带来了一些困惑和不足。混合式学习是将传统学习与E－Learning结合起来，这种混合不是简单的1＋1模式，而是将传统学习和E－Learning的优势有效地结合起来，使二者优势互补，最终达到最优的学习效果。混合式学习既可以发挥教师的主导作用，又可以发挥学生的主体作用，但其关键在于如何进行课程设计，维持各方式、各要素之间的平衡。因此，基于混合式学习的课程设计就显得十分重要。本文尝试在介绍混合式学习理论和原理的基础上，探讨如何利用混合式学习设计和开发国家精品课程，为高校教学改革提供一个新的思路和方法。

一、混合式学习基本理论

（一）混合式学习的内涵

2003年12月9日，北京师范大学何克抗教授在南京召开的全球华人计算机教育应用第七届大会上首次介绍了混合式学习。何克抗教授认为，所谓混合式学习就是要把传统学习方式的优势和E－Learning（数字化或网络化学习）的优势结合起来[2]；也就是说，既要发挥教师引导、启发、监控教学过程的主导作用，又要充分体现学生作为学习过程主体的主动性、积极性与创造性。目前国际教育技术界的共识是，只有将这二者结合起来，使二者优势互补，才能获得最佳的学习效果。

然而，很多人把混合式学习模式化为传统的课堂教学方式和网络教学方式的结合，这样的简单的1＋1模式恐怕仅仅是对表面特征的描述。国外学者Singh & Reed提出，混合式学习是在“适当的”时间，通过应用“适当的”学习技术与“适当的”学习风格相契合，对“适当的”学习者传递“适当的”能力，从而取得最优化学习效果的学习方式[3]。其中5个“适当的”揭示了混合式学习的本质。

（二）混合式学习的基本原理

混合式学习的基本原理就是通过可能找到的“最优化”方式去改善和提高学习。理解混合式学习的基本原理首先理解什么是学习。学习有两种：一种是“浅层学习”，其特征是记忆；另一种是“深层学习”，其特性是掌握新知识，即理解并验证已经存在的知识的契合度，然后融合知识成为现有的知识架构[4]。浅层学习仅仅关注信息的回忆，只能是一种低效的学习；而深层学习则包含了学习者的领悟过程，是一种问题解决的学习。显然，混合式学习期望能够有助于深层学习。因此，混合式学习的基本原理正如德里斯科尔所说，混合式学习是基于 Web 的技术（如虚拟课堂实况、协作学习、流媒体和文本）的结合（或者混合），以实现某一教学目标；是多种教学方式（如建构主义、行为主义和认知主义）和教学技术（或者非教学技术）的结合，共同实现最理想的教学效果。也就是说，混合式学习像是一种最优化的融合，为了达到特定的教学目标，强调把教学要素（教师、学生、教学内容、媒体）通过相互联系相互作用有机地融合在一起的教学方式[5]。

（三）混合式学习的组成要素

混合式学习包含了面对面教学和在线学习两大部分，这两部分都不是单一的，教师在实际教学应用中应该将两者有效地结合在一起。Clark 在 *White paper*：*Blended*（《白皮书：混合式学习》）中将混合式学习分为脱机学习和在线学习两部分[6]，笔者据此稍作修改，在在线学习中增加了虚拟学习环境，如图 2－16 所示。

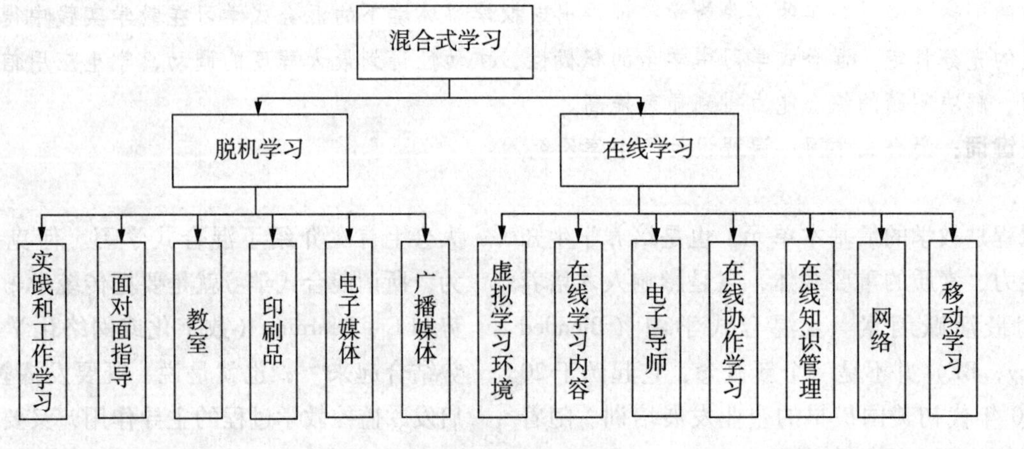

图 2－16　混合式学习的组成

二、混合式学习课程设计

2010—2011 学年第二学期，笔者作为电子教师（E－Tutor）深入到课程和学生中，有机会对混合式学习在国家精品课程中的应用进行个案研究，基于以上对混合式学习相关理论和现实的认识，笔者提出了如图 2－17 所示的“混合式学习课程的设计框架”，主要包括 7 个方面：前端分析、混合式学习学习环境设计、活动与资源设计、教学模式选择、学习支持、学习评价设计、反馈。

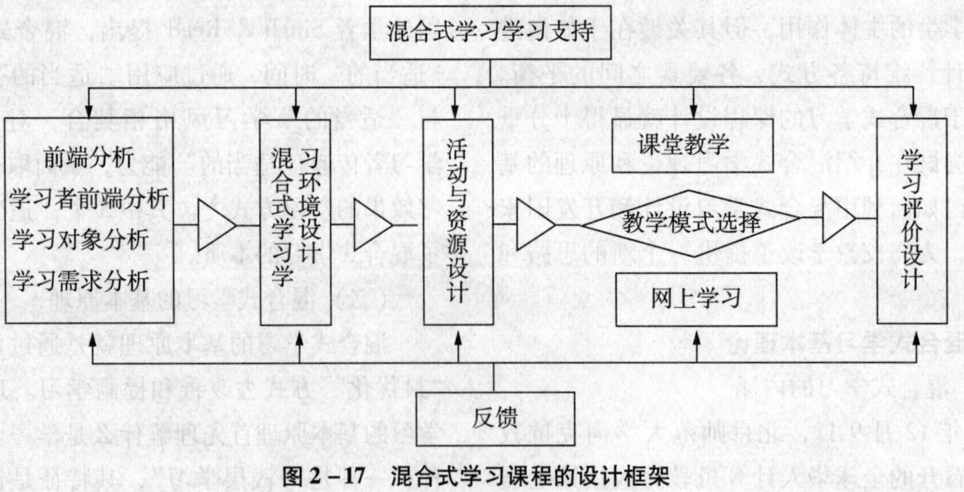

图 2－17　混合式学习课程的设计框架

（一）前端分析

课程设计过程开始的时候，先分析若干影响学习过程但又不属于学习过程的问题，对课程的总体情况进行观测，判断是否适合进行混合式学习，即前端分析。一般前端分析主要包括：学习者特征分析，通过对学习者一般特征、学习风格、初始能力的分析和评定，了解影响学生学习的自身的能力、特征和风格等相关特征；学习对象分析，即学习内容的分析，对所学的课程进行知识的分类，确定学习内容的深度和广度；学习需求分析，是指分析学习者学习方面目前的状况与所期望达到的状况之间的差距。前端分析的目的是根据学习者的熟练程度确定学习目标和设定学习活动，从而为后续工作提供依据。本课程初期，课程主讲教师就深入学生中间了解学习者学过哪些课程，掌握了哪些基本知识，习得了哪些基本技术，如Moodle平台的使用、网络学习的频率和时间、信息素养等；然后对课程内容进行详细分析，制订详细的教学计划，将课程的教学目标以日历的形式呈现给学生；最后通过访谈或网络调查的方法了解学习者学习的需求和对本课程的期望。

（二）混合式学习学习环境设计

混合式学习学习环境是混合式学习课程设计的基础，它是一个动态、循环、生态的系统。混合式学习需要一个较为完善稳定的虚拟学习环境（Virtual Learning Environments，VLEs）的支持。所谓的VLEs是指基于计算机网络的标准化学习与管理系统，主要用于支持网络学习的内容传递、促进在线师生的交互。最初为支持远程学习而设计，目前已成为网络教育和很多高校教学、学习和管理中不可或缺的支撑平台[7]。在前端分析的基础之上，根据“现代远程教育”的课程性质和内容需要，再结合系统开源、免费、简单和功能比较完备的优势（如图2－18所示），本课程选用了Moodle系统创设混合式学习需要的VLEs。

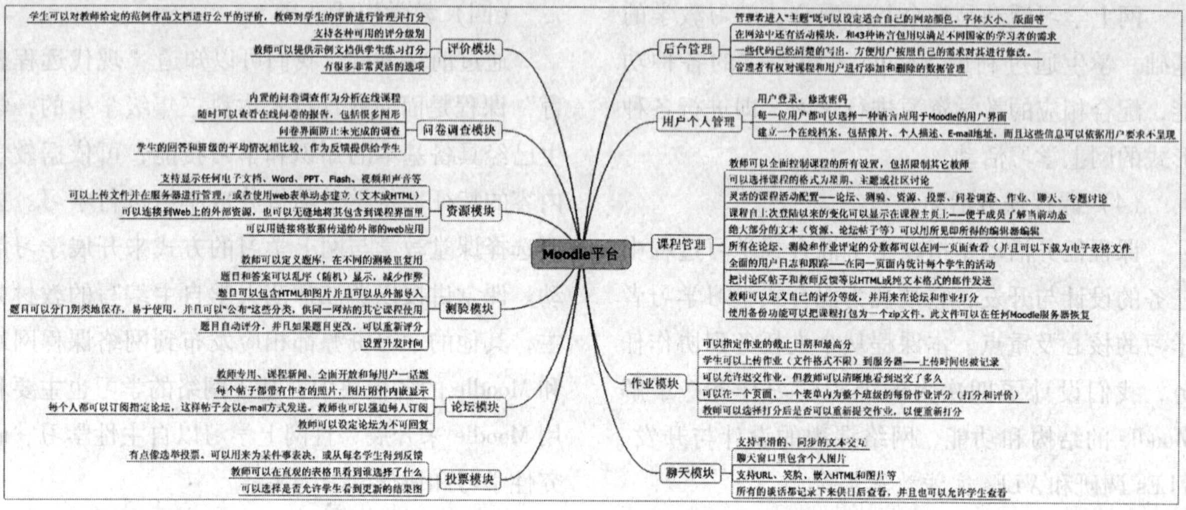

图2－18　Moodle的功能模块

（三）活动与资源设计

活动与资源设计是整个混合式学习课程设计过程中的核心和重点，是课程设计中最能够体现混合式学习课程特点的环节。主要包括活动的设计和资源设计与开发。

1. 活动的设计。

活动的设计遵循活动理论，活动理论的基本单位是活动，活动理论系统包含三个核心成分（主体、客体和团体）和三个次要成分（工具、规则和劳动分工），次要成分又构成了核心成分之间的联系[8]。本课程的活动设计主要包括四个方面：课程导入活动、课堂讲授活动、网上学习活动和课程任务活动。

（1）课程导入活动。

在基于混合式学习的教学环境中，课程导入非常重要。课程导入是整个课程教学过程的起始阶段，往往师生之间的相互印象、学生对课程的基本认识都从这个阶段开始。本课程导入活动中，我们在Moodle系统中提供了文本、图形、图像、动画、视频、音频等多种多媒体资料，并设计了各种讨论区、词汇表等，让学生可以通过阅读、观看、资料搜索、讨论等活动来进行学习，了解本课程的结构和安排等。

（2）课堂讲授活动。

传统意义上的课堂讲授是一种历史最悠久的、应用最广泛的学习模式。这里的课堂讲授活动针对的是课程的重点和难点以及理论基础知识学习环节，教师在多媒体教室进行课堂讲授，结合虚拟学习平台进行讲解。

（3）网上学习活动。

网上学习活动是整个基于混合式学习教学的基础。学生通过利用Moodle系统提供的各种功能，配合相应的教学资源进行学习，即进行各种形式的网上学习活动。

（4）课程任务活动。

课程任务活动是指在整个混合式学习过程中任务的设计与开发，它被视为混合式学习学习者学习的核心及重点。本课程从个人任务到协作任务，我们设计了四次大的课程学习任务：了解Moodle的结构和功能、网络课程的设计与开发、VLEs调研和VLEs实践教学实验。

2. 资源设计与开发。

资源设计与开发的目的是为学习服务，在学习过程中，教师结合课程理论知识，提供丰富而大量的多媒体网络资源（如学术论文、教学资源、教学案例等），有利于学生浏览、观摩、参考、学习，提高学生的信息素养。本课程的资源设计与开发主要包括资源的选择和资源的呈现两个方面。

（1）资源的选择。

资源的选择需要遵循以下几个原则：内容性原则，本次课程资源的选择都与远程教育有关；技术性原则，课程使用的资源必须容易登录、易于下载、快速稳定；艺术性原则，好的内容还需要有好的形式来表现，课程资源在某种程度上也可以说是一种视觉资源，美观大方的网站界面设计在一定程度上影响着用户浏览网站时的心情；扩展性原则，课程资源的选择必须具有一定的扩展性，便于学生课后自主学习。

（2）资源的呈现。

本次课程资源的呈现有两种方式：一种是网络课程，里面有PowerPoint教学课件、教学视频、试卷等。另一种是虚拟学习平台，即Moodle资源。其中，Moodle资源模块支持显示任何电子文档（如Word、PowerPoint等）、Flash动画、视频和声音等，可以上传文件并在服务器上进行管理，或者使用Web表单动态建立（文本或HTML），可以连接到Web上的外部资源，也可以无缝地将其包含到课程界面中。

（四）教学模式选择

通过前端分析，我们可以知道“现代远程教育”课程是面向教育技术本科三年级学生的，学生已经具备基本的知识和学习技能，可依据教学内容的特征，将学生随机分成小组进行学习。主要选择课堂教学与网上学习的方式来开展学习活动。课堂讲授以浙江师范大学自主编写的教材为主，其他的学习资源都相应发布到网络课程网站和Moodle的各板块中，基于网络的学习也主要利用Moodle来开展，且网上学习以自主性学习、研究性学习和协作学习为主。

（五）学习支持设计

在学习者的学习过程中，为解决学习者遇到的困难，需要向他们提供学习支持，包括学术性和非学术性的帮助。这种学习支持可以来自主讲教师，也可来自电子教师（E-Tutor），还可以来自小组内部成员或其他小组的同学，目的是让学习者顺利地克服学习过程中遇到的困难。学习支持服务贯穿整个混合式学习教学过程，无论是前端分析、构建混合式学习环境，还是活动与资源设计和学习评价设计，学习支持服务都起到了保障作用。本课程中，学习者在学习过程中可能需要课程支持、技术支持、情感支持和实践性教学环节支持。课程支持主要包括对课程相关信息的支持和对课程内容本身的支持两部分内容；技术支持主要是指与设备和设施相关的服务；情感支持主要是指学习者与教师、学习者与学习者之间的情感交流，这种情感交流能够在学习过程中对学习者起到非智力因素的支持；在混合式学习教学中很适合实践性教学活动的开展，然而实践性教学活动对学习环境的要求相对复杂，需要借助很多特定的工具、设备，具备一定的条件才能完成。

（六）学习评价设计

由于混合式学习综合了多种教学（学习）活动，它的多样性和复杂性使得学习过程更为具体和细致，对它的评价也更为重要。针对混合式学习中的各种学习形式，传统的教学评价和网络评价方式都存在一定的局限性，这就要求基于混合式学习的教学评价进行整合。本课程的评价方式主要包括以下几种。①电子学习档案评价，Moodle 系统对学生的学习过程具有追踪记录功能，学生在系统平台上的一切活动都会被详细记录下来，这些学习过程的记录相当于一个电子学档，作为评价学生学习的一种新的评价方式。②形成性评价和总结性评价相结合，本课程摒弃了传统的单纯用试卷考试的方式，采用的是由系统平时参与度、实验成绩和最后考试成绩按 4∶3∶3 的比例所组成的评价体系。③自评与互评相结合，自我评价可使学生充分认识自己的长处与不足，从而发展自己的自我意识，互评可使学生发现自己学习的优势与不足。本课程中，在“作业之感”讨论区的“看优秀作业之感”中进行了激烈的讨论，很多同学都深有感触，认为通过优秀作业的观摩和学习，认识到了自己与其他同学的差距，找到了提升的方向。④个人评价和小组评价相结合。对于小组协作学习任务中个人的评价，不仅要看小组的作品成绩，还要参考个人在小组活动中贡献的大小和组员的评价。其实评价活动也是学习活动的一部分，体现了以学习者为中心的教学理念。

（七）反馈

反馈是混合式学习课程设计框架最后一个阶段，我们要清醒地认识到混合式学习课程设计是一个开放的、动态的过程，涉及的如教师、学生、信息、媒体、环境等各个要素都处于变化之中。因此，在课程设计结束之后，我们必须就课程进行整体性的总结，并形成总结报告，对前面的每个阶段进行反馈，以便能够及时地对课程进行修改。

三、小结

混合式学习的出现无疑使人们的学习方式变得多样化，改变了世界每一个角落的教学形态，这种学习方式通过对其他学习方式的“混合”和“综合”，为学习过程中的各种因素“适当”地搭配在一起提供了可能，从而具备了超越其他单一学习方式的优势和特色[9]。

笔者通过一个学期的跟踪调查和访谈，发现混合式教学过程中还是存在一些问题。首先，在线学习外界干扰多，学生在线学习容易受到外界干扰，自控力较差的学生会经受不住外界网络的影响，大部分学生的学习是一种浅层学习，而非深层学习。其次，评价方式受到挑战。混合式学习的评价方式是多样性的，其中电子档案是最核心的评价方式。然而通过深入访谈，发现部分同学出现“作秀”现象，为了应付老师，形式化地登入平台，并没有融入到设计好的活动中，仅仅把平台作为一种资源下载的平台。更有甚者，有的同学会一次登录两个账号，帮助其他同学完成作业。目前，电子档案的评价方式受到一些挑战，如何保证评价方式的质量和公平性是一个值得思考的问题。最后，在线学习参与度不高。其原因很多也很复杂，如学习者在线学习具有孤独感、信息素养不够、没有养成在线学习习惯等。学生的在线参与度已经成为影响在线学习效果的重要因素之一。虽然，混合式学习模式有一些不足，但这些不足都是在线学习共有的，可以通过传统教学来进行弥补，使这种模式变得更加优化和系统。

经过多年的实践教学验证，我们可以得出，虚拟学习环境下的混合式学习在我们的教学实践中得到了教师和学生的充分肯定。在混合式学习中，学生的积极性、主动性得到了最大程度的调动，学生应用信息技术分析问题、解决问题的综合能力得到了显著提高。

总之，从传统课堂教学到网络教学，再到“混合式学习”教学，不是信息技术的简单应用和教学形式的简单改变，而是教学理念、教学模式的变革。其目的是将信息技术更有效地应用于教学中，以提升学生的学习能力，优化教育教学过程。本文通过个案研究，构建出混合式学习课程设计的框架，为高校教学改革提供了一个新的思路和方法。虽然本课程内容设置上有它的一些特殊性，但这种整体设计思路还是可以为高校的其他课程所借鉴。结合教育信息化的背景和中国特色的教育体系，混合式学习课程设计在高校教学改革中具有巨大优势，但如何在高校虚拟学习环境下更好地开展混合式学习还需要大家共同努力去探索更合适的学习方式。

参考文献：

[1] 张瑶娟．高职院校精品课程建设研究［J］．湖南农业大学学报，2007(3)：53－54.

[2] 何克抗．从 Blending Learning 看教育技术理论的新发展［J］．电化教育研究，2004(3)：1－6.

[3] 黄荣怀，周跃良，王迎．混合式学习的理论与实践［M］．北京：高等教育出版社，2006：11－12.

[4] Wood EJ. Review: Problem-based learning. Acta Biochimica Polonica Quarterly, 51(2), XXI－XXVI[EB/OL]. (2008－12－25)[2008－01－01] http://www.actabp.pl/pdf/2_2004/XXI.Pdf.

[5] 李恬．论网络环境下“混合式学习”课程设计研究［J］．西南农业大学学报（社会科学版），2010(2)：20－21.

[6] DonaldClark (2003), “whitepaper: BlendedLearning”, [DB/OL]. http: www.epic.co.uk/conter/resources/white_papers/blended.htm (21 March 2005).

[7] 周跃良，林秀钦．意义生成与虚拟学习环境系统中的知识建构机制设计［J］．中国电化教育，2005(4)：14－18.

[8] 王良辉，徐晓丹．活动理论与虚拟学习社区建设［J］．现代远距离教育，2006(2)：15－17.

[9] 黄荣怀，马丁，郑兰琴，张海森．基于混合式学习的课程设计理论［J］．电化教育研究，2009(1)：9－14.

任务驱动在中职 CAD 教学中的应用研究

田振清[1]　袁福华[2]

(1. 内蒙古师范大学传媒学院，内蒙古　呼和浩特　010022

2. 内蒙古呼伦贝尔工业学校，内蒙古　海拉尔　021000)

摘　要： Auto CAD 是中职学校工科类专业的一门必修基础课程，它着眼于学生机械制图基本技能及信息加工能力的培养，并对后续相关课程起引导及铺垫作用。笔者在考察分析呼伦贝尔工业学校该课程以往教学中存在的诸多问题的基础上，探索将“任务驱动”教学方法应用于该课程“轴测图”单元的教学中。以“教师为主导，学生为主体”教学思想为指导，突出学习活动与真实任务有机结合的特征，设计了教学方案并实施。实践证明，任务驱动有利于引导学生将单元中的知识点系统地综合运用，促进了基本技能的掌握与合作意识的提升，提高了学生分析问题、解决问题的能力。

关键词： 中职教学　任务驱动法　教学设计　AutoCAD 教学

一、研究问题的提出

任务驱动在中小学信息技术课程教学中多有应用，相关研究文献在学术期刊、会议论文集、硕士学位论文中并不鲜见，但在中职学校课程教学中的研究应用报告所见不多。近期笔者在知网中搜索到 18 篇，其中刘国银的《基于任务的自主—合作学习在中职计算机教学中的应用研究》一文[1]阐释了“基于任务的自主—合作学习”模式，介绍了该教学模式的基本教学过程；郑京的《职业中专计算机专业课任务式合作学习模式初探》[2]一文探讨了中等职业学校“任务式合作学习模式”的教学原则，给出了经教学实践验证有效的“任务式合作学习模式”的具体案例。刘国银和郑京介绍的教学模式、实施案例值得借鉴和尝试。但经进一步检索，发现关于中职“Auto CAD”课程中任务驱动教学研究案例的文献寥寥无几。由此可见，这方面的实践探索与研究还非常有限。

中职教改提出了课程教学中要“从以教师为中心向以学生为中心转变、从被动学习向主动学习转变；从重视群体性向重视学生个体个性转变”等方面的要求。从呼伦贝尔工业学校工科专业 Auto CAD 课程教学实施上看，在用传统教学方式讲授 Auto CAD 机械制图“轴测图”这个单元时，以教师讲解为主，将知识点逐一按部就班地讲解演示，学生只是被动地收听接受，模仿教师的操作过程做一遍，即是学习完毕。在这个过程中，学生只是分别学习了 Auto CAD 软件使用的各基本知识点，并没有系统地综合并加以应用，教师的“教”和学生的“学”在“教师讲解—演示—学生练习模仿”的过程中结束。这种学习模式尽管关注了学生操作技能的训练，取得了一定的效果，但对于大部分学生来说，没有真正地将所学知识及其技能应用到解决实际问题中。由于忽视了应用能力的培养，缺少挑战性，体验不到成就感，学生很快就失去了学习兴趣。加之在整个教学过程中教师占主导地位，这就决定了教师讲了多少内容，学生就被限制在该内容范围内，没有拓展。传统教学方法给 Auto CAD 课堂教学带来的问题与困境，其根本的原因在于把教学中的师生共同活动变成了教师单向地传授知识，学生被动地接收知识的过程。究其实质是

"教是为了学"基本理念的缺失，忽视学生能力的培养，对学生学习的自主性、主动性关注不够，导致学生缺乏学习 Auto CAD 时的兴趣和动力，这样的教学当然不能适应中职学校教学改革的要求[3]。

中等职业技术教育着力培养高素质技能型实用人才。Auto CAD 机械制图作为课程体系中一门基础性的计算机软件应用课，集知识性、技能性、实用性为一体，具有实践性强、版本升级快、应用范围广等特点。面对自律性不强、知识基础相对薄弱的中职学生，如何根据中职学生的特点采取适当的教学方法提高其学习积极性，培养其分析问题、解决问题的能力，为后继的学习乃至未来的就业奠定必要的基础，成为中职教学中的一个亟待解决的问题。

为克服以往教学中存在的弊端，提高 Auto CAD 课程的教学实效，培养学生自主学习和勇于实践的精神，笔者在呼伦贝尔工业学校的 Auto CAD 课程教学活动中尝试引入任务驱动法教学，开展实证研究，以求在教学实施中激发学生的学习动机，发挥其主体作用，培养学生的独立意识与合作精神，从而提高学生的实践能力和自我发展能力。

二、任务驱动法的基本特征与教学实施方案

任务驱动法的基本特点是"以任务为主线、教师为主导、学生为主体"，改变了以往"教师讲、学生听、以教定学"的固定程式，呈现出以学定教、学生主动参与、自主协作、探索创新的新型学习方式。

任务驱动法实施的基本流程如图 2－19 所示[4]。整个流程分为 6 个环节，环节 1 和环节 6 主要由教师完成，环节 2 至环节 5 主要由学生合作学习、自主探究完成，教师在这个过程中起到指导、帮助、促进的作用。

环节 1：创设情境，导入任务。该环节由教师完成，展示什么是轴测图并用动画展示简单轴测图基本知识点的绘制方法，给学生一个感性、整体的轴测图知识框架，在此基础上，引申出如何用轴测图相关知识技能表现室内家具这一开放性任务，并提出完成任务的具体要求。

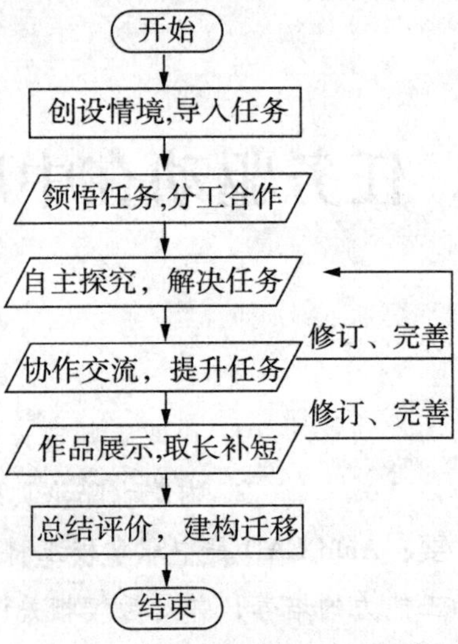

图 2－19　任务驱动法基本流程

环节 2：领悟任务，分工合作。该环节由学习小组讨论完成，根据老师的布置，学生分组，明确本组任务主题、实施步骤及要求，同时规划每个人在每个环节里的具体分工。

环节 3：自主探究，解决任务。该环节主要由个人完成，主要内容是掌握新的知识技能，完成封闭任务，采用个人自主学习为主、小组互助为辅、教师引导帮助的方法。

环节 4：协作交流，提升任务。该环节先个人、后小组，小组每个人先完成个人的子任务，汇集到一起，交流互补，丰富完善子任务，最后调整综合完成小组作品。

环节 5：作品展示，取长补短。该环节由小组集体完成，制作小组作品的 PowerPoint 演示文稿，讲解、展示每组作品，评价作品同时完善各自的作品。

环节 6：总结评价，建构迁移。该环节主要由教师完成，对本单元教学进行总结，促成学生完成知识与技能的意义建构和迁移。

依图 2－19 所示的流程，结合"轴测图"单元的教学内容分析，以任务驱动法实施教学的过程结构如图 2－20 所示。

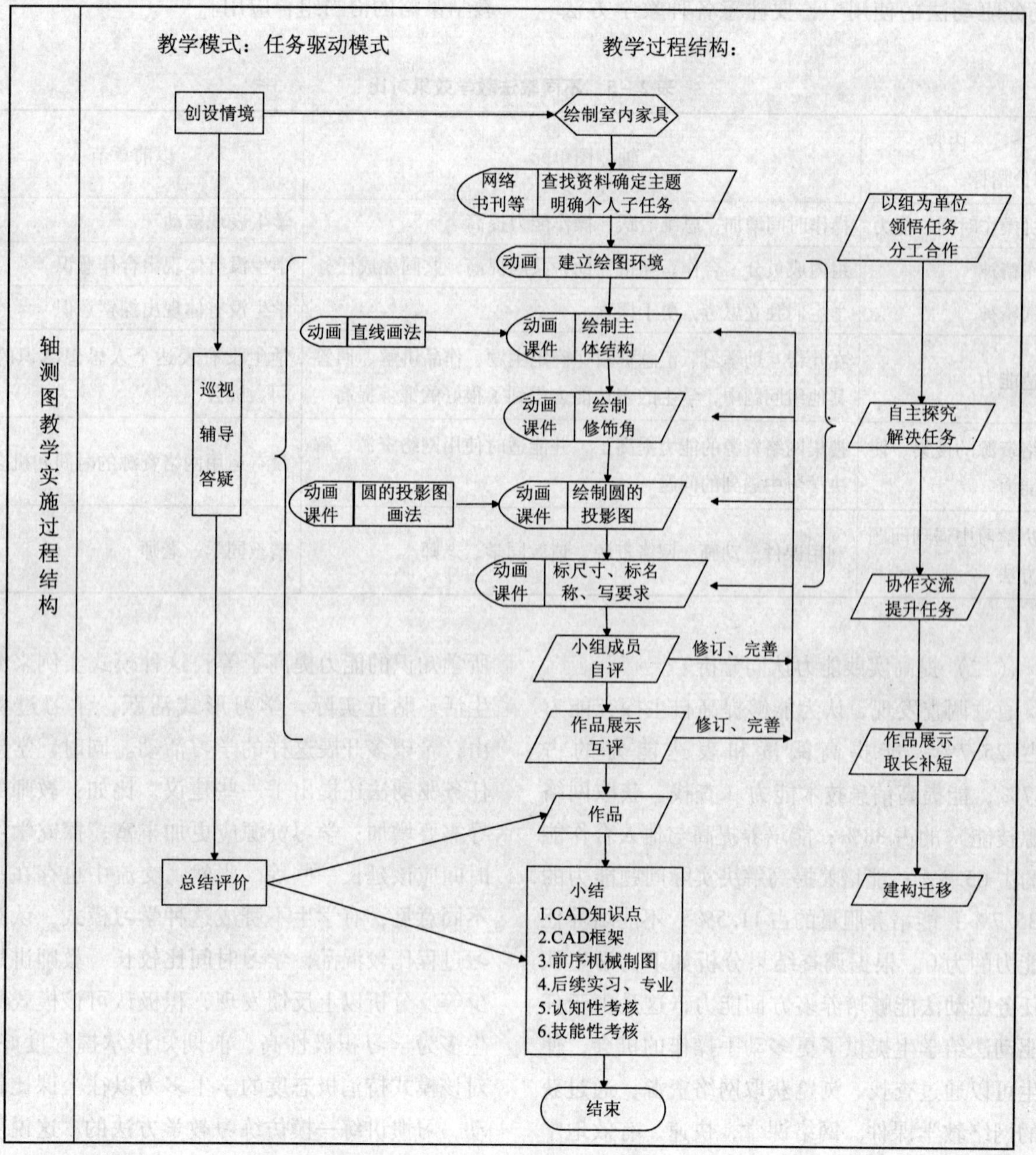

图 2-20 “轴测图”教学过程结构

三、教学实施的效果分析及基本结论

轴测图单元采用任务驱动法进行教学，对比以往的教学（教师演示、学生模仿），具体结果如表 2-5 所示。

从表 2-5 中反映的情况看，本单元学习中大部分学生表现积极，能认真完成各自的任务，并与小组成员探讨，表达个人观点，交流学习心得。在交流过程中，完成知识的互补、方法的借鉴、能力的提高。

（一）对于任务驱动法的认同

实施单元教学后，笔者编制了问卷进行调查。从统计结果上看，通过本次教学活动，有 65.1% 的学生选择了赞同教师引导、领会任务、小组合作研讨这种学习模式；有 28.3% 的学生选择了听教师讲是适合自己的学习方式。分析表明，任务驱动法这种学习模式比较适合呼伦贝尔学校工业学校 Auto CAD 机械制图课程的学习；同时，仍需结合使用传统的教师讲授法。因此，在任务驱动法的使用中，要注意各种教学方法、教学策略的恰当组合应用。

表2-5 不同教法教学效果对比

内容 评价指标	轴测图单元	以前章节
上机操作时间、能力	操作时间增加，思维活跃，操作能力提高	学生表现被动
合作精神	组内成员分工合作，互帮互助，共同提高，共同完成任务	学生没有体现出合作意识
探索精神	学生们独立思考，勇于探索	学生没有体现出探索意识
表达能力	在互帮互助学习、汇总资料、确定主题、作品讲解、回答其他组问题中，学生的表达能力得到了很好的锻炼提高	学生没有表达个人思想意识的时间、机会
网络资源的搜集、使用能力	搜集网络资源的能力提高了，并能适时使用网络资源，解决学习中遇到的问题	没有运用网络资源的时间和机会
解决学习中遇到问题的方法	利用课件、动画、网络资源，请教同学、老师	请教同学、老师

（二）提高实践能力认同分析

通过调查发现，认为能够提高自主探究能力的占25.7%；能提高阅读和表达能力的占17.7%；能提高信息技术能力（查找、获取网络资源技能）的占88%；能培养提高与他人合作能力的占65.3%；能培养提高解决实际问题能力的占35.7%；能培养胆量的占11.5%；不能培养任何能力的为0。根据调查结果分析如下，学生认为任务驱动法能够培养多方面能力，这是由于任务驱动法给学生提供了更多动手操作的机会，使学生可以通过查找、浏览获取网络资源，通过获取的网络教学课件、网络课堂，快速、有效地学习Auto CAD专业知识，体现了学以致用。另外，任务驱动法采用小组合作学习模式，增加与他人合作学习的机会，因此培养了与人合作的技能。此外，学生在任务驱动法学习过程中，有更多的时间、机会自己分析问题、自主探究，因此培养了学生自主探究的独立意识。

（三）访谈情况分析

在本次教学活动结束后，对4名男生、3名女生进行了随机访谈。从交流情况看，学生的反映包括：在这种学习模式下，自己实践动手的机会多了，与同学的合作机会多了，学习资源多了，自己主动获取的知识多了，综合理解、运用所学知识的能力提高了等；这种模式实例来源于生活，贴近实际，学习形式活跃，学习过程自由，希望多开展这样的学习活动。同时，学生对任务驱动法还提出了一些建议，比如：教师的指导需要增加；学习资源应更加丰富；探究学习的时间应该延长一些等。当然，交流中也存在一些不同意见，有学生不赞成这种学习模式，认为学习过程比较混乱，学习时间比较长，教师讲解的少等。分析以上反馈发现，积极认可该模式的学生多为学习积极性高、前期知识掌握程度好的；对该模式持消极态度的学生多为以往上课比较被动，习惯讲练—模仿练习教学方法的。这说明教师的引课还不是很到位，对个别学习主动性较差、前期知识掌握较弱的学生指导力度不够，今后教学中需加强学生学习兴趣和能力的培养和训练。

四、关于应用任务驱动法的几点思考

（一）任务驱动法的恰当选用

教学方法的选择要根据教学内容、教学目标而定，大量的实践说明任务驱动法在提高学生综合运用知识技能方面有比较明显的优势，学生需要掌握基本知识技能，具备一定的学习经验才能更好地综合应用并解决实际问题，因此，教学方法的选择必须依赖实际情况，合理选择，恰当运用，才能得到理想的教学效果[5]。

本次实验选择轴测图单元，学生在教师指导下，以室内家具为实例任务进行驱动，采用自主、合作学习方式。由于之前学生已经具备了绘图、编辑图形、书写文字、标注尺寸这些基本知识和绘图技能，学生“伸伸手、跳一跳”完全可以完成轴测图知识的构建。在学习过程中学生需要综合运用之前学习的知识技能，分析实际任务，将任务细化、遇到问题通过各种渠道寻求解决办法。

（二）学习任务的恰当选择

任务驱动法教学中，效果的优劣与任务的设计有很大关系，首先，教师设计的任务要与实际生活、工作实际、专业知识紧密联系，体现基础服务于专业，专业应用于实践的思想。本实验的开放性任务“室内家具”，选题来源于生活，能引起学生的兴趣。其次，任务所包含的新知识不能过难、过多，避免出现任务遥不可及，学生失去继续探究学习的兴趣和信心的情况。例如，轴测图仍然是平面图，仅仅是利用角度达到一种视觉效果，线、角、圆、标注、文字基本运用方法没有大的变化，这样学生在学习中没有太大的压力。另外，小组成员选择子任务时，教师要引导学生，根据学生程度，划分基本任务、一般任务、较复杂任务，让不同程度学生在共同完成教学任务的同时，体现因材施教原则。例如，实验时封闭任务设定难易程度不同的两个任务，以便不同程度的学生选择适合自己的任务，开放任务除基本知识点必须涵盖的要求外，学生完全可以根据自己的情况来完成子任务，程度好的学生可发挥优势，灵活、综合运用知识，高水平地完成任务。

（三）学习过程的合理安排

分组时采用组内异质、组间同质的原则，每组要选定基础知识扎实，乐于助人，善于表达的学生任组长，让他们起到小辅导员的作用，可明显提高学习效果。分工注意合理，自由选择加教师引导是不错的方法，学生根据自己情况选择适合的学习任务，可调动学习积极性，积极主动完成相应子任务，避免出现依赖他人，不参加活动的“伪合作”现象。

（四）学习评价的及时、准确

任务完成结果和学习过程的评价一样重要，以往的学习评价往往倾向看结果，而忽视对过程的评价[6]。实际上，学生在学习中与同学相处得是否融洽，是否乐于帮助他人，遇到问题采用什么方法解决，是否重视小组任务，能否按时完成相应任务，对培养具有高素质的技术工人具有重要意义。在实验中，除设计室内家具设计作品评价量规来评价学习结果外，还关注学习过程评价，设计了活动记录表、小组合作学习评价量规、作品汇报评价量规表，并在问卷调查表、学生访谈提纲中设计反映学生学习过程表现的相关问题，希望能够引导学生重视学习过程的评价考核，提高学生素质。

参考文献：

［1］刘国银. 基于任务的自主—合作学习在中职计算机教学中的应用研究［D］. 山东师范大学，2007.

［2］郑京. 职业中专计算机专业课任务式合作学习模式初探. http://www.tysmdxx.com/jsyd/gkfblw/20.doc，2010.8.

［3］孙福来. “三段式任务驱动”教学法及其在职业学校教学中的应用研究［D］. 辽宁师范大学，2007.

［4］郭芳. 浅谈中小学信息技术课程中的“任务设计”. http://www.edu.cn/20010921/3002277.shtml.

［5］何克抗. 建构主义学习环境下的教学设计. http://www.fsjy.net/tushuguan/jiaoyujs/JianGuo-JiaoXueSheJi.htm.

［6］何克抗. 教学设计理论的新发展. “21世纪教育与培训的革新和挑战”国际会议（香港）大会特邀报告.

*内蒙古“教育十一五规划”项目（NGZG06023）高校教学中开展混合学习模式有效途径探索及实施效果的实证研究。

面向问题解决能力培养的初中数学信息化教学模式构建研究

魏国宁[1]　解月光[2]

（1. 教育部数字化学习支撑技术工程研究中心，吉林　长春　130117

2. 东北师范大学软件学院，吉林　长春　130117）

摘　要：问题解决能力是当今社会对人才能力要求的重要标准，而数学学科非常适于这种能力的培养。本文分析了初中数学学科中适合培养问题解决能力的内容，并在高阶思维理论指导下总结初中数学问题解决能力的特点，从而形成对面向问题解决能力培养的信息化教学设计的认识，并提出了问题解决能力的培养途径。在此基础上，本文提出了初中数学信息化教学模式，用以指导面向问题解决能力培养的初中数学信息化教学设计，从而促进在教学中着重培养学生的问题解决能力。

关键词：初中数学　问题解决能力　信息化教学设计　教学模式

在社会呼唤素质教育的今天，能力培养被逐渐重视起来。其中，问题解决能力成为当今社会衡量人才的重要标准。国内外很多教育家和学者，包括加涅、戴尔·申克、乔纳森、钟志贤等，都作了这方面的研究。加涅将“学习”分为8类，其中“问题解决”是最高的形式。2001年6月颁布的《基础教育课程改革纲要（试行）》指出：“倡导学生主动参与、乐于探究、勤于动手，培养学生搜集和处理信息的能力、获取新知识的能力、分析和解决问题的能力以及交流与合作的能力。”

我国自实行新课改以来，对中小学的综合实践活动课非常重视，这给培养学生解决复杂问题的能力提供了极好的契机。但数学学科中人们常常惯性地将问题解决理解成解应用题，认为解好应用题和书本例题也就培养好了问题解决能力。在这个过程中学生大多是机械地迁移情境，套用定理和公式，难以形成个性化的有意义的学习。促发培养学生问题解决能力的学习活动的诱因不是知识本身，而是被提供的各种情境支持，而信息技术在这方面可以给予我们很大的支持。

一、初中数学教学中的问题解决能力

（一）问题解决能力

在认知心理学研究中，问题解决技能通常被称为认知技能，具体描述如下：“当一个问题的成功解决主要取决于知识而不是体力时，解决这类问题的能力就称为认知技能。”而高级的问题解决能力是掌握任何目标导向的认知操作程序。问题解决能力体现在问题解决的过程中，问题解决的过程是学生发挥自己智力因素的过程，也是学生问题解决能力得到培养的过程。在教学中，我们应提供这样的情境和资源支持学生在问题解决的过程中不断使问题解决能力得到提升。

问题解决能力按思维水平可进行以下划分。①低级的问题解决能力的代表是试误能力。桑代克把问题解决看做一种试误，代表是猫如何逃离迷笼。②一般性的问题解决能力的代表有顿悟能力和启发式方法。当遇到问题时，人们会想已知的是什么，还需要哪些条件才能解决这个问题，然后设想出各种可能的解决方案。当人们突然意识到解决问题的方法时，顿悟就发生了。启发式方法是指通过都能使问题得以解决的原理（单凭经验去做的方法）对问题进行解决的一般方法（Anderson，1990）。③对高级的问题解决能力（或复杂的问题解决能力）的研究是从信息加工能力开始的。信息加工理论认为，问题解决的第一步是形成问题表征。问题表征决定了记忆中的哪些知识被激活，因而也决定了问题解决的难易程度（Holyoak，1984）。它要求解决问题的人要考虑到问题解决的各个方面。因此，如何利用信息技术有效地表征问题情境显得非常重要。高级的问题解决能力最重要的特点是问题解决策略的应用。常见的问题解决策略有：产生—检验策略（检测有限的几个问题解决方案，例如排序）、手段—目的策略（例如正向适合函数的学习）、类推和头脑风暴等。本文探讨的问题解决能力是高级的问题解决能力。

（二）初中数学学科中适合培养问题解决能力的内容

初中数学的课程标准安排了“数与代数”“空间与图形”“统计与概率”和“实践与综合应用”四个学习领域。其中，“实践与综合应用”强调帮助学生综合运用已有的知识和经验，经过自主探索和合作交流，解决与生活经验密切联系的、具有一定挑战性和综合性的问题，以发展他们解决问题的能力。

新课程加大了对问题解决能力培养的重视，要求培养学生发现问题、思考问题和解决问题的意识和能力。侧重于站在学生角度，使知识展开过程与学生思维过程一致，使学生爱读、爱想、爱模仿。注重明确学习目标。注重课题引入，即切合现实的问题如修建扬水站，建立情境，促使学生自己去发现问题、分析问题和解决问题。同时，新课程还突出实践观点。知识来源于实践，反过来指导实践。每部分都从实际问题引入新知识，并在章内解决。例题习题中反映生产、科技、生活实际的题目增多，如储蓄、零件尺寸误差、图案、勾股计算尺、简单切割等选学内容。而教学理论研究在数学方法方面，淡化特技，注重通法。着重介绍代入法、消元法、配方法、待定系数法，适当渗透观察与比较、归纳与类比、分析与综合、抽象与概括、猜想与证明等方法，目的是促使学生能更好地掌握利用数学方法解决数学问题的能力。

（三）初中数学中的问题解决能力培养活动过程的特点

综合上述内容，结合高阶思维理论对高阶学习特征的解读，初中数学中的问题解决能力培养活动过程的特点有以下几个。

1. 主动性。从上述的问题解决定义可以看出，问题解决是一种思维活动，这表现了学习者“自觉”的状态，因此满足高阶学习的主动的特性。

2. 意图性。问题解决具有目标指向性说明这个过程具有目的性，指出了学习过程的目标导向，学习者在积极执著地达成某项目标时，会进行更多的思考，不断根据自己的学习状况调整学习策略。问题解决能力要求学生既能提出问题，又能解决问题，为了实现总目标，学生必须明确自己需要解决的子问题和子目标。

3. 建构性。初中数学强调在做中学，学习者在这个过程中不断阐释和反思他们的活动。问题解决包含一系列操作，说明问题解决的活动中，需要学习者能清晰地阐释他们的学习活动、所作的决定、使用的策略以及他们所发现的答案。

4. 真实性。高阶思维理论趋向下的问题解决能力要求学习者不仅可以解决简单问题，更要解决复杂问题，也就是旨在发展高级的问题解决能力。研究表明，真实世界的学习任务，基于案例、问题的学习情境，有助于学生进行迁移，从而解决新问题。

5. 合作性。各项研究表明，学习者更习惯于在学习共同体中进行学习，从中发挥和利用各自的技能。学习本身是具有社会性的，在学习者面临具体的问题或学习任务时，往往会向他人寻求建议或获取启示。

6. 差异性。问题解决者在领域知识、结构性知识、程序性知识、系统性/概括性知识、领域特定的推理能力、认知风格、一般问题求解策略、自信度、动机/坚忍性等方面存在差异，而这些因素都会或多或少地在问题解决的某个环节影响他们对问题的把握，从而影响问题的解决。

而高级的问题解决能力的界定掺杂着主观因素。南昌大学陈小爱等人的研究结论认为，对于高阶的问题解决能力的培养需要因人而异。

二、问题解决能力培养过程的设计原则

由于面向问题解决能力培养本身的各种新特点，我们在研究面向问题解决能力培养的信息化教学模式时，既要从基本理论出发，分析面向问题解决能力培养的特点，又要从发展维、技术维、社会维等不同视角，来看信息化教学模式这件事情，分析面向问题解决能力培养的信息化教学活动过程，制订相应的教学设计原则。

1. 以信息技术为主要设计方式。

这是信息化教学设计最为基本的条件，没有信息技术，就不能谈信息化教学设计。信息技术在创设学习情境，激发学生兴趣，提供学习工具，搜集资源等方面都具有很大的作用。另外，它对能力培养方面的巨大作用已经得到广泛认可。

2. 基于真实问题的叙述。

将活生生的、只有人类才具有的社会性教学交流活动，师生的知识、情感、价值观的相互影响，人类的精神现象，抽象、物化、量化为类似计算机所传递的东西，是不合适的。目前，逐渐远离或摆脱自然科学方法的消极影响，而更加贴近人类行为或具体实践活动，是教育研究发展的大趋势。初中所学的数学问题实际上很贴近生活，我们要合理地运用信息技术来描述这些问题。问题的真实性越强，学生的参与性就越强。

3. 关注问题的逻辑性和生成性。

高阶思维取向的问题解决能力不仅要求学生会解决问题，还要会发现问题、提出问题和分析问题。我们将最终所需解决的问题称为总问题，过程中完成的问题称为子问题。在问题情境中，每个子问题环环相扣，学生处于不断解决问题和明确新问题的过程中。整个过程中学生不断明晰目标，并不断形成自己的问题解决策略。

4. 关注对环境和资源的设计。

信息技术在对高级问题解决能力培养提供支持方面，其主要手段是创设情境、提供信息资源和工具。在创设学习生态系统时，信息技术必须营造“生态环境”，并为其提供养分，以维持其动态均衡状态。

5. 呈现问题的复杂性。

通过应对阴暗劣构问题的情境，使学生产生批判性思维与创造性思维，培养高阶的思维能力（Gick and Holuoak，1983）。问题的真实性和高级问题解决能力本身的特点，要求每一问题情境中包含一个至少 14 步的问题（参照贾斯珀系列的数据）。

6. 关注差异化。

乔纳森指出，问题解决者在领域知识、结构性知识、程序性知识、系统性/概括性知识、领域特定的推理能力、认知风格、一般问题求解策略、自信度、动机/坚忍性等方面存在差异，而这些因素都会或多或少地在问题解决的某个环节影响他们对问题的把握，从而影响问题的解决。差异化的设计会考虑到问题解决者的不同，而去帮助他们实现个性化的建构。

7. 以学科为中心。

人们对知识的理解需要建立在一定的社会文化背景之上，学科的相互整合，有利于学生理解知识或问题。这不仅要求一系列数学概念和技能镶嵌在任务情境中，而且要求涵盖其他学科的内容。

8. 基于协作。

从社会文化视角来看，个人的发展需要同其他人发生联系，学生在活动中建立协作关系和学习共同体。几项研究表明（如贾斯珀的系列研究等），协作的形式和学习共同体更有利于问题解决能力的培养。

三、面向问题解决能力培养的初中数学信息化教学模式

在初中数学教学中，几乎所有的能力培养都与问题解决有关，教学的出发点往往开始于某一问题，结束于问题的解决。教师创设促进学生学习的诱因——情境，不仅能支持问题的呈现，而且能支持问题的进一步发展，即持续地产生新问题。为了让每位学生融入情境，教师必须对情境加以说明，给出提示。对于学生来讲，他们要不断地去发现问题、提出问题、分析问题、解决问题、交流问题和评价问题。在这个过程中，他们不仅要参与到问题解决所需的各类活动中（如搜集资料等），还要同老师、同学进行交流。最后学生对整个学习过程进行反思评价，写出问题解决的思路，形成报告，师生进行交流，最终明确具体问题解决方案。

在初中数学的学习过程中，教师组织学生进行异质分组。各组之间进行交流、资源共享，而小组成员则共同完成问题解决的全过程，充分体现了学生的自主探究学习活动。在这个过程中信息技术给予了极大的支持，在每一个问题的解决过程中，学生都可以利用各种信息工具进行信息搜索、交流合作等。

本文基于上述内容，借鉴华东师范大学黎加厚等提出的基于 ePBL 的学习/培训模式，提出了面向问题解决能力培养的初中数学信息化教学模式，如图 2－21 所示。

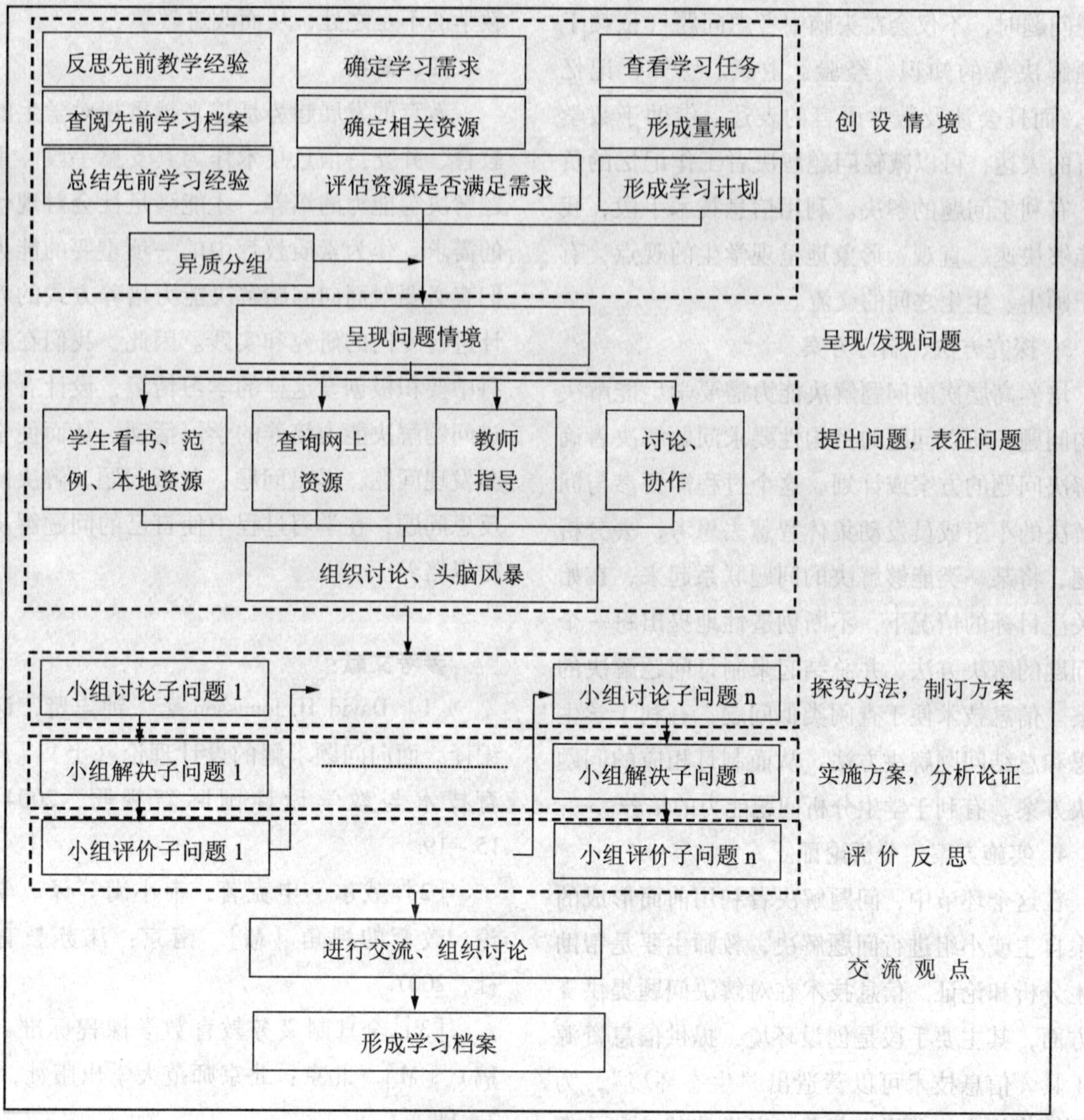

图 2－21　面向问题解决能力培养的初中数学信息化教学模式示意图

1. 创设情境，发现问题。

问题解决中的问题从情境中来，因此教师要针对初中数学的学习内容，充分利用信息技术，对各种学习资源进行加工，以营造真实的学习情境，使其具有丰富的社会文化背景，更利于学生理解问题及问题所处的环境。这样的情境呈现给学生，将引发学生主动去发现问题。在这里，信息技术主要是创设真实情境的工具，使学生融入真实的问题环境中，有利于培养其发现问题的能力。

2. 提出问题，表征问题。

学生能发现问题，但如果不能将它用数学语言描述出来，就很难将问题转化为数学问题，因此也就难以进行问题的解决。许多科学家、学者认为提出问题比解决问题更为重要。表征是问题解决的一个中心环节，它可以说明问题在头脑中是如何呈现，如何体现出来的（西蒙，1986）。表征问题时，不仅会在头脑中考虑问题（依赖于问题解决者的知识、经验、主意、感知、记忆等），而且会涉及数学语言的表达。借助于数学语言的表达，可以减轻问题解决者工作记忆的负担，有利于问题的解决。利用信息技术手段，我们能够快速、直观、形象地呈现学生的观点，有利于师生、生生之间的交流。

3. 探究方法，制订方案。

培养高层次的问题解决能力需要学生能解决劣构问题，所以问题的劣构性要求问题解决者确定解决问题的方案或计划。这个过程需要参与问题解决的小组成员发动集体智慧去思考，去分析问题，将某一类能够解决的问题联系起来，在始终关注目标的情况下，不断创造性地提出每一个子问题的解决方法，并总结起来制订问题解决的方案。信息技术便于查阅类似问题，有利于学生反思和总结问题解决方法，从而制订相应的问题解决方案，有利于学生分析问题能力的培养。

4. 实施方案，分析论证。

在这个环节中，问题解决者利用前面形成的方案自主或小组进行问题解决，教师主要是帮助学生分析和论证。信息技术在对解决问题提供支持方面，其主要手段是创设环境、提供信息资源和工具。信息技术可以营造出“生态环境”，为问题解决能力培养提供养分，以维持其动态均衡状态。此外，信息技术可以存储加工的特点，有利于对最终结果的推导和分析，有利于学生对问题求解过程的反思。

5. 评价反思，交流观点。

当问题解决者确定并完成某个方案之后，就需要对问题解决的过程进行反思，对学习结果进行评价。仔细思考和总结解决问题方法所适用的情境，以及不适用的情境，从而对方法有更深入的认识。在此基础上，学生利用信息技术在组间、组内进行交流。信息技术不仅提供了信息的存储工具，而且提供了交流工具，使得师生之间、组内、组间的交流畅通无阻。这将有利于学生积累更丰富的问题解决经验，同时教师也可以在课上或课后反思教学，借鉴经验，并发现自己教学的不足之处，从而改进教学。

四、总结

教育的发展趋势是越来越重视对学生的素质教育，并支持信息技术作为其支撑手段。重视问题解决等能力的培养，才能满足社会对现代人才的需求。作为素质教育中的一项重要的能力，我们有必要对面向问题解决能力培养方式的教学设计进行专门的研究和实践。因此，我们在数学学科中要积极创设这样的学习情境，设计有利于促进问题解决能力培养的学习活动。从而使学生不断发现问题、提出问题、分析问题、解决问题和反思问题，在学习过程中使自己的问题解决能力得以培养。

参考文献：

［1］David H. Jonassen 著，钟志贤，谢榕琴编译. 面向问题求解的设计理论（上）［J］. 教育技术与教学设计国际新视野，2004（6）：15－19.

［2］戴尔·申克著，韦小满等译. 学习理论：教育的视角［M］. 南京：江苏教育出版社，2007.

［3］全日制义务教育数学课程标准（实验稿）［M］. 北京：北京师范大学出版社，2001：2－11.

［4］钟志贤. 信息化教学模式［M］. 北京：北京师范大学出版社，2006：49－51.

［5］王天蓉，徐谊. 有效学习设计——问题化、图式化、信息化［M］. 北京：教育科学出版社，2010：75.

专题三　数字化学习环境研究

虚拟课堂生态建设策略研究

张立新　李茂林
（浙江师范大学教师教育学院，浙江　金华　321004）

摘　要：与自然生态相比，虚拟课堂生态是一种特殊的生态。虚拟课堂生态主体之间、生态主体与生态环境之间存在着各种各样的联系，使虚拟课堂形成一个有机的生态系统。本文首先对虚拟课堂现存的问题进行分析，然后对虚拟课堂生态结构和特征进行分析，认为可以从“树立生态意识”“建设动态生成资源”“构建良好环境”三个方面采取措施，建设生态课堂，实现虚拟课堂的良性循环，保证虚拟课堂健康、可持续发展。

关键词：生态学　虚拟课堂　建设　策略

随着信息技术的发展和网络的普及，在线学习已经逐渐成为一种新型的学习方式，作为在线教与学主要场所的虚拟课堂也应运而生。虚拟课堂是一种在虚拟空间创建的学习环境，是以现实课堂为原型构建起来的有组织的人工学习环境，能够使教师和学生通过计算机网络远距离地开展各种教学活动[1]。虚拟课堂效果的优劣对在线学生的学习和成长都有非常重要的影响，但是现存虚拟课堂存在虚拟课堂主体生态意识弱、资源生成性低、环境人文性弱等问题，严重弱化了虚拟课堂的功能。因此，如何建设一个具有人文气息、可持续发展的高效虚拟课堂已成为一个亟待解决的问题。

生态学是研究生物与环境之间的相互关系及其作用机理的科学[2]。作为一门适用性很强的学科，其很多思想和原理已经被应用到教育的多个领域。从生态学的视角审视虚拟课堂，可以将虚拟课堂看做一个由有机体（在线教师和在线学生）和环境（课堂学习环境）组成的生态系统。由此，我们可以运用生态学的原理和规律来分析和建设虚拟课堂，改善在线教师和在线学生的关系，优化虚拟课堂学习环境，使虚拟课堂和谐、绿色并处于良性循环，促进虚拟课堂健康、可持续发展。

一、虚拟课堂现存问题

与传统课堂相比，虚拟课堂具有时空的开放性、交流方式的多元化、资源的丰富性及获取的便捷性。但是，由于组织与管理不当，虚拟课堂仍然存在主体生态意识弱、资源生成性低、环境人文性差等问题。

（一）虚拟课堂主体生态意识弱

虚拟课堂主体生态意识指在教与学的过程中，合理利用资源和环境促进自我发展，同时注重与周围环境的联系，保证协调发展，互利共生。民主、开放、互利共生等都是生态意识的具体体现。

在虚拟课堂中存在以下问题：由于在线教师的主导地位，以至于在线学生个性化角色和能力没有得到发挥；由于在线学生单方面索取多、贡献少，资源的更新性差。这些问题的出现都表明虚拟课堂主体的生态意识弱。

（二）虚拟课堂资源生成性低

虚拟课堂资源的生成是指在在线教与学的过程中，通过师生间和生生间交互，不断产生新思想、新问题、新方法等。教学情境的优劣、师生间和生生间互动的状况、在线教师点拨指导的程度是影响虚拟课堂资源生成的重要因素。

在虚拟课堂中，由于在线教师没有很好地了解在线学生的特征，片面夸大网络的万能性，结果出现了设置的教学情境过于简单、与在线学生沟通交流不深入、给在线学生的指导不及时等问题，导致虚拟课堂资源的生成性低。

（三）虚拟课堂环境人文性差

虚拟课堂环境的人文性指既符合在线师生的特点，又满足其发展的需要。及时有效的技术支持、具有人文气息的课堂规范等是影响虚拟课堂环境人文性的重要因素。

在虚拟课堂中，由于技术支持工具种类的欠缺和功能的低下，由于虚拟课堂规范的强制性和专制性等，结果出现了在线学生得不到及时的帮助、权利得不到落实等问题，导致虚拟课堂环境人文性差。

二、虚拟课堂生态分析

（一）虚拟课堂生态结构

从生态学的视角看，虚拟课堂是一种独特的生态系统，它是由虚拟课堂生态主体和生态环境构成的有机整体。在这一有机整体中，生态主体和生态环境之间、生态主体与生态主体之间存在着各种联系，并通过彼此之间的物质循环、信息流动、情感互动构成了虚拟课堂生态系统的总和，从而形成了一定的虚拟课堂生态结构，如图3－1所示。图中箭头表示虚拟课堂构成要素之间的物质循环、信息流动和情感互动。

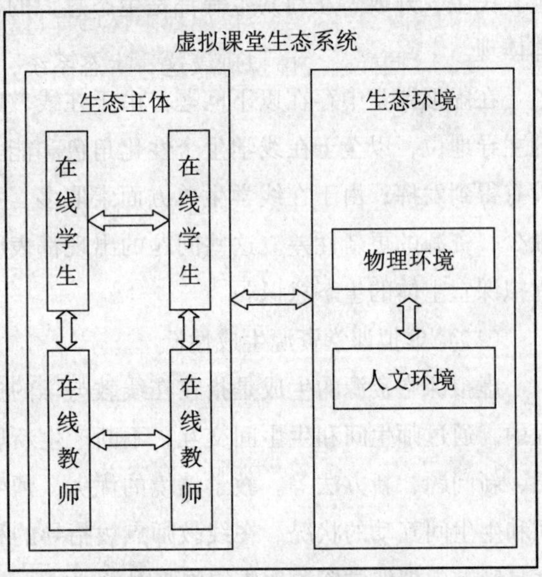

图3－1　虚拟课堂生态结构图

在线教师和在线学生是虚拟课堂的主体，是虚拟课堂生态系统中的生物因子。在虚拟课堂中，教与学的环境由真实教室变成了虚拟空间，教学方式由面对面讲授转变为隔空交谈，因此，在线教师的角色也随之发生了一系列的变化。在线教师不再是单纯的知识讲授者，更多地体现为学习的引导者和促进者；不再是单纯的信息传播者，更多地表现为活动的组织者和协调者。由于在线学习方式更多地体现自主与协作、交流方式更多地依赖于网络，导致在线学习者的角色也发生了变化。他们不再是单纯的求知者，更多地体现为知识的建构者和同学的合作者；不再是单纯的环境适应者，更多地表现为资源的创造者和利用者。

物理生态环境和人文生态环境构成了虚拟课堂的生态环境，是虚拟课堂生态系统中的非生物因子。物理生态环境由“硬件资源、软件资源、信息资源”等物质因子构成，是最终呈现在学习者面前进行学习活动的虚拟物理空间[3]。人文生态环境由“情感、心理、精神”等环境因子构成，是促进在线学生形成良好个性和健全人格的虚拟人文氛围。虚拟课堂生态环境影响在线教与学并通过在线教与学活动影响在线教师和在线学习者，加速各生态因子之间的物质循环、信息流动和情感交流。

（二）虚拟课堂生态的特征

虚拟课堂生态作为一种特殊的生态，与自然生态和社会生态相比，具有独特的生态主体和生态环境，但同时又具有自然生态和社会生态共有的特性：整体性、开放性、发展性。

1. 整体性。

整体性是指通过构成系统的各要素之间的相互关系和相互作用，呈现出的各个独立部分或要素所没有的特性和规律。虚拟课堂生态是由多个相互联系的元素组成的、能够执行一定功能的整体，各个元素之间具有内在的关联性和统一性。例如，虚拟课堂生态主体是在线教师和在线学生，他们相互依存、相互影响，构成一个有机整体。在虚拟课堂生态系统中，在线教师和在线学生是不同的个体，具有不同的知识结构、认知水平等，但是通过他们彼此的交互，在线教师提高了在线学生的知识水平和数字化生存能力，同时在线学生也以某种方式促进着教师专业的发展。此外，虚拟课堂生态主体和生态环境是相互作用的一个有机整体。通过体验虚拟学习环境、使用网络交流方式、教授和学习网络课程内容，虚拟课堂生态主体的认知能力和网络交流能力都有了相应的变化。相反，如果在线学生不适应现有的虚拟学习环境、不习惯现有的在线交流方式、学不会现有的网络教材，生态环境就必须进行相应的调整与改变，从而促进新的虚拟课堂生态环境的产生。

2. 开放性。

虚拟课堂生态是教育生态的一个子集，它不是一个封闭的系统。它受内部因素和外部环境的影响，并通过物质、信息、情感的输入和输出产生相互联系，此外，信息技术的发展和网络的普及使这种动态开放成为可能和必要。其开放性主要表现在两个方面：其一是资源的开放性，通过信息、资源的流动实现自身陈旧知识的更新；其二是课堂主体的开放性，允许与学者和外界的沟通，获得更为广阔的空间和资源，同时也允许环境外的成员进入，以便增强虚拟课堂主体的活力，实现更大范围的智慧共享[4]。

3. 发展性。

发展性是在满足现实需求的同时，寻求一种最佳的方式以支持生态的完整性和人类愿望的实现，使人类活动得以持续。虚拟课堂生态的发展性主要体现在两个方面，其一是生态主体的发展性。在线教师不应满足于已有的知识、技能，而要根据在线学生的实际需求，不断调整在线教学的方法，适应在线教学的要求；在线学生不应只是停留在获取课程知识的层面上，而要在自主与协作学习的过程中，掌握促使自我发展的能力和数字化生存的能力。其二是虚拟课堂资源和活动的生成性。在线资源的及时更新、在线活动的灵活创新是保证虚拟课堂可持续发展的必要条件。

三、虚拟课堂生态建设策略

建构生态的虚拟课堂就是让在线教师和在线学生实现平等对话，促进生态环境的改善，让虚拟课堂更和谐、更具有生命力，保证虚拟课堂处于良性循环。可以从以下三方面对其进行建设。

（一）建立生态化的课堂意识

要实现生态化虚拟课堂，首先要有生态化的课堂意识，把生态学的思想和原理很好地渗透并应用到虚拟课堂日常管理与发展当中。

1. 积极倡导“共生、共发展”的理念。

共生、共发展是指不同的生态因子在同一空间内生活，彼此交互、影响，并促进各自的发展。在虚拟班级中，在线教师不应只是一味地输出知识，在线学生也不能只是单纯地索取知识，他们应该具有双重身份，同时担当着输入者和输出者的双重角色。二者均衡地提供网络知识，参加在线活动，监控和调节学习环境，平等互利，共同发展。此外，在线学生之间也应树立良好的合作与竞争意识，在合作中进步，在竞争中成长。

2. 灵活运用“生态位”原理。

生态位是指有机体在它所处环境中的位置，包括其发展的各种条件，它所利用的资源，以及该有机体在生长环境和生物群落中所起的作用[5]。不可能有两个物种同时稳定地占据同一生态位，它们之间必然会产生激烈的竞争来争取自身发展的生存空间。生态位原理不仅适合自然生态系统，也同样适合虚拟班级这一生态系统，在虚拟班级中，每名在线学生都有属于自己生存发展的生态位。为了减少恶性竞争，更好地促进在线学生的发展，在线教师必须灵活运用生态位原理，提供多样性的生态位。例如：在线教师根据虚拟课堂需要，结合在线学生的能力和特点，设置多样的角色，包括在线技术人员、纪律维护人员、活动策划人员等。

3. 严格遵循“耐度与最适度”的原则。

1911 年谢尔福德提出耐度定律，他认为，一个生物能够出现，并且能够成功地生存下来，必然要依赖一种复杂的条件全盘地存在。如果要使一种生物消失或灭绝，只要对其中的一项因子的性质加以改变，或将其含量予以增减，使其量达到生物耐力的界限之外，即可出现上述后果[6]。虚拟课堂生态系统中，在线学生对周围的生态环境和各种生态因子，都有自己适应范围的上限和下限（耐度）。在上、下限范围之内，即最适度的状态下在线学生能够最好地发展。因此，在线教师在为在线学生提供网络资源和设置在线任务的时候，要充分了解学生的需求和最近发展区。这样才能满足不同认知水平的在线学生的需求，保证在线学生学习的高效性。

（二）建设动态生成的虚拟课堂资源

生态化的虚拟课堂是动态的课堂，是具有生命力的课堂。在线教学活动不应是完全按照事先预设好的步骤进行，而应在活动展开的过程中，充分发挥在线师生的积极性，不断面临新问题，寻求新答案。在这一互动、交流、碰撞的过程中产生促进在线学生发展的课堂动态生成资源。课堂动态生成资源是指教师与学生、学生与学生在一定的情境中，围绕多元目标，在开展合作、对话、探究的课堂教学中，即时生成的、超出教师预设方案之外的新问题、新情况[7]。它增强了在线学生的学习动机，促进了在线学生的个性化发展，因此，要合理建设和利用课堂动态生成资源。

1. 科学创设教学情境。

真实有效的教学情境是促使在线学生课堂生成的基本条件，它不仅给在线学生提供学前帮助与支持，还要引发在线学生思维发散和创新，这样才能够动态生成许多预想不到的思想、行为等，然后加工、改造，就会生成有效的教育资源。为此，在设计教学情境时应注意：①所设计的情境必须是真实的或接近真实的，应该与学习任务相融合，不能处于勉强合成或分离的状态，新创设的情境能够以自然的方式展现所要解决的问题；②教学情境应该是结构不良或非线性的，目的在于给学习者自由、宽松的空间，任其调动自己的积极性，充分发挥想象力，可以更大限度地激发学习者的创造力。

2. 及时进行互动交流。

互动交流是加速思想碰撞，形成新共识、新的发展方向的良好途径。互动交流包括师生间和生生间的交流。在师生交流过程中，在线学生提出的新问题、新想法，甚至一次扰乱课堂的行为，都有可能成为宝贵的、不可再生的资源。对于有用的资源，在线教师要做到机敏地识别—欣然地接受—合理地加工—灵活地运用，使之成为促进在线发展的珍贵资源。由于在线学生之间思维的接近和互补，通过彼此的交流互动更容易得到意想不到的结果。因此，可以通过建立 BBS 论坛、专题博客、聊天室等来促进互动交流。

3. 实时给予点拨指导。

作为网络新生代的在线学生，应能借助便捷的网络交流工具和丰富的在线学习资源，成为具有独特主观能动性的生命个体。他们强烈的好奇心、丰富的想象力、独特的创造力是开发虚拟课堂资源的源泉，在线教师实时的点拨、引导是加速和保障课堂资源生成的催化剂。因此，在线教师可以利用即时聊天工具进行文字交流、语音对话、视频讲解，甚至可以采用远程协助、远程控制等方式对在线学生的思想、行为进行指导。

（三）构建良好的生态学习环境

虚拟课堂学习环境是指对在线教与学起支持帮助作用的空间及各种影响因素的综合。可以从物理环境和人文环境两方面对其进行构建。

1. 物理环境的构建。

物理环境是虚拟课堂存在的基础，是在线学习活动得以开展的支撑条件。在设计时应从平台结构、工具支持、信息资源三方面着手。在平台结构的设计上，要体现界面简洁、色调统一、布局得体，尽量使在线学生沉浸在文化气息浓郁的虚拟学习环境中。在工具支持设计上，要配置有助于在线学生互动交流的工具软件和学习软件，也可以将 Viki、Blog 等技术应用到虚拟课堂的支持平台中，此外，交流工具的设计和配置要讲究实用性和适合性。在信息资源的设计上，避免资源的简单堆积、罗列，要与课程内容和活动安排相统一，保证信息资源的更新性和开放性。

2. 人文环境的构建。

人文环境包括情感环境、心理环境、精神环境等，是影响在线学生情感、态度、价值观的因素。为了创设良好的人文环境，可以从以下几方面着手。

①制订科学的课堂规范。虚拟课堂规范要符合在线教与学的特点，多人文性少强制性，多引导性少条文性；规范的制订不应是在线教师一人说了算，要经过前期调查—学生参与—草稿试行—反馈修改—最终确定这一完整的过程，确保规范的可行性和实用性。

②开展有效的在线活动。在线活动是促进在线学生分享、交流、论证的基本条件。活动内容要将学科中相互有联系的知识点与真实社会情境整合而成“知识集合”，既源于课堂知识又高于课堂知识；活动的形式既要体现合作性又要突出竞争性。

③建立完善的评价体系。在虚拟课堂中，每个在线学生都应有自己的电子档案袋，并通过自我评价、小组评价、在线教师评价等多种评价明确自己现在的状态。评价的方法要多样化，要采用定性和定量分析相结合、智力因素和非智力因素相结合等。此外，要最大限度地发挥评价对在线学生的激励、导向功能，在教与学的过程中恰当地进行评价，从而促进在线学生学习的积极性。

四、总结

生态学的规律和原理为虚拟课堂的建设提供了很好的帮助和依据。把虚拟课堂视为一个生态系统，按照生态学的思想和原理对其进行分析和建设，可以更好地促进在线师生间、师生和环境间进行物质循环、信息流动和情感互动，促进在线师生的发展，实现虚拟课堂的良性循环。当然，建设生态化的虚拟课堂不仅仅限于以上三个方面，具体操作时还要根据实际情况进行分析和创新。

参考文献：

［1］张丽霞，张立新．虚拟课堂的教学活动类型与功能解析——基于现实课程的模拟—扩展—创新［J］．电化教育研究，2010(6)：66－69.

［2］［5］吴林富．教育生态管理［M］．天津：天津教育出版社，2006：13－31.

［3］张立新，李世改．生态化虚拟学习环境及其设计［J］．电化教育研究，2008(6)：5－8.

［4］张丽霞，王文利．生态系统视角下的虚拟学习环境的构建［J］．中国电化教育，2010(8)：29－32.

［6］吴鼎福，诸文蔚．教育生态学［M］．南京：江苏教育出版社，1993：138.

［7］朱志平．课堂动态生成资源论［M］．北京：高等教育出版社，2008：77.

＊基金项目：全国教育科学“十一五”规划课题“生态化虚拟学习环境的设计与开发”（课题编号：BCA080040）

基于 SNS 的非正式学习环境模型的研究
——以博客为例

张 纯[1] 王 锋[1] 吴军其[2] 程明凤[2]
(1. 黄冈师范学院教育科学与技术学院，湖北 黄冈 438000
2. 华中师范大学信息技术系，湖北 武汉 430079)

摘 要： 人们对终身学习理念的认可，使得非正式学习备受关注。随着 Web 2.0 技术的发展，以六度分隔理论和 150 法则等理论为基础的社会性软件为非正式学习提供了技术支持。根据社会建构主义的观点，学习是一个社会化的过程，因此学习者可以将自己的主观知识或经验通过社会性软件与他人相互交流与协作，将隐性知识显性化，从而丰富已获得的知识。本文分别从知识获取、知识处理与共享、交流协作以及知识管理这 4 个方面详细阐述了如何构建基于 SNS 的非正式学习环境模型，最后通过以博客为中心构建非正式学习环境的案例来展现基于 SNS 的非正式学习环境模型的具体应用。

关键词： 非正式学习 SNS 社会性软件 学习环境模型

当今时代是一个知识快速更新的时代，以学校学习为主的正式学习已经不能完全满足学习的需要，为了适应时代发展的要求，学习的含义和学习形式不断地丰富，由此而产生了一个与正式学习相对的概念——非正式学习。非正式学习的重要性日益凸显，引起了人们的广泛关注。在 Web 2.0 时代，各种以用户为中心的社会性软件不断涌现，使得网络的应用模式由传统的“人机对话”转变成为“网络中人与人之间的对话”，使得学习者的网络生活变得更加丰富。他们可以通过写博客、上传图片或视频、参与论坛等方式相互探讨、协作来共同完成一项学习任务，最大化分享学习成果，因此利用社会性软件来进行非正式学习是可行的。

一、非正式学习和社会性软件简介

非正式学习指发生在正式学习之外，在工作、生活、社交等非正式学习的时间和地点，由学习者自我发起、自我调控、自我负责的学习[1]。它主要是指学习者在接受学校学历教育或继续教育之外的一种学习方式，是对正式学习的补充和延伸。

“社会性软件”一词可以译为 Social Software、Social Network Software 或 Social Networking Software，虽然翻译不同，但是所指的对象基本相同。本文根据社会性软件是基于社会性网络服务的这一特点，将其译为 Social Networking Software，即 SNS。关于社会性软件，目前并没有一个统一的定义。例如：Williams Davis 认为，社会性软件指任何可以促使团体或者社群沟通和写作的软件；毛向辉认为，社会性软件意味着个人带着软件成为社会网络的一部分[2]。综合社会性软件的各种含义，凡是可以支持网络上不同用户相互了解的软件或程序都可以称之为社会性软件，如 QQ、MSN、Blog、Wiki、Tag、RSS 等。

社会性软件的理论基础主要包括 6 度分隔理论（Six Degrees of Separation）和 150 法则（Rule of 150）[3]。基于这两个理论基础，社会性软件就是利用网络中的一些弱链接关系建立起用户需要的强链接关系从而实现互相交流的目的，并且为了维持一个稳定的、具有凝聚力的用户交流群体，这个群体的人数最好保持在 150 以内，如果超过了这个数字，就需要设置更多的限制性规定。

基于 Web 2.0 的社会性软件，具有个性化、主体性、社会性、多样性等特征，它的推出及在教育工作、生活中的普遍应用，为非正式学习提供了有力的技术支持，把二者结合起来可以更好地体现其共同的社会性和信息时代的学习理念。

二、基于 SNS 的非正式学习环境模型构建

社会建构主义学者认为，学习是学习者积极主动地去发现原理、概念和事实的社会过程。McMahon（1997）就是这样定义的：学习是一个社会化的过程，有意义的学习发生在学习个体参与社会活动的过程中[4]。根据社会建构主义学习理论，知识不是通过教师传授获得的，而是学习者在一定的情境即社会文化背景下，借助其他人（包括教师和学习伙伴）的帮助，利用必要的学习资料，通过意义建构的方式而获得的。因此学习者可以将自己的主观知识或经验通过社会性软件与他人相互交流与协作，将隐性知识显性化，重新构建自己的知识体系，形成新的知识框架。社会性软件大致可以分为信息搜集类，信息存储、整理和发布类以及交流协作类。用户可以通过各种途径获取信息，也可以通过多种渠道处理和发布信息。信息在各类社会性软件中的传递流程如图 3－2 所示。

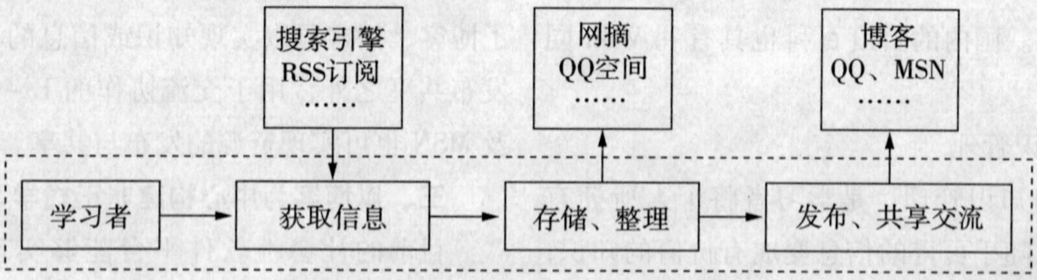

图 3－2　基于社会性软件的信息传递过程

根据图 3－2 所示的信息传递过程，将 Web 2.0 环境下的常用社会性软件进行有效整合，可以构建能使学习者在网络上进行非正式学习的环境模型。

非正式学习的过程首先是知识的获取，获得知识之后就要考虑如何存储、整理、扩散、发布、与其他人共享信息。在此过程中同时进行知识交流、与他人协作以及对知识的管理，交流与协作将贯穿整个非正式学习的过程。学习环境模型的实现需要一定的学习工具的支持，社会性软件的整合可以有效地解决支持工具的问题。下面将从知识获取、知识处理与共享、交流协作以及知识管理 4 个方面构建非正式学习环境模型[5]。如图 3－3 所示。

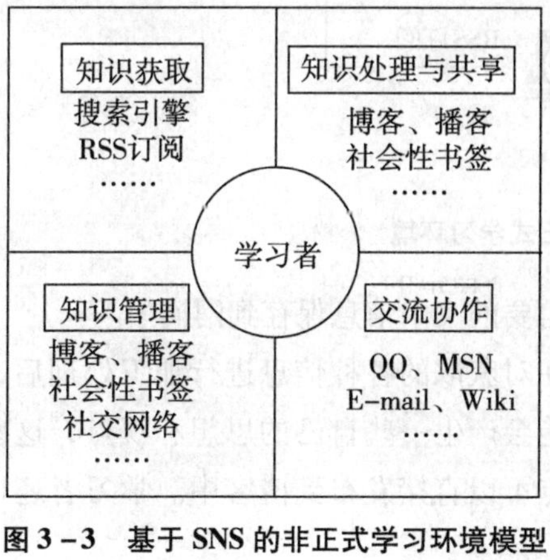

图 3－3　基于 SNS 的非正式学习环境模型

（一）知识获取

在信息时代，知识的获取途径多种多样，除了课堂上的口耳相传，学习者还可以通过网络来获取知识信息，当遇到学习困难时，学习者可以使用谷歌、百度、雅虎等搜索引擎来寻找问题的解决方案。现在的 RSS 聚合技术很人性化，学习者可以使用 RSS 订阅自己感兴趣的内容，包括博客、微博、空间、网页、论坛等。订阅成功之后，如果这些博客、空间、网站有内容更新，比如有新的讨论话题、新的留言等，系统就会将更新信息直接发送到订阅者的个人门户网站或者邮箱，这样就大大提高了知识获取的效率。

（二）知识处理与共享

学习者在获取知识以后，可以通过博客、播客等平台对知识进行加工处理，以博文、图片、视频等形式与其他的学习者分享知识。在这些平台上发布知识、学习者的观点和心得体会是一个将知识外化的过程，可以增强学习效能感。社会性书签可以聚合同一领域的学习群体，社交网络也可以快速构建学习共同体，让有相同爱好的学习者快速聚集在一起，这些都为非正式学习提供

了良好的环境条件。

（三）交流协作

学会交流和协作是当今社会学习的需要，根据建构主义学习理论，交流与协作可以使学习更加有效，是任何一个学习环境中必不可少的部分。很多社会性软件，例如QQ、MSN、E－mail等，都具有同步或者是异步交流的功能，学习者可以通过这些工具一起探讨研究，寻找解决问题的方案。Wiki是一种多人协作式的超文本系统，它为学习者提供了一个可以进行协作学习的平台，学习者在该平台上收集、管理资料，一起参与知识的构建和完善。国内的百度百科也具有和Wiki同样的功能。

（四）知识管理

学习者的知识管理，是学习者将个人所拥有的各种资料、随手可得的信息变成有价值的知识，为自己的工作、生活提供便利，是一个将知识系统化的过程[6]。知识管理有助于学习者将隐性知识显性化，提高自身的信息素养。博客、播客、社会性书签、社交网络的个人空间等都可以满足学习者对知识进行管理的需要。

上述构建的模型中知识获取和知识处理与共享是一个相互作用的过程。获取知识的过程中，可能要对知识进行处理，选择学习者需要的信息，而在处理知识信息的时候，可能又会获得一些其他的补充知识。知识管理和交流协作则贯穿在知识获取和知识处理与共享的整个过程中，4者构成一个非正式学习的有机整体。

由于SNS的功能具有多样性，因此在上述构建的非正式学习环境模型中，SNS在上述4个部分中具有一定的重叠和交叉。例如：通过博客，学习者不仅可以获取知识，还可以共享知识。除了博客、播客可以实现知识或信息的存储、整理、发布共享之外，用于交流协作的E－mail、QQ以及MSN也可实现资源的发布与共享。

三、以博客为中心构建非正式学习环境案例

目前的社会性软件平台能够实现API功能，即在社会性软件平台上可以根据需要嵌入我们所需要的第三方软件。下面将以博客为中心，阐述一种将搜索服务、网摘、QQ等整合到博客中构建非正式学习环境的案例，如图3－4所示。

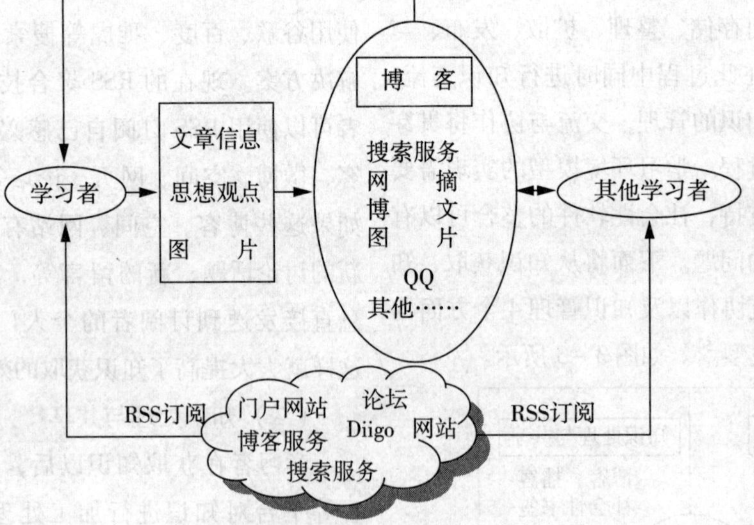

图3－4　以博客为中心构建非正式学习环境

在图3－4中，学习者通过互联网可以使用博客服务和搜索服务，浏览门户网站，通过Diigo网站搜索和管理资源，参与论坛讨论等。在使用互联网服务的过程中，学习者还可以使用RSS订阅将需要的文章信息保存到网摘中。

在对获取的各种信息进行加工处理后，学习者可能会产生一些自己的思想和观点，这些思想和观点可以直接发布到博客中。学习者还可以将自己在学习过程中绘制的一些思维导图、知识地图等图片发布到博客中。

此外，在博客的API功能中，直接选择嵌入相关软件或者编写代码就可以实现将网摘、搜索服务以及QQ等整合到博客中。现在的免费开源平台很多，许多代码都可以免费使用，这使得整合更加容易。

以下代码就是将QQ整合到博客中的主要代码：

```
<a target = " _ blank" href = " http://wpa.qq.com/msgrd? v = 3&uin = 用户 QQ 号码&site = qq&menu = yes" > <img border = " 0" src = " http://wpa.qq.com/pa? p = 2: 用户 QQ 号码: 41" alt = " 单击这里给我发消息" title = " 单击这里给我发消息" >
</a>
```

整合以后的博客就具有文章编辑、网摘、搜索、QQ联系、图片显示等功能，学习者就可以通过这些功能与其他学习者互动，促进学习和交流。例如：当学习者无意中接触到“社会化媒体”这个概念，但是对它又不是十分了解时，就可以登录自己的博客，使用博客的搜索功能进行搜索，查找相关资料，对于十分感兴趣的资料可以使用网摘进行保存，以利于以后随时查阅。在阅读了大量相关资料以后，学习者可以将自己对社会化媒体的观点和理解（如社会化媒体在课堂教学中的运用）与其他学习者进行共享，还可以将心得体会发布成博文。如果有需要，学习者还可以通过博客中整合的QQ交流功能直接与其他学习者进行交流。在这整个过程中，学习者就在一个非正式学习环境中完成了对“社会化媒体”这个概念的学习。

四、结束语

终身学习是时代发展的需求，非正式学习的重要性不言而喻。基于Web 2.0的社会性软件能有效支持非正式学习。本文以博客为例阐述了构建非正式学习环境的方法，旨在让学习者有意识地利用各种信息技术工具来促进学习，主动构建个体的非正式学习环境。社会性软件在非正式学习中的应用潜力很大，但是目前它并没有被足够重视，社会性软件在教育中的应用潜力还没有得到充分发挥，有必要进行更深入的研究和探讨。

参考文献：

[1] 董京峰，王伟娟，朱立波．社会性软件促进非正式学习［J］．中国远程教育，2009（7）：41－46.

[2] 庄秀丽，刘双桂．拥抱2004社会性软件年［J］．中国电化教育，2004（5）：61－64.

[3] 刘毅．社会性软件的知识管理视角探析［J］．广西社会科学，2006（10）：177－179.

[4] Wikipedia. Constructivism（learning theory）［EB/OL］．http：//en.wikipedia.org/wiki/Constructivism_（learning_ theory），2011－06－01.

[5] 朱哲，甄静波．基于社会性软件的大学生非正式学习模式构建［J］．电化教育研究，2010(2)：84－87.

[6] 百度百科．个人知识管理［EB/O L］．http：//baike.baidu.com/view/346754.htm，2011－03－07.

基于前概念问题的适应性学习系统策略研究

王　珏[1]　杨　宇[2]　解月光[3]

（1. 教育部数字化学习支撑技术工程研究中心，吉林　长春　130117

2. 福建省厦门外国语学校，福建　厦门　361026

3. 东北师范大学软件学院，吉林　长春　130117）

摘　要：前概念问题具有普遍性和顽固性的特点，是学习者在学习过程中迫切需要解决的问题。适应性学习系统是支持学生完成学习的有效工具，但较少有研究者注意到前概念对适应性学习的影响，也没有有效的相关的解决策略。本文基于现有关于前概念转变的研究和适应性学习系统的功能，将前概念转变方面的智化技术引入适应性学习系统，研究解决学习者前概念问题的适应性策略，以及实现适应性策略的系统设计策略。

关键词：前概念　适应性学习系统　适应性策略

一、问题提出

前概念问题是指学习者在进行科学概念学习时，由于其脑海里先前存在的先前概念，或由于先前概念的干扰在学习过程中产生了新的先前概念[1]。这些先前概念可能是朴素概念，也可能是科学概念，其对学习会产生正向的或负向的影响。每个学习者都具有先前概念，在学习时都要面对前概念问题。同时，由于学习者的差异性，不同学习者的前概念差别也较大。

现有的适应性学习系统研究中，已经有学者注意到了前概念问题，解决策略是通过对学习者发生的错误行为进行分析，提出其缺少的知识及相关学习路径。从现有的一些教学实验[2]中可知，前概念是具有顽固性和混淆性的，通过这种策略并不能有效地解决前概念问题。本文结合迁移策略和概念转变策略的相关研究，对于不同前概念状态从系统的适应性策略和实现适应性策略选择的系统策略两个角度，阐述在适应性学习系统中，如何解决前概念问题。

二、系统对于不同前概念状态的适应性策略

学习者的前概念状态存在两种状况，或者和即将学习的科学概念相符，或者和即将学习的科学概念相异。需要注意的是有些前概念本身是科学概念，但是对新知识的学习起负迁移作用，比如学习者学习经典物理后，在学习量子物理时，某些情况下使用牛顿三定律考虑问题就会产生错误。严格意义上讲，也是存在相异，是科学概念应用的环境产生了错误。

（一）相异状态的策略

当学习者的前概念处于和即将学习的科学概念相异的状态时，会对学习产生阻碍作用。有两种可能：一种是学习者的前概念是以前学习的科学概念，但是对即将学习的科学概念的建构有阻碍迁移；另一种是学习者在生活中形成的朴素概念，与学习中产生的错误概念和科学概念相异。

1. 判断前概念产生的原因，根据错误原因使用对应策略。

系统对学习者进行适应性诊断，判断其前概念状态，分析其阻碍学习的原因，然后给出相应策略。秦（Chi）于1992年提出了本体论[3]，将所有概念按属性分为三个本体体系：物质、过程和心智状态。物质类概念是指物质本身，包括自

然物和人造物。过程类概念指以步骤、事件、条件为主的交互作用。心智状态类概念指情感和意图。由此可知，学习者对新知识学习的困难，源于其认知结构中概念本身的原因，或是对概念的错误分类。

（1）本体体系调整。

①系统首先判断学习者对科学概念的分类是否有误。如果分类错误，展示概念本体所属的体系类别，纠正错误的分类，标出错误。如果没有分类错误，则进入下一阶段，即顺应认知结构阶段。

②学习者通过系统的展示，明了自己前概念的错误，并加以改正。如果相异原因只是分类错误，则其前概念状态转变为相符状态。如判断其仍然相异，则进入顺应认知结构阶段。

（2）激发学生的认知冲突，顺应错误的认知结构。

系统确认学习者前概念的相异状态是源自于认知结构的错误，则构建冲突情境来顺应认知结构。根据皮亚杰的认知发展理论[4]，人的认知结构发展变化的机制主要表现为动态的平衡过程。动态的平衡过程是通过有机体内部两种相反的自我调节的行为——同化与顺应来实现的。学习者在学习新知识时，首先进行同化活动；当新知识和自己的认知结构发生冲突时，学习者会自发地顺应自身的认知结构，以便对新知识进行同化。

①当前概念不是科学概念时，构建认知冲突情境，进行概念转变。

波斯纳（Posner，G. J.）等人在1982年也以皮亚杰的理论为基础，提出了概念转变模型[5]，提出学生的认知结构发生顺应，通常应具备四个条件：对原有概念的不满（dissatisfaction），新概念的可理解性（intelligibility），新概念的合理性（plausibility）和新概念的有益性（fruitfulness）。学习者对前概念产生不满，也就是产生认知冲突，是顺应发生的前提；而理解新概念是学生认知结构发生冲突和进行重构的前提。认识到新概念的合理性，学生才会在信念上认同新概念。在学生做出尝试性的重构之后，学生会验证新的概念是否是有益的。得到正向的结果后，学生才完成科学概念的建构。

在学习者学习的过程中，系统提供两种认知冲突方法，一种是人和人之间前概念的冲突，另一种是前概念和科学概念的冲突。

a. 激发人和人之间的认知冲突。

不同学习者的前概念是不同的，那他们对新知识的认知也会发生冲突。当学习者认为对方是错误的，就会发生讨论和交流，在表达自己观点的时候，学习者会审视自己的前概念，可能发现自己的前概念有错误；或者通过发现别人的错误的前概念，改变或认可自己的前概念和认知结构，但是可能不会一次就将自身的前概念转变为科学概念，这个过程可能发生很多次才会达到理想的效果。

b. 激发前概念和科学概念的认知冲突。

前概念和科学概念也存在很多冲突。当系统分析出学习者的错误前概念后，引导他们按照他们的错误概念进行推导，得出在他们认知水平上可以发生疑惑，或发现错误的结论。

c. 构建概念重构情境。

系统构建基于新概念重构的情境，使学习者可以在此情境里验证新习得的科学概念，在成功演练后，认同新概念的合理性和有益性。

②当前概念为科学概念时，使用类比策略引发认知冲突，比较先前学习的科学概念和即将学习的科学概念应用情境的差异。

当前概念为科学概念时，首先肯定前概念是科学概念，使学习者不要对先前的科学概念产生不满。其次，展示先前科学概念和即将学习的科学概念，两者就呈现概念或演示的方法进行类比。通过类比，让学习者分析两者为什么会发生冲突，了解两者的应用情境。这样，通过两者的类比，更容易记忆，也向学习者展示了类比这种记忆策略。

2. 当前概念从相异状态成功转变为相符状态后，展示整个改变过程，标出错误原因。

前概念成功转变为相符状态后，系统还要对学习者展示整个改变过程，标明其错误的原因。

这样有益于学习者元认知能力的提高，在以后的学习中，更好地监控自己的前概念状态，并自发改正错误。

3. 当前概念从相异状态成功转变为相符状态后，进行下一步学习。

（二）相符状态的策略

当学习者的前概念处于和即将学习的科学概念相符的状态时，对学习产生促进作用。

1. 系统提供知识构建环境。

系统按照学习者的学习风格，选取适当的媒体表现形式呈现本知识点，为学习者提供验证和演练新知识的环境。

2. 系统呈现最近学习内容。

进行进一步学习时，推荐最相近的，易于迁移的知识内容及其学习路径。

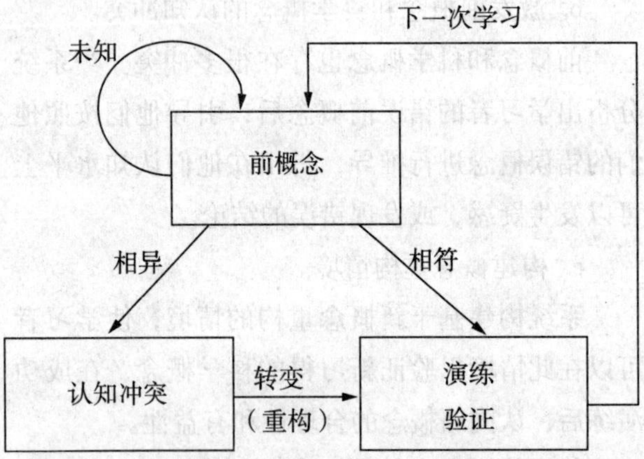

图 3－5　系统的适应性策略

三、适应性系统实现适应性策略选择的系统策略

为实现系统对不同学习者、不同前概念适应性选择转变策略，在系统策略层面上，设计了学习过程中前概念诊断策略，基于诊断结果的内容组织策略和环境构建策略。

（一）学习过程中前概念诊断策略

1. 学前阶段诊断前概念状态。

学习开始前，系统通过问卷或简单问题诊断学习者的前概念状态，会出现三种情况：前概念处于未知状态；前概念处于相异状态；前概念处于相符状态。针对不同情况，系统可采取相应诊断策略。

（1）前概念处于未知状态。

对这种状态进行记录，通过专家分析，手动更新；或通过算法自动更新前概念状态库。然后再进行诊断，直到不再呈现未知状态。

（2）前概念处于相异状态。

当系统诊断学习者前概念处于相异状态时，依次进行以下诊断，为系统进行适应性策略选择提供依据。

①前概念在本体体系分类上，是否存在错误。

②前概念本身是朴素概念还是科学概念。

a. 如果是朴素概念，其和新知识的科学概念差异是什么。

b. 如果是科学概念，其和新知识的科学概念应用环境的差异是什么。

（3）前概念处于相符状态。

系统进行传统适应性学习系统的学习风格诊断，以提供学习者演练的情境。

2. 学中阶段诊断前概念状态。

（1）在相异状态下，如判定相异状态和概念本体体系分类错误有关，在错误及原因展示后，诊断其是否转变成功。确定转变成功后，判断前概念是否仍处于相异状态，以确定其是否是相异的唯一原因。

（2）通过学习者的行为和学习成果诊断概念转变是否成功，成功则完成学习过程；不成功则回到学前诊断阶段。

3. 学后阶段诊断前概念状态。

（1）通过学习者的学习成果诊断概念转变是否成功，成功则完成学习过程；不成功则回到学前诊断阶段。

（2）诊断最易于发生迁移的知识。

通过概念转变完成了前概念状态的转变和新知识的习得，系统根据学习者的“新前概念”诊断其下一步学习过程。

（二）基于诊断结果的内容组织策略

1. 相异状态下的内容组织策略。

（1）系统进一步判断前概念具体的相异情况，适当选择认知冲突策略。

①选择概念间认知冲突策略时，根据诊断的错误概念，选择精心设计的概念转变情境，通过反例，引发学生的认知冲突。当冲突发生后，展示其错误原因和科学概念。学习者学习后，呈现科学概念重构情境，呈现相同的问题。

②选择类比策略时，呈现两者概念和应用的差异，呈现相异的原因。

（2）在学习者完成学习后呈现学习前后概念的对比和错误原因。

2. 相符状态下内容组织策略。

系统判定学习者处于相符状态，不需要进行概念转变，采取传统适应性学习系统的内容组织与呈现方法，选择下一步的学习内容。

（1）传统策略。

①根据学习者学习风格诊断，适应性呈现媒体表现形式。

②根据学习者学习水平诊断，适应性选择与组织学习内容。

（2）下一步学习内容选择。

根据学习者的“新前概念”诊断结果，选择下一步学习的内容。这条策略只是一条建议，选择学习内容还要考虑学习者的学习计划和学习水平。

（三）情境构建策略

首先，基于概念转变模型的原则，系统在设计情境时，遵循以下原则。

（1）构建符合学习者知识水平的环境，即学习者可以理解的情境。

（2）设计真实的情境，会增加学生的信任程度，即学习者认为其是合理的。

（3）构建学习者演练和实验新概念的情境，以使学习者认识到新知识的有益性。

其次，学生具有良好的学习动机，对学习的帮助也是很大的。以激发学生学习动机为目的的情境设计原则如下。

（1）设计有趣的情境。

（2）设计符合学生学习风格和学习水平的情境。

（3）设计适当的奖惩措施。

四、总结

本文从学习中的前概念问题出发，发现当前适应性学习系统中，研究者对前概念的有效转变的困难认识不足。基于前概念问题，分析了适应性学习系统应该提供什么样的适应性策略，以及如何提供适应性策略。设计过程中，在适应性策略和系统的设计策略层面上，尚有一些细节需要进一步的研究和验证。

参考文献：

［1］Strike K A，Posner G J. A revisionist theory of conceptual change. In Duschl R，Hamilton R. Philosophy of Science，Cognitive Science，and Educational Theory and Practice. Albany［M］. New York：SUNY Press，1992：147－174.

［2］丛立新，史磊，吕旭其．物理前概念及干预实验总报告［J］．教育研究与实验，2007（2）：60－63.

［3］Chi M T H. Conceptual change across ontological categories：Examples from learning and discovery in science. In Gier F. Cognitive models of Science：Minnesota Studies in the Philosophy of Science［M］. Minneapolis：University of Minnesota Press，1992. 129－160.

［4］Schunk D H．学习理论：教育的视角［M］．南京：江苏教育出版社，2003：227－229.

［5］Posner G J，Strike K A，Hewson P W，et al. Accommodation of a scientific conception：Toward a theory of conceptual change［J］. Science Education，1982，66（2）：211－227.

基于云计算的微型学习平台架构设计

李响　刘菁　韩骏　张倩

（首都师范大学教育技术系，北京　100048）

摘　要：云计算是多种技术的合成和业务模式的创新，是整个信息产业运作模式的革命，对未来社会经济结构甚至社会组织形式会产生深刻影响。微型学习作为终身学习的一种实践手段受到了社会广泛关注。本文阐述了利用云计算技术搭建微型学习平台的架构设计，详细阐述了云微型学习平台的分层架构设计，旨在通过云计算的强大计算能力和海量存储更好地满足终身学习者实用性的学习要求。

关键词：云计算　微型学习平台　架构　资源库　协作学习

一、引言

近年来，学习型社会的建设成了世界各国共同的目标，在世界范围内受到广泛关注。终身学习作为一种实践手段已在世界各国掀起了一场广泛的研究热潮。针对终身学习的实用性目标以及终身学习者的移动性要求，研究者相继提出了一系列微型学习的资源建设方案。微型学习平台的建设无疑为满足即时性、实用性的学习需求，即能够帮助学习者实现其实用的学习目的，为帮助他们解决日常生活中的实际问题提供了可能。云计算技术可以通过网络以按需、易扩展的方式获得所需的资源（硬件、平台、软件），并且可以随时获取，按使用付费，成本低廉。我们可以建立基于云计算的微型学习平台，更好地满足终身学习者实用性的学习要求。云计算的出现，对于我们建立一个统一、开放、灵活的微型学习平台有着重要的意义。

1. 云计算。

云计算的出现预示着储存信息和运行应用程序的方式将发生重大变化。这就意味着用户产生的数据不再运行和存放在个人计算机上，而是会托管到“云”中。这里提到的“云”是指由计算机组成的集群。云计算使得用户在任何联网的计算机上都可以访问他所有的应用程序和文件而不必受到桌面的限制。各大 IT 厂商也都纷纷看到了云计算的广阔前景，Google、IBM、Amazon 和 Microsoft 等大型的 IT 公司纷纷建立自己的云计算平台；各国政府十分关注云计算的发展，相继出台了一系列措施；细分领域的软件提供商基于云计算推出了各种应用软件；用户也逐渐接受云计算的思想，开始了信息系统向“云”的迁移，2011 年也因此被视为云计算应用的“落地”年。

云计算是一种商业计算模型。它将计算任务分布在大量计算机构成的资源池上，使各种应用系统能够根据需要获取计算力、存储空间和信息服务[1]。

云计算提供 3 个层次的服务：①基础设施即服务（IaaS），由底层的硬件或虚拟机资源构成，提供计算、数据存储和网络通信等资源；②平台即服务（PaaS），构建在云基础设施之上，为云应用程序开发者提供一个平台开发各种云应用软件；③软件即服务（SaaS），基于云平台开发的各类应用服务[2]。

2. 微型学习。

微型学习（micro－learning）是最近几年在成人学习与培训领域受到关注的一种新型学习形态。它被看做新的学习环境下实现非正式学习的一种实用模式[3]。micro - learning 中的“micro”可以是微、小、轻等意思，这种微小不仅包含学习内容的微小，也包括学习媒介和学习时间的微小。Theo Hug 是较早界定微型学习概念的学者之一，他认为“微型学习是处理比较小的学习单元并且聚焦于时间较短的学习活动”[4]。微小的学习内容组块可以通过微型的便携学习设备轻易地获取、存储、生产和流通，并在轻松的心态中获得一种轻快的甚至附有一定娱乐性的学习体验。

奥地利学习研究专家林德纳将微型学习表述为一种存在于新媒介生态系统中，基于微型内容和微型媒体的新型学习[5]。

二、基于云计算的微型学习平台

云计算可能对技术和经济产生重要变革的原因可归纳为以下 3 方面：①云计算能提供近似无限的计算资源，云计算终端用户无须再为计算力准备计划或预算；②云用户可以根据需要，逐步追加计算资源，而不需要预先给出承诺；③云计算提供用户短期使用资源的灵活性，当不再需要这些资源的时候，用户可以方便地释放这些资源[6]。

伴随着科学技术的发展以及通信成本的平民化，现代社会使得任何人在任何时间、任何地点进行学习成为可能。同时，知识日新月异的变化对学习者的快速学习、终身学习能力提出了更大的挑战。在此背景下非正式学习的效用逐渐凸显，促使个体适时选择学习时间、方式，更快地适应新时代发展。如何设计小片段的学习，为学习者提供一个平台供其高效及时地进行学习成了目前亟待解决的问题，因此实施微型学习的基础和保证就是要建设开发微型学习系统和平台。随着云计算技术的出现和发展，将原有的基于 Web 的微型学习平台迁移到云环境下，依托云计算技术建立一个互动学习的云服务平台，可以显著降低成本的投入，获得比原有服务器大得多的存储空间，同时数据存储在云端，不会丢失，不用备份[7]。此外，依托云计算技术可在具体应用中获得高度的灵活性，从而使大范围、可互动的定制学习服务得以实现。

根据学习资源整合与集中服务等新理念，系统以社会化网络应用作为基础平台，用户除了可以注册用户发表微博，分享好友日志、网址，添加好友，通过 RSS 订阅博客、新闻，发表一个话题进行群组讨论外，基于云计算的微型学习平台拟解决以下 4 个方面的问题。

1. 为微型学习者提供个性化的微型学习环境。

学习者在此功能模块可以选择课程进行在线阅读，或者是下载相应的课件进行离线学习，同时平台针对学习者的需要设计各种微型学习工具，如云聊天工具、云在线办公自动化软件、云记事本、云书签、云下载工具等，利用云计算平台的高性能计算资源与海量存储空间等特点为学习者在任何时间任何地点学习提供有利的技术支持，从而提高学习者的学习效率，进一步完善学习者需要的网络学习环境的构建。

2. 微型学习资源库建设。

建立存储微型化学习内容的资源库，为微型学习提供即时更新的内容支持。可以通过直接添加微型信息和对信息进行微型化设计两种方式进行知识库内容的扩充，且各用户之间可以分享、交流信息。微型学习资源“小片段、松散连接、一直处于动态重组中”[8]的特点使其对数据存储有着很特殊的要求，主要为：管理和维护大量的存储数据的同时，要求确保数据的一致性、安全性、可靠性和可扩充性；要求实现对物理上分布的数据资源进行统一的集中管理；要求实现数据资源的动态存储。显然，这些特点给数据存储系统提出了很高的要求，而云计算存储技术的出现为微型学习资源存储提供了新的解决途径。以云计算服务器为核心，动态部署虚拟的硬件服务器，无论数据存储在什么位置，用户都可以实现“无处不在”的访问，而不必关心存储设备所处的位置、采用何种存储系统以及资源如何配置。

3. 提供开展即时协作学习的平台。

学习者是整个学习系统的中心，是课程的获取者，学习者可以随时随地使用移动设备接入学习系统，获取课程内容。同时，学习者也是其他学习者的协作者，可以通过微型论坛、微博和一些云聊天工具进行交流讨论。借助云计算的优势，学习者之间可以很方便地共享学习资源、学习方法与经验，相互讨论，从而促进自身素质的快速提升。依托云技术，可在具体应用中获得高度的灵活性，从而使大范围、可互动的定制学习服务得以实现。在云端提供的各种学习工具，如微博、云聊天工具等不需要安装和升级。只要学生拥有一台可以联网的电脑，登录平台即可使用。现在的网络通信设备越来越多，手机、PDA、笔记本等设备都可以成为学习的工具，学生可随时随地通过手中的各种设备从云端提取学习资料，实现可互动的定制学习功能。

4. 为每位学习者制订微型学习电子档案袋，记录学习过程，在线存储个人学习资源。

电子档案袋记录了每位学生的学习情况，其中包括学习内容、学习进度、学习成果。电子档案袋还记录了每位学习者订制的微型学习资源，方便学习者进行历史查看，巩固学习。云计算技术使数据存储中心得以摆脱物理设备的束缚，以相对廉价的方式实现海量数据的存储及计算。学习者可以通过网络在任何时间、任何地点以某种便捷、方便、安全的连接方式如电脑、手机等，获取存储在云中的电子档案袋中所记录的内容，查看学习进度，即时了解个人的学习状况。

三、基于云计算的微型学习平台架构设计

基于云计算的微型学习平台是微型学习资源存储中心以及应用程序中心，微型学习系统的后台管理模块、应用模块以及数据库服务器都放置在云平台上，手机等移动终端通过无线网络进行访问，获得微型学习的服务。该微型学习平台主要由基础架构环境、核心层以及微型学习应用层这几个部分组成，平台的架构如图 3－6 所示。

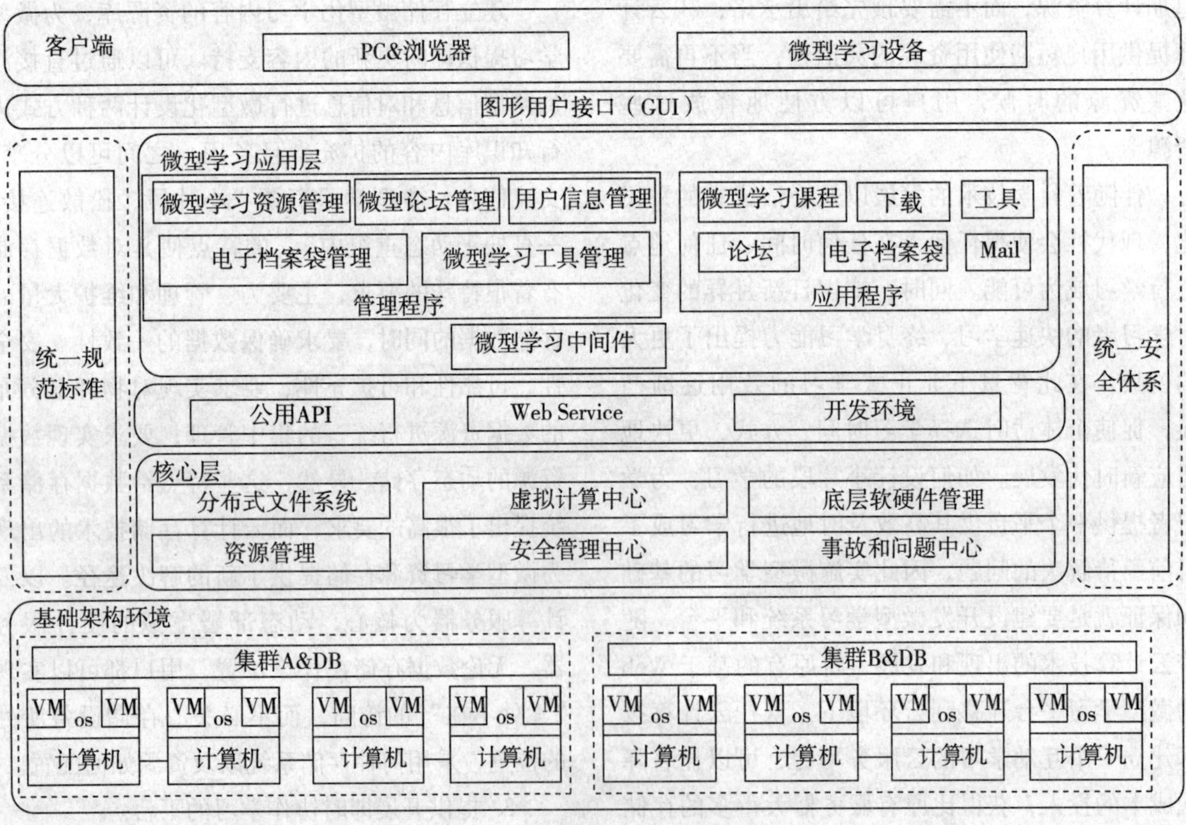

图 3－6　基于云计算的微型学习平台架构设计

1. 基础架构环境。

通过将多台计算机虚拟化后组成并行计算集群，增强了计算与存储能力。在基础架构环境中硬件设备位于最底层，是云计算平台的基础，为高层提供计算、数据存储和网络通信等资源。通过虚拟化技术，能够在一个物理服务器上生成多个虚拟机，并且能在这些虚拟机之间实现全面的隔离，这样不仅能降低服务器的购置成本，而且还能同时降低服务器的运行维护成本，同时建立关系型以及非关系型数据库，并在原有基础上作了扩展和管理等方面的优化，使其在云中更适应。

2. 核心层。

该层主要由分布式文件系统、基础软硬件管理、虚拟计算中心、资源管理、安全管理中心以及事故和问题管理中心这几部分组成。其中分布式文件系统通过提供一个标准的共享接入点来集中管理文件共享；基础软硬件管理主要负责云计算数据中心基础软件、硬件资源的管理监控，动态地完成所需计算资源与存储资源的调度；虚拟计算中心主要用于随时添加更多的服务器资源，避免业务繁忙时段的过载；安全管理中心保证了多用户共享的数据和信息安全；事故和问题管理中心，用于确保基础资源的正常运行；资源管理，则实现了系统软硬件分区、系统模块部署、网络管理、存储管理、资源监控、性能安全管理与故障恢复等。

3. 在核心层和微型学习应用层之间提供开发环境、公用 API 以及 Web Service。

主要面向开发人员，为开发各类基于云计算的微型学习应用软件提供开发环境和公用 API 等，即提供 PaaS。公用 API 可以以 Web Service 的形式提供给开发人员，例如 Amazon Web Services，从而免除了开发人员许多系统管理的操作。开发人员也可以使用公用 API 开发自己的 Web Service。通过微型学习中间件系统，微型学习应用程序开发用户可快捷开发出所需的远程教育程序。

4. 微型学习应用层。

提供各类与教育教学相关的应用软件，即提供面向教育的 SaaS。微型学习应用层包括管理模块与应用模块两部分，管理模块主要负责微型学习资源管理、用户信息管理、微型论坛管理、微型学习工具管理以及电子档案袋管理；应用模块主要包含微型课程学习、微资源下载、微型学习工具、微型学习论坛、电子档案袋、电子邮件，在提供学习资源的基础上创设各种有利的学习条件辅助学习。

5. 用户接口层。

在客户端为用户访问基于云计算的微型学习平台提供传统的图形用户接口（GUI，Graphical User Interface）。借助于 Web 2.0 技术，云提供的服务主要为 B/S 结构，因此用户只需要使用浏览器便可以访问服务。传统 GUI 将作为 Web 接口的一个辅助手段，用于远程登录云上的虚拟机，访问底层的资源。微型学习用户通过微型学习设备即可与云端建立连接。

整个架构将采用统一的规范标准和安全体系，增强了平台的扩展性及可移植性。

四、总结及展望

传统的远程教育系统，教学资源通常是简单地分配，共享性差，使用效率低下，存在着资源重复建设、系统扩充能力弱、可配置性差、成本昂贵的缺陷。基于云计算的微型学习平台在教育服务能力、资源共享性、可配置和伸缩性方面都有较大的进步，可以保障非正式学习的顺利进行，特别适合终身教育的需求。云学习时代是一个以“整合资源，集中服务”的思想整合一切可以整合的学习与教育资源的时代[9]，“云”的核心思想是资源的集中共享，即将所有的资源集中在一个先进的平台上，使资源在统一平台的统一管理调配下，具备最大的灵活性和利用效率，最终以服务的形式提供给用户[10]。随着云计算技术的发展，云学习时代的微型学习平台将在终身学习领域发挥不可小觑的作用。

作为满足终身学习需求的一种学习方案，基于云计算的微型学习平台研究才刚刚起步，针对微型学习的课程内容分类存储标准、如何利用微型学习平台调动学习者开展活动的积极性与自主性是需要我们进一步探讨的重要问题。

参考文献：

［1］百度百科．云计算［OL］．（2011－11－6）http：//baike．baidu．com/view/1316082．htm#sub1316082.

［2］Michael Miller［美］，姜进磊，等，译．Cloud Computing［M］．北京：机械工业出版社，2009：23－25.

［3］祝智庭，张浩，顾小清．微型学习——非正式学习的实用模式［J］．中国电化教育，2008（2）：10－13.

［4］Theo Hug. Micro－learning：A New Pedagogical Challenge（Introductory Note）［A］．Microlearning Conference 2005［C］．Australia，Innsbruck：Innsbruck University Press，2006：7－12.

［5］Theo Hug，Martin Lindner. Micro－learning：Emerging Concepts，Practices and Technologies after e-Learning—Proceedings of Micro-learning 2005［M］. Innsbruck：Innsbruck University Press，2005：100－110.

［6］王鹏．走进云计算［M］．北京：人民邮电出版社，2009：45－60.

［7］王庆波，金滓，何乐，等．虚拟化与云计算［M］．北京：电子工业出版社，2009（10）：34－50.

［8］David Weinberger. Small Pieces Loosely Joined［M］．America，New York：Perseus Books Group，2002：56－67.

［9］黎加厚．走向教育技术“云”服务［J］．远程教育杂志，2008（3）：79.

［10］陈康，郑纬民．云计算的三驾马车：Google、亚马逊和IBM［J］．计算机世界，2008（5）：45－47.

论和谐人机情感交互的网络远程教育虚拟实验平台设计的理论依据与关键技术

李勇帆[1]　李里程[2]

(1. 湖南第一师范学院，湖南　长沙　410002　2. 中南大学软件学院，湖南　长沙　410083)

摘　要：如何有效地构建具有良好情感交流和人机双向交互的网络远程教育虚拟实验平台，实现和谐的人机情感交互是当下网络远程教育亟待解决的难题。本文在湖南省科技计划项目的理论与实践研究的基础上，提出了一种基于情感计算和Web3D技术支持的网络远程教育虚拟实验平台的教学模型和体系结构模型，并论述了其结构特性和学习策略，以及设计与构建的基本理论与关键技术。

关键词：情感计算　Web3D　远程教育虚拟实验平台

一、引言

网络远程教育是国民实现继续教育、终身教育和素质教育的重要途径。但由于时空分离，一方面远程教育系统在教师与学生情感交流和人机双向交互等方面还存在着严重不足，当学生长时间面对没有情感的冷漠电脑屏幕，感受不到交互的乐趣和情感激励时，就会产生反感，从而影响其学习效果，甚至会影响学生的心理健康。另一方面学生在学习理工类课程时，因缺少实验条件而无法做实验或技能训练，没有真实的实验情境体验，会严重影响学生实践能力的培养。我们通过湖南省科技计划的前期研究发现，将情感计算和Web3D技术应用于网络远程教育系统中，构建基于情感计算和Web3D的网络远程教育虚拟实验平台，能有效地解决这一关键难题。

二、情感计算和Web3D技术支持的网络远程教育虚拟实验平台的设计

我们在湖南省科技计划项目“基于情感计算和Web3D的远程教育虚拟实验平台的体系结构及其关键技术研究”的理论与实践研究的基础上，提出一种基于情感计算和Web3D技术支持的网络远程教育虚拟实验平台的教学模型，试图解决当前网络远程教育中的难题，改善网络远程教育质量，培养学生的自主学习意识、协作精神、实践能力及探究与创新能力。

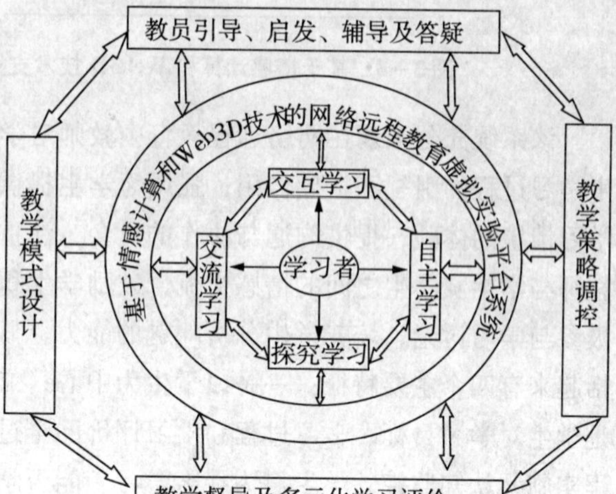

图3－7　基于情感计算和Web3D技术支持的网络远程教育虚拟实验平台教学模型

如图3－7所示，该模型融合了现代教育理念和多元学习、自主学习及建构主义等学习理论，是在情感计算和Web3D技术支持下、基于网络及数字多媒体资源和虚拟现实学习环境进行的，以学生为主体，以教师为主导，以使学生形成良好的认知结构，具有丰富的情感交流，培养网络远程学生自主学习意识、实践能力及探究与

创新能力为目标的一种全新的数字化学习模型[1]。其核心是“基于情感计算和 Web3D 技术支持的网络远程教育虚拟实验平台系统”，内部结构模型如图 3 - 8 所示。

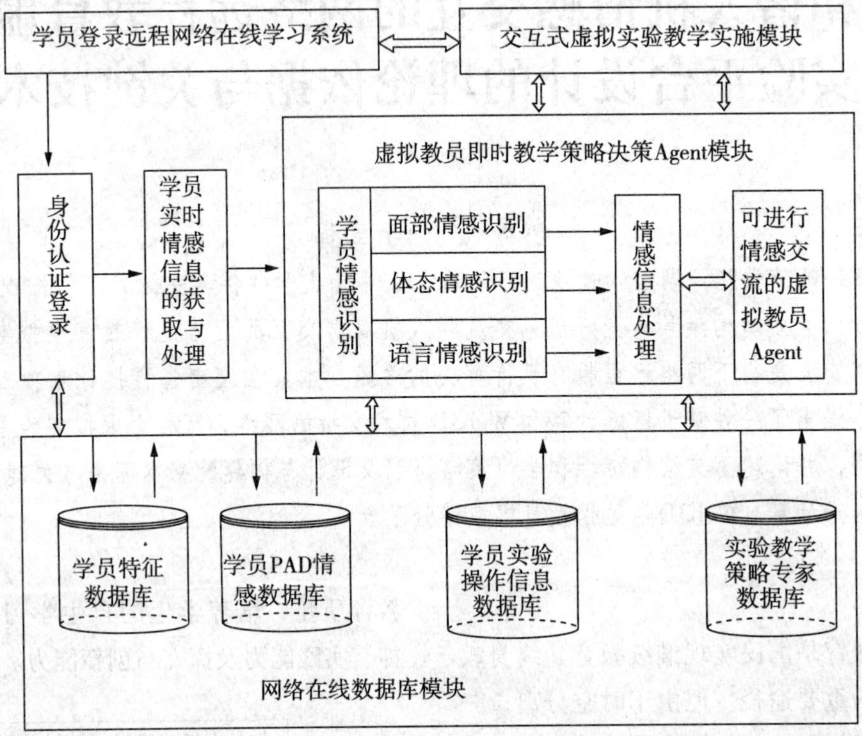

图 3 - 8　基于情感计算和 Web3D 技术支持的网络远程教育虚拟实验平台系统的结构模型

该系统充分强调在网络远程教育中教师对学生学习过程的引领和指导作用；强调为学生提供学习情境的体验，提供沟通与协作的机会，注重教师与学生及学生之间的情感交流，鼓励学生积极参与学习讨论，培养学生分析问题的能力。概括起来有四个主要特征：一是以学生为中心；二是学生对学习目标、学习过程和学习评价的全过程实施元认知监控，学生对为什么学习、能否学习、如何学习、如何判断学习成效等问题有自觉的意识和反应；三是在情感计算和 Web3D 技术及网络多媒体学习资源和虚拟学习环境的支持之下；四是发挥教师的引领和指导作用[1]。

基于情感计算和 Web3D 技术支持的网络远程教育虚拟实验平台教学模型具有开放性、交互性、自主性及学习情境的体验性，能最大范围、最大限度地满足学生的自主学习与探究学习，以及学习情境体验的需要，学生可以随心所欲地选择学习目标、学习计划、学习方式和评价方式，并进行以下形式的有效学习与科学评价。

（一）自主学习

基于情感计算和 Web3D 技术支持的网络远程教育虚拟实验平台通过情感计算技术、Web3D 技术和超媒体技术建构智能网络课程与虚拟学习情境，提供数字化的超文本、音频、视频、动画和图像等流媒体教学资源，能适应学生的知识结构、智慧水平、思维方式和认知风格等个别化差异，满足自主学习的需要。这些丰富的数字化学习资源，可供学生在网络远程教育中根据自己的需要进行自主选择。学生借助个人电脑或移动终端，通过网络可以随时随地自由选择学习时间和学习进度，即可以在任何时间、任何地点以任何方式、从任何章节开始学习任何内容，从而实现真正意义上的自主学习[2]。

（二）交互学习

基于情感计算和 Web3D 技术支持的网络远程教育虚拟实验平台通过智能网络课程中流媒体学习资源的在线传播，将目前网络远程教育中的文本交互变为多媒体交互，单向交互变为双向交互，实现高水平的交互学习。同时，通过实时与非实时相结合的交互方式，满足学生自主学习和选择学习的需要。在网络远程教育中，学生在线点播自己需要学习的主题的由流媒体资源构建的智能网络课程之后，通过由情感计算和 Web3D 技术构建的虚拟在线课堂，在教师的引领与指导下，明确自主学习目标和自主学习内容，进行有效的交互学习。

（三）探究学习

基于情感计算和 Web3D 技术支持的网络远程教育虚拟实验平台，根据教学设计，通过情感计算技术、Web3D 技术和虚拟现实技术，对网络课程中的文本、图形、图像、三维动画、视频等多媒体教学信息进行整合，采用流媒体组播传送方式，并针对课程内容中的重点与难点构建富有良好情感交流的虚拟在线学习环境，能有效地改善目前的网络教育只能保证单一文本教材信息传递的教学模型，使在网络远程教育中的教学资源更加丰富多样，学习环境更加理想，探究和交互的工具更加有效。由此，学生在网络远程教育中能有效地从任务或问题出发，通过自主观察、阅读、调查、假设和论证及虚拟学习情境的体验等探究活动，搜集数据，分析数据，形成解释和构建新的知识体系，并对这种解释和新的知识体系进行交流、检验与评价，以获得知识和技能，培养情感和创新意识，提高探究与创新能力。

（四）交流学习

基于情感计算和 Web3D 技术支持的网络远程教育虚拟实验平台，通过情感计算技术、Web3D 技术和智能代理技术构建的网络虚拟学习社区，能为学生提供良好的交流环境和交流工具，使远程教育虚拟实验平台在交流手段、交流方式、交流范围和交流质量方面都发生质的变化。针对在线学习主题，进行开放、自由的交流研讨，加深对学习主题的理解。学生既可以在网上得到教师的辅导和帮助，也可以与学习同伴一起讨论；既可以与学习中心的学习同伴实现小组讨论，也可以与网上认识的和不认识的学生广泛交流，形成学习共同体。由此可以实现师生共同参与、网上网下交织进行的多层次、多维度的交流学习。

（五）“4 元 5 个 1”的多元化学习评价

基于情感计算和 Web3D 技术支持的网络远程教育虚拟实验平台的目标是促进学生的认知、情感、态度与技能等方面的和谐发展，提高自己各方面的能力，以实现自我的可持续发展。网络远程教育的个性化特征，决定每个学生都能获得发展和进步，但每个学生所付出的时间、拥有的资源和学习方式千差万别，学习的收获呈现多样化状态，绝对不能用统一的标准来评价学生在网络自主学习模型中的学习效果。因此，“4 元 5 个 1”的学习评价是基于情感计算和 Web3D 技术支持的网络远程教育虚拟实验平台评价的最佳选择。

“4 元”即学生的主体评价包括学生个人自我评价、学习小组评价、教师评价和网上学习同伴评价 4 个方面；“5 个 1”即评价结果体现在学生自行设计与制作的 5 个数字化的电子作品上：要求学生将获得的知识（包括在学习过程中收集和整理的全部资料及有用信息与相关学习网站）综合成 1 个电子文件夹（每一个单元的知识归纳成 1 个子文件），设计并制作成 1 个个人学习主页，总结成 1 篇课程学习论文，做成 1 个多媒体 CAI 演示课件，最后整合成 1 个学习小组集体创建的学习资源库网页，展示在虚拟学习社区中，供网上学习同伴欣赏和评价。

教学实践表明，这种“4 元 5 个 1”的多元化学习评价模型，能充分调动每一个网络远程教育学生的主动性和创造性，并充分展示每一个学生的才华与鲜明的个性特征，特别是创造出了一种师生之间、网络虚拟学习社区学生之间跨时空的相互交流、相互学习、相互评价的新平台。

三、构建情感计算和 Web3D 技术支持的网络远程教育虚拟实验平台的理论基础

构建情感计算和 Web3D 技术支持的网络远程教育虚拟实验平台教学模型的理论基础主要有元认知理论、自主学习理论和建构主义学习理论。

（一）元认知理论

元认知理论最早由美国心理学家弗拉维尔提出。元认知是指个体对于自己认知活动的认知，是个体对认知活动的自我意识和调控。弗拉维尔认为，元认知由 3 个要素组成，即元认知知识、元认知体验和元认知监控。

元认知知识是关于学生个体的认知活动及影响它的各种因素的知识，包括有关认知主体方面的知识，有关认知材料、任务方面的知识以及有关认知策略与方法方面的知识。元认知体验是在从事认知活动时所产生的情感体验。元认知监控是指学生个体在认知活动过程中，能不断评价认知过程，获得关于认知活动质量的信息，找出认知偏差，及时调整计划，选用恰当的策略，从而保证任务的完成。元认知的 3 个成分是互相联系、互相影响的。因此，元认知知识、元认知体验、元认知监控在学生个体的认知活动中互相联结，成为一个有机统一的整体，协同实现对个体认知活动的监视、控制与调节作用。由此可见，对学生来说，元认知实际上就是在学习活动中通过对自身能力基础、学习任务与学习方法的认识，来准确地体察和自觉地控制自我的学习活动，从而主动且有效地发展自我。而元认知能力也就是在学习活动中，通过自我认识、自我控制，以求得自我发展的能力[3]。

从元认知理论的本质来看，它立足于学生“自我的内驱力”。因此，有成效的网络远程教育实际上是元认知监控的学习，是学生在网络远程学习中，根据自己的学习能力和学习任务的要求，积极主动地调整自己的学习策略和努力程度的过程。由此，基于情感计算和 Web3D 技术支持的网络远程教育虚拟实验平台的教学要求学生对为什么学习、能否学习、学习什么和如何学习等问题有自觉的意识和反应。通过培养学生自我计划、自我监控、自我调节等的能力，引导学生自觉利用由情感计算技术、Web3D 技术和超媒体技术建构的智能网络课程与虚拟学习环境，提高自主学习能力，走出机械学习的误区，使学生真正成为教学主体、学习的主人，实现“想学、会学、能学”。

（二）自主学习理论

自主学习也被称为自我导向的学习。学生的自主学习本质上是对学习的各方面或者学习的整个过程主动做出调节和控制，是主动、自觉、独立的学习，具有能动性、有效性和相对独立性等特征。自主学习一般是指由学生自己确定学习目标，选择学习方法，监控学习过程，评价学习结果的学习。在自主学习中，虽然离不开教师的指导，但更重要的还是学生自主探索、建构知识的过程，因而学生在学习过程中一定要借助反馈信息，形成对客观事实的认识并解决实际问题。美国学者齐莫曼认为，当学生在元认知、动机、行为 3 个方面都是一个积极的参与者时，其学习就是自主的。在元认知方面，自主学习的学生能够对学习过程的不同阶段进行计划、组织、自我指导、自我监控和自我评价；在动机方面，自主学习的学生能够选择、组织、创设使学习达到最佳效果的环境。

根据齐莫曼的自主学习理论，要使网络远程教育虚拟实验平台教学有成效，必须注重考虑影响学生自主学习能力的因素，要使学生具有六个方面的能力：一是自主安排学习内容的能力，即会设定适合自己的学习目标，根据网络远程在线学习的情况自己安排学习内容；二是时间管理能力，即会合理安排学习和作业的时间，会合理分配学习时间，能够根据学习任务的不同难度分配不同的时间；三是运用和选择学习方法（或策略）的能力，即会预习和复习，会概括和分类学习内容等，会选择和运用适合自己的学习方法；四是学习过程监控与调节能力，即学习时能排除分心和干扰学习的事情，在学习过程中能检验自己做得对不对、时时监控自己的学习过程；五是学习结果的评价与强化能力，即对一天或一堂课的学习进行总结并分析得失，会自我鼓励；六是学习环境的控制能力，即会向老师、同学和其他人请教问题，会到图书馆或网上查找学习资料，会迅速运用各种方法找到自己需要的资料。

在设计与构建基于情感计算和 Web3D 技术

支持的网络远程教育虚拟实验平台时，可考虑在自我监控中将监控主体与对象合而为一，这个过程可分为三个方面：一是对学生学习活动的事先计划与安排；二是对学生学习活动的监察、评价与反馈；三是在以上基础上对学生学习活动进行调节、修正与控制。由于在远程教育虚拟实验平台中，提高学生的自我监控能力，有利于提高学生学习上的自我管理能力和持续的学习动力，因此，在该模型中用情感计算和 Web3D 技术构建的虚拟学习环境对学生的自我控制能力要求很高，学生不仅要自主地控制虚拟学习环境、学习对象等，还要将虚拟学习环境与真实环境联系起来，以便更好地迁移运用在虚拟学习环境中掌握的知识与技能。由此，设计与构建的虚拟学习环境要为学生提供适当的控制手段，使学生能够控制内容的覆盖范围、学习深度、知识表示媒体的类型、所花的学习时间等，这有助于锻炼学生的自律能力和增强学习动机。

（三）建构主义学习理论

建构主义理论认为，学习是学生在与环境交互作用的过程中，主动建构内部心理表征的过程。知识不是通过教师传授得到，而是学生在一定的情境下，借助其他人（包括教师和学习伙伴）的帮助，利用必要的学习资料和学习资源，通过意义建构的方式获得。因此，建构主义学习理论认为“情境”“协作”“会话”“意义建构”和“资源”是学习环境中的基本要素和基本属性。根据建构主义学习理论，在设计与构建基于情感计算和 Web3D 技术支持的网络远程教育虚拟实验平台时，要充分考虑学习环境中“情境”“协作”“会话”“意义建构”和“资源”等基本要素和基本属性。具体要求包括以下 5 个方面。

1. 学习环境中的“情境”必须有利于学生对所学内容的意义建构

这就对基于情感计算和 Web3D 技术支持的网络远程教育虚拟实验平台中网络课程的教学设计提出了新的要求，也就是说，在建构主义学习环境下，网络课程的教学设计不仅要考虑教学目标分析，还要考虑有利于学生进行意义建构的情境的创设问题，并把情境创设看做教学设计的最重要内容之一。

2. “协作”发生在学习过程的始终

协作对学习资源的搜集与分析、假设的提出与验证、学习成果的评价，以及意义的最终建构均有重要作用。

3. “会话”是协作过程中不可或缺的环节

虚拟学习社区成员之间必须通过会话商讨如何完成规定学习任务的计划。此外，协作学习过程也是会话过程，在此过程中，每个学生的思维成果（智慧）为整个学习群体所共享，因此会话是达到意义建构的重要手段之一，学生在各方面的进步和退步被虚拟学习社区中的同伴所注意和评价，这些评价所营造的积极向上的心理氛围，能激发学生的学习积极性，激励其向更好的方向发展，从而提高每个学生的自身素质。

4. “意义建构”是整个学习过程的最终目标

所要建构的意义是指事物的性质、规律以及事物之间的内在联系。在学习过程中帮助学生建构意义就是要帮助学生对当前学习内容所反映的事物的性质、规律以及该事物与其他事物之间的内在联系形成较深刻的理解。这种理解在大脑中的长期存储形式就是关于当前所学内容的认知结构。

5. 学习“资源”必须丰富

在基于情感计算和 Web3D 技术支持的网络远程教育虚拟实验平台中，用情感计算和 Web3D 技术构建的虚拟学习环境，可使学生沉浸其中，通过用情感计算和 Web3D 技术构建的多媒体数字化资源的共享，最大限度地满足学生的需求，这样才有利于学生主动性的充分发挥。虚拟学习情境中的协作和会话更有利于促进学生健康情感的培养。

因此，在建构主义学习理论指导下的基于情感计算和 Web3D 技术支持的网络远程教育有六个方面的要求：一是强调以学生为中心，给学生的主动发挥创造良好的条件；二是强调创设真实的情境，并引导学生进入情境；三是强调为学生提供多种数字化的课程资源，让学生自主学习和探究问题；四是强调组织学生运用虚拟学习环境与虚拟学习社区进行协商学习活动；五是强调组织学生在虚拟学习环境和虚拟学习社区中通过运用语言和文字进行表达；六是强调学生通过虚拟学习环境的交互进行意义建构。

四、构建情感计算和 Web3D 技术支持的网络远程教育虚拟实验平台的关键技术

构建情感计算和 Web3D 技术支持的网络远程教育虚拟实验平台的关键技术包括情感计算技术和 Web3D 技术。

（一）情感计算技术

情感计算是信息科学、认知科学和心理科学等多学科交叉的崭新研究领域，是建立和谐人机学习环境的主要技术之一。情感计算技术以人类情绪和情感理论为基础，包括情感机理、情感信息的获取、情感模型识别、情感建模、情感理解、情感合成与表达、情感传递与交流等系列技术，以赋予计算机类似于人的情感能力为最终目的。美国 MIT（Massachusettes Institute of Technology，麻省理工学院）媒体实验室 Minsky 和 Picard 教授领导的研究小组在 20 世纪 80 年代中期就开始了情感计算研究工作，提出“情感计算是指关于情感、情感产生以及影响情感的计算”，它试图创建一种能感知、识别和理解人的情感，并能针对人的情感做出智能、灵敏、友好反应的计算机系统。中国科学院自动化研究所的胡包刚教授通过研究，也提出了情感计算的定义：“情感计算的目的是通过赋予计算机识别、理解、表达和适应人的情感的能力来建立和谐人机环境，并使计算机具有更高的、全面的智能。”[4]

情感能力对于计算机与人的自然交往至关重要。传统的人机交互，主要通过键盘、鼠标、屏幕等方式进行，只追求便利和准确，无法理解和适应人的情绪或心境。而如果缺乏这种情感理解和表达能力，就很难指望计算机具有类似人一样的智能，也很难期望人机交互做到真正的和谐与自然。由于人类之间的沟通与交流是自然而富有感情的，因此，在人机交互的过程中，人们也很自然地期望计算机具有情感能力。情感计算就是要赋予计算机类似于人一样的观察、理解和生成各种情感特征的能力，最终使计算机像人一样能进行自然、亲切和生动的交互。

情感计算技术在网络远程教育虚拟实验平台中，主要是用来构建具有和谐人机情感交互的虚拟实验平台系统。在具体构建时，主要通过各种传感器获取由学生的情感所引起的生理及行为特征信号，建立“情感模型”，从而创建能感知、识别和理解学生的情感，并能针对学生的情感做出智能、灵敏、友好反应的虚拟学习系统，缩短人机之间的距离，营造真正和谐的人机环境。这其中学生情感信号的获取主要是通过各类有效的传感器实现的。有效传感器应具备以下基本特征[5]：①使用过程中不应影响学生（如重量、体积、耐压性等）；②应该经过医学检验对学生无伤害；③数据的隐私性、安全性和可靠性。常用的传感器主要有脉压传感器、皮肤电流传感器、汗液传感器及肌电流传感器等。其中，皮肤电流传感器可实时测量学生皮肤的导电系数，通过导电系数的变化可测量学生的紧张程度；脉压传感器可时刻监测学生由心动变化而引起的脉压变化；汗液传感器是一条带状物，可通过其伸缩的变化时刻监测学生呼吸与汗液的关系；肌电流传感器可以测得学生肌肉运动时的弱电压值。

在构建网络远程教育虚拟实验平台时，其情感理解的模型建立应注意以下事项：①学生情感信号的跟踪应该是实时的和保持一定时间记录的；②情感的表达是根据学生当前情感状态、适时的；③情感模型是针对学生在虚拟学习环境中的学习情感状态的，并可在特定状态下进行编辑。

将情感计算技术应用于网络远程教育虚拟实验平台中，能及时捕捉学生在学习过程中的面部表情、声音情感和姿态情感信息，通过情感信息分析来确定学生的学习情绪和接受情况，并及时调整教学策略和教学进度。另外，通过情感计算技术在虚拟学习环境中创建的情感虚拟教师，可以分析学生在学习过程中表现出的各种情绪状态，并以相应的表情、语言或姿态对学生给予鼓

励、肯定或提醒，让学生能真切地感受到真实的课堂教学环境和教师的存在，弥补网络远程教育虚拟实验平台情感交流的缺失，促进学生身心健康发展。

（二）Web3D 技术

Web3D 是网络虚拟现实技术的一种实现形式，它是“3D + VR + 3W”三项技术的综合，通过 VRML（Virtual Reality Modeling Language）和 X3D（也常用 Java3D、Cult3D、Viewpoint、Shockwaved3D、Shout3D 等）技术来实现的网络三维技术，具有高度沉浸性（Immersion）、高度交互性（Interaction）、超级想象力（Imagination）和网络传输的特点，它是在网络环境下构造三维虚拟学习环境和实现三维虚拟交互的技术。

在网络远程教育虚拟实验平台中，使用 Web3D 技术创建的虚拟学习环境，可以使学生在开展在线学习时，以虚拟角色在虚拟学习环境中漫游、在虚拟教室里进行互动式的学习，有身临其境的亲切感，就如同置身于真实的课堂和实验室一样，这将大大提高远程教育学生的学习兴趣，激发学生的学习潜能。

另外，在网络远程教育虚拟实验平台中，使用 Web3D 技术创建的网络虚拟实验教学平台，能给网络远程教育者创建一个接近真实的虚拟实验环境，学生可以亲自动手做虚拟实验，如通过鼠标和键盘就可以做一些理工类实验、观察实验反应等，并可通过网络虚拟学习社区与同伴进行协作、交流，主动进行知识意义的建构，达到提高学习效果、启迪学生的思维和培养学生自主学习能力的目的。

五、结束语

本文以网络远程教育应用为背景，在元认知理论、齐莫曼的自主学习理论和建构主义学习理论指导下，综合运用情感计算技术、Web3D 技术研究具有情感交互能力的网络远程教育虚拟实验平台及其构建的理论依据与关键技术，有效地解决网络远程教育中情感交流缺失和因缺少实验条件而没有真实实验情境体验等难题，使网络远程教育虚拟实验平台的教学能真正实现和谐的人机情感交互。

参考文献：

[1] 李勇帆，李里程．论情感计算和 Web3D 技术支持的网络自主在线学习模式的设计与构建 [J]．中国电化教育，2011（8）：82－87.

[2] 王奕标．构建新一代互联网自主学习模型的理论和方法 [J]．电化教育研究，2004（8）：36－39.

[3] 庞维国．学习理论的新进展 [J]．华东师范大学学报（教科版），1999（3）：52－53.

[4] 郭尚波．个性化情感建模方法的研究．[EB/OL]．http：//www.docin.com/p－48109545.html.

[5] Rosalind W. Picard．罗森林译．情感计算 [M]．北京：北京理工大学出版社，2005：36－37.

＊基金项目：湖南省科技计划项目“基于情感计算和 Web3D 的网络远程教育虚拟实验平台的体系结构及其关键技术研究”（项目编号：2010GK3049）

HOTs 培养取向的高中生物虚拟实验设计

张浩然[1]　解月光[2]　李　波[1]

(1. 长春广播电视大学，吉林　长春　130051

2. 东北师范大学软件学院，吉林　长春　130117)

摘　要： 新课程改革十分重视对学生高阶思维能力的培养，而在学科课程学习中有效培养高阶思维能力需要利用信息技术构建合适的学习环境。本文以高阶思维能力及其培养为理论基础，以生物实验中高阶思维能力培养特点及其实验环境需求为依据对虚拟实验进行设计。试图说明将高阶思维能力的培养渗透到实验教学设计和实验实施过程中的思路和方法，为一线生物教师的生物教学研究提供有益的思考与借鉴。

关键词： 虚拟实验设计　高阶思维能力　高中生物

一、引言

生物学课程的核心任务是培养学生的科学素养。在《普通高中生物课程标准（实验）解读》[1]关于"生物科学素养"的论述中提道："科学素养可以增加人们观察事物的能力，思考问题的能力，创造性地解决问题的能力，具有批判性思维的能力及在团队中的合作能力等。"这些能力即高阶思维能力的体现。可以看出，对学生科学素养的培养，其目的在于对学生高阶思维能力的培养。

"良好的思维能力，就像百米赛跑一样，是一种技术及技巧上的训练结果，良好的思维能力需要一系列有针对性的练习。[2]"由于虚拟实验能够为实验者提供良好的实验活动、过程和训练体验，所以虚拟实验可以成为培养学生高阶思维能力的载体。但是，现有的虚拟实验大都仅是将课本上的静态实验"照搬到"电脑上，变成动态虚拟实验，显然已经不能满足对学生高阶思维能力培养的需要。基于此，笔者试图在新课程理念的指导下，通过对高中生物虚拟实验设计的研究，探寻培养学生高阶思维能力的途径与方法。

二、生物实验中的高阶思维能力及影响因素分析

（一）生物实验中的高阶思维能力

高阶思维是指一种以高层次认知水平为主的综合性能力，是发生在较高认知水平层次上的心智活动或较高层次的认知能力。它是超越既定信息的能力、问题求解的能力、元认知能力和批判能力，也是对事物或现象做出合理判断的能力。其能力的构成包括问题求解、决策、批判性思维和创造性思维。它在布卢姆的认知目标分类中表现为分析、综合和评价[3]。

生物实验对学生技能的培养，按其性质，可以分为操作技能和心智技能。生物实验中的操作技能即指由大脑控制机体运动完成的系统性动作，这些动作通过练习不断与大脑皮层形成联结而不断纯熟，从而形成能力，如对实验仪器的操作等。而生物实验的心智技能则是指通过生物实验，形成合乎实验规则的、使实验顺利完成的心智活动，如观察、抽象、分析、综合等[4]。

分析《普通高中生物课程标准（实验）》[5]发现，高中生物实验能力包括提问与问题表征能力（提出可探究的问题，分析问题，阐明与研究该问题相关的知识以及确认变量），实验假设和预期能力，实验设计能力（设计可行的实验方案），实验材料、数据的收集、处理和解释能力（收集证据，利用数学方法处理、解释数据），实验总结能力（用准确的术语、图表介绍研究方法

和结果，阐明观点)，以及检验反思与调整能力（听取他人的意见，利用证据和逻辑对自己的结论进行辩护以及作必要的反思和修改）等。这些能力所对应的心智技能与布卢姆的分析、综合、评价层次的认知水平相呼应，而已有理论研究成果表明，在教学中，发展这些层次（分析、综合、评价）的认知水平，就能促进高阶思维能力的发展[6]。因此，通过有效的生物实验设计可以较好地发展实验者的高阶思维能力，而提问与问题表征能力，实验假设和预期能力，实验设计能力，实验材料、数据的收集、处理和解释能力，实验总结能力，以及检验反思与调整能力等生物实验能力可视为高中生物实验中的高阶思维能力。

（二）影响因素分析

通过对构成高中生物实验中的高阶思维能力的能力要素的逐一分析发现，在日常生物实验教学中，影响高阶思维能力培养的因素主要有以下3个方面。

1. 学生因素。

主要包括：学生是否具有实验的问题原型[7]，即学生在做实验之前是否具有相关经验的积累，并且这种经验对于当前的实验要能起到类比的正向迁移作用[8]；学生自身的知识基础、认知能力以及态度；学生辨别、分析数据的能力，即学生能够区分有用数据与无用数据以及具有一定水平的计算能力，并且能够识别、选择和利用各种数据信息对数据进行类比与关联，最终通过数据分析能够解释实验现象或结果的产生原因；学生在日常实验学习过程中是否有自我反思与自我调控的习惯。

2. 教师因素。

主要包括教师的教学方式和教学态度等，即教师在实验教学过程中是否重视对学生高阶思维能力的培养，以及是否能对学生实验给予科学的引导。

3. 实验环境因素。

主要包括：问题情境，即问题呈现的方式、环境和结构等，它为学生的学习提供信息及信息的时空结构；实验室的条件，即学校是否给予了每一位学生都能够动手做实验的条件；援助性支持，即要为学生提供科学实验的便利条件，如要为学生反思和总结实验提供空间与平台。

二、高中生物实验的分类及其特点分析

不同类型的生物实验对实验者的心智技能培养程度不同，即不同生物实验的学习过程使学生运用高阶思维的活动的程度不同。因此，面向高阶思维能力培养进行有效的虚拟实验设计，必须明确认识各类实验的方法及其特点，进而根据其实验特点与生物实验中的高阶思维能力的关系，分析出适合于本虚拟实验设计的对象。

按照实验方法，高中必修实验可以分为显微观察类、提取鉴定类、探究类，以及模拟调查类[11] 4种类型。

（一）显微观察类实验及其特点

显微观察类实验在高中阶段的实验目的是：学生能够掌握显微镜的使用方法和观察实验对象的方法，理解和认识实验对象的结构特征、形态和分布等。如“使用高倍显微镜观察几种细胞”“观察DNA和RNA在细胞中的分布”“用高倍显微镜观察叶绿体和线粒体”“观察根尖分生组织细胞的有丝分裂”“观察蝗虫精母细胞减数分裂固定装片”等实验。

这类实验可以培养学生的分析、比较、识别、归纳等心智技能，是发现问题和提出问题的前提，亦是提出假设和进一步探究的基础。如若止于观察，那么它们所面向的是学生实验的基本能力，或者说是低阶能力的培养。而且，它们要求学生能够通过观察更好地理解自然界中的生物体，这就对实验对象的真实性提出了要求。

（二）提取鉴定类实验及其特点

提取鉴定类实验在高中阶段的实验目的是：学生能够使用化学试剂提取、鉴定和分离生物组织中的某种成分，以及探究实验对象中所含有的成分，如“检测生物组织中的糖类、脂肪和蛋白质”“绿叶中色素的提取和分离”等实验。

这类实验要求学生能够独立地设计实验，并根据实验的需要选择实验试剂及器具，预测实验结果，组织实验步骤，比较、分析实验现象，等等。这一方面对学生实验学习过程的科学性提出了更高的要求，另一方面也对实验环境的完备性、安全性和开放性提出了更高的要求。例如，可以不计实验成本；可以试误；可以随时进行实验；使用具有毒性的化学试剂也能够确保安全；

等等。

（三）探究类实验及其特点

探究类实验要求学生能够运用相关的实验方法建立数字模型、设计实验步骤，并根据实验的需要选择实验试剂及器具，预测实验结果，组织实验步骤，比较、分析实验现象，收集、统计、分析实验数据等，如“影响酶活性的条件”“培养液中酵母菌种群数量的变化”等实验。其特点与提取鉴定类实验相同。

（四）模拟调查类实验及其特点

模拟调查类实验在高中阶段的实验目的为：让学生在实践中掌握更多的实验方法，将所学原理运用到实际生活之中，如“用抽样方法调查草地中某种双子叶植物的种群密度”“设计并制作生态缸，观察其稳定性”等实验。模拟调查类实验可以培养学生的设计、组织、分析、统计、书写以及评价等心智技能。

这类实验一方面对学生的实践能力要求很高，另一方面要求在真实的实验环境中进行。

三、高阶思维能力培养取向的生物虚拟实验设计

从以上实验特点的分析可知，“模拟调查类实验”要求在真实的实验环境中进行，因此不适合设计成虚拟实验。“提取鉴定类实验”和“探究类实验”的实验特点和对实验环境的要求大致相同。这些对实验环境的完备性、安全性和开放性的要求，一方面通过设计良好的虚拟实验得到满足，另一方面通过有效地实施实验促进学生的高阶思维能力的培养。所以，本研究根据生物实验能力构成和高阶思维能力培养的特点，基于“高中生物虚拟实验平台”，尝试设计了以下虚拟实验。

（一）实验结构设计

高阶思维能力培养取向的高中生物虚拟实验包括两大模块——案例分析模块和实验模块。其中，实验模块包含实验基础模块、实验实施模块（由实验设计模块和实验操作模块构成）和实验总结模块，如图3－9所示。

（二）具体模块设计

1. 案例分析模块。

案例分析模块向学生提供实验案例。目的是为学生提供问题情境和分析与评价的环境，以解决问题情境与问题原型对学生的高阶思维能力的培养产生的影响。

实验案例既可以包含不完整的、仅仅是错误操作步骤展示的实验，也可以包括完整的、但未达到预期实验目的或实验效果的实验。它供学生分析失败原因、评价实验方案之用。另外，该模块还要为学生提供值得借鉴的实验处理方案或操作。

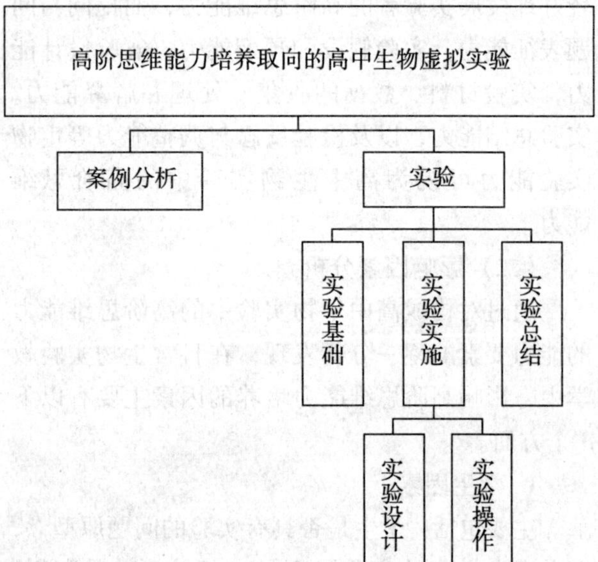

图3－9　高阶思维能力培养取向的高中生物虚拟实验结构图

对于本模块，可将案例设计成演示实验，一方面能够吸引学生的注意力，另一方面能够锻炼学生的观察能力。

2. 实验模块。

实验模块包括实验基础、实验实施和实验总结。其中，实验实施又包含实验设计和实验操作模块。

（1）实验基础。实验基础是做实验的前提，它在问题解决过程中表现为问题表征和问题解析。目的是解决问题原型，也就是实验的原型经验对学生的高阶思维能力的培养产生的影响。

实验基础可以直接以文本的形式或以动画的形式向实验者演示实验的目的及原理。它有助于使学生明晰自己在做什么以及要怎样做，以便将从本次实验中获得的知识、方法等实践经验迁移到新的类似的实验问题解决中去。

（2）实验设计。实验设计需要实验者独立完成，包括两部分——实验方案与假设和实验预期。目的是解决学生实验方法、方式不科学给高阶思维能力的培养带来的影响。

这一部分要发挥虚拟实验的特点，即科学引导的作用，让学生在系统的提示下完成实验的设计，这种引导的依据是科学问题解决的步骤。学生只需认真思考并且填写平台所提供的“实验设计便签”，便能实现科学实验的过程。

另外，在设计本模块的时候，要提示学生将每一步实验所需要的实验材料、试剂及仪器写清楚，并在实验台上单击这些实验用具，以便在接下来的实验操作中，系统为其提供每一步所需的实验用具。方案设计完毕之后，要求学生填写实验预期。

（3）实验操作。实验操作这一部分的灵活性较强。在实验操作过程中，系统会为学生提供实验试剂和用具等的属性及使用注意事项，以供学生了解和选择实验材料之用。另外，系统将在学生做每一步实验的时候，自动展示学生之前撰写的实验设计步骤，以供学生对其原实验设计作进一步的思考。

（4）实验总结。即学生对实践经验等的总结和更深入的思考，以及提出相应的修改方案。目的是为了解决总结与反思对学生高阶思维能力的培养产生的影响。

这一模块的设计除了要给学生的总结和反思提供条件之外，还应增加问题情境，以便于学生将新习得的实践经验迁移到其他类似的实验中去。

四、结束语

综上所述，在进行虚拟实验设计时，应以学生高阶思维能力的培养为取向，并为学生搭建培养这种能力的“脚手架”。也就是说，实验设计要将实验基础提供给学生，以便学生能够明确实验目的，知道所做实验涉及的实验原理，这样做有助于学生在日后的问题解决中进行问题的表征及知识和经验的迁移；要给学生提供思考的空间、实验的环境，即给学生提供自行设计实验的空间和实验操作的环境；要给学生提供可比照的案例，以便学生可以在分析、比较中发展自己的高阶思维能力；等等。

另外，在高中生物实验教学中教师还需要注意培养学生科学地开展实验的习惯（如实验操作之前，做好实验设计，并根据已有知识、经验对实验进行假设和预期；实验操作之后要反思、总结；等等），将高阶思维能力的培养渗透到实验教学的步骤中和实验实施过程中。

参考文献：

［1］汪忠，刘恩山．普通高中生物课程标准（实验）解读［M］．北京：北京师范大学出版社，2002：36.

［2］What is higher order thinking?［DB/OL］. http：//www. selu. edu/Academics/Education/TEC/think. htm. 2002：12 - 11.

［3］［6］钟志贤．信息化教学模式——理论建构与实践例说［M］．北京：教育科学出版社，2005：44 - 52.

［4］谢群．高中生物实验技能目标体系的研究［D］．南京师范大学，2007.

［5］普通高中生物课程标准（实验）［M］．北京：人民教育出版社，2003：8 - 9.

［7］皮连生．教育心理学［M］．上海：上海教育出版社，2004：27 - 30.

［8］王磊，胡久华．高中生解决化学实验问题的心理过程及其影响因素的进一步研究［J］．心理发展与教育，2001：40 - 46.

［9］［美］Robert J. Sternberg 著，杨炳钧，等，译．认知心理学［M］．北京：中国轻工业出版社，2006.

［10］李京．高中学生生物实验设计能力的调查研究［D］．广西师范大学，2007.

［11］姚登江．龙门专题：新课标高中生物实验与探究［M］．北京：龙门书局，2008.

网络教学中在线讨论问题的设计

孙卫华
（河北大学教育学院，河北　保定　071002）

摘　要：评价网络教学开展的效果如何，在线讨论进行得是否充分与深入是重要的考量因素之一。本文针对当前网络教学中如何设计有效的在线讨论问题，进行了理论分析，并以教育技术学研究生的远程教育课程为例进行了在线讨论问题的设计。

关键词：在线讨论 问题设计 网络教学

近年来，教学设计理论研究的重心转向之一即为重视问题设计。同时，作为网络课程或混合式学习中最具活力成分的BBS讨论区的设置，也充分体现出问题设计的重要性。在中国知网，以“问题”＋“设计”为组合关键词，搜索结果为教育相关类的期刊论文达一千余条，硕士论文也有近百条，这也说明了学术界对这一问题的重视。但同时也应看到，在现实的在线讨论中，并存着相反的两极，有的讨论区热火朝天，对同一个问题有几十乃至几百条回复，气氛积极热烈，在线讨论的深度、广度都远远超出了时空受限的课堂讨论；而有的讨论区则人气冷清，发帖、回帖寥寥无几，这足以说明讨论开展的形式化、表面化。那么应该如何组织有效的在线讨论呢？无疑，设计适合的讨论问题是第一步，也是很关键的一步。

一、网络教学中在线讨论问题的地位与价值

（一）达成教学目标，促进学习者学习

网络教学，虽然其发生地点不再是教室，而是变成了虚拟空间，但是关键的目标没有变，仍旧是促进学习者学习。

有效的在线问题讨论，能激发学习者积极思考，深度参与，将所学知识融会贯通，增强问题意识。讨论问题设计得不好，比如过于简单，学习者无须思考就能找到答案，只会削减他们的学习兴趣。

（二）使学生对教师建立信任

教师、学生是教学得以有效进行的两方面，双方必须密切配合，方能教学相长。在网络课程或混合式学习中，教师与学生的交互作用很大程度上体现在在线讨论过程中，如果学生对教师设计的多数讨论问题不满意，就会认为自己没有从讨论中取得收获，进而对教师的教学能力及敬业精神产生疑问，乃至不信任，从而影响后续的学习热情。

（三）构建融洽的学习共同体

在网络课程或混合式学习中，往往学习者直接见面交流的机会很有限，因此通过频繁的在线异步交互研讨问题，是他们彼此深入了解、形成友谊，最终建立和谐的虚拟学习共同体的重要渠道。

如果讨论问题设计不好，不足以吸引学生，他们的直接反应是，要么不登录，要么登录后以极简单的回帖应付差事。在这样的局面下，学生之间难以就共同关注的问题展开深度讨论，学习共同体的形成就更无从谈起了。

二、网络教学中在线讨论问题的设计原则与理论框架

（一）设计原则

1. 启发高级思维。

所谓高级思维，一般指布卢姆教育目标分类

学中较高的三类目标，即分析、综合、评价。2001 年，L. W. Anderson 和 D. R. Krathwohl 对布卢姆 1956 年版的教育目标分类学进行了修订和扩充，称为 2001 版教育目标分类学，将原来的最高级“评价”修改为“创新”。

教师在教学过程中会向学生提出很多不同层级的问题，那些指向事实的、容易在教学内容中直接找到答案的问题，不适合作为在线讨论的问题提出。因为此类问题简单明了，答案唯一且缺乏挑战性，完全可以由学习者自行解决，不能引起深入讨论。

而分析、综合、评价、创新等高级思维能力，则是需要学习者在教师指导下，通过不断研讨、反思乃至辩论才能逐步培养起来的。在线讨论属于异步交互，跨越一定时间段的讨论对各次回帖的详细信息都有记录，能够令参与者了解其他学习者看待问题的多重视角；也令参与者有充分的时间对他人的观点深思熟虑，并进一步将自己的论点、论据详加阐述。

2. 解决方法的多样性、开放性。

设置问题的目的在于引发讨论，因此问题的解决途径或方法应尽量多元化，避免唯一答案。多方位、多角度的回复才容易引发热烈的讨论，同时培养学生的发散思维及求异思维，而这是创新的基础。开放的评价标准也可令学生减轻心理负担，不必害怕答错，从而营造轻松的讨论氛围。

3. 密切联系学生的实际生活。

在线讨论的问题可以看做是教师抛砖引玉的“砖”，或是抛锚教学中的“锚”，目的不是教师自说自话，而是引发众多学生的积极开口参与。如果设计的问题远离学生的生活实际，令他们感到陌生，无话可说，难以参与，就背离了问题设计的初衷。只有教师熟悉学生的生活，清楚他们的兴趣及关注点，设计出的问题才会让学生感觉亲切，有话可说，有话要说。

4. 难度适中。

问题要有一定难度，不能轻易解决，但又不能超越大部分学生的最近发展区。使学生在面临挑战的同时不失自信，在解决问题的过程中收获成就感。这里的难度是一个相对概念，一方面，部分问题可以偏难，主要为学有余力的学生服务，为在常规学习中吃不饱的他们设立更高目标；而部分问题则可偏易，面向学习相对吃力的学生，令他们也有参与讨论的满足感与成就感。即通过有梯度的问题难度分布照顾不同层次的学生。另一方面，随着学生解决问题能力的不断增强，问题的整体难度也可随之增大。

（二）设计问题依据的理论框架

应该说，设计优质的问题，首先要遵循一定的教育教学规律，其次要充分发挥教师的个性及艺术性。具体的问题设计还与问题的分类标准有关，比如根据问题是否具备良好的结构，可区分为良构问题与劣构问题；根据问题的新意，可区分为老问题与新问题等；根据问题在整体课程中所处的地位，“英特尔未来教育”项目把问题设计分为内容问题、单元问题、基本问题等。可见问题划分标准很多，在这里，选取了以下理论作为设计问题的依据。

1. 演绎与归纳。

由于回答问题的过程同时也是学习者概念形成与抽象理论思维发展的过程，因而从问题与理论思维关系的角度区分，可分为演绎的方式和归纳的方式。前者从某种理论出发，经一系列的变化过程，问结果可能会如何；后者从某实际情境或具体个案出发，在丰富细节的支持下，最终问应用什么理论来解释该现象，或能推导出什么新的理论。

这两种方式都有可取之处，训练的是不同的思维方式，本身并无优劣之分，教师可根据教学内容及教学需要灵活选用。

2. 5 何问题。

胡小勇曾按照麦卡锡 4MAT 的理论对问题进行过分类，按照是何（what），为何（why），如何（how），若何（if），由何（from）的方式来组织提问。

是何，即以 What，Who，When，Where 引导的，指向事实性知识的问题；为何，即以 Why

引导，指向表示原因、结果、原理等的问题；如何，即以 How 引导，指向表示解决方法、途径、策略等的问题；若何，以 What…if…引导，指向当某些主客观条件发生变化时，有可能产生什么样的新结果；由何，以 from 引导，指向问题产生的具体情境。

这种方法从不同角度针对问题细节，可将问题划分得条理清楚，并层层引向深入。

3. 借鉴与修改。

与任何一项研究一样，问题的设计也意味着教师要借鉴已有的同类问题设计，不要求完全的原创。对于优秀的经典问题，完全可以采取“拿来主义”；对于有借鉴价值的同行设计的问题，可以在适当修改完善后作为讨论问题。教师在其中的角色，类似传播学中的“中间人”或“把关人”，问题在经教师过滤或修正之后再传递给学生。

三、网络教学中在线讨论问题的设计实例

（一）背景

2008 年秋，我校教育技术专业二年级研究生学习“远程教育”课程，在每周一次面授的同时，开启了 Moodle 平台的在线讨论功能。并无强制性的参与要求，只是鼓励学生积极参与。

由于参与讨论的主体是研究生，问题的设计要适合他们的思维发展水平，不能过于简单，就事论事。另外，他们即将走向社会，非常关注自己未来的职业发展，因此我们设计的问题尽可能地与此发生联系。

“远程教育”课程作为一门文科课程，概念性、理论性比较强，通过访谈了解到，大家对课程内容是有兴趣的，但是感觉和自己的关系还是比较远，缺乏实际体验。因此，问题设计要考虑学习者的代入感，即如何体现出不是在讨论“他的问题”，而是“我的问题”。只有真正地与自身经验发生关联，才有切实的参与欲望，才可能导致进一步的意义建构，而不再是仅仅作为旁观者。

（二）实践

基于以上考虑，笔者按照前面提出的原则与方法，参与设计了若干讨论问题。在几十个讨论问题中，其中两个问题获得了最高的参与度。

1. 讨论问题设计例一。

其中人气最高的帖子主题为“什么样的专业（科目、课程）适合通过远程教育的方式学习?”如图 3－10 所示，其内容如下：

“Bloom 的教育目标分类学将目标分为认知的、态度的等；加涅的划分与他有些差别，比如言语信息、智慧技能等；另有一种对于知识的划分，是分为概念的、过程的、理论的。

谈谈自己的认识，任何专业（科目、课程）都适合通过远程教育的方式学习吗？这里面是否有什么限制？比如化学、化学概念、化学原理、化学实验等。”

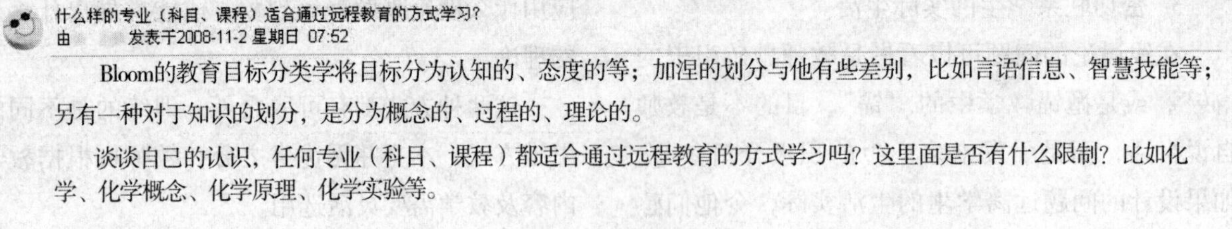
什么样的专业（科目、课程）适合通过远程教育的方式学习?
由 发表于2008-11-2 星期日 07:52

Bloom的教育目标分类学将目标分为认知的、态度的等；加涅的划分与他有些差别，比如言语信息、智慧技能等；另有一种对于知识的划分，是分为概念的、过程的、理论的。

谈谈自己的认识，任何专业（科目、课程）都适合通过远程教育的方式学习吗？这里面是否有什么限制？比如化学、化学概念、化学原理、化学实验等。

图 3－10　问题帖

该问题吸引了 23 名参与者中的 15 人参与，总回帖数量为 31 个，其中有的同学先后多次发言，每一次都有新的思考。大家从不同角度给出自己的见解，或针对其他同学已有的观点展开讨论，或结合自身实际现身说法，每个人的发言内容具有极大的离散性，体现出分析、综合、评价等高级思维技能。每位发言的同学，都认真组织自己的观点，即便与前面的同学见解相近，也不是简单表示赞同，而是给予补充，并作出引申，如图 3－11 所示。

回复: 什么样的专业（科目、课程）适合通过远程教育的方式学习?
由 发表于2008-11-5 星期三 21:30

我也认为任何科目都适合进行远程教育只是手段会有所不同，比如说单纯文本、图片、虚拟实验或是流媒体方式等。我相信创建远程教育的目的不在于把适合进行远程教育的科目或者专业通过远教方式传播，如果这样的话，就只是单纯地把远程教育看做是与传统教育并列的一种形式，我认为远程教育的创建更偏重于作为传统教育的一种弥补，既然需要满足各类人的需求，那么就不需要再讨论哪些课程适合开展远程教育，而更重要的是该研究，如何更好地传递各类知识，让适合的发挥的更好，让不适合以某种特殊途径转换为适合的，事实上，科学技术的发展不也正在不断地将不适合的知识通过各种途径传递吗?

图 3－11 支持其他同学意见并给予补充的同学的回帖

在讨论后期，有些平时很少发言的“旁观者”也积极参与讨论了，如图 3－12 所示。

回复: 什么样的专业（科目、课程）适合通过远程教育的方式学习?
由 发表于2008-11-8 星期六 23:23

大家讨论得真热烈啊！可以肯定的是，动作技能类课程在远程教育中开设效果不好。从大家的讨论中可以看出远程教育和传统教育各有优缺点，远程教育成本较低，但在动作技能领域存在局限，传统教育师生面对面交互多，利于发挥情感在学习中的作用，但由于时间限制、交流的深度和广度可能比不上远程教育，干脆来一个混合教学，二者优势互补！

图 3－12 来自旁观者的回帖

分析：此问题是典型的演绎型问题。从理论出发，首先给出了不同理论对教学目标分类的提示，引起学习者新旧知识的联系，从长时记忆提取相关信息；然后要求结合自己的认识进行分析，意味着并无单一的标准答案，鼓励差异性的思维；最后给出了有关化学的几种不同性质的知识，起到帮助学习者定位自己的思考的作用。

在回复中，同学们畅所欲言，形成了良好的互动研讨氛围。有的认为设计优良的远程教育完全可以替代课堂面授，适合各门学科，关键在于设计与实施的到位；有的则表示反对，认为并非任何学科都适合远程在线学习，并进一步申述理由；有的同学则表示具体问题需要具体分析，大家热烈发言。

2. 讨论问题设计例二。

另外一个问题帖“远程教育帮助实现梦想?”也获得了比较高的参与度与认可，问题表述如下：

“我有一位朋友，女，44 岁，非常喜爱美声演唱艺术（如歌剧），一直想有个机会可以接受正规的学习，但是工作、家务所限，她难以接受一般的固定时间的授课，本地也没有特别适合的教师。

另一位朋友，女，35 岁，英语专业，非常渴望获得博士学位，但是入学考试是个难关，接连的考试受挫使得她开始寻求远程教育的可能性，比如上海外国语大学、北京师范大学。

请同学们分析一下，日益完善的远程教育体系，可否帮助她们实现梦想？分析有利与不利因素，最终给出自己的评价。

如果有兴趣，可以接着聊聊，自己有什么一直被埋没的真正的兴趣吗？远程教育能帮什么忙吗?”

分析：这个问题属于归纳型问题。不是从抽象的理论出发，而是从身边具体朋友的实际学习需要出发，能顺利地引发学生的共鸣，进而联系自身的学习需求。对这样的问题，总是有话可说，不会冷场。

四、几点讨论

一是讨论问题的设计者并不局限于教师，学生同样需要积极参与。爱因斯坦曾说过，提出一个问题比解决一个问题更有价值。能设计有价值有深度的问题，意味着学生对专业知识的真正领悟。

二是有效的讨论问题不一定吸引所有人，只要能激发一部分学生深度参与，就是有效的。学生，尤其是高校学生，都是有独立个性的主体，兴趣、经历各不相同，只要一个问题能引起部分学生的共鸣，促进他们思考，帮助他们厘清疑惑，就有意义。

三是讨论问题应在内容、难度等方面适度离散，以便不同的学习者都可以找到适合自己的话题。问题数量也要保持一定规模，保证活跃的学习者能畅所欲言。

四是良好的问题设计是一项复杂的高级技能，需要长时间的实践、反思及修正。这个道理就如同“教学有法，教无定法”，设计有效问题既要遵循一定的客观规律，又要体现个性、艺术性。新手教师与专家教师之间在这一点上存在着明显的差距。因而不必要求一开始设计的问题就尽善尽美，只要教师注意认真收集听取学生的反馈意见，保持与学生及同行间的沟通渠道畅通，随时调整自己的设计思路，那么问题的有效性会慢慢改善，这个过程也正是教师的专业发展之路。

五是有效讨论问题的设计，只是促进学生真正进行学习的第一步。后续仍有很多不可或缺的环节，比如教师对学生的回帖给予耐心而有针对性的回复；在多个矛盾的观点难以达成一致时，适时地给出教师的见解或其他权威观点；在冷场之时转换身份参与讨论等。教师作为一个时刻了解局面的干预者是不可缺少的角色，只有不断激励，持续回应，才能令讨论逐渐从星星之火演变为燎原之势，即激发群体的自组织效应。当教师的外力作用不再是必需的，讨论中出现了一个或多个意见领袖，讨论的自组织态势形成，教师就可功成而退。否则良好的讨论问题也可能只是静态存在，因得不到及时有效的反馈而沉没。

参考文献：

［1］胡小勇，等．教学问题设计研究：有效性与支架［J］．中国电化教育，2009（3）：49－53.

［2］张晓英，等．论教学设计理论发展的新领域——问题设计［J］．中国电化教育，2008（11）：11－15.

［3］罗勇为．“以问题为中心”的教学模式设计［J］．中国成人教育，2006(2)：104－105.

［4］李绯．计算机辅助教学中基于问题解决学习的教学模式的设计［J］．电化教育研究，1999(3)：53－55.

［5］朱德全．基于问题解决的处方教学设计［J］．高等教育研究，2006(5)：87－92.

［6］张剑平，等．信息化环境下教学设计的基本问题研究［J］．电化教育研究，2005(9)：33－37.

［7］李康．教学设计课程中若干问题的探析［J］．中国电化教育，2009(3)：10－13.

基于AppScale的网络教学平台架构研究

荆莹　韩骏　刘菁　刘琳
（首都师范大学教育技术系，北京　100048）

摘　要：云计算的出现，为网络教学平台提供了新的发展方向，它对于构建一个开放、可扩展的教学平台，实现资源共享，进行高效的网络教学活动有着重要意义。本文通过对网络教学平台的功能进行分析，并对AppScale及Eucalyptus的相关组件进行分析，提出了一种基于开源云平台AppScale的网络教学平台的合理构架，并探索将现有的网络教学平台迁移到云下，为网络教学平台在云计算环境下的搭建和研究提供支持。

关键词：云计算　网络教学平台　AppScale　Eucalyptus　架构

一、引言

随着信息技术的普及，学习型社会的建设，网络学习无疑是进行终身教育的一种不可或缺的学习形式[1]。发展远程教育和继续教育，应对现有网络教学平台进行改进，建立一个统一、开放、灵活的网络教学平台，进而提升教育信息化水平。

云计算是通过互联网或者局域网对计算机及其功能进行访问的。用户可请求访问一系列Web服务管理的计算机资源池里的资源，这些资源包括存储、操作系统、应用开发环境、应用程序等，用户可根据所需使用这些资源。我们之所以称为“云计算”是因为用户并不能真正看到他们所使用的资源的物理位置和承载它们的设备[2]。一朵“云”是实现云计算的一系列的计算机和网络服务。

云计算是分布式计算技术的一种，是通过网络将庞大的计算处理程序自动分拆成无数个较小的子程序，再交给由多部服务器组成的庞大系统，经搜寻、计算分析之后将处理结果回传给用户。云计算是一种资源交付和使用模式，通过网络获得应用所需的资源（硬件、平台、软件）。提供资源的网络被称为“云”。“云”中的资源在使用者看来是可以无限扩展的，并可以随时获取[3]。按需服务是云计算的一个显著的商业化优势，通过透明的管理使大规模的分布式系统得以简化，并且可以实现系统和应用程序的自动部署和配置，从而使资源的利用率达到最优化[4]。

云计算的分类目前有两种方式：一种是根据云的类型，分为公有云、私有云和混合云；另外一种则是根据云服务的类型，分为IaaS（Infrastructure as a Service），PaaS（Platform as a Service）和SaaS（Software as a Service）。IaaS云服务类型提供获得虚拟化计算机硬件资源的集合，包括计算机、网络和存储。用户可以利用IaaS装配自己的虚拟计算机集群，并负责安装、维护及执行他们的软件堆栈。PaaS云服务类型提供访问程序的接口，并利用可扩展的计算和嵌入的数据结构为其提供良好的运行环境，用户在这个运行环境中可以开发和执行自己的应用程序。SaaS云服务类型为用户提供了软件应用程序的集合，并遵循按需服务的原则[5]。

本文则主要通过对现有网络教学平台的功能及特点进行总结，从而利用开源云平台进行基于云计算的网络教学平台的架构设计。

二、网络教学平台的功能与特征

从远程教育的出现到现在，远程教育已经历

了函授教育、广播电视教育两个时代，第三代远程教育又称为网络教育[6]，现在各大高校及有关部门正在广泛开展网络教育。现代远程教育是利用 Web 2.0 技术和多媒体技术等现代信息技术手段开展的新型教育形态，它以面授教学、函授教学和广播电视教学为基础，以学习者为主体，学生和教师、学生和教育机构之间利用网络技术手段进行教学和通信联系。现代远程教育跨越了时间和空间的限制，学习内容的多样呈现，学习者与教师及教育机构之间的无缝联系，都给网络教学提供了有力支持。

（一）网络教学的设计特点

网络教学活动的设计首先应注意学习理论与网络教学的结合，网络课程的设计对网络学习的成功与否起着至关重要的作用。随着 Web 2.0 技术的发展，信息技术手段给网络学习提供了可靠的技术支持。但在网络教学中，由于时空限制，教师与学生、学生与学生之间可能会因此缺乏充分的交流，从而阻碍教学活动得到预期的效果。在设计教学活动时，应使教师在教学时针对某些问题和学生共同探讨，在讨论的过程中由师生共同建构新的知识经验，使学生通过网络教学活动，建构形成自己的知识结构，从而较好地完成网络课程的学习。由此可见，以建构主义学习理论为基础的网络教学活动设计，可以使学生在学习活动中充分发挥主导地位，循序渐进地完成教学内容的学习，更好地建立知识之间的联系。

网络教学平台设计的模块化增强了教学平台的灵活性与可扩展性，能更好地对资源进行重复利用，降低成本，提高效益。

（二）网络教学平台的功能

由网络教学的设计思想和网络教学平台的特点出发，网络教学平台的功能应该包括以下几个方面：

- 课程内容管理
- 交流与合作
- 系统管理
- 作业管理
- 在线学习
- 评价功能

具体实现功能如表 3-1 所示。

表 3-1 网络教学平台的功能

课程内容管理	交流与合作			系统管理	作业管理	在线学习	评价功能
	社交活动	师生互动	协作学习				
文本课程材料	博客	虚拟课堂	网络学习小组	网络课程注册与登录	自我测试	电子笔记	教学活动跟踪
音视频课程资源	电子邮件	电子白板	资源共享	电子课表	在线评分	电子标签	学习活动跟踪
辅助资源链接	MSN、QQ、UC	—	课程论坛	网络课程与测试管理	提交作业	思维导图	形成性评价
课程检索工具	RSS 订阅	—	—	成绩管理	教师评定作业与互评	学生电子档案袋	意见反馈区

三、基于 AppScale 的网络教学平台的设计

（一）AppScale 与 Eucalyptus

Google App Engine（GAE）是一个基于云的平台，能让用户在 Google 自身的基础设施上运行应用程序。App Engine 为专有的 Google 实现提供了良好定义的 API（Application Program Interface）接口，可使基于 Python 或 Java 的程序运行。App Engine 是一种很好的构建可伸缩 Web 应用程序的方式。

AppScale 是 GAE API 的一种开源实现，也是一种云计算平台，能够让用户在本地以及在基于云的基础设施上透明地执行和调试 App Engine 应用程序，它简化了 GAE 应用程序在 IaaS 上的执行。AppScale 扩展了 GAE 的 SDK（Software Development Kit）并实现其公开的开放 API，从而补充了 GAE 所提供的功能[6]。

AppScale 环境包含四个主要的组件：AppServer、AppLoadBalancer、Database Master 和 Database Slaves。AppServer 是为了本地执行 App Engine 应用程序而对 GAE 的 SDK 的一个扩展，每

个 AppServer 一次只可执行一个应用程序。为了托管多个应用程序，可以添加多个 AppServer。AppLoadBalancer 负责分发来自用户的原始请求。用户登录成功后，它就会将该请求分发给适当的 AppServer，以便 AppServer 处理该应用程序的请求。Database Master 是数据库的接口，它提供了对 MySQL、Cassandra、HBase 和 HyperTable 各种可用数据库的访问。Database Slaves 提供了分布式的、可伸缩的容错数据的维护能力。

Eucalyptus（Elastic utility computing architecture for linking your programs to useful systems）是一种开源的软件基础结构，用来通过计算集群或工作站群实现弹性的、使用的云计算。它具有与 EC2 和 S3 的接口兼容性，支持运行在 Xen hypervisor 或 KVM 之上的 VM 的运行，并且能够将多个分别具有各自私有的内部网络地址的集群配置到一个云内[7]。

（二）基于 AppScale 的网络教学平台的整体架构设计

基于 AppScale 的网络教学平台整体架构如图 3－13 所示。

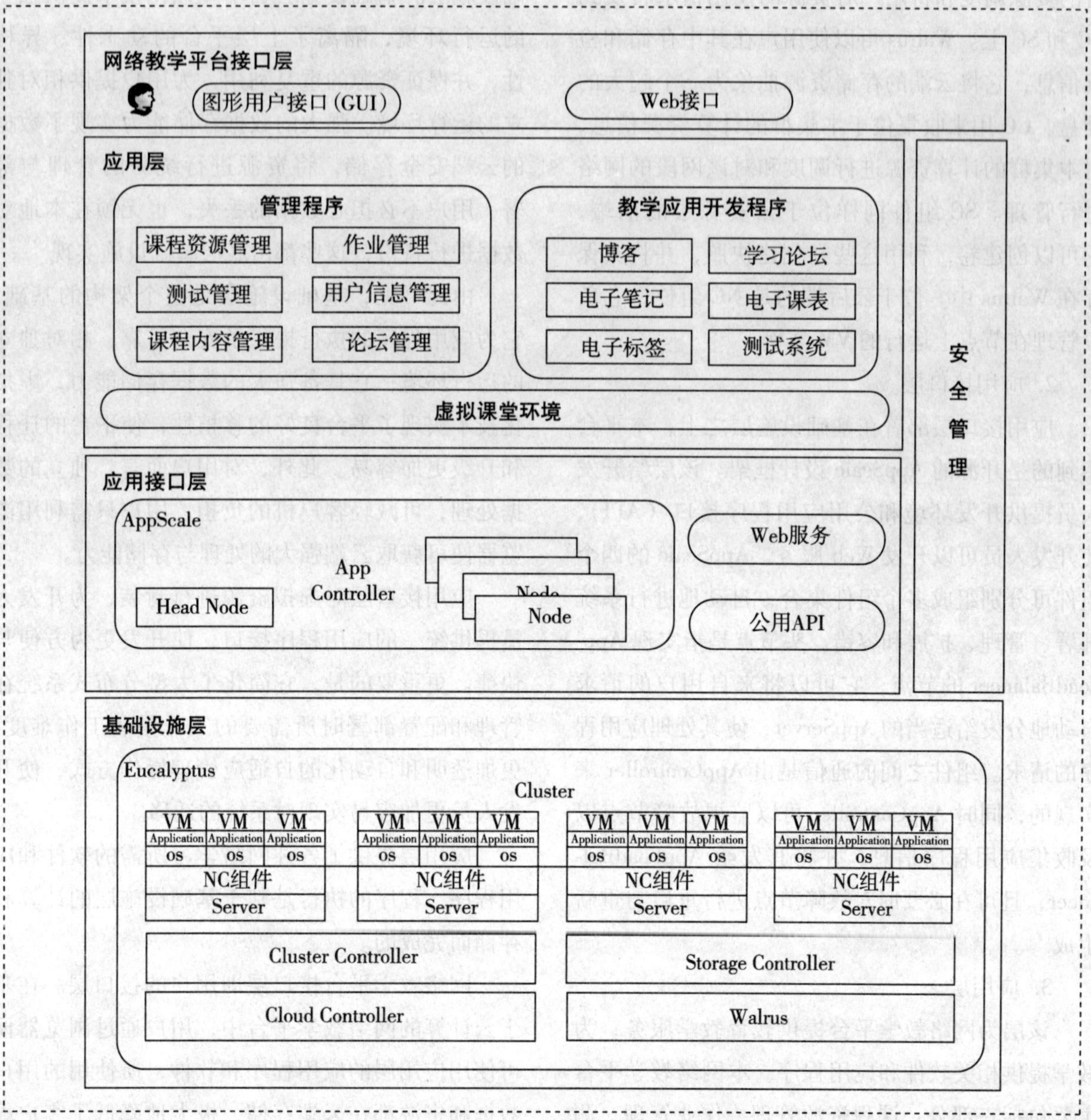

图 3－13 基于 AppScale 的网络教学平台整体架构图

整个网络教学平台分为四层：由 Eucalyptus 实现的基础设施层、采用 AppScale 云平台构架的应用接口层、应用层和网络教学平台接口层。下面逐层予以介绍。

1. 基础设施层。

本平台采用 Eucalyptus 架构作为基础设施层，为上层提供计算、数据存储和网络通信等资源。Eucalyptus 包含 Cloud Controller（CLC）和 Walrus 组件、Cluster Controller（CC）和 Storage Controller（SC）组件、Node Controller（NC）组件。CLC 的功能是查询平台的当前资源信息，实现平台的资源调度和将用户对资源的使用请求转发到 CC 和 SC 上。Walrus 可以使用户在其中存储和检索信息，它将云端的存储资源抽象为一个超大的硬盘。CC 用来收集位于本集群的计算资源信息、对本集群的计算资源进行调度和对该网段的网络进行管理。SC 组件同样位于云资源层的前端，它可以创建卷，利用这些卷创建快照，并将其保存在 Walrus 中。位于云后端的是 NC 组件，它负责管理在节点上运行的 VM 实例。

2. 应用接口层。

应用接口层部署在基础设施层之上，本平台用到的是开源的 AppScale 设计框架。该层给开发人员提供开发环境和公用应用程序接口（API），使开发人员可以开发 Web 服务。AppScale 的四个组件可分别组成多个组件集合，自动地进行系统部署、管理、扩展和容错。头节点是指实现 AppLoadBalancer 的节点，它可以将来自用户的请求自动地分发给适当的 AppServer，使其处理应用程序的请求。组件之间的通信是由 AppController 来实现的，同时 AppController 可以监视故障节点以及收集应用程序信息，并将其发给 AppLoadBalancer，且可在必要时对故障节点进行重启与重新生成[8]。

3. 应用层。

该层为网络教学平台提供教育教学服务，为教学提供相关软件和应用程序。本网络教学平台主要包括三部分：课程资源管理、作业管理、测试管理、用户信息管理及论坛管理等管理程序；博客、学习论坛、电子标签、电子笔记、电子课表及测试系统等教学应用开发程序；虚拟课堂环境。

4. 网络教学平台接口层。

本平台客户端为用户提供了两种接口：图形用户接口（GUI）和 Web 接口。本平台提供的服务是基于浏览器的 B/S 结构，用户只要使用合适的浏览器便可对网络教学平台进行访问，GUI 作为 Web 接口访问云中的资源的一种辅助手段。

5. 安全管理。

基于云计算的网络教学平台的数据存储在基础设施层。基础设施层利用虚拟化技术提供独立的运行环境，隔离了上层平台的动态性、异构性，并保证资源的重复利用，为用户提供相对独立的运算环境。强大的数据存储能力实现了数据的云端安全存储，将资源进行统一的管理与部署，用户不必担心数据的丢失，也无须在本地对数据进行备份，这些都由底层基础设施实现[9]。

由此可见，基础设施层是整个架构的基础，它为应用程序的执行提供了安全可靠、相对独立的运行环境；它具备强大的数据存储能力，虚拟化技术实现了平台良好的移植性，使平台的迁移和升级更加容易。此外，对用户而言，独立的数据处理，可减轻客户机的负担，用户只需利用浏览器便可获取云端强大的处理与存储能力。

应用接口层对虚拟资源进行封装，为开发人员提供统一的应用程序接口，使开发更为方便与快捷。更重要的是，它简化了大型分布式系统在管理和配置部署时所需要的工作量和工作难度，更加透明和自动化的自适应管理操作方式，使开发人员更加容易实现对系统的迁移。

应用层提供了各种网络学习所需的软件和应用程序，程序的执行是基于基础设施层的计算和存储而完成的。

网络教学平台接口层即用户的接口层。在基于云计算的网络教学平台中，用户通过浏览器便可使用应用层的应用程序和软件，所使用的用户数据和资源都在云端存储，极大地降低了客户端的硬件要求。

四、结论与展望

信息技术带动了网络教学平台的发展，本文通过介绍网络教学平台的功能及 AppScale 云平台的架构，对基于云计算的网络教学平台架构提出了初步的想法。基于 AppScale 的网络教学平台的架构的提出，将为下一步网络教学平台向云中迁移提供理论指导。笔者认为，将网络教学平台迁移到“云”中，有助于推动网络教学平台向统一、开放、灵活的方向发展，这同时也将是未来信息化教育平台的发展方向，以及实现全民教育、终身教育、建立学习型社会的要求。

参考文献：

[1] 赵淑莉，闫厚．终身教育理念与我国学习型社会的构建［J］．成人教育．2011（01）：34－36.

[2] Chohan. N, Bunch. C, etc. AppScale: Scalable and Open AppEngine-Application Development and Deployment. Computer Science Department. University of California, Santa Barbara. http://wenku. baidu. com/view/1d472473f242336c1eb95e6a. html, 2009.

[3] Cloud computing portal guide. http://www. doc88. com/p－44859140462. html.

[4] Chohan. N, Bunch. C, etc. AppScale Design and Implementation. http://www. docin. com/p－69807988. html, 2009.

[5] 王永军，金文．我国远程教育的发展现状初探［J］．中国教育技术装备．2010（33）：14－16.

[6] Bunch. C, Chohan. N, etc. AppScale: Open-Source Platform-As-A-Service. UCSB Technical Report. January. 2011, 1－16.

[7] AppScale 的设计与实现．http://www. yun3000. com/web/guest/appscale1.

[8] D. Nurmi, R. Wolski, etc. The Eucalyptus Open-source Cloud-computing System. Computer Science Department, 2009.

[9] J. Oberheide, E. Cook, Cloud AV: N-Verson Antivirus in the Network. University of Michigan. http://www. docin. com/p-19979808. html. 2008, 91－106.

基于学习风格的适应性内容呈现和导航设计

葛超娜　张家华

（浙江师范大学教育技术系，浙江　金华　321004）

摘　要：根据 Felder－Silverman 学习风格量表，选取其中输入和理解两个维度，制作了相应的学习风格测试系统，并且选取《现代教育技术——理论与应用》教材的部分章节内容，设计了适应性的学习内容呈现和导航系统。经过小范围的试用，该系统的学习风格测试结果能够得到学习者的认可，提供的学习内容呈现及导航方式比较符合学习者的需要。

关键词：学习风格　适应性学习　适应性呈现　适应性导航　学习内容

一、引言

随着认知科学、计算机科学和教育学的发展，人们越来越重视学习者的个体差异，努力地探索因材施教的途径。认知科学与人工智能技术的引入，为开展适应学习者个体差异的教学提供了理论和技术支持。适应性学习是近年来人工智能在教育中应用的一个重要研究课题，它在现代远程教育中具有重要的理论和应用研究价值。由于适应性学习突破了传统智能教学系统过于强调理想化“教”的局限性，既能够为学习者提供有效的在线学习支持，又能够为教师的在线教学提供相应的支持，更加符合现代教学理论，因此它已经成为智能教学系统研究的新热点。

学习风格自 1954 年被提出以来，逐渐受到研究者的重视，现已成为教育心理学、学习论和教学论共同关注与探讨的重要课题，被誉为“现代教学的真正基础”。个性化学习是社会历史发展到一定阶段后对教育的必然要求。能够为不同风格的学习者提供与之相适应的教学策略，从而提高学习者的学习效果，正是个性化学习追求的目标所在。

学习者的学习风格通常是相对稳定的，本研究拟通过在线问卷的形式调查学习者的学习风格，进而组织相应的适应性学习内容。本研究从《现代教育技术——理论与应用》精品课程教材中选取一个章节的内容，对知识点进行逻辑划分，根据不同的学习风格设计学习内容的不同呈现形式，并为不同学习风格的学习者提供适应性的导航支持。

二、学习风格测试设计

本研究采用基于 Felder－Silverman 学习风格量表的测试方法，利用简单易懂的题目来测试学习者的学习风格，从多个维度立体地描述学习者的特征。本文参照的测试量表共有 44 个题目，每 11 个题目表示一个维度。它从四个维度描述学习者的学习风格，分别是感知信息、输入信息、处理信息和理解信息，形成了感悟型/直觉型、视觉型/言语型、活跃型/沉思型和序列型/综合型等学习风格。由于以上四个维度之间两两组合的方式多达 16 种，若在研究中全部进行设计开发，工作量较大，难度也较高，可能影响本文的研究进度。为了能有足够的时间进行规划和设计，本研究选取其中的两个维度、四种学习风格即视觉型/言语型和序列型/综合型，设计出四种学习风格的适应性内容呈现和导航。

学习风格测试界面包括简单说明和测试题两个部分。首先，确定所用的测试题，将题按顺序制作成静态网页，用“提交”按钮控制表单。

Felder－Silverman 学习风格量表的每一道题都有 a 和 b 两个选项，如果学习者的答案为 a，则在题目的 a 栏填上“√”，b 栏填上“×”，反之亦然。然后，计算每一列的总数并填写在总计栏中。在这两个量表中，用较大的总数减去较小的总数，记下差值（1 到 11）和字母（a 或 b）。学习风格量表中每个维度的取值可能为 11a、9a、7a、5a、3a、a、11b、9b、7b、5b、3b、b 中的一种。其中字母代表学习风格的类型不同，数字代表程度的差异。若得到字母“a”，表示学习风格属于前者；若得到字母“b”，表示学习风格属于后者。“a”“b”前的系数越大，则表明程度越强烈。通过统计学习者每个选项的总数，进而推测出学习者的学习风格，再由计算机推荐相应呈现形式和导航设计的学习内容供学习者使用。

三、适应性内容呈现与导航设计

（一）内容选择

本研究中的学习内容来自现代教育技术公共课程，这是一门师范生教师教育必修课程。选择的教材是《现代教育技术——理论与应用》精品课程教材，该书一共三篇 10 个章节，每一章都包括学习目标、应用、小结、习题和综合实践活动，考虑到研究的便利，选了第五章“计算机辅助教学”的内容，对其进行不同学习风格呈现方式的设计。

（二）系统结构

将控制内容呈现的风格与控制导航的风格进行组合，根据不同教学内容风格的要求收集素材和组织内容。视觉型风格对应的网页中，若文字较多，则采用表格的形式，用图片、Flash 动画和视频来呈现内容；言语型风格对应的网页中多利用语言和文字，语音是根据教材内容自行录音制作而成的。序列型的学习者喜欢线性地有步骤地学习，本研究中采用程序式教学（完成当前任务后单击“下一步”按钮），使学习者按照教学内容主题的逻辑顺序进行学习；综合型学习者喜欢通过整个蓝图或概览进行学习，可以为学习者提供全部学习内容的大纲。图 3－14 为本研究设计的适应性学习系统的框架。

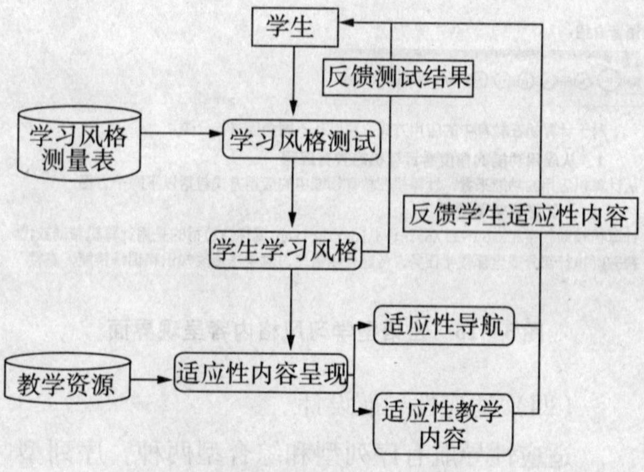

图 3－14　适应性学习系统框架

（三）适应性呈现设计

1. 视觉型学习风格内容呈现

视觉型风格的学习者对所见到的表象内容的记忆效果更好，如图片、图形、图表、图解、概念图或多媒体等表示的教学内容。图 3－15 为视觉型风格学习界面。

图 3－15　视觉型学习风格内容呈现界面

2. 言语型学习风格内容呈现

言语型学习者通过言语（文字）、书面或口语解释，书写教学内容的摘要或学习心得等方式能够学得更好。通过听学习伙伴的解释或自己进行解释，能够对教学内容获得更深入的理解。言语型学习者一般喜欢文字与语音学习，所以学习界面以文字和语音为主，如图 3－16 所示。

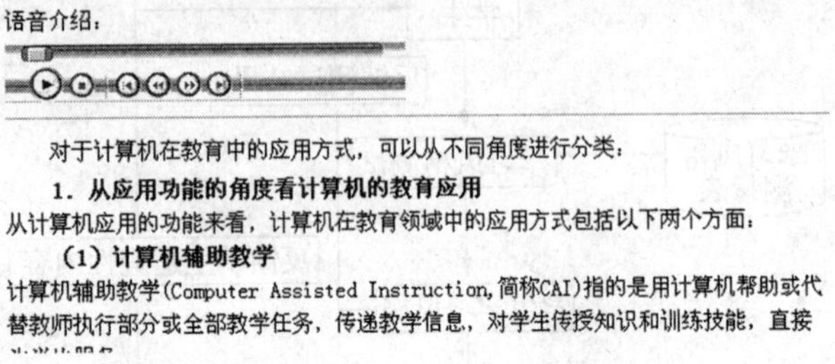

图 3－16　言语型学习风格内容呈现界面

（四）适应性导航设计

适应性导航有序列型和综合型两种，序列型学习者喜欢线性步骤式的学习，应该按一定的逻辑步骤进行教学内容的呈现，有顺序地描绘整个课程内容的轮廓。综合型学习者喜欢通过整个蓝图或概览进行学习。序列型和综合型学习风格导航界面分别如图 3－17 和图 3－18 所示。

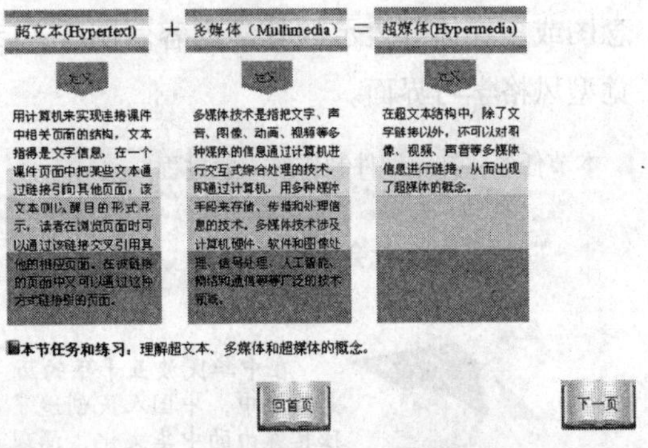

图 3－17　序列型学习风格导航界面

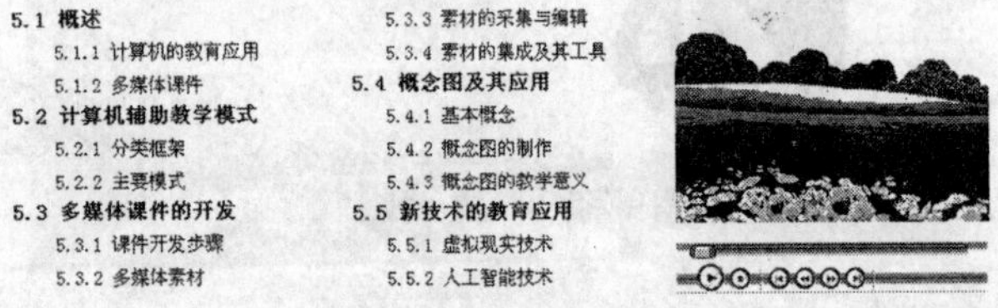

图 3－18　综合型学习风格导航界面

四、系统试用及其问题

（一）系统试用效果

在系统实现以后，研究者选取了部分学习者进行试用。首先向他们说明学习风格测试的内容和方法，再让他们进行测试，然后进行适应性学习内容的学习，完成学习之后进行访谈（访谈的内容主要是询问学习内容是否符合他们的学习偏好），最后评估学习效果。若学习效果不是很理想，就重新进行测试与学习或者直接选择适合自己的学习内容，研究者根据学习者的反馈总结该研究的缺点，并尽力寻找解决的方案。

从学习风格测试结果来看，视觉型学习者占多数。大多数学习者都表示对图片较敏感。在学习过程中，对图片和 Flash 动画印象比较深刻，但对其中的表格以及说明文字都没有太多关注，而有些教学内容的关键点在文字叙述上，因此后期的测试就不甚理想。

综合型学习者自主学习能力比序列型学习者强。有些综合型的学习者了解大纲后，会自主安排学习的顺序，可以跳过已了解的内容，对于比较深奥的内容还能回头再次学习。对于序列型的学习者来说，由于学习进度是由系统控制的，允许其选择的范围只是所学内容的前后两个内容，所以比较被动。

本研究以其中两位学习者为例，具体了解了其试用感受。他们分别来自教育技术学专业和汉语言文学专业。

其中同学甲的试用感受为：

学习风格测试测得我偏向于视觉型/序列型。测试结果的学习建议是，我一定要用眼睛学习，应当多使用图片、图表、流程图、图像、影片等视觉辅助性工具。要多使用“课程学习”中的“知识概览”和“视频导学”，练习将词汇或概念等在脑海里视觉化或形成图像，并及时回顾。这个测试比较符合我的学习风格，平时学习时我不太喜欢大篇的文字内容，比较喜欢图文并茂的学习内容。我比较喜欢该学习内容的呈现风格，但是有些以表格形式呈现的文字有点小，没有起到利用表格精简文字表述的作用。

在“多媒体素材”这一节中，有点过分追求视觉效果，有些内容可以直接以文字形式呈现，不需要进行过多的修饰，我认为过多的图片修饰会削弱文字内容的学习效果。我很喜欢该测试的色彩搭配，看起来很舒服，既不会太枯燥，也不会喧宾夺主影响学习内容的呈现。

同学乙的试用感受为：

通过测试我更侧重于序列型，的确平时学习时，我喜欢按部就班，循规蹈矩，通过一个个步骤的学习后，才进行全局性的整合，有时候一路下来都是稀里糊涂的，等全部结束后才会恍然大悟。在学习内容呈现上是视觉型，我是比较喜欢看图片，这个测试对我而言还是比较准确的。

在后面的学习环节，感觉整个内容还是比较符合我的学习风格，不会太突兀，不会太难懂，而且还加入了较多的图片信息。整个章节条理清晰，脉络分明。就整个测试而言，设计者花了较大的心思来区分不同的风格，被测试者应该会从中受益。

（二）存在的问题

由于参考的设计方法比较单一，因此根据学习风格设计的内容呈现方式也比较单一。视觉型学习内容就是利用图片、视频、表格等，而言语型学习内容就是转化成文字和语音，且只是大致地区分了输入维度的学习风格，没有细致地进行其他的内容呈现方式的分析与研究，只是形成了一个框架和思路。

学习风格维度之间的划分不够精细。在Felder－Silverman 学习风格量表中，每个人的学习风格都有强弱之分，若学习者测得自己是视觉型，但较大数减去较小数的值只有1，那么他偏向视觉型较弱，在研究中，就无法得到较有效的学习帮助。

反馈不够及时。由于学习过程依靠学习者的自觉，没有及时的反馈设计，无法得知学习者在学习过程中是否适应系统提供给他的内容，只能根据学习者的主观感受来判断测试的有效性。

由于学习情境的变化，学习内容的增加，任何人都不可能仅凭自己所偏好的方式就能学好或完成所有的学习任务。有些知识的获得和能力的提高恰恰需要通过学生所不喜欢的学习方式才能实现，这就必须针对他们学习风格中的短处采取弥补措施。通过“补短”式策略的使用，从而提高学生的知识水平、学习能力等。

参考文献：

［1］谭顶良．学习风格论［M］．南京：江苏教育出版社．1995：12.

［2］郑宏权．适应性教学系统中个性化教学策略研究［D］．南京：南京师范大学，2006.

［3］陈仕品．适应性学习支持系统的学生模型研究［D］．重庆：西南大学，2009.

［4］陈晓慧，王月萍．基于学习风格的个性化网络课程教学设计［J］．中小学电教，2010：9－11.

［5］万欣．基于学习风格的个性化网络教学环境的设计与实验研究［D］．重庆：西南大学，2009.

［6］沈霞娟．基于学习风格的个性化网络课程设计与开发［D］．西安：陕西师范大学，2007.

［7］胡斌武．学习风格与学习策略的选择［J］．上海教育科研，1996：9.

［8］余胜泉．适应性学习——远距离教育发展的趋势［J］．开放教育研究，2000（3）．

［9］刘甲学，毕强，邓君．超媒体系统自适应导航研究综述［J］．图书情报工作，2005，49（8）：10－14.

［10］Joy M. Reid. *Learning Styles in the ESL/EFL Classroom*［M］. Foreign Language Teaching and Research Press，2002：3－62.

［11］Brusilovsky P，Peylo C. *Adaptive and Intelligent Web－based Educational Systems*［J］. International Journal of Artificial Intelligence in Education. 2003（13）：156－169.

国家精品课程资源建设现状分析及对策

张小宁　郭冠平
（浙江师范大学教师教育学院，浙江 金华 321004）

摘　要： 国家精品课程是我国教育部打造的向全社会开放，以实现优质教育资源共享为目的的示范性课程，目前国家精品课程的建设仍旧存在一些问题。本文首先从国家精品课程的数量、科目等方面介绍国家精品课程的发展状况，接着分析了精品课程中存在的一些的问题，最后提出了针对问题的一些对策。

关键词： 国家精品课程　现状分析　对策

2003年，受美国麻省理工学院（MIT）开放教育资源的启示，我国教育部启动了“精品课程建设工程”（National Essential Course，NEC），目的是利用现代化的信息技术手段将精品课程上网，并免费向全社会开放，以实现优质教育资源共享。国家精品课程是具有一流教师队伍、一流教学内容、一流教学方法、一流教材、一流教学管理等特点的示范性课程。该项目启动至今，国家精品课程网络资源建设每年都呈现一个崭新的面貌，课程总数逐年增加，各课程的质量逐年提高，指标文件内容也逐年更新，但是仍旧存在一些问题。

一、国家精品课程建设的现状

我国教育部发布的文件显示，2003—2010年教育部、财政部共批准建设国家精品课程3525门。在众多网络资源中，本文仅挑选“国家级本科精品课程网络资源”作为研究对象，研究数据来自于“国家精品课程资源网”（http://www.jingpinke.com）。

（一）资源建设数量与科目、地域分布

国家精品课程建设数量的现状在一定程度上反映了网络课程建设的发展方向和趋势，现选择网络资源建设总体数量、课程科目分布及课程地域分布这几方面来说明网络课程建设。

1. 课程数量。

目前，我国拥有国家级本科网络课程共计2662门。2003年项目启动，网络课程数为127门，2004年为248门，此后逐年增加，至2010年本科国家精品课程数目为442门。课程数量的发展趋势如图3－19所示。自2003年启动“高等学校教学质量与教学改革工程精品课程建设工作”以来，精品网络课程数量剧增，在2004年达到峰值后发展趋于稳定，2007年网络课程数量呈稳步上升态势。

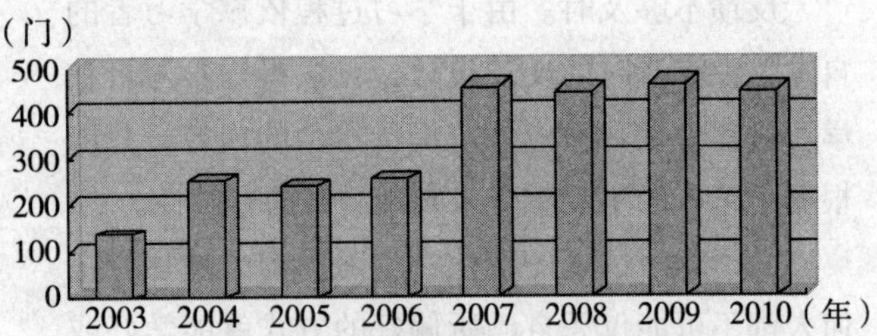

图3－19　国家级本科精品课程数量

从数量角度看，随着国家精品课程建设力度的加大，国家级本科精品网络课程的数量也逐年增多。从国家精品课程的数量变化趋势来看，我国网络课程建设的力度也在逐年加大，这与国家关于精品课程政策的指定有很大的关系，也和近些年来信息技术的发展关系密切[1]。

2. 课程数目分布。

在网络资源建设中，精品课程门类大致分为

13 类，分别为：文学、历史学、哲学、经济学、管理学、法学、教育学、理学、工学、农学、医学、文化素质教育课程、马克思主义理论课程和思想品德课程。网络课程分布科目如表 3 - 2 所示。从表中可以发现各门课程数目每年均有不同程度的增加。工学和理学在课程总数上远远多于其他课程，尤其是与历史学、哲学、文化素质教育课程及马克思主义理论课和思想品德课程相对比，数量上的差距更显得突出。

被社会广泛公认，有财力、物力和人力等诸多方面的支持，是网络资源建设工作发展的基础。由表 3 - 2 可见，财力、物力和人力有向理学和工学学科倾向的趋势。

表 3 - 2　精品课程科目数量表

课程名称 / 时间	工学	理学	医学	文学	历史学	管理学	农学	法学	哲学	经济学	教育学	文化素质教育	马克思主义理论和思想品德	总计
2003 年	41	26	15	12	2	8	7	3	2	4	2	2	3	127
2004 年	69	55	27	23	5	17	14	10	1	12	7	3	5	248
2005 年	75	46	25	17	5	17	16	7	3	10	9	4	3	237
2006 年	84	44	27	21	3	20	14	9	2	11	7	5	5	252
2007 年	137	78	43	46	7	45	26	17	4	17	20	8	6	454
2008 年	140	72	49	45	4	36	22	28	6	6	17	7	1	446
2009 年	144	56	56	53	5	41	26	20	4	15	20	9	7	456
2010 年	152	50	57	55	5	35	26	14	6	20	18	8	18	442
课程总数	842	427	299	272	36	219	151	120	28	108	100	47	48	2610

3. 课程地域分布。

通过对国家精品课程网络课程（本科）的地域分布统计来看，北京、浙江、湖北、江苏、上海、广东等地的课程数目明显高于其他地区，北京、江苏和上海等地均是全国经济发展较快的城市，经济发展是教育事业的支柱。发达地区，如北京、上海、浙江、江苏等地的精品课程建设明显高于河南、辽宁、黑龙江等省份（以 2010 年国家级本科精品网络课程分析为例，如图 3 - 20 所示）。通过统计发现，在这 442 门精品课程中有 262 门课程都是由重点（211 工程）院校创建的。

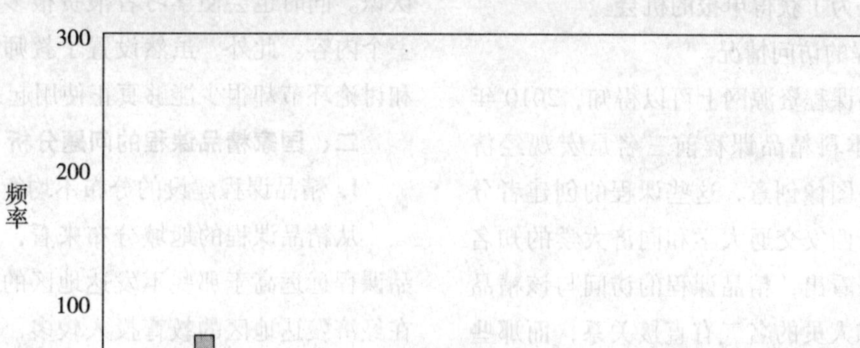

图 3 - 20　2010 年国家精品课程（本科）地域分布情况

这一差异可能与不同省（自治区、直辖市）高校的数量、研究人员规模、研究人员对国家精品课程建设的关注度等因素有直接关系[2]。在某种程度上，高等院校和研究人员的集中直接影响着国家精品课程网络资源的建设，但在全国范围内，人力、物力和财力等资源的过于集中对精品课程建设也产生了负面影响，即教育资源分布不均导致教育公平化发展受阻。

（二）网络课程的运行和访问

1. 精品课程网站的运行情况。

根据国家精品课程资源网对2003—2010年国家精品课程各本科学校网站运行状况监控统计，测试起止时间为2010年11月1日至11月30日，测试频率为每12小时一次，时间点分别为10：00和22：00，测试页面为2003—2010年获选国家精品课程的各本科学校的2722门课程网站的首页，如表3-3所示[3]。

表3-3　精品课程运行测试情况

	优	良	中	差	无法打开
课程数量	295	1438	238	56	695
（2772）	10.84%	52.83%	8.74%	2.06%	25.53%

从表3-3可以看出，63.67%的精品课程的运行状况都在良好以上，但是还有25.53%的精品课程的首页无法打开，这说明这些精品课程只注重课程的申报却忽略了精品课程的维护，精品课程的建设只是为了获得申报的机会。

2. 精品课程的访问情况。

从国家精品课程资源网上可以得知，2010年11月份热门的本科精品课程前三名是宏观经济学、高等数学、图像创意，这些课程的创建者分别是复旦大学、西安交通大学和同济大学的知名教授。由此可以看出，精品课程的访问与该精品课程创设学校和人员的名气有直接关系，而那些地方院校或者是省属院校的精品课程往往很少有人关注。

（三）精品课程资源质量的建设

查看国家精品课程资源网上2010年11月份的本科精品课程热门课程的前10名，其中5门课程是属于理工科的，5门课程是属于文科性质的。10门精品课程都包括教学大纲、参考教材、教学课件和教学设计，其中7门课程有教学录像，8门课程有例题习题，6门课程有文献资料，5门课程有电子教案，每个精品课程网站都包括了讨论区，但是讨论区的帖子根本没有回复，缺乏交流。

可以看出精品课程的建设注重了教师的教学活动和学生例题习题的建设，也给学生提供了比较多的参考资料。精品课程为学生进行网上学习提供了丰富的学习资源。查看这些热门课程发现，这些精品课程所提供的资源在精品课程的首页都能打开，这就能够更好地体现出精品课程的意义，充分体现了精品课程网上资源的价值，使用户可以便利快捷地获取网上课程资源，使精品课程能够更好地作用于教学过程，提高教学效率。但是精品课程提供的教学课件和教学录像是分离的，也就是不匹配的。这些课件都是单独呈现的，没有教师语言的讲解，因此很难使学生把握学习的重点和难点。而精品课程的教学录像大都是教师在台上讲课，只显示教师的活动，很少展示板书或者是课件。

这也说明了精品课程没有把教学内容和教学课堂有机地结合起来，只是单纯地提供教学资源。从认知心理学角度来说，这不利于学生对所学内容进行正确的编码，很难使学生形成正确的认识。同时也会使学习者浪费很多时间去学习同一个内容。此外，虽然设置了教师和学生的交互和讨论环节却很少能够真正使用起来。

二、国家精品课程的问题分析

1. 精品课程建设的分布不均衡。

从精品课程的地域分布来看，发达地区的精品课程远远高于那些不发达地区的，这也体现了在经济发达地区的教育投入较多，配备有先进的硬件设备、优化的环境和条件。从精品课程大都分布在211工程院校可以看出优秀的人才和教师队伍分布的不均衡，也体现了网络课程发展的不平衡。在经济发达地区，优厚的条件可以吸引更多优秀的科研人员和专家投入到资源建设中，形成了良性的教育环境，但是这也从另一侧面加重了教育资源天平的倾斜，科研人员的流失，使得资源缺乏地区的资源建设难度进一步加大。优质资源的集中导致了网络课程建设的不平衡发展[4]。

2. 精品课程的访问不平衡。

从精品课程的访问情况看，那些知名院校、知名教授所创建的精品课程的访问量比较大。知名院校师资力量雄厚在创建网络课程中所占的地位是很重要的，学习者也都趋向于访问知名的精品课程，名师效应在精品课程访问中占据着重要作用，这也使精品课程访问和应用出现了不平衡性。

3. 网络课程重建设轻维护。

通过前面的统计可以看出，有一半的精品课程的网络运行情况都在中等以下水平，还有25.53%的精品课程网站无法打开。可以看出精品课程建设注重了课程的建设而忽略了课程的维护。这也使得实际可用的网络资源有限，优秀资源难以共享。资源链接失败，资源共享设置不合理，资源内容陈旧、缺乏设置、不更新等现象对学习者的学习都会造成负面的影响。网络课程重建设轻维护使得网络课程的内在凝聚力分散，不利于学习者的学习。

4. 精品课程资源设置不全面。

通过查看部分精品课程可以看出，精品课程仅仅呈现了教学课件、教学内容和教学设计，这体现了网络课程建设仅仅是呈现教学活动，属于静态的教学资源，不能很好地体现教学活动和师生之间的互动关系。录像和课件的分离使学生不能很好地建构新的知识。对于那些远程学习者来说，这不能让学习者对所学内容产生兴趣。虽然大部分课程都设置了例题和习题，但是这些内容只是一些基本的东西，对于那些实践操作性质的课程，仅仅有教学录像和例题是很不够的，最重要的是让学生能够解决实际情况中的难题。网络课程教学内容与学习资源模块较多，但大都缺乏丰富的学习活动设计，而且教学活动只注重内容的呈现，很少注重对学生教学活动的评价，缺乏评价机制。

5. 精品课程的交互性差。

精品课程网站虽然为使用者设置了互动讨论区，但是这些交互方式都只是形式，留言也只是浅层次的，缺乏教师的管理，无论是访问量、留言数量、回帖数量，还是精品课程教师和使用者的交流都非常少，师生之间缺乏真正的交流和对话[5]。对于学生的提问，教师的回答不是即时的，这往往会导致学习者学习兴趣的下降，也就不利于学习者的学习，使得网络课程的价值大打折扣。

三、国家精品课程问题的对策

1. 鼓励引进人才，增强不发达地区高校的师资力量。

鼓励不发达地区的高校引进优秀人才和教师，提高这些高校的师资力量，加大高校的硬件设备和资源建设的资金投入，倡导本校的教师外出学习交流，提高教师的科研能力和教学水平，增强精品课程建设的总体实力，打造一流的教师队伍和一流的教学资源，使得欠发达地区的高校拥有雄厚的建设国家精品课程的实力，改变精品课程建设的不均衡。

2. 加大宣传力度，增加精品课程的访问量。

精品课程的建设申请成功之后，高校应该注重精品课程的宣传力度，不能置之不理，要把一流的学习资源投入使用。首先要在本校的课程教学中使用精品课程，避免本校生不知道本校有国家精品课程的尴尬，让学习者参与其中，使其成为学习者的课程学习资源和新的学习方式。另外，要利用各种场合，宣传自己的精品课程。

3. 加强对精品课程网站的维护，设立监督机制。

精品课程是国家投入大量的人力、物力和财力打造出来的，课程建设的最终目的是为学习者提供一流的学习资源。因此，国家精品课程的主管部门不能只注重申请，而且要监督精品课程的维护，建立对国家精品课程的监督机制。对于那些只建设不维护的国家精品课程要采取一定的措施，各个学科可以建立专家组对本学科的精品课程进行监督，及时发布精品课程的更新情况。

4. 充分利用已有的 SNS，加强交互和及时反馈。

如今 Web 2.0 技术已经发展得很成熟了，比如博客、微博、Wiki 等。我们可以利用这些手段来激发学习者的学习兴趣，如利用博客让学习者发表一段时间内的学习体会，教师给予及时指导；链接一些专家教授的博客，促进知识的交流和学习。微博是目前最受欢迎的信息分享、传播以及获取平台，学习者和教师建立微博群后，任何人都可以发起学习或者生活的话题，与大家进行交流。教师可进行一定的指导，激发学习者的学习兴趣，加强学习者之间的信任。知识分为显性知识和隐性知识，显性知识是学习者很容易掌握的，但是隐性知识不易掌握，通过建立微博群，教师发表看法和观点，学习者积极参与，有助于隐性知识（如教师解决问题的方式和逻辑推理的过程）的获得。

5. 全面设置资源类型，静态资源和动态资源相结合。

国家精品课程网站呈现的学习资源都是单向静态的，缺乏师生交互的动态资源。应加强精品课程网站动态资源的建设，提供在线学习，建立在线学习题库供学习者在线练习，并给予学习者及时反馈，提高学习效果和交互的力度。尝试把 Agent 植入精品课程网站，由教师将传统课堂教学中常见的和容易出现的问题总结存储到数据库中，学生在线提问时，由 Agent 即时回答，这将有利于提高学习者利用精品课程学习的积极性。

随着我国远程教育的发展和现代社会对人才的需求，国家精品课程建设为远程教育提供了很好的学习资源，有利于我国人才培养方式的全面发展。因此，必须要进一步提高国家精品课程的质量，解决目前存在的问题，使得国家精品课程真正发挥优质教学资源的作用。

参考文献：

[1] 宋佳琪，郑燕林．国家精品课程的网络资源建设现状研究 [J]．资源建设，2010（5）：93－95.

[2] 黄立宏，李勇军．精品课程数字化资源共建共享模式研究及探究 [J]．现代教育技术，2009（12）：23－25.

[3] 国家精品课程资源网 [DB/OL]．http:// http：www.jingpinke.com.

[4] 张海波，张军儒，刘菊玲．网络教育精品课程建设探讨 [J]．中国现代教育设备，2009（4）：76－78.

[5] 徐磊，崔健，张元峰．精品课程资源网站运行现状的调查研究 [J]．教育教学，2009（10）：17－27.

网络课程用户体验的开发现状分析研究

齐世凤　胡世清

（深圳大学师范学院教育信息技术系，广东　深圳　518060）

摘　要：本文首先对国内外网络课程的理论研究及系统建设与应用现状进行概要分析，国内网络课程关于用户体验的理论与系统研究，主要是借鉴国外的研究成果；接着从2010年国家级精品课程中的高职高专、本科、网络教育3个大类中选取30门典型的精品（网络）课程，进行可用性、交互设计、视觉设计、用户研究4个方面用户体验的调查及案例分析。在此基础上透视出现代网络课程用户体验方面的开发现状与急需解决的问题，并提出改善方向，采用“以用户为中心”的设计理念，将网页的控制权交给用户，加强Web的可用性设计，来推进网络课程的用户体验。

关键词：网络课程　理论研究　系统分析　用户体验

一、问题提出

“网络课程”是现代远程教育中一种主要的课程形式。

从1998年9月现代远程教育工程实施以来，网络教育伴随着批判与鼓励在发展的道路上摸索前进着，近几年的研究成果在数量上很可观，但其质量仍需我们不断努力提高。主要体现在开发技术、教学设计、内容呈现、教学资源、学习活动、学习支持、课程评价、用户体验等方面。尤其在视觉设计和交互设计方面存在的问题较为突出。用户通过网络课程界面进行交互，课程内容都通过界面展示出来，所以内容呈现与学习交互的界面直接影响着用户的学习体验。网络课程在使用过程中暴露出来的用户体验问题严重制约着远程教育的发展。在Web 2.0时代，如何以贴心的方式满足用户更高的学习需求？网络课程的建设是否真正帮助用户解决了实际问题？这种网上学习能否给用户带来某种享受、愉快而轻松的体验？课程设计的核心关注点到底是什么？寻找答案的过程就是促进其发展的过程。分析现状，探索问题产生的根源，从而重新审视，开启新视点，需要你我之力。

二、国内外网络课程及其用户体验的理论研究现状

国外网络教育研究开展较早，以“Web Course”“Web－based Course”“Online Course”“Internet－based Course”等为关键词进行搜索发现，基础理论研究比较完善。在基于Web教学的教育学理论背景的问题研究中，1993年穆尔提出交互距离理论，认为远程教育具有对话、结构和学生自治三个主要特征。在穆尔的理论基础上，2001年Jung在《在远程教育的环境下构建基于Web教学的理论架构》中提出了基于网络学习的教育学理论框架，从教的多样性、学的多样性及交流的多样性三个角度去阐释，为基于Web的教学奠定了理论基础。美国宾夕法尼亚大学教授Carr chellman和英国开放大学博士Duehastal在《理想的在线课程》一文中指出，“理想的”在线课程应由学习指南、非在线课本、作业、在线案例、课程交流及交互技巧的建设等组成。针对课程设计的协力合作问题，2001年Kang在《关于基于Web课程设计的合作模式》一文中对参与设计的人员提出以下建议：“基于Web课程的设计要求一系列技能和丰富资源的融入，介入的

人员必须是经验丰富的教学设计人员、系统设计人员、编程人员、图表设计师以及教育学与心理学工作者等。[1]”交互是教学过程的必要手段，高水平的交互、交互手段的更新成了远程教育发展的一个重要标志，相关的理论依据有2001年Northrup对交互的至高作用提出了质疑，他认为，基于Web的教学环境中交互的设计具有很大的挑战性，太多的交互会导致学生过于忙碌，而太少的交互则又被看做过于孤立，两者都阻碍了在线学生的学习。他提出，最好的办法是根据不同课程的学习需要提供相当数量和水平的交互，同时要确保交流环节的完成与交互的成功实现。

其次，使用“User Experience”关键词与“Web Course” “Online Course”关键词进行“与”搜索发现，国外对用户体验的研究从20世纪90年代中期就开始了，且发展极为迅速，引领着世界潮流，相应的Web课程在用户体验方面的研究也比国内要早，更深入也更为具体。如采取音乐驱动的教学活动中，利用数字音乐来提高学生在线学习的体验，丰富课堂使其生动有趣(Joanna，Patrick，2010)[2]。国外校内外结合很紧密，通常在课程开发环节会请企业的用户体验方面的专家进行咨询、测试等，所以在理论研究方面更注重教学设计，用户体验的研究也更为具体。

对于国内方面的研究现状，以“网络课程”“精品课程”为检索词，通过“中文期刊全文数据库”核心期刊进行文献检索，获得2000—2011年有关网络课程的相关文献385篇，精品课程421篇，总体走势呈逐年递增趋势。

通过对以“网络课程”为关键词的文献的研究，从设计、开发、利用、管理和评价的维度进行分类总结，可以看出，网络课程在不断的开发应用中已发现了自身存在一些问题，已开始反思与重建。网络课程的建设表面繁荣，但仍未能满足用户的学习需求。虽在教学设计和课程设计方面讨论较多，但大都跳不出传统的设计格局，对用户的特点分析较少，没有充分考虑用户的身心需求，在教学内容设计、交互设计、媒体技术设计等关键方面未能提出可行的解决方案。课程开发层面一般以开发某门课程为例的讨论较多，对于RIA新技术的引入浮于其为网络课程开发带来的优势、特点、趋势、开发模型等方面的浅析中。且较多地停留在较低层次的重复建设阶段，将用户排除在课程建设过程和评价之外，设计和开发都不能满足用户体验的需求，从始至终都存在着对网络课程的期望值远远高于其发挥的价值的矛盾。在应用方面，基于Web的学习要求用户参与的自由度本身较高，但大部分用户不会主动去学习网络课程，参与的积极性受到来自用户自身和网络课程本身的影响。而且对网络课程的有效性分析、影响因素分析及其解决策略的提出较少，应用情况呈现出无人问津的局面。缺乏有效的网络课程评价及管理措施，此类问题一直未能得到解决，相关的文献研究几近空白。

国外对用户体验、界面设计等领域的研究已取得丰富且成熟的理论与实践成果，国内的业界也主要是采用国外的研究成果。使用“用户体验”“交互设计”“可用性”“用户研究”等关键词与“网络课程” “精品课程”关键词进行“与”搜索，整理分析所得文献的结果如下。用户体验在国内网络教学中的应用研究从2008年才有凸显。李玉梅的硕士论文《基于用户体验的精品课程Web界面设计研究》(华中科技大学教育技术学硕士论文，2008)提出，以用户体验的模型来指导精品课程的Web界面设计及设计过程，并完成了《软件项目管理与案例分析》的界面设计制作。其中主要应用Jesse在2000年提出的“用户体验的五要素”进行设计、开发[3]。其他期刊文献也开始关注课程网站的视觉设计，从视觉心理角度、认知心理学、设计心理学、色彩心理学等方面，来提升Web用户体验，关注学习的兴趣及发生。在可用性方面，刘名卓的博士论文《网络课程的可用性研究》(华东师范大学教育技术学博士论文，2010)中，基于“以学习者为中心”的设计理念，对网络课程涉及的可用性问题进行梳理分析，重点研究如何利用可用性工程的方法和策略，来优化网络课程的设计与开发流程，提升网络课程的可用性水平[4]。在网络课程的交互现状方面，主要研究学生与内容的交互、学习者与教师的交互、学习者之间的交互等（舒存叶，张雷等，2004）[5]。

三、国内外网络课程系统建设与应用现状

1993年美国开展的GLOBE计划至今已遍布世界60多个国家，目前有90%以上的高校提供网络课程。2001年4月的美国麻省理工学院的开放课件项目（MIT OCW）最为著名，计划将约2000门课程分批发布在互联网上，向全世界师生免费提供。卡耐基梅隆大学针对初入学的大学生提供10门学科的课程视频，并建议造访者在网站上注册，建立自己的资料库，在有限时间内完成某门课程的学习并要参加考试。犹他大学类似于麻省理工学院，也是提供大量的课程课件。塔夫茨大学也是"开放式教育课程"的先驱之一，初期提供的课程着重在本校专长的生命科学、跨领域方法、国际观点以及对美国地区性、全国性社群服务的基础理论。英国十几所大学联合起来，组建了英国公开大学，部分很好的课程是免费的，能锻炼自学者的自学能力，因为需要用户不停地淘，才能找到宝贝。以前只有极少数人能够进入约翰·霍普金斯大学读书，但现在不用花一分钱，便能通过网站获得其提供的本学院最受欢迎的课程。还有其他很多国家，如日本东京大学、早稻田大学等，都提供了开放课程。国外的开放课程更关注应用，在线课程评价管理方面也比较完善。网络课程的应用发挥着很大的作用，很多课程不仅对校内学生免费开放，也对校外开放，为有需求的用户提供优质资源，并可以免费下载。国外的开放课程表现出的用户满意度很高，用户体验良好，学生注册且在上面取得学分的用户数量与日俱增。

1994年4月，我国以清华大学为首的10所高校承担建设中国教育和科研计算机示范工程（CERNET）。网络课程建设也在同步启动。从1998年开始，有10所试点院校开始开办以学历教育为主的网络教育学院，至今已增至69所。在2000年启动21世纪网络课程建设工程，2003年起陆续出台了一系列建设优质网络教育资源和网络课程的相关政策。2007年起将网络课程纳入国家精品课程的评选项目中，2010年7月，教育部颁布《国家中长期教育改革和发展规划纲要（2010—2020年）》，指出"加强网络教学资源体系建设"，"开发网络学习课程"，"促进优质教育资源普及共享"。

2003年启动了"精品课程建设工程"，形成国家、省、学校三级精品课程体系，并实现全国共享。从2007年开始，教育部提出"以评促建"方针，通过网络精品课程评选，推进网络教育教学质量改革，提升课程整体水平。从最初的"以学习资源为中心""以教师为中心"到"以学习者为中心"，网络课程评审越来越关注"学习是否真的发生"和"如何让学习发生"。

从网络课程的影响力和社会认可程度分析，网络教育占据主导地位的试点院校的办学规模与其网络课程建设不成正比，往往是办学规模较大，但网络课程建设相对滞后，最终表现为网络学习效果与其表面的繁荣存在巨大反差。近几年的研究把越来越多的关注点转移至对网络课程的反思方面，对其学习效果进行质疑，开始关注学习发生及其用户体验，开始思考"以用户为中心"的设计。《网络学习时代网络课程的反思与重构》一文指出功利化、形式化的网络课程现状，课程设计远离网络学习主体；功利性强，偏离教学本位；监管失位，学习质量缺乏有效保障。在"重构"方面，以规范化、科学化的课程建设目标为指导，在规划上从学历教育特色转向网络学习特色；在设计上要转向"以学为主"的混合学习模式，在设计时应关注资源设计、学习活动设计、学习策略等方面（张举范，李娟等，2010）。

四、国内网络课程、精品课程用户体验开发现状分析

（一）分析对象

经统计，2003—2010年的国家级精品课程数量如表3-4所示。

表 3-4　2003—2010 年国家级精品课程统计表

年份	本科	高职高专	网络教育	总计
2003	127	24	—	151
2004	249	51	—	300
2005	253	61	—	314
2006	254	106	—	360
2007	411	172	49	583
2008	不详	不详	不详	669
2009	404	194	50	648
2010	442	224	60	726
备注:	2003—2010 年的数据来源见参考文献［6］，2008 年的数据来源见参考文献［7］。			

笔者从中选择2010 年的30 门国家级精品课程，分别是高职高专、本科、网络教育3 个大类各10 门类型丰富的课程[8]，主要从课程的技术强度、界面布局、内容呈现、交互方式等动静结合地进行案例分析。最后从可用性、交互设计、视觉设计、用户需求研究四方面作了深入分析，刻画出目前网络课程存在的问题，并提出改进意见。

（二）分析概要

1. 国家级精品课程——高职高专类案例分析

见表 3-5。

表 3-5　国家级精品课程——高职高专类案例分析表

序号	课程名称	级别	单位	分析
1	毛泽东思想和中国特色社会主义理论体系概论	2010 年国家级	深圳职业技术学院	1. 技术较强，整体页面风格类似，具有较成熟的精品课程制作系统，将“网络课程”作为其中的一个模块。 2. 界面布局采用三分屏形式。 3. 内容呈现：一般将内容、课件等嵌套在 Flash Paper 文档阅读器中；较多提供 PowerPoint 课件下载；提供视频在线点播及下载，采用通用的 RM 流媒体格式，需先安装 RealPlay 播放器。 4. 交互方式：以异步交流为主，设置“在线答疑”“互动交流”等模块。 5. 部分提供了资源搜索功能。 6. 缺乏适合用户习惯的设计。导航过多，不容易找到。
2	口腔固定修复工艺技术	2010 年国家级	深圳职业技术学院	
3	食品检验	2010 年国家级	深圳职业技术学院	
4	使用通用机床的零件加工	2010 年国家级	深圳职业技术学院	
5	生物化学与技术	2007 年省级、国家级	深圳职业技术学院	
6	Linux 操作系统桌面管理	2010 年国家级	深圳信息职业技术学院	
7	室内设计策划	2010 年国家级	广州番禺职业技术学院	
8	电子技术综合实训	2010 年国家级	福建信息职业技术学院	
9	大学语文	2010 年国家级	济南职业学院	
10	公共体育	2010 年国家级	北京工业职业技术学院	

2. 国家级精品课程——本科类案例分析见表3－6。

表3－6 国家级精品课程——本科类案例分析表

<table>
<tr><th>序号</th><th>课程名称</th><th>级别</th><th>单位</th><th>分析</th></tr>
<tr><td>1</td><td>电动力学</td><td>2010年国家级</td><td>中山大学</td><td rowspan="10">1. 与高职高专相比，明显在技术方面薄弱，尤其表现在理论性较强的课程上。
2. 视觉设计：界面布局采用三分屏形式；首页呈现较多信息；界面简单，色彩运用上以蓝色系为主。如《生理心理学》最为突出；标志不明显，用户很难找到。
3. 内容呈现：以文本信息为主。通过直接呈现或嵌套在阅读器中，如在《分子生物学》中用课件单独展示在新网页中。视频几乎无法在线播放。
4. 软件设计：存在较多Bug。如《自然地理学野外实践教学》导航链接。
5. 交互方式：静态网页居多。
6. 缺乏适合用户习惯的设计。链接与普通文字区分不明显，可单击与不可单击的文字不能明确区分。</td></tr>
<tr><td>2</td><td>细胞工程</td><td>2010年国家级</td><td>上海交通大学</td></tr>
<tr><td>3</td><td>数值计算方法</td><td>2010年国家级</td><td>河北理工大学</td></tr>
<tr><td>4</td><td>生理心理学</td><td>2010年国家级</td><td>北京大学</td></tr>
<tr><td>5</td><td>计算机图形学基础</td><td>2010年国家级</td><td>清华大学</td></tr>
<tr><td>6</td><td>生物学教学论</td><td>2010年国家级</td><td>北京师范大学</td></tr>
<tr><td>7</td><td>分子生物学</td><td>2010年国家级</td><td>北京师范大学</td></tr>
<tr><td>8</td><td>教育研究概论</td><td>2010年国家级</td><td>首都师范大学</td></tr>
<tr><td>9</td><td>自然地理学野外实践教学</td><td>2010年国家级</td><td>华东师范大学</td></tr>
<tr><td>10</td><td>国学专书系列讲读</td><td>2010年国家级</td><td>华东师范大学</td></tr>
</table>

3. 国家级精品课程——网络教育类课程分析见表3－7。

表3－7 国家级精品课程——网络教育类课程分析表

<table>
<tr><th>序号</th><th>课程名称</th><th>级别</th><th>单位</th><th>分析</th></tr>
<tr><td>1</td><td>钢筋混凝土结构</td><td>2010年国家级</td><td>同济大学</td><td rowspan="10">1. 创新点：《现代教育技术》增设“我的小助手”，其中包括“课程日历”“我的进度”“课程书签”“学习笔记”“知识检索”“我要提问”等栏目。增设“移动学习”模块。
2. 视觉设计：布局采用三分屏形式，部分页面美观。
3. 内容呈现：以文本为主，标志出标题，方便用户查找。
4. 交互方式：仍较为薄弱。页面导航的逻辑性有待提高。</td></tr>
<tr><td>2</td><td>现代教育技术</td><td>2010年国家级</td><td>华南师范大学</td></tr>
<tr><td>3</td><td>计算机网络基础</td><td>2010年国家级</td><td>天津大学</td></tr>
<tr><td>4</td><td>多媒体技术基础与应用</td><td>2010年国家级</td><td>北京广播电视大学</td></tr>
<tr><td>5</td><td>远程学习方法与技术</td><td>2010年国家级</td><td>中山大学</td></tr>
<tr><td>6</td><td>多媒体技术应用</td><td>2010年国家级</td><td>北京交通大学</td></tr>
<tr><td>7</td><td>采油工程</td><td>2010年国家级</td><td>中国石油大学</td></tr>
<tr><td>8</td><td>教育电视节目编导与制作</td><td>2010年国家级</td><td>华中师范大学</td></tr>
<tr><td>9</td><td>刑事诉讼法</td><td>2010年国家级</td><td>兰州大学</td></tr>
<tr><td>10</td><td>文学概论</td><td>2010年国家级</td><td>兰州大学</td></tr>
<tr><td>11</td><td>微积分</td><td>2010年国家级</td><td>浙江大学</td><td rowspan="2">把“课程学习”模块分为“学习指南”“在线听课”“电子板书”“课后习题”“知识拓展”等步骤。PowerPoint课件以动画形式播放。</td></tr>
<tr><td>12</td><td>药物分析</td><td>2010年国家级</td><td>浙江大学</td></tr>
<tr><td colspan="5">注：网络课程全称是网络教育精品课程，只有教育部批准的69所网络教育学院的成员可以申报网络教育精品课程。</td></tr>
</table>

（三）用户体验定性分析

通过对以上列表的网络课程进行概要分析，其中的问题可归结为以下四个方面，用户需求研究是课程开发的基础，得到用户的需求、特点、态度等信息，在此基础上创建交互设计，从而进行视觉设计，形成用户界面。在整个由研究到界面形成的过程中，既要符合用户需求，又要产品可用。而可用性是贯穿始终的主要质量指标。下面逐一展开论述。

1. 可用性。

可用性是从用户角度衡量网络课程是否有效、易学、安全、高效、好记、少错、满意度高等。可用性保证网络课程可用，且基本功能完备而方便，也就是说，这是网络课程应该做到的。对上述几个表中的课程进行访问时，发现其中存在较多的 Bug（错误），交互设计混乱，以及部分功能完全没有存在的必要。例如，很多课程在进入时有一段小而简短的动画，对于熟悉该课程的用户而言，就想直接进入学习而不想重复观看动画，但是很多课程的“进入”按钮都放在 Flash 动画中，使得用户无法直接进入课程而必须要等待加载结束。另一方面在像苹果电脑等不支持 Flash 的环境下，用户就没有能进入网络课程的入口。

在导航设计方面，明显缺乏早期的信息架构，没有深度依据用户需求而产生的内容需求进行信息架构。几乎每门网络课程的导航栏、侧列栏以及下拉菜单，内容都很多，大多时候传达的信息冗余很大，完全不符合 Web 设计的简易原则。在设计问题的基础上又产生一些软件设计的 Bug，比如超链接状态切换不明显、按钮形态令人迷惑，诸如此类的错误需要用户花费一定的时间去思考、判断。在原本未解决的问题上再次堆积新的问题，进一步降低了网络课程的可用性难度。

当用户看到一个设计混乱的网页时，就要去思考“相当凌乱，我该从哪里开始?”“我可以单击这里吗?”“这两个超链接看起来一样，是真的吗?”“这个页面上最重要的是什么?”等诸如此类的问题。这些不必要的问题会给用户带来烦躁的体验，增加用户的心理负担，从而赶走用户。而作为一个用户，永远不该让他花时间去思考某个东西是否能单击[9]。如果将鼠标指针移过去，光标由箭头变成一只小手，就表示可以单击。但是很多网络课程都没有这种减轻用户负担的交互设计。这样，当我们访问页面的时候，每个问号都会加重用户的认知负担，把用户打算学习的注意力从要完成的任务上拉开。这种干扰也许很轻微，但它们累积起来，就足以让用户抓狂。

2. 交互设计。

网络课程中的交互主要包括学生与内容的交互、生生交互、师生交互三方面，这种交互是动态的。这里的交互设计主要是人机交互时的所有行为，包括以上三种交互，且以某种形式表达出这种交互行为。因此，交互设计是否可用、易用、便捷、友好等直接影响着后期的视觉设计、导航设计等方方面面，从而最终作用在用户身上。可用性是衡量交互设计的主要指标或导向，设计时需要环环相扣，层层逼近，互相制约，互相促进网络课程的形成及应用。

现阶段的网络课程及精品课程在用户与课程之间的交互方式上，只能依托鼠标单击、键盘输入的简单操作来进行。一些其他的如鼠标拖拽、实时语音、电子白板、手写输入等更能把学习的控制权交给用户的交互方式，都未能体现在目前的网络课程中。这就降低了网络学习所带来的学习方式的新体验，大大减少了用户对这种学习方式的选择机会。因为用户已经处于一种高交互、高体验的时代，对于无法满足自身已适应的体验的产品，就不会去使用它们。

在学习者与教学者之间的交互力度上，由于网络课程缺乏对学习者存在的学习困难的反馈和帮助，易使学习者出现网络学习障碍。在现实的课堂教学中，当遇到无法理解所学的课程内容、无法独立完成作业、考试成绩达不到自己的期望值等问题时，可以即时地反馈及面对面地解决。而这些问题在缺少情感交流的学习系统中得不到有效解决，就会使学习者产生学习上的挫败感。

学习者如果长期处于一种时空的孤立状态，缺乏教师的直接关注和反馈，或者得不到其他学习者的参照信息，就会产生烦躁感和厌学情绪。

因此，学习者在网络学习过程中，十分需要教师的参与、指引和互动，有必要建立网络环境下的虚拟课堂，提供和真实课堂教学类似的学习环境，使网络学习者回归课堂，感受课堂教学的情境和氛围。这些都需要强有力的、方便的人机交互方式和手段。

3. 视觉设计。

通过对网络课程网站进行访问及调研发现，其视觉所传达的体验更多的是学术至上、相当严肃。使用的图片、Flash 动画常见而没有新意，且文字单调，课件不能下载、视频不能播放等，这些多媒体元素中缺乏情感渲染，完全对用户的心情置之不理。可以看出，目前网络课程也好、精品课程也好，它们的设计都是软件开发者空想出来的结果，仍然是“以内容为中心”的设计理念。枯燥的学习情境不能激发学习情趣，这样只能催促用户离开而不能留住用户，学习也就不会发生。

这种平面课堂本身就具有局限性，而且对于信息的呈现又过于单调乏味，样式死板，没有添加一些多维元素，如 3D 场景、动态效果等。适量的 3D 效果可以为用户创设某种学习情境，达到情感渲染、营造学习氛围的效果。再者很多化学、物理、地理、生物、旅游、计算机等技术性很强的课程，需要实验进行支撑，如能在网络课程中提供虚拟现实的多维实验，将会大大降低用户的记忆负担及学习难度。

视觉吸引能创造出用户黏度，创设学习情境，确切地让用户感受到这种活动在视听上的感官体验是舒适的和吸引人的。虽然体验是一种纯主观的感受，但它的或糟糕或优良都是博取用户满意度、忠诚度、回访意愿、购买意愿的直接影响因素。设计精良而富有渲染力度的页面是网络课程开发与应用的必经之道。

4. 为谁设计。

用户需求研究是一切网络课程开发的基础。上述问题皆是发生在用户研究的基础之上，而且贯穿其中的。没有打好根基的课程产品，其中源源不断产生的问题也就找到了解决之策。用户需求是网站的目标——尤其是那些将要使用我们网络课程的用户。我们必须了解这些目标用户想从我们这里得到什么，还要知道他们想达到的这些目标将怎样满足他们所期待的其他目标。了解高校与用户双方对网站的期许和目标，有助于确立用户体验设计的方向。当然回答这些看似简单的问题却不如说起来那么容易[10]。

在很多情况下，认为我们正在为理想用户而设计网站时，理想用户就是“某些与我们完全一样的用户”，或者是“我们所认为的是什么样子的用户”。但我们所进行的设计不是为自己设计，而是为其他人设计的。这时候，如果要让“其他人”喜欢并使用我们设计的东西，就必须首先知道“他们是谁”“他们的特征”以及“他们的需求是什么”。这要花费时间及心力去调研，抛弃自己的立场，真正从用户角度来重新审视网站。

由于用户群体的差异性，所以用户需求是复杂的。这就需要首先通过用户细分，把大量的用户需求划分成几个可管理的部分，可采用的方法有调查统计，通过调查用户对技术和网页的满意度，用户使用信息的方式等，开展用户研究，并修改调整细分用户群。

明白用户需要什么，就必须知道他们是谁，可以通过用户研究收集必要信息来解决这个问题。可采用的研究工具有问卷调查、用户访谈、焦点小组等，可以此收集用户的普遍观点与感知。此外，还有用户测试或现场调查等方法，这种市场调研方法是得知用户信息的宝贵渠道。

五、优化改进“以用户为中心”的设计理念

（一）“别让我思考！”

为什么网站体验几年间变得这么好？为什么虚拟的网络世界令人如此愉悦而有安全感？因为只有知道用户想要什么样的，才能做出令用户满意的网站。过去课程的开发更重视的是以技术为中心，这其中存在很多问题，使用起来不一定方便。现在逐渐转向以学习为中心的设计，但也未

必令人满意。其实企业中，以用户为中心的设计理念已取得巨大成功，能抓住用户所需，获得忠实的用户群，才能带来经济效益。

观察网络课程界面，强迫我们思考的地方很多。介于“对每个人显而易见”和“完全模糊不清”之间时，往往强迫我们停下来，进行必要的思考，比如不太明显的按钮和链接等。设计者应该尽量做到，当用户看见一个页面时，它应该是一目了然的。这是最重要的原则，也是在Web设计中判断什么有用、什么没用的终极法则。

（二）“主页不由你控制”

主页承载的信息量大而且直接，站点的标志要告诉用户这是一个什么网站，它是做什么的，如果可能的话，还要告诉用户为什么他应该浏览这个网站，而不是别的。给出网站提供的服务的概貌，设置突出显示的搜索框，要用一些“里面有精彩内容”的暗示来吸引用户，内容推荐部分应是最新、最好、最流行的内容片段。其次是内容更新，网站的成功取决于用户是否经常来访问，那么主页应该有一些经常更新的内容，告诉用户它并不是死水一潭。还有友情链接、快捷方式、注册登录等，要清爽而具体。除了这些具体的需要外，主页还要满足一些抽象目标，如让用户看到自己正在寻找的东西，同时，主页也应该让用户看到一些很精彩的、感兴趣的内容。重要的是要建立可信度和信任感，对于设计者来说，主页是给用户留下好印象的最好机会。通过色彩、画面、文字等视觉冲击可以提升主页的吸引力。

（三）可用性是基本礼貌

网站应该让人尊敬，隐藏用户想要的信息，向用户询问不必要的信息，敷衍、欺骗用户，设置障碍等都会降低用户对网站的好感。没有礼貌的网站，就没有可用性。这里有几种可提高网站好感的方式：知道人们在你的网站上想做什么；告诉用户他想知道的；尽量减少步骤；知道用户可能有哪些疑问，并且给予解答；为用户提供协助；容易从错误中恢复等。让网页看起来专业，有礼貌，才可以得到用户的尊重。

还有很多方式、原则可以提高网站的可用性，只要坚持一切为用户服务，就会有越来越多的人登录网站。

六、结束语

有些网站看起来很清爽，有些网站看起来很杂乱，有些网站能让你轻松地找到资料，有些网站让你犹如置身迷宫。为什么网站的可用性会有如此大的差异？用户在访问网站时有怎样的心理？课程网站的设计需要遵循哪些原则？很多时候再过庞大的数据也不能证明网络课程的发展是繁荣的。开发者对自己创建的课程的应用情况很沮丧，用户对这种课程学习表示茫然，究其原因，发现从一开始的目标定位就偏离了网站建设的真正原则，而且这种原则是随着用户的变化而随时更新的。因此，加强用户调查，设计时多考虑用户体验，是解决这一问题的根本之道。

参考文献：

［1］陈冰冰．国际上基于Web教学几个问题的讨论［J］．中国远程教育，2003（2）．

［2］Joanna C. Dunlap, Patrick R. Lowenthal. *Using Digital Music to Enhance Students' Experience inOnline Courses*[J]. TechTrends. 2010, 54(4): 58.

［3］李玉梅．基于用户体验的精品课程Web界面设计研究［D］．武汉：华中科技大学教育技术学硕士论文，2008.

［4］刘名卓．网络课程的可用性研究［D］．上海：华东师范大学教育技术学博士论文，2010.

［5］舒存叶，张雷，赵蔚．网络课程交互现状分析与思考［J］．中国电化教育，2004（11）：69－70.

［6］精品课程师资网络培训：已有多少门精品课程［DB/OL］．http：//www.enetedu.com/topic/content/zhuanti，2008.

［7］夏欧东，余喜，等．关于网络课程开发现状与发展趋势的思考［J］．中国教育信息化，2010（13）：62.

［8］全国高等学校教学精品课程建设工作．

课程公示［DB/OL］. http：//www. jpkcnet. com/new/gongshi，2010.

［9］Steve Krung. 点石成金：访客至上的网页设计秘籍（Don't Make Me Think）［M］. De Dream，译. 北京：机械工业出版社，2011：8－11.

［10］Jesse James Garret. 用户体验的要素——以用户为中心的Web设计［M］. 范晓燕，译. 北京：机械工业出版社，2010：40－45.

*基金项目：本文来源于全国教育科学“十一五”规划教育部重点课题“RIA新技术条件下网络协作学习模式及虚拟社区学习环境的研究”（批准号：DCA100202）。

以学生体验为中心的信息化教学资源设计研究

梁凯华[1] 解月光[2] 王东英[3]

(1. 东北师范大学理想信息技术研究院，吉林 长春 130117

2. 东北师范大学软件学院，吉林 长春 130117

3. 东北师范大学信息技术教育研究所，吉林 长春 130024)

摘 要：新课程改革突出强调学生在教学过程中的体验，信息化教学资源作为信息化教学过程中支撑学生学习的重要手段，其设计也要以学生获得良好的体验为宗旨。本文通过对学生体验和用户体验进行对比，借鉴用户体验的已有研究，得出教学资源对学生体验的影响因素及以学生体验为中心的信息化教学资源设计的要素。

关键词：学生体验 信息化教学资源 教学资源设计

新课程改革突出强调学生在教学过程中的体验，要求从以知识作为起点和终点的教学，转向注重学生在学习过程中体验的教学。而注重学生体验的教学，则强调学生的个人体验，强调师生、生生间的生活联系，关注学生精神世界和生命意义的建构[1]。在信息化教学设计中，强调充分利用信息技术进行基于资源、基于研究、基于问题等方面的学习，使学习者在意义丰富的情境中主动建构知识。

信息化教学资源是指运用现代信息技术进行设计和开发，对信息化教学的活动给予支持的各种资源。信息化教学资源的使用者可以是教师，也可以是学生，本文所说的信息化教学资源，其使用者是学生。信息化教学资源作为信息化教学过程中支撑学生学习的重要手段，自然其设计也要以学生获得良好的体验为宗旨，因此，以学生体验为中心的信息化教学资源设计在信息化教学过程中尤为重要。

一、学生体验和用户体验

（一）学生体验的内涵及分类

一般来说，学生体验可以从广义和狭义两个角度去界定。广义的学生体验是指学生在与教育系统交互过程中获得的认识和情感。狭义的学生体验是指学生在学习过程中获得的认识和情感。本文所说的学生体验是指学生在信息化教学资源支持学习的过程中获得的认识和情感。

体验具有自主性、过程性和亲历性等特点，体验既是一种活动，也是一种结果。根据学习活动结果的作用对学生体验进行划分，可以将学生体验分成积极的体验和消极的体验两种。如果学习活动的结果对学生在活动后的学习与生活能起到促进作用，则认为学生获得了积极的体验；当学习活动的结果并不能促进甚至阻碍了学生在活动后的学习与生活，则被视为消极的体验[2]。

信息化教学设计强调充分利用现代信息技术和信息资源来支持学生的学习，因此，利用信息化教学资源促进学生获得积极的体验，使学生在积极的体验下完成对知识的意义建构，对信息化教学是十分重要的。

（二）学生体验和用户体验

与学生体验相类似概念的是 Web 开发中的用户体验。国际标准化组织（ISO9241 - 210，2008）对用户体验的定义为：用户使用或假想使用一个产品、系统或服务时的感知和反馈[3]。在 Web 产品的开发的过程中，强调以用户体验作为设计决策的中心，产品开发以实际用户的需要和目标为驱动，用户体验的设计贯穿产品开发的全过程。

通过对学生体验和用户体验进行对比分析，找到二者的共同点和不同点。借鉴产品对用户体验的影响因素和以用户体验为中心的产品设计要素的已有研究成果，可以得出信息化教学资源对学生体验的影响因素和以学生体验为中心的信息化教学资源设计的要素。

信息化教学资源是一种教育产品，相对于Web产品具有明显的教学特性。为了保证产品的教学特性，必须进行教学需求分析，根据产品在教学中的作用来进行产品的设计与开发。因此，教学设计是教学产品设计与开发中的关键步骤。[4]

信息化教学资源除了遵循产品开发的一般要求外，其设计还应符合教学设计的要求。信息化教学资源的教学设计主要是确定学习者特征、教学目标、学生需求、信息化教学资源的类型和设计目标，因此，教学设计也是影响学生体验的重要因素。信息化教学资源对学生体验的影响因素可以借鉴产品对用户体验的影响因素，再结合教学设计的对学生体验的影响，就可以得到信息化教学资源对学生体验的影响因素。

二、教学资源对学生体验的影响因素

产品对用户体验的影响因素主要体现在产品功能性和使用性的设计上，而信息化教学资源对学生体验的影响不仅体现在信息化教学资源自身功能性和使用性的设计上，还体现在教学设计上。

产品对用户体验的影响因素主要有内容、功能性、使用性和品牌四个方面，如图3－21所示。具体到用户体验设计的管理，可以对影响用户体验的四个因素从可用、易用、友好、视觉和品牌五个方面进行管理，如图3－22所示。迁移到信息化教学资源的设计中，影响学生体验的因素有：教学设计、内容、功能性和使用性四个方面，如图3－23所示。学生体验设计的管理主要包括教学设计、可用、易用、友好和视听觉五个方面，如图3－24所示。

（一）信息化教学资源的教学设计

教学设计作为信息化教学资源影响学生体验的主要因素和学生体验设计管理的主要因素，其在信息化教学资源的开发过程中具有十分重要的作用。信息化教学资源的教学设计对学生体验的影响主要包括：是否符合学生的特点、能否满足学生的需求。学生体验设计管理金字塔中的教学设计主要包括信息化教学资源是否符合信息化教学设计的需要，与信息化教学模式保持一致，资源的类型、设计目标是否合理。按照设计最终开发完成的信息化教学资源是否可以有效帮助学生进行学习，可以促进教学目标的达成，使学生获得积极的体验。

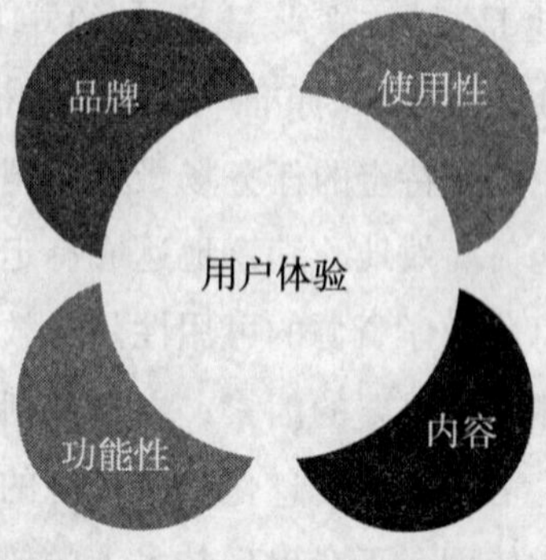

图3－21　影响用户体验的因素[5]

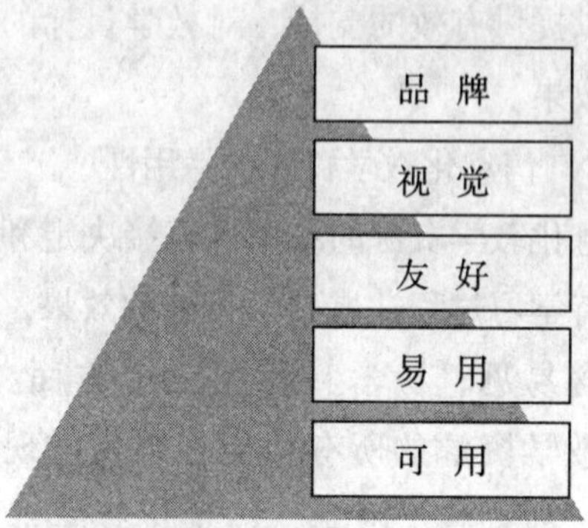

图3－22　用户体验设计管理金字塔[6]

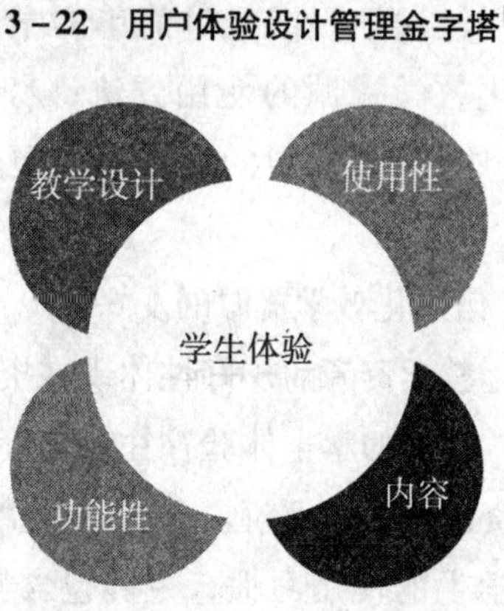

图3－23　影响学生体验的因素

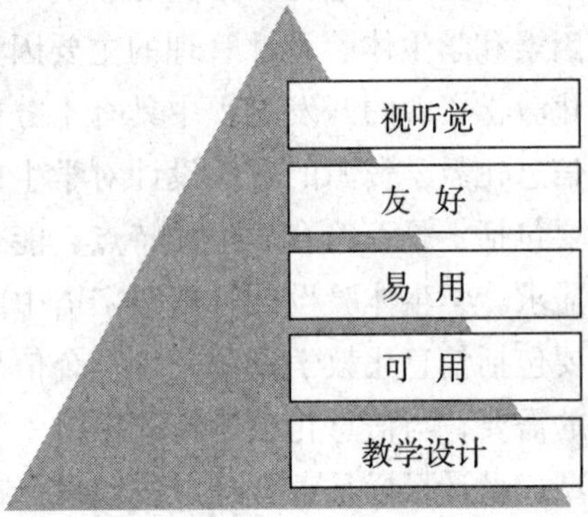

图 3-24 学生体验设计管理金字塔

（二）信息化教学资源的可用性

可用性是一个被大量研究的单因素，在 ISO9241-11（1998）标准中，可用性被定义为：某一特定用户在特定的任务场景下使用某一产品能够有效地、高效地、满意地达成特定目标的程度[7]。信息化教学资源的可用性是除教学设计外影响学生体验最重要的因素，主要包括可用和有用两方面，可用是指信息化教学资源的功能可以被学生正常使用，不会出现技术上的错误；有用是指信息化教学资源的功能和内容对学生的学习过程可以提供有效的支持，对教学目标的达成具有显著效果。

（三）信息化教学资源的易用性

信息化教学资源的易用性直接决定利用教学资源支持学习过程达成教学目标的效果，易用性主要包含易见、易学和易用三个方面。易见，信息化教学资源的所有功能很容易发现，无须较深层次的查找；易学，信息化教学资源使用简单，无须经过学习或经过简单的学习就可以掌握信息化教学资源的使用方法；易用，在熟练使用信息化教学资源的时候可以更快地进行操作。

（四）信息化教学资源的友好性

信息化教学资源的友好性体现在资源使用的整个过程，友好的学生体验往往决定了学生对信息化教学资源的最终评价。友好的学生体验设计需要符合学生的使用习惯，主要包含界面友好、文字友好、交互友好、操作友好等。

（五）信息化教学资源的视听觉设计

信息化教学资源中视觉设计和听觉设计的目的其实是要传递一种信息，由此建立学生的吸引力并向学生传递信息。这里的视觉设计和听觉设计的重点不是视觉、听觉信息内容的设计，而是为了使学生获得良好的视听体验的设计。视觉设计和听觉设计应该符合学生的需求和期望，同时需要考虑到学生的信息技术能力。

三、以学生体验为中心的信息化教学资源设计的要素

在信息化教学资源设计过程中应该以学生体验为设计策略的中心，强调学生优先的设计模式。借鉴以用户体验为中心的 Web 产品设计的三个要素：信息架构、交互设计和视觉设计，以学生体验为中心的信息化教学资源设计的要素主要包括：教学设计、内容设计、信息架构、交互设计和视听觉设计。

（一）以学生体验为中心的信息化教学资源的教学设计

在信息化教学资源开发的过程中，信息化教学资源的教学设计是关键环节，是教学思想的具体表现。信息化教学资源的教学设计主要包括学习者特征分析、教学目标分析、教学内容分析，找到信息化教学资源支撑教学重难点解决的整合点，确定信息化教学资源的类型和设计目标。在信息化教学中，信息化教学资源的设计要符合信息化教学设计的需要，和具体的信息化教学模式保持一致，保证利用信息化教学资源对学生的学习过程提供有效的支持，促进教学目标的达成，同时使学生获得良好的体验。

（二）以学生体验为中心的信息化教学资源的内容设计

信息化教学资源的设计过程中内容设计中的内容不仅指文本，还包括图片、音频和视频。内容设计就是设计需要向学生呈现的信息。信息的内容能有效地帮助学生完成学习任务，使学生获得较好的情感体验。这些信息通过架构设计、视觉设计和听觉设计将信息以确定的组织方式和呈现形式传递给学生。

（三）以学生体验为中心的信息化教学资源的信息架构设计

信息化教学资源设计中信息架构的设计是一个整理信息、平衡学生需求，将信息变成一个经过组织、归类以及具有浏览体系的组合结构的过程。良好的信息架构需要遵循教学理论和学习理论，将信息的基本单位——节点，在组织原则的指导下，按照结构方法对节点进行组织。节点、组织原则和结构方法的确定都要符合学生的需要、期望和已有的经验，以易用和友好为原则，使学生获得良好的体验。

（四）以学生体验为中心的信息化教学资源的交互设计

交互设计是指设计人和产品或服务互动的一种机制，交互设计呈现给学生操作上的体验，强调易用性、可用性和友好性。交互设计体现在信息化教学资源使用的全过程，如登录设计、表单设置、按钮设置等。良好的交互设计需要信息化教学资源根据学生的操作及时、正确、友好的响应。交互设计在本质就是设计易学易用、有良好使用效果而且操作令人愉悦的信息化教学资源。

（五）以学生体验为中心的信息化教学资源的视听觉设计

视觉设计和听觉设计需要在交互设计和信息架构设计的基础上，将内容信息以符合学生特点的形式表达出来。视觉设计和听觉设计不只是关心字体颜色和音量大小，还需要关注学生使用信息化教学资源进行学习的效率。一个没有有效视觉体验和听觉体验的信息化教学资源就像没有门和窗的房屋一样，虽然里面有好的东西，但没有人可以拿到。良好的视觉设计应该将保持界面设计风格一致，每一个页面的重点内容都处于显著位置并清晰呈现，导航设计要丰富准确地呈现信息架构的分类，保证在各分类间实现快速有效的跳转。在个别化教学系统中，视觉设计和听觉设计需要根据学生的风格特征进行变化，在增强学生体验的同时也会获得更好的学习效果。

四、总结

在信息化教学资源设计过程中应该以学生体验为设计策略的中心，强调学生优先的设计模式。信息化教学资源对学生体验的影响因素主要有：教学设计、内容、功能性和使用性。学生体验的设计管理主要包括教学设计、可用、易用、友好和视听觉。以学生体验为中心的信息化教学资源设计的要素包括：教学设计、内容设计、信息架构、交互设计和视听觉设计。在对信息化教学资源进行设计时，需要考虑信息化教学资源对学生体验影响的4个因素和管理的5个方面，将影响因素融合到信息化教学资源设计要素中，才能使学生获得积极的体验，更好地完成对知识的意义建构。

参考文献：

［1］陈旭远，刘冬岩．促进学生体验的教学策略［J］．中国教育学刊，2004（4）：48.

［2］伍香平．论体验及其价值生成［D］．武汉：湖中师范大学，2003.

［3］［7］刘静，孙向红．什么决定着用户对产品的完整体验？［J］．心理科学进展，2011（1）：94－95.

［4］李龙．教学设计［M］．北京：高等教育出版社，2010.

［5］ACPP. 理论分析：UE 用户体验定义［EB/OL］．http：//www. acpp. com. cn/news/DesignNews/5146. shtml，2011－06－17.

［6］赵望野．用户体验在数字产品设计中的应用模式研究［J］．机械工程师，2008（7）：114.

专题四　教育游戏研究

教育游戏的研究现状分析

彭习梅　颜丽梅　杨家宽　叶小波

（楚雄师范学院，云南　楚雄　675000）

摘　要： 教育游戏是教育技术的新兴研究领域，更是有着更大应用价值和社会价值的实践领域。本文采用内容分析法对教育技术类主要期刊中有关教育游戏的文章进行分类和统计，在数据分析的基础上，得出了目前教育游戏的研究现状、存在的问题及可能原因。

关键词： 教育游戏　研究现状

一、引言

近年来，火爆的网络游戏作为一种新生事物，带来了巨大的经济利润，同时也带来了一系列现实问题，引起了社会各界的广泛关注以及争论和质疑。部分缺乏自制力的青少年沉溺于网络游戏，不能自拔，荒废学业，影响了身心健康。越来越多的政府相关部门和行业的有识之士认识到问题的严重性，采取了一系列的措施以尽可能减弱网络游戏的负面影响，并向社会呼吁健康绿色的网络游戏。随着人本教育、快乐学习理念不断深入人心，游戏化教学初露端倪，教育游戏的提出为“寓教于乐”这一古老命题赋予了新的活力，迅速成为研究热点之一。正如祝智庭教授2005年所言：“关注并投入娱教技术研究与应用实践，则是为教育技术开辟了一个新领地，对于促进教育技术学科发展具有重大意义。”

本文采用内容分析法对教育技术类主要期刊中有关教育游戏的文章进行分类和统计，在数据分析的基础上，得出了目前教育游戏的研究现状、存在的问题及可能原因，并在一定程度上预测了未来的研究方向。

二、教育游戏的定义和内涵

关于教育游戏的定义，目前尚未形成统一共识，比较有代表性的定义是“Serious games”“Edutainment”，具体如下。

定义一：Serious games——基于严肃游戏与商业游戏的关系，认为严肃游戏是商业游戏的一种，具有游戏的外观与要素，但严肃游戏的目的不是纯粹的娱乐，而是训练与教育。严肃游戏是视频和计算机游戏的一种，有多种风格，但其并非以普通游戏的娱乐为核心目的。严肃游戏通常是一种具有游戏的外观与感觉，是对现实事件或过程的模拟。通常严肃游戏在给予使用者一种可玩的体验时，其主要目的是训练或教育使用者。

定义二：Serious games——基于游戏的应用领域。严肃游戏是在公共部门使用的游戏，在很大程度上可以连接电子工业与教育、训练、健康和公共政策。

定义一和定义二主要表述教育游戏的使用领域，特别强调游戏的非娱乐领域，如健康、政策、防卫、教育等部门，其本体仍是游戏。

定义三：Edutainment——寓教于乐。

寓教于乐也即教育娱乐或娱乐教育，其目的通常是给观众指示或嵌入一些观众熟悉的娱乐形式，如电视节目、计算机和电子游戏、影片、音乐、网站、多媒体软件等，引导其接受教育。

GBL（Game-Based Learning），基于游戏学习，则认为是严肃游戏的一个分支。严肃游戏、寓教于乐和基于游戏学习三者是基于游戏与教育之间的不同方面来描述的。究其差别，严肃游戏是以游戏为本体，具有游戏的要素与特征，其目的是用于教育或学习，此定义的关注点是游戏，当然在具体应用中游戏是作为教育或学习的客体，如作为学习或教育的工具、作为学习或教育的内容、作为学习或教育的过程、作为学习或教育的境界等，其重点仍是游戏，而GBL是严肃游戏的分支，本体仍然是游戏，只是游戏用于学习方面。至于寓教于乐，其本体是教育者，游戏是教育的一种手段，一种工具等[1]。

定义四：教育游戏，基于软件。

教育游戏是能够培养游戏使用者的知识、技能、智力、情感、态度、价值观，并具有一定教育意义的计算机游戏类软件[2]。

定义五：其他与此相关的概念还有“轻游戏”“清淡”版本。

2005年香港学者尚俊杰、李芳乐等提出了“轻游戏”的概念，即“轻游戏=教育软件+主流游戏的内在动机”[3]；2004年Kirriemuir和McFarlane提出了主流游戏的“清淡”版本，即删除游戏中所有与教学不相关的内容后，供课堂教学使用。

这两个定义从教育目的来看，都是将游戏作为教学的工具，取游戏适合教学的内容，但从描述的角度却分属两个不同思路。“轻游戏”基于教育软件，再加上游戏的一些要素，在教育软件的基础上，再制作新的教育软件——“轻游戏”。这种描述的逻辑起点是教育软件，本体也是教育软件。而主流游戏的“清淡”版本，则是以游戏为本体，其逻辑起点是游戏，结果也仍然是游戏。

综上所述，关于教育游戏的描述可以基于两个角度，其一是以游戏为本体，取游戏适合教学之内容；其二则以教学软件为本体，加上游戏的一些要素，使之更有效地用于教学。在此之上可以建立严肃游戏与寓教于乐概念的异同。如果基于游戏，则严肃游戏与普通游戏主要是关注点的差异。严肃游戏关注点是非娱乐领域，其目的是教育、训练等；而普通游戏的主要目的是娱乐，当然在娱乐的过程中也不排除教育、训练等。

对于游戏特点的研究，众说纷纭，但不乏包含目标、规则、竞争、奖赏与结果（Dempsey，1996）；Rieber（1996）提出游戏是自愿的、内隐的、主动参与的、虚构的。Malone（1987）提出游戏具有吸引人的四大特征，即具有挑战性、富有想象力、引发好奇心和掌有控制权。美国芝加哥大学心理学家米哈利·捷克仁米哈依（Mihaly Csikszentmihalyi，1990）在他的文章《沉浸：心理的最佳体验》（Flow：The psychology of optimum experience）中针对游戏进行研究发现，许多游戏者在游戏时，会聚精会神、全身心投入到情境中，并过滤掉周遭的所有不相关的知觉，能够完成在平时自己看来不可能完成的任务，并伴有愉悦感，进入一种最佳状态，即沉浸状态。

教育游戏正是看到了游戏的这个特点，试图充分利用游戏的这种最佳心理体验状态来设计有利于学习的教育游戏。

三、教育游戏研究的内容分析

（一）主要研究方法

教育游戏的主要研究方法是内容分析法。内容分析法是教育传播研究的一种重要方法，它是对明显的传播内容，作客观而又系统的量化并加以描述的一种研究方法。它以预先设计的类目表格为依据，用系统、客观和量化的方式，对信息内容加以归类统计，并根据类别项目的统计数字，作出叙述性的说明。

（二）样本选取

本文的研究样本是从2002—2010年国内有代表性的教育技术类期刊中选取的与教育游戏密切相关的文章。主要期刊包括《中国电化教育》《电化教育研究》《中国远程教育》《现代教育技术》和《中小学信息技术教育》，共选择了54篇有关教育游戏的文章作为内容分析的样本，研究的详细情况如表4-1所示（本研究活动中分析单元为篇）。

表 4-1　内容分析研究样本详细情况（2002—2010 年）

年份 / 文章（篇） / 期刊	2002	2003	2004	2005	2006	2007	2008	2009	2010
中国电化教育	—	1	2	1	7	—	3	—	2
电化教育研究	—	—	1	2	5	3	3	1	3
中国远程教育	—	—	—	—	—	—	—	—	1
现代教育技术	1	1	1	1	—	4	—	4	1
中小学信息技术教育	—	—	—	1	1	2	2	—	—
合计	1	2	4	5	13	9	8	5	7

（三）类目表格的设计

根据研究目的与研究内容建立如表 4-2 所示的内容分析类目表，表中的分析类目分为设计、开发、应用、管理、评价 5 类，每一类又根据实际情况细分成不同的子类目。按照研究制定的类目表格，按分析单元（篇）顺序，系统地判断并记录各类目中出现的篇数，结果如表 4-2 所示。对这些文章进行分类判定时，存在一定的困难，因为有部分文章的内容没有明确的限定范围，往往很难判定，同时尽管努力克服主观因素的影响，但可能还是有误差。

表 4-2　内容分析类目表格与分析结果

年份 / 文章（篇） / 类目		2002	2003	2004	2005	2006	2007	2008	2009	2010	小计	合计
设计	教育游戏设计的理论基础	—	1	1	2	5	1	—	—	—	10	26
	教育游戏设计的原则和策略	1	—	—	—	1	1	1	1	1	6	
	教育游戏的设计模式	—	—	—	1	—	1	—	—	—	2	
	教育游戏的教学设计	—	—	1	—	—	1	—	1	1	4	
	教育游戏的系统设计	—	—	—	1	2	—	—	—	1	4	
开发	教育游戏开发的技术或平台	—	—	—	—	1	1	—	—	—	2	7
	教育游戏开发的策略	—	—	1	—	—	—	—	—	1	2	
	教育游戏的开发模式	—	—	—	—	—	—	—	—	—	0	
	教育游戏系统的开发	—	—	1	—	—	—	1	1	—	3	
应用	教育游戏的应用模式	—	—	—	1	1	—	—	—	1	3	19
	教育游戏的应用策略	—	1	—	—	2	1	1	—	1	6	
	教育游戏的应用效果	—	—	—	—	1	3	3	2	1	10	
管理	教育游戏教学管理	—	—	—	—	—	—	1	—	—	1	1
	教育游戏系统管理	—	—	—	—	—	—	—	—	—	0	
评价	教育游戏的评价原则	—	—	—	—	—	—	1	—	—	1	1
	教育游戏的评价标准	—	—	—	—	—	—	—	—	—	0	
	教育游戏的评价方法	—	—	—	—	—	—	—	—	—	0	
小计		1	2	4	5	13	9	8	5	7	54	54

（四）研究数据与情况分析

在表4－2的基础上，以时间维度和类目维度进行统计分析，分别得出图4－1和图4－2。

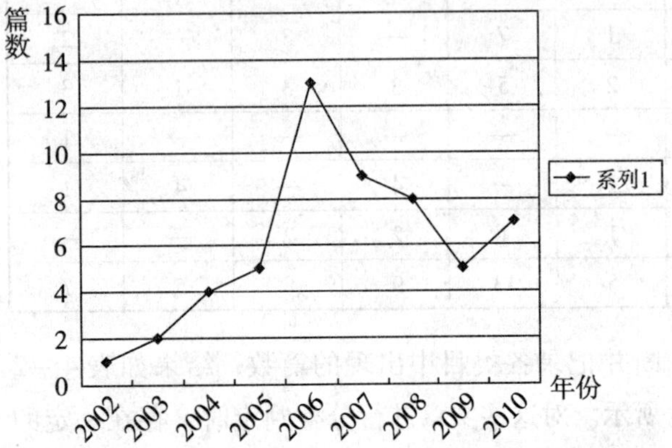

图4－1 教育技术类主要期刊中的教育游戏文章数目统计

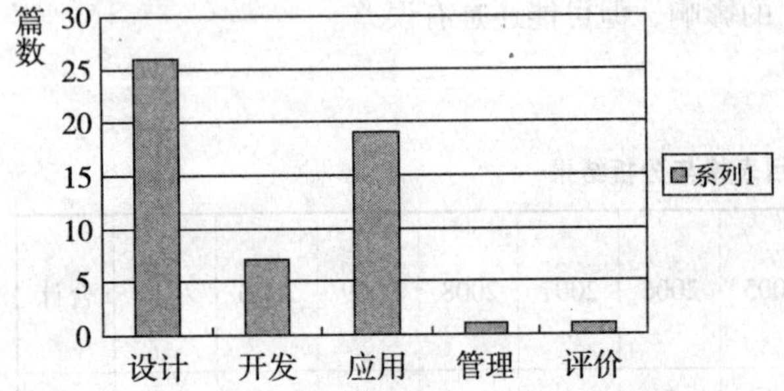

图4－2 教育游戏相关文章分类统计

综上所述，从中不难发现以下几点。

第一，近年来有关教育游戏的研究论文数目不断增加，从2002年的1篇增加到2006年的13篇，如图4－1所示。这一现象说明教育游戏越来越受到人们的关注与认可，教育游戏集知识性、趣味性、竞争性、合作性、虚拟现实性等于一体，适合培养学习者的协作意识以及解决实际问题的能力，也适合激发学习者的学习兴趣、维持学习者的学习动机，它正在成为教育信息化应用的焦点。

第二，观察表4－2和图4－2会发现，当前教育游戏的研究内容主要集中在“设计”，其次是“应用”，而“设计”的子类目中“教育游戏设计的理论基础”更是占有相当大的分量。这说明，目前教育游戏的研究主要集中于理论探讨和技术应用两个方面，通过理论指导实践，实践又反过来支持理论。这在一定程度上吻合了教育技术学科自身的特点——使用技术来优化教育、教学过程，以提高教育、教学的效果、效率。

第三，根据表4－2中各子类目所占篇数多少可以看出，篇数最多的是“教育游戏设计的理论基础”，为什么这个类目明显占多数呢？这应该与教育游戏的历史较短有很大关系。电子类教育游戏最早起源于20世纪80年代初，当时美国学者Bowman研究电视游戏与教育教学的整合，随后又有学者Driskell等人对游戏的教育功能以及游戏在教育中的运用作了一些研究。在我国，随着电脑游戏的普及，对教育游戏的认识和研究逐渐起步。因而这段时间的研究主要是借鉴相关学科的理论和原理，解释遇到的新现象和面临的新问题，并在此基础上建构其自身的理论体系。

第四，“管理”和“评价”很少。研究者之所以尚未涉及这些领域，可能的原因就是教育游戏目前处于起步阶段，研究者只注意到它潜在的优势但主动在教学中尝试的并不多，“应用”的不足导致“管理”和“评价”的相对滞后。AECT 94定义明确提出“管理”是教育技术的5大范畴之一，并且指出“管理范畴一直是领域的一部分，因为支持每一项功能的资源都必须得到组织和管理”[4]。技术引入教育，本身就有两种可能，既可以促进学习，也可以妨碍学习，必然有一个如何评价的问题。这些必须引起我们的注意。

除了“管理”和“评价”类目外，还有“开发”类目中的子类目“教育游戏的开发模式”研究也是空白。教育游戏作为一种新兴的教学媒体，具有复杂的响应策略和灵活的交互机制，它本身对技术性要求相对较高，同时还需满足教育性和游戏性的完美融合。因此，探索教育游戏的开发模式是一项长期而艰巨的任务。

总的来说，教育游戏的研究发展迅速，研究内容主要是有关教育游戏的设计（尤其是设计的理论基础），教育游戏的开发和应用才刚刚起步，而关于教育游戏的管理和评价更是少，有待于进一步研究。科学有效的组织、管理和评价，是教育游戏的实施以及优化教育效果的保证。这方面的研究内容包括教育游戏评价原则、评价标准和评价方法的建立、应用，以及教育游戏系统管理方案的制订和实施。

关于教育游戏软件的开发，目前市面上还没有出现被广泛认可的教育游戏软件，这也是阻碍教育游戏教学应用的因素之一。教师自行设计与开发教育游戏软件，不仅更切合实际的教学和学习需要，还能提高教师的教研水平，是一种值得探索的开发模式。相信上述研究问题的解决，对于教育游戏软件制作质量与开发效率的提高都具有一定的促进作用，同时对于教育游戏在教学中健康、快速地发展也有一定的指导意义。

（五）目前教育游戏面临的问题

1. 教育游戏的娱教成分不够平衡。

很多教育游戏的教学内容主要针对一些课堂教学内容进行设计，将教学内容加入到游戏之中，将游戏作为一个奖励提供给玩家，或者直接让游戏者回答问题，回答正确之后才能进入下一步游戏，游戏与教学内容的衔接设计得不是很好。玩家无法在游戏中学习到相关的知识，更多的是对一些识记的内容进行学习与复习。因此，在游戏过程中，玩家很难提高自己分析问题与解决问题的能力，而且这种设计方式也使得教育游戏缺乏趣味性和创新性，无法收到预期的教学效果。

2. 教育游戏的使用缺乏统一的规范。

由于设计的差异性，教育主管部门很难认同游戏的教育潜力，教师也无法判断哪些游戏适合用于教学，并由于缺少时间去熟悉游戏而不能更好地发挥它的作用[5]。此外，游戏中存在大量与学习不相关的内容，也会消耗一定的课堂时间。因此，教育游戏的使用场合是在课堂，还是由老师监督，学生在课外使用，值得商榷。

3. 开发人员缺乏教育理念。

“懂教育的人不懂开发，懂开发的人不懂教育”，这是目前国内教育游戏开发领域人才培养方面存在的一个突出问题。这些不懂教育的开发人员开发出来的教育游戏软件要么过分强调娱乐性而忽视了学习，要么缺乏趣味性和可操作性，使整个软件无法吸引学生而难以收到预期的教学效果。

4. 教育游戏产品的种类不够丰富。

相对于西方国家，国内在教育游戏方面的发展还比较落后，相关的配套措施还不够完善，开发的教育游戏产品的种类有限，一般集中在中小学的课外认知课程上，还没有形成一个完整的教学体系。

5. 教育游戏的市场化程度不高。

教育游戏作为一个游戏产品，最终需要进入市场，需要经过市场与用户的检验。国内目前开发的教育游戏软件基本上都是由政府埋单，其他营销渠道也多是走学校、教育行政部门。当然，教育本身作为政府的一项社会职能，其配套措施由政府配合实施也无可厚非。但是，作为一种游戏，它最终要面对的是广大用户与玩家，因此营销时还是采用经销商与客户模式才更加符合市场化的要求。市场化方面存在的问题，从根本上反映出厂商在开发游戏的过程中没有很好地确定用户群体。用户的需求决定了整个游戏的设计与开发，只有设计出适合玩家需求的游戏，才能够更好地开拓市场，才能够获得持续的收入，才能达到实用与获利的目的。只有将整个市场化过程贯穿于整个游戏的立项、选题、设计、开发、测试、销售等各个环节之中，才能够保证市场化的顺利实施。

四、对我国教育游戏研究的思考

（一）加强理论研究向实践研究的转化

通过对我国教育游戏研究现状的分析，发现理论研究文献与实践研究文献所占比重相差很大，说明我国对教育游戏的研究依然重理论、轻实践。目前，人们对教育游戏在教育中的功能、应用特点、教育游戏与教育等问题已经有了明确的认识，因此，今后一段时间，我们应该将理论研究与实践紧密结合起来，加强教育游戏的设计、开发、应用等实践方面的研究，力争使理论研究的课题来源于实践，用实践研究的成果去指导教育游戏的开发和发展。

（二）加强教育游戏与学科教学或学习的结合

我国关于将教育游戏与具体学科相结合进行教学和学习的研究文献和实践应用都很少，因此，加强教育游戏与学科教学或学习的结合，教育游戏的功能才能充分发挥，寓教于乐和乐学才能变成现实。

（三）加强“电子游戏”向“教育游戏”的转换，解决游戏沉迷问题，实现游戏的教育价值

“电子游戏”使广大青少年如痴如醉，沉迷其中难以自拔，给学生的学习带来了许多负面影响，但电子游戏在玩家动机、兴趣激发、持久注意力、情境感染等方面的设计策略完全可以为教育游戏的设计提供可借鉴的经验。开发者加强“电子游戏”向“教育游戏”的转换，既可以解决青少年的游戏沉迷问题，又可以实现游戏的教育价值，在教育市场上会把游戏的“蛋糕”做得更大更好，也可以实现企业赢利和学生教育的双赢。

（四）总结传统游戏教育的经验和借鉴国外成功的经验

传统游戏在幼儿园教育和体育教育中已经积累了丰富的经验和有效的教学方法，可以将这些成功的经验和范例嫁接到教育游戏软件的开发中，同时借鉴国外教育游戏开发和教学的经验。在我国正在进行的新课程改革思想的引领下，游戏教学将会为基础教育带来新的变革。

（五）教育部门积极支持和正确引导，探究新型教企合作形式

2004年年底，上海市教委公开向社会征集网络益智游戏，中标产品将由教委免费向下属1500所中小学推广。这在当时的教育界和游戏界掀起了轩然大波，同时也传递出一个信号——教育部门开始定制需求，以引导教育游戏企业的研发方向。在教育游戏开发的过程中，教育部门要积极支持和正确引导，加强教育部门与游戏开发企业之间的合作，发挥各自功能，探究新型教企业合作形式，在优化产业政策环境、市场环境和人才环境等方面形成合力。

五、结束语

通过对文献的整理和分析可以看出，目前，不仅在教育游戏的理念上，还是在教育游戏软件的设计开发上都在进行尝试，并不断发展完善。在我国，人们对教育游戏的认识模糊，虽然对它的恐惧、排斥心理有所缓解，但误解还存在。教育游戏的应用比较少，已有的应用也仅仅局限于小学阶段的某些科目上，在中学、大学教育中几乎见不到，这块肥沃的土壤开发者寥寥无几。现在进行教育游戏研发的单位中公司企业居多，商业性比较强，而且游戏结果单一，说教内容过强，一旦游戏者熟悉了游戏之后，游戏就不再会有太大的吸引力。另外，在游戏与教育者知识点结合方面，当前的教育游戏软件仍存在一些不足，游戏与知识内容完全分离，知识内容大多以题目的形式出现。例如，当需要攻击怪物和前进时，首先必须回答问题，知识内容没有真正地融入游戏中。可以说，国内教育游戏软件如同一块待开垦的荒地，适用于教学实际的教育游戏软件还远远不能满足需要，教育游戏软件的设计、开发、应用、管理、评价还有待探索研究。特别是管理和评价领域目前的研究甚少，有待后续研究者进一步开拓。

参考文献：

[1] 李建生．教育游戏研究发展综述分析[J]．南京晓庄学报，2007（12）：87－89.

[2] 吕森林．教育游戏产业研究报告[J]．中国远程教育，2004（22）：37－42.

[3] 尚俊杰，李芳乐，李浩文．“轻游戏”教育游戏的希望和未来[J]．电化教育研究，2005（1）：45－48.

[4] 巴巴拉·西尔斯，里塔·里奇．教育游戏：领域的定义和范畴[M]．乌美娜，等，译．北京：中央广播电视大学出版社，1999.

[5] 陈卫东．教育游戏的设计与应用策略思考[J]．吉林广播电视大学学报，2008（1）：30－34.

基于认知负荷理论的教育游戏设计

王　吉

（渤海大学教育与体育学院，辽宁　锦州　121000）

摘　要： 根据认知负荷理论，学习者使用教育游戏学习时进入到工作记忆的相关信息包括内在认知负荷、外在认知负荷和相关认知负荷三部分，教学材料的设计必须考虑认知负荷的因素。相应地，可以将教育游戏的基本结构概括为学习内容、娱乐内容和元认知内容三部分，并从调节认知负荷入手调整游戏的各个部分，优化游戏结构，更好地发挥教育游戏的作用。

关键词： 认知负荷　教育游戏　设计

基于电脑、网络的教育游戏越来越成为教育领域的一个热点话题，许多研究者希望将游戏与教学结合起来，将游戏的黏合力迁移到教学中。但研究中人们发现，在许多利用教育游戏学习的过程中，参与游戏的学生往往并不是为了学习知识而进行游戏，而仅仅是出于游戏需要[1]，因而教学效果不好。但如果一味追求效果则容易使游戏成为简单说教，激起学生的逆反，使他们不喜欢这个游戏。调查表明，一线教师中也有类似的忧虑：80%以上的教师认为目前的教育游戏软件在教育性、游戏性两者的结合上存在不足[2]。因此，如何认识教育游戏，怎样平衡它的游戏性与教育性，成为教育游戏应用亟须解决的一个问题。这里，认知负荷理论可以从游戏者个体内部心理变化过程入手，为教育游戏的设计提供一个分析框架。

一、认知负荷理论概述

认知负荷理论（Cognitive Load Theory，简称CLT）是由教育心理学家John Sweller于20世纪80年代提出的一种理论，它以认知资源有限理论和图式理论为基础分析了个体认知加工的过程。认知负荷理论认为[3]，人类的认知结构主要由工作记忆和长时记忆构成，信息加工的过程主要发生在工作记忆中，工作记忆加工后的信息会进入到长时记忆进行保存。但工作记忆的容量是有限的，只能同时存储7个左右或者加工2—3个信息单元，如果同时进入到工作记忆中的信息（认知负荷）超出其容量，将造成认知负荷超载，使信息无法被加工，从而造成学习的失败。这种工作记忆的有限性被研究者概括为资源有限理论[4]。另一方面，工作记忆加工后的信息会以图式（schema）的形式存储在长时记忆中，这种图式是一种模块化的信息。在工作记忆里对新的信息进行加工的过程中，与新信息相关的这些信息会以图式方式激活进入到工作记忆中，并参与信息加工，图式仅占用工作记忆的一个单元，而且有的图式经过反复实践后可以达到自动化的程度，因此加工的速度很快。这个从长时记忆中提取图式，参与信息加工的认知过程被概括为图式理论[5]。

审视个体信息加工时工作记忆里的内容可以看到，信息加工时，在工作记忆中一般加载三类信息。第一类是与学习目标直接相关的，希望个体掌握的学习内容，它的大小取决于学习材料的内在特质，它是认知加工最终要吸收的“营养”。第二类是与新内容组织和呈现方式相关的信息单元，它以新学习内容外壳的形式进入到工作记忆，它是“营养”的载体，也要占用工作记忆的认知资源。第三类是原本处于长时记忆中与新学习内容相关的信息单元，它以图式的形式进入到工作记忆中，从而促进信息加工的完成，因此可以视为认知加工过程中的“催化剂”。它只占用工作记忆很小的空间，但会大幅提高信息处理的效率。这三类加载到工作记忆中的信息单元统称为认知负荷（Cognitive Load）。其中第一类内在于学习内容而与具体教学无关的信息单元称为内在认知负荷（Intrinsic Cognitive Load），第二类作为学习内容外壳存在的信息单元称为外在认知负荷（Extraneous Cognitive Load），而第三类与学习内容相关的原有学习经验，以图式形式进入到工作记忆的信息单元称为相关认知负荷。根据认知负荷理论可以看到，对学习资源进行设计的一个重要目标就是要保证内在认知负荷的适度，尽量减少外在认知负荷，促进相关认知负荷参与信息加工。

二、认知负荷理论下教育游戏的结构

根据上述认知负荷理论的观点，学习者使用教育游戏学习（游戏）时进入到学习者工作记忆的相关信息同样包括内在认知负荷、外在认知负荷和相关认知负荷三部分。相应地，与三类认知负荷相对应的教育游戏的相关内容可以分为学习内容、娱乐内容（游戏形式）和元认知内容三部分。由此我们可以得到教育游戏的基本组成结构，如图 4－3 所示。

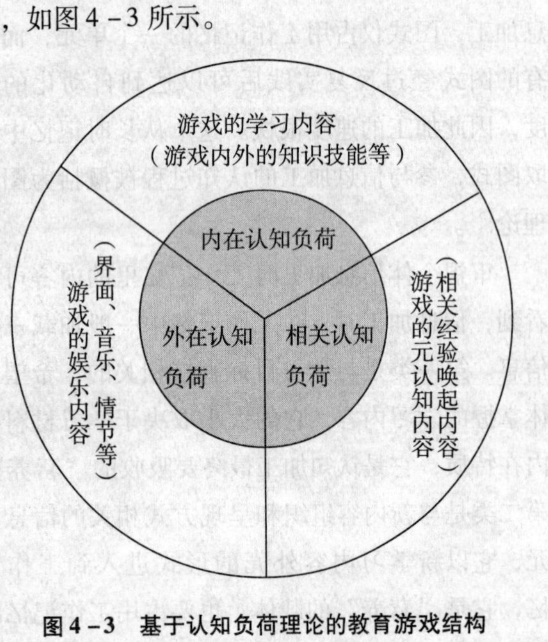

图 4－3　基于认知负荷理论的教育游戏结构

在图 4－3 中，灰色内圈区域表示内在于学习（游戏）者的认知负荷，外圈表示对应学习者内部认知负荷的游戏结构。据此我们可以看到，教育游戏可以视为由三个基本部分组成的统一体。

1. 游戏的学习内容。

对应于学习者的内在认知负荷，体现了教育游戏中“教育性”的一面，是教育游戏中教育目标对应的学习内容。从具体形式上看，这部分内容既包括嵌入到游戏中的知识技能，又包括游戏外的游戏手册或相关论坛内的知识讨论等。

2. 游戏的娱乐内容。

对应于学习者的外在认知负荷，体现了教育游戏中的“游戏性”的一面，是教育游戏中认知内容的表现形式，虽然与学习目标要求的知识无关，但这却往往是教育游戏的魅力所在。这部分内容包括游戏中的音乐、关卡设置、界面等，也包括游戏者在相关论坛里发表的相关内容的讨论。

3. 游戏的元认知内容。

对应于学习者的相关认知负荷，这部分内容主要是帮助唤起游戏者（学习者）先前相关经验的内容，这部分内容既包括与娱乐内容相关的一些游戏经验、操作技巧等，也包括与学习内容相关的一些原有学习经验。从表现形式上，这部分内容包括游戏内部的一些导航、界面设计，也包括游戏后的总结反思等。

在不同的教育游戏中，学习内容与娱乐内容的比例也有所不同，根据二者比例的不同，研究者常常将教育游戏分为两类：富学习内容的教育游戏和富娱乐内容的教育游戏。富学习内容的教育游戏以完成学习目标为主要任务，兼顾娱乐性，它首先是一个教育软件，其任务内容都与课程相关，具备一般教育软件内容丰富、结构完整的特点，同时也具备主流游戏的一些特征，如内在动机、挑战、好奇等，即一些研究者所说的“轻游戏”（Light Game）[6]。如在“金山打字通”这款打字教学软件中就集成了“警察抓小偷”“青蛙过河”等多种游戏式的模块，模块虽然有诸如“竞争”“趣味”等游戏的特征，但本质上还是打字练习这一目标的体现。富娱乐内容的教育游戏主要考虑游戏的可玩性，它以激发游戏者的兴趣，吸引游戏者深度参与为主要目的，在游戏的过程中间接引发学习者对一些知识、技能的掌握。如有的老师尝试在信息技术课堂上应用Windows自带的“扫雷”游戏，培养学生“鼠标及其操作”，并取得了较好的教学效果[7]。这里课堂中的“扫雷”就可以算是一款富娱乐内容的教育游戏了。大部分的教育游戏是介于这两类游戏之间，既考虑学习内容又兼顾娱乐内容。但无论是对应于学习者内在认知负荷的学习内容还是对应于外在认知负荷的娱乐内容，都要在游戏中进入学习者的工作记忆，占用学习者有限的认知资源。实践中这种“教育性”与“娱乐性”的平衡问题就凸显出来：如果学习内容过少，则游戏失去了教育价值；如果学习内容过多，有可能因学习者的内在认知负荷过多造成认知负荷超载，使学习者疲惫不堪，失去兴趣。因此，这里我们就将外部的游戏性与教学性的平衡问题转化为游戏者内部认知负荷的问题，并在开发教育游戏时考虑学习者的认知负荷，根据教育游戏的结构进行设计。

三、认知负荷理论下的教育游戏设计

根据学习者内部的认知结构，构建起外在的教育游戏的分析框架后，就可以根据这个分析框架，分别考虑教育游戏的学习内容、游戏内容和元认知内容三个组成部分，并对应考虑各部分的设计策略。

（一）教育游戏学习内容的设计策略

教育游戏首先应该是一个教育软件，学习内容是教育游戏的首要组成部分，但这部分内容也不能过于庞杂，如果一个游戏软件包含了过多的复杂学习内容，那么会给学习者带来较重的认知负荷，甚至使学习者无法完成信息加工。因此根据认知负荷理论，在内容设计上可以考虑多种内容组织策略相互结合。

1. 学习内容渐进呈现、多样展示的内容组织策略。

如果教育游戏负载的学习内容比较复杂，就会带来较大的内在认知负荷，造成认知超载，因此设计者要采取一定的方式将学习内容简化，对此我们可以采取知识渐进（Knowledge Progression）的设计策略[8]。在设计游戏时，设计者可以将复杂的学习内容拆分成若干个简单的信息单元，学习者每次只需加工一个单元，这种设计与程序教学中的小步子原则是相似的。在完成各个独立单元的学习后，还要呈现全部信息，让学习者回顾前面所学内容，并构建起对整体知识的理解。一个复杂的任务往往都是由许多难度适中的小任务组成，完成每个小任务后都会留下游戏记录，完成最终任务后可以回顾在各个阶段的小任务中的表现。

2. 游戏内外学习过程、资源结合的策略。

除了考虑游戏内部的学习内容设计外，还要关注游戏外的配套资源建设。如果游戏中的学习内容过多、难度过大，即使通过渐进呈现的方式也难以减小学习者的内在认知负荷，那么就应该考虑把其中的一些支持性知识信息放在游戏之外，通过配套的知识手册或在线知识库的形式将这些知识移到游戏外。对于这部分知识，可以通过教师讲解、讨论等传统教学方式在学习者的长时记忆中建立起一定的认知图式；对于一些常规性的知识，最好能使学生达到自动化的程度，避免使所有信息都展示在游戏中，造成游戏者的信息超载，从而减少学习者在游戏中的内在认知负荷。

（二）教育游戏的娱乐内容设计策略

娱乐内容是游戏的重要组成部分，无论是传统的角色扮演、模拟、竞技，还是时下流行的SNS社交游戏，都要靠一些娱乐指标激发游戏者的热情。抛开了娱乐内容的游戏就不是游戏了，但作为知识内容载体的娱乐内容也可能给学习者带来较多的外在认知负荷，因此在设计时需要精心设计，在保持游戏魅力的前提下尽量减少娱乐内容带来的认知负荷，即采用娱乐内容精简化的设计策略。

近年来，教育技术领域关于认知负荷的研究多集中在减少外在认知负荷上，有许多做法值得我们借鉴。总体来说，娱乐内容的设计应该采取适度精简的策略。在保持游戏娱乐性的同时要尽量减少冗余信息，对于跟学习内容关系不大的娱乐内容，如不能删除，也要尽量使其简单。例如，在游戏界面的设计上，设计者要特别关注操作的简单和界面的统一。首先，游戏操作要简单化。例如，在一款名为“学习村庄”的游戏中，游戏者的发言是建造房屋、建设村落的基本方式，但发言要考虑格式、内容的完整、规范等，是一种较复杂的交互方式，游戏者可能较难把握发言的重点，而且会因为考虑发言格式等加重认知负荷，因此游戏设计者通过“发言模板”帮助游戏者更快更好地建造房屋（发表观点），而研究发现这种模板的使用（冗余信息的减少）对于学生的发言质量有很大帮助[9]。其次，界面设计要简洁化。屏幕界面设计首先要尽可能与游戏者以往的经验保持一致，最好使用与流行商业游戏一致的标准界面元素、指标、图标等来描述任务，使得学习者根据已有经验就能清楚地识别游戏中各个指标的意义。此外，在不同界面中相同性质元素的形态、位置、功能要保持一致，使用统一、清晰、简洁的界面结构，这些都能降低学习者在学习过程中的外在认知负荷[10]。

（三）教育游戏的元认知内容设计策略

相关认知负荷用于图式的构建与自动化，标志着学习有效发生的过程，因此要在工作记忆允许的范围内尽可能提高相关认知负荷占有的容量。相应地，进行游戏设计时，对于与相关认知负荷直接对应的元认知内容设计也要高度重视。因此，应当重视自我解释的元认知内容设计策略。

自我解释是指学习者在学习过程中对自己的行为选择作出解释，以此理解新信息的行为。它是一种积极主动的认知建构活动，学习者在进行自我解释时，会提高相关认知负荷水平。因此，在教育游戏中应增加这样的促进游戏者反思的机会。一方面，可以在游戏中增设一些需要学习者主动解释的提问，如游戏中可以询问游戏者“选择这种做法的原因是什么?”“除了这种做法外，还可以怎样?”等，类似提问会督促学生主动思考自己行为选择的原因。另一方面，应该在游戏外，通过游戏论坛、讨论组等形式鼓励学生对游戏中的行为进行说明交流，通过介绍自己过关的经验，回答其他游戏者的问题等形式进行学习过程的反思和自我解释，通过彼此交流提高学习者的元认知水平。

对教育游戏的结构进行认知负荷意义上的分析，除了对教育游戏的设计开发有一定指导意义外，对我们应用教育游戏促进学习者学习也有一定启示。首先，要重视游戏内外的统一。教育游戏的设计工作不仅是单纯的程序设计或软件开发，更是一个系统的教学设计，是一个包括游戏内外学习资源和学习过程整体的创造、使用、管理过程。要使教育游戏的教学功能更好地发挥不能仅靠教育游戏自身，更应注意游戏外的一些工作。其次，要关注游戏者的交流与合作。设计游戏时，要考虑为游戏中、游戏论坛里的玩家搭建沟通的平台，使游戏者能够交流心得、分享体会。这种游戏者之间的交流既是游戏黏合力的重要组成，又是游戏者自我解释的过程。通过与他人交流，特别是不同类型学习者之间跨年级、跨学校的协作，学习者的相关认知负荷能够得到提高，从而更好地发挥游戏的效能。

参考文献：

［1］尚俊杰，庄绍勇，等．教育游戏的动机、成效及若干问题之探讨［J］．电化教育研究，2008（6）：64－68.

［2］张刚要，马德俊．教育游戏的现状分析与发展研究［J］．电化教育研究，2008（2）：68－72.

［3］［8］赵立影，吴庆麟．基于认知负荷理论的复杂学习教学设计［J］．电化教育研究，2010（4）：44－48.

［4］［5］张慧，张凡．认知负荷理论综述［J］．教育研究与实验，1999（4）：45－47.

［6］尚俊杰，李芳乐，李浩文．“轻游戏”：教育游戏的希望和未来［J］．电化教育研究，2005（1）：24－26.

[7] 曹熙斌，杨方琦．教育游戏在“信息技术”课中的应用 [J]．中国电化教育，2009 (11)：88－91.

[9] 周玉霞，李芳乐．以学习村庄为例探讨游戏－促进持续探究的教学策略 [J]．中国电化教育，2010 (5)：88－92.

[10] 祁玉娟，熊才平．认知负荷理论在多媒体软件设计中的应用分析 [J]．远程教育杂志，2009 (3)：51－53.

教育游戏的"教育性"和"游戏性"测评
——以某款网络盛行的教育游戏为例

崔　勇　章苏静　卢雪栋
（浙江师范大学教育学院，浙江　金华　321004）

摘　要： 教育游戏的"教育性"和"游戏性"一直是研究者们关注的问题，本文选取某款网络盛行的集教育与娱乐为一体的教育游戏作为案例，对该款游戏的600名注册用户进行历时半年的跟踪测试，试图对该游戏的教育性和游戏性进行全方位的评价，为设计者和研究者提供决策建议。

关键词： 教育游戏　教育性　游戏性　评价

一、案例说明

网络游戏已经成为青少年闲暇时最主要的娱乐、交友方式之一，而现在网上的游戏适合学生玩得不多，有良好教育意义的就更少。为了有益青少年的健康成长，全社会特别是教育部门有责任顺应青少年的需求，用适合青少年的思想健康、积极向上、寓教于乐的教育游戏占领学生的休闲阵地，抵制不良意识、血腥暴力的游戏对青少年的侵害[1]。

本研究选取的教育游戏，结合了我国的教育教学实际，是一款由全国多所知名院校专门从事教育游戏研究的机构的近百位知名专家、教授及研究人员共同开发，国内某知名游戏公司制作，凝聚了教育专家、学者及游戏策划制作人多年共同心血的全球首款专为中学生开发的大型知识点探究式教育网络游戏。

这款游戏面向的对象是全国初中生及家长。之所以选取该款游戏，原因之一就是它的对象包括家长，学生与父母的关系由童年时期的服从和依赖转变为分离和依恋[2]，该款游戏可以改善学生与家长的亲子关系。它以实现新课程目标——知识与技能、过程与方法、情感态度与价值观三个维度的目标为基本理念，以创建快乐环境，实现"探究式自主学习"为主要设计思想，以游戏与学习任务相互驱动为主要方法。这款游戏希望成为学生喜爱的"既能提高学生的综合素质和培养探究创新意识，又能提高学生学习兴趣和学习成绩"的教育性及娱乐性高度统一的游戏，成为中学生课余时间的娱乐首选，成为补充和提升学校教学的快乐自主的学习方式。

二、测试方法

本研究通过研究团队对该款教育游戏的初步测试，制订了针对初中生的游戏评价量表。在对量表进行小规模试测后，修正并形成最终游戏测试量表。为方便全省各地测试学生，在网上建立了网络问卷调查系统，并将游戏测试量表导入，用以回收学生提交的问卷（测试网址为"http：//xsc. zjnu. edu. cn/survey"），在运用相关统计分析软件对回收的问卷数据进行分析后，给出游戏的评价。

三、测试对象

调查组成员先后对浙江省内几个比较典型地区的初中生进行测试，这几个地区分别是衢州市、宁波市、台州市和舟山市。衢州市经济相对比较落后，宁波市和台州市经济相对比较发达，舟山市经济条件一般。测试共回收596份问卷，剔除无效问卷，产生有效问卷528份。测试样本的构成情况为：男生43.9%，女生56.1%；初一学生61.9%，初二学生37.9%，初三学生0.2%（由于初三学生忙于毕业考试，基本未参与测试，因此测试对象中将初三学生剔除）；城镇学生52.3%，农村学生47.7%。

四、问卷设计

问卷是在前测基础上，综合调查组成员的意见形成的。问卷主要有38个项目，分为3个维度：游戏整体印象、游戏可玩性、游戏教育性。通过文献研究，又将游戏教育性分为3个小维度：知识与技能、过程与方法、情感态度与价值观[3]。

问卷的38个项目均采用5点计分方式，即"完全不符合"记1分，"基本不符合"记2分，"不确定"记3分，"基本符合"记4分，"完全符合"记5分。问卷中的一些项目是反向计分，比如项目2"在玩游戏时，我觉得游戏可选择的角色太少"就是一道反向计分题。

五、结果分析

（一）各个维度的均值和标准差

表4-3 各个维度的均值和标准差

维度	均值	标准差
游戏整体印象	3.1839	.48002
游戏可玩性	3.8445	.80887
游戏教育性	3.0621	.25394

由表4-3可知，该款教育游戏测试指标的3个维度均值排序依次为：游戏可玩性、游戏整体印象、游戏教育性。总体来说，3个维度的平均值都超过了3，说明游戏的3个维度高于平均水平，没有太大偏差。其中，游戏可玩性达到了3.8445，接近4，说明该款游戏的可玩性（游戏性）很强；游戏整体印象稍微差一点，主要有角色种类过少、动作单调、光影效果不强、缺少背景音乐等几个原因；游戏教育性最差，只有3分。下面仅从游戏教育性维度出发，对游戏教育性的3个维度进行分析，得出如表4-4所示的数据。

表4-4 "游戏教育性"的3个子维度的均值和标准差

维度	均值	标准差
知识与技能	3.0773	.45764
过程与方法	2.7625	.36262
情感态度与价值观	3.2964	.42440

由表4-4可知，"游戏教育性"3个子维度均值的排序为：情感态度与价值观、知识与技能、过程与方法。总体来说，3个子维度的均值都不高，都在3分左右。其中，情感态度与价值观维度3.2964是最高的，知识与技能维度其次，过程与方法维度只有2.7625，说明该款游戏的过程与方法存在问题。

（二）样本特征对游戏测试结果的影响

1. 性别对游戏测试结果的影响。

表4-5 性别对游戏测试结果的影响

维度	性别	N	均值	标准差	t值（p）
游戏整体印象	男	232	3.1720	.50068	-0.505
	女	296	3.1932	.46383	
游戏可玩性	男	232	3.7927	.88444	-1.278
	女	296	3.8851	.74332	
游戏教育性	男	232	3.0677	.23163	0.460
	女	296	3.0576	.27045	

由表4-5中的t值可知，男女生在游戏的3个维度上不存在明显差异。因此该款游戏对于男生和女生都适合。

2. 年级对游戏测试结果的影响。

表4-6 年级对游戏测试结果的影响

维度	年级	N	均值	标准差	t值（p）
游戏整体印象	初一	327	3.2018	.52414	1.099
	初二	200	3.1575	.39652	
游戏可玩性	初一	327	3.9122	.86771	2.42(*)
	初二	200	3.7370	.69139	
游戏教育性	初一	327	3.0759	.27404	1.46
	初二	200	3.0429	.21104	

由表4－6中的t值可知，年级在游戏整体性和教育性维度上不存在明显的差异，但是在可玩性上存在明显的差异。说明随着年级的增长，游戏可玩性在下降，该款游戏更加适合低年级学生。

3. 学校所处地区对游戏测试结果的影响。

表4－7　学校所处地区对游戏测试结果的影响

维度	地区	N	均值	标准差	t值（p）
游戏整体印象	农村	252	3.1845	.46533	0.028
	城市	276	3.1833	.49390	
游戏可玩性	农村	252	3.8405	.77420	−0.109
	城市	276	3.8482	.84067	
游戏教育性	农村	252	3.0640	.24126	0.165
	城市	276	3.0603	.26542	

由表4－7可知，学校所处地区在游戏的3个维度上不存在明显的差异。因此该款游戏对于城市和农村的学生都适合。

（三）学生的评价和建议分析

测试共回收124条留言，这些留言主要是学生对游戏的评价和建议。下面用词频分析法分析得出如表4－8、表4－9所示的数据。

表4－8　总体评价建议高频词语

高频词语	频数	百分比
好、很好、不错、还可以等	35	66%
一般	2	4%
不好、垃圾、无聊等	16	30%
合计	53	100%

表4－9　其他评价、建议高频词语

高频词语	描述	频数
画面	不够立体、不好等	3
内容	内容应该再充实点	2
音乐	应该有音乐	2
地图	太小、不全面	3
速度	太慢、卡、流程应该快一点	7
角色	角色太少	2
人物	人物应该精致点、不帅、可用动画人物、走快点	4
乐趣/兴趣	不感兴趣	4

由表4－8可知，66%的学生对游戏总体评价不错，30%的学生认为游戏不好或者无聊。表4－9是对学生的评价和建议进行整理总结出来的，主要集中在画面、内容、音乐、地图、速度、角色、人物和兴趣等方面。

六、评价

总体来说，游戏的3个维度（游戏整体印象、游戏可玩性、游戏教育性）的指标都高于平均水平，说明游戏总体上还是可以的。但是对每个维度来说，它们之间存在差异。游戏的可玩性很高，但是其教育性偏低。再从游戏教育性的3个子维度来看，情感态度与价值观和知识与技能维度较好，但过程与方法维度较差。

由上面的数据分析可知，性别、学校、地区对游戏测试结果造成的差异不显著，但是年级对游戏测试结果造成的差异显著，说明该款游戏更加适合低年级的学生。

在游戏整体印象方面，从游戏界面/人物造型/怪物造型来看，画面颜色不错，很适合初中阶段学生的视觉感受，但画面的3D效果和光影效果不强。角色和怪物造型一般，类型过少。在游戏画面中有一点不好的地方是，游戏画面的颜色几乎都是绿色的，而游戏中提示文字的颜色也是绿色的，这样提示字就不明显了。从音乐系统来看：第一版游戏没有设置背景音乐，第二版游戏加上了背景音乐，但其他操作的音效一般。下面是一些调查数据，70.7%的学生认为角色过少，87.1%的学生认为角色动作单调，60%的学生认为游戏和角色的光影效果不明显，73.6%的学生认为应该有背景音乐。

在游戏可玩性方面，聊天、交友、组队、宠物、战斗等系统都正常。值得强调的是，该游戏第二版添加了新手上路功能，这一点做得很好，因为游戏对象是初中生，他们需要一些帮助才能入门。但是，在游戏操作方面，只支持鼠标操作，不支持键盘操作，也没有设置快捷键。另外，人物只可以走路，不可以跑动；在战斗系统中打怪时，必须要单击攻击或者使用卡片等功能进行攻击，攻击手段单调，容易使学生产生厌倦心理。下面是一些调查数据，73.4%的学生认为游戏操作很流畅，71.6%的学生认为能够很快投入到游戏当中去，68.8%的学生非常清楚自己当前在游戏中所处的位置，76%的学生了解当前自己的任务，72.7%的学生能很快完成任务，68%的学生在开始10分钟内认为游戏很好玩，66.8%的学生还想玩一次。

在游戏教育性方面，游戏中有一些学习的元素，有许多探究学习的案例，游戏在这些方面做得不错。但是游戏中只是呈现一些碎片化的知识，缺少教学设计并且没有形成一个好的学习系统。在教育性方面还存在以下问题：学生不会作答的时候没有相关提示；反复呈现相同的题目，即使是学生上次已经完成的题目；学生完成任务以后除了给点积分没有其他奖励，并且缺少鼓励的话；是否可以把探究性学习变成合作探究性学习，因为76.7%的学生希望答题过程中可以与其他人进行交流，一起完成任务。

七、结束语

本研究仅仅从教育性和游戏性两个方面，对国内某款盛行的教育网络游戏进行了简单评价。还没有涉及教育性和游戏性的平衡问题，另外还存在一些其他的不足和缺陷，希望在今后的研究中慢慢改进，也希望大家提出建议。

教育游戏作为未来教育方式的发展趋势之一，非常值得我们去投入精力研究。虽然目前在教育游戏中追求实现教育性与游戏性的平衡是一件非常艰难的事情，但是越接近这个平衡点，我们的教育游戏就越成功。

参考文献：

［1］章苏静，金科．亲子关系与青少年网络游戏行为的相关性调查［J］．远程教育杂志，2009（1）：69.

［2］张蕊．寓教于乐的教育游戏［J］．青年文学家，2010（2）：98.

［3］朱彦．中小学游戏化网络学习平台上三维目标的解析［J］．中小学电教，2009（12）：61－63.

小学英语教育游戏界面信息传达探究

高晓晶　张军征

（山西大同大学教育科学与技术学院，山西　大同　037009）

摘　要： 随着教育游戏研究的深入，特别是小学新课改理念的推广，我国教育游戏有了较大的发展。目前，对教育游戏软件的开发正在起步，而对于教育游戏软件界面信息传达的研究几乎是空白。本文结合实例从动机激发、游戏操作和教学内容处理3个方面对小学英语教育游戏界面信息传达进行分析，目的在于运用教育游戏吸引学生的注意力，使教学目标和游戏内容很好地结合，为学生提供一个便于理解和操作的环境。

关键词： 小学英语　教育游戏　界面信息

《小学英语课程标准》指出：小学英语课程的目的是激发学生学习英语的兴趣，培养他们学习英语的积极性，使他们初步树立起英语学习的自信心，并培养一定的语感和良好的语音、语调基础，使他们初步形成用英语进行简单日常交流的能力，为进一步学习打下坚实的基础。

英语学习过程需要有一定的语言环境。利用教育游戏可以给学生创设一个既有图像又有声音的语言交互环境，使学生快乐地投入英语学习中，参与合作，接受挑战，这与课程标准中的要求是一致的。

教育游戏所蕴涵的英语知识及教学理念主要是通过界面信息传递给学生的。著名的游戏开发者 Bill Volk，曾经为游戏设计写下了一个等式"界面 + 产品要素 = 游戏"，强调在游戏设计中界面的重要性。在教育游戏中，界面信息是学生和游戏化学习环境之间进行交流的重要通道，教育游戏界面设计的好坏将影响信息传递的有效性。本文结合实例从动机激发、游戏操作和教学内容处理3个方面对小学英语教育游戏界面信息传达进行分析，探讨如何设计出符合学习规律和学生需求的英语教育游戏界面。

一、通过游戏界面信息激发英语学习动机

学生接触教育游戏并开始学习的第一步始于游戏界面，最初发生的学习兴趣是基于游戏的界面效果而激发的，英语教育游戏要充分依靠游戏的界面特性激发学生的学习动机。

在小学英语教学过程中，枯燥的记忆式教学很难激发学生的学习兴趣，学生难以集中注意力。因此在设计教育游戏时，有效激发学生的学习动机就显得尤为重要。人类的学习动机可以分为以下4个方面：好奇心，它是外界事物的新颖性对学生的内在认知所引发的刺激而产生的；成就感，通过自身的努力，完成了个体所期望达到的事情，这个心理体验就是成就感，它是学习的一个重要动机；自我效能感，是指个体对自己是否有能力完成某件事情或行为所进行的推断；意志努力，它是一种注意力分配的问题。针对以上的动机类型，美国学者 Keller 提出了一个 ARCS 动机激发策略模型，如表4－10所示。该模型由注意力、针对性、自信心和满意度4个策略组成。

表 4 – 10 ARCS 动机激发策略模型

策略类型	表现内容
注意力	当学习内容能引发学生对其产生好奇心或兴趣时，学生的动机会更强。
针对性	学生明确了学习的目标并且这个目标和学习的兴趣相统一时，学生的动机会更强。
自信心	当挑战以一种平衡方式出现时，学生的动机会更强。在这种平衡方式中，学习过程既不会过于简单，让学生感到厌烦，也不会过难，使成功看起来遥不可及。
满足度	当正确执行行为能得到奖励时，学生的动机会更强。

教育游戏的界面设计与 ARCS 模型中的注意力策略有很大相关性。相关的研究表明，学生在选择某个游戏或者停留在某个游戏上的决定性因素是他们对于游戏的第一印象，即游戏的视觉界面。例如，图 4 – 4 所示的是抓娃娃游戏，该游戏的目的是帮助小学生进一步熟悉所学单词。首页界面以蓝白相间色为背景色，通过一系列大小不同的气泡烘托出一个活泼可爱的游戏氛围。界面中以“抓娃娃”三个字为视觉中心，字体也选用适合小学生的“方正胖娃简体”，进一步加强游戏的亲和力，同时“抓”字色彩鲜艳，且运用爆炸型作为背景加以衬托，更进一步激发学生的好奇心。“START”（开始）按钮的设计运用了可爱的娃娃造型，不仅与游戏主题相呼应，还可以进一步提高学生的学习兴趣。

图 4 – 4 开始界面

小学英语教育游戏要求界面尽可能地减少无关信息，在保证游戏性的前提下，尽量地简洁、明了、易用。在图 4 – 5 所示的游戏界面中，就是将学生需要掌握的单词放置在界面视觉中心位置，根据所提供的语境，选择合适的单词。该游戏的使用对象是低年龄段的小学生，依据小学生的认知特点和能力，游戏中运用了可爱娃娃作为选项标志，学生运用键盘的“左右方向键”选定答案，按下“空格键”即可运用机械抓手将娃娃所代表的选项抓起放进筐里，完成整个操作。游戏采用的操作标志色彩鲜艳，操作交互过程简单，一方面可以引起儿童的注意力，另一方面使得游戏的挑战性与学生的认知能力相平衡，学习过程既不会过于简单，让学生感到厌烦，也不会过难，使成功看起来遥不可及，可增强学生的自信心，激发其游戏化的学习动机。

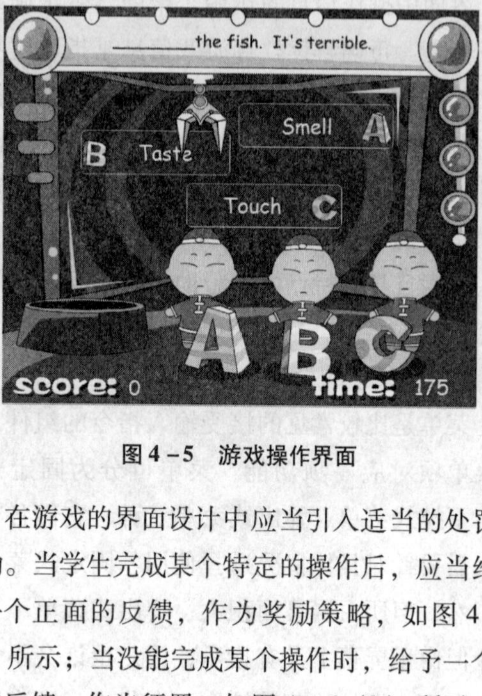

图 4 – 5 游戏操作界面

在游戏的界面设计中应当引入适当的处罚与奖励。当学生完成某个特定的操作后，应当给学生一个正面的反馈，作为奖励策略，如图 4 – 6（a）所示；当没能完成某个操作时，给予一个负面的反馈，作为惩罚，如图 4 – 6（b）所示。这样的设计一方面可增加游戏的可玩性和趣味性，另一方面可激发学牛的学习动机。

从上面的分析可知，这些教育游戏界面设计过程中就已蕴涵着学习动机的激发策略，这本身也就是教育游戏作为一种新型的学习资源本身所具有的特点。

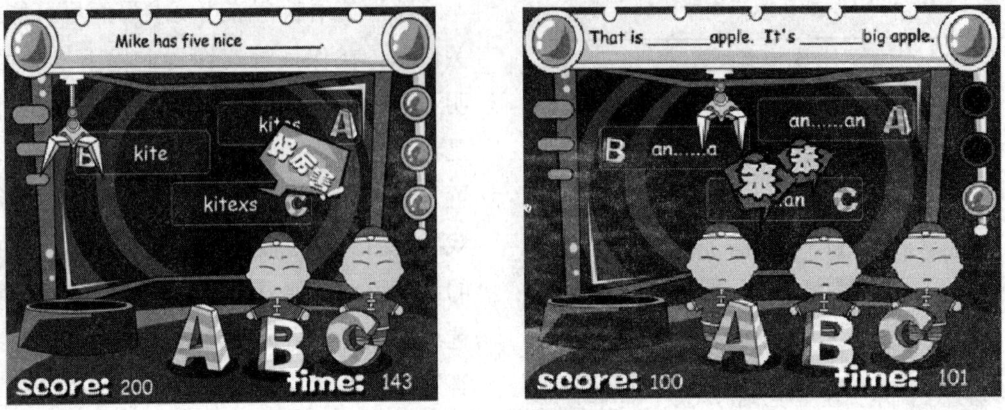

(a)　　　　(b)

图 4-6　奖励和惩罚界面

二、通过游戏界面信息帮助学生正确解读游戏

小学英语教育游戏的使用对象为 7—12 岁的小学生，因此在设计游戏时操作信息不能过于复杂。界面中操作信息的作用是帮助学生正确解读游戏信息。正确解读教育游戏信息是指通过界面设计的改良，避免学生过多浪费游戏时间，促进学生对游戏所体现的学习内容的理解，学生能迅速进入游戏状态，及时明了游戏的指向。游戏界面操作信息通过菜单、图标、按钮等元素传递，这些元素自身的特点可以帮助学生正确解读游戏信息。

（一）菜单的设计

菜单是比较常见的接受输入指令的组件，每个菜单项对应一项功能。菜单可分为固定式菜单、下拉式菜单、弹出式菜单三种，它们各有利弊，需要针对具体情况选择使用。固定式菜单一目了然，但所占屏幕面积大；弹出式菜单不占面积，但由于屏幕上没有指示，用户也许会不知道它的存在；下拉式菜单综合两者优点，既有明确指示，又不占太大的屏幕空间。例如，在图 4-7 所示的单词找朋友游戏中，由于游戏面向的是小学三年级的学生，因此采用的是固定式菜单，菜单标题简明、有意义，学生可以准确获得自己所需要的信息。此外，人们浏览界面的视觉习惯是有规律可循的，如先左后右、先上后下的视觉顺序。本游戏将菜单放置于界面的左上角，方便学生在进行游戏之前，获得使用游戏的导航及帮助信息，避免学生过多浪费游戏时间。

图 4-7　固定式菜单

（二）图标的设计

教育游戏视觉界面中的图标有多种形式，可以是图标所代表对象的逼真表示，也可以是高度程式化的，甚至可以是任意符号。图标设计要求在极小的空间里表达极大的信息量，既是高度抽象，又必须让人一眼明白所要表达的意思。小学英语教育游戏“单词找朋友”面向的是三年级的小学生，根据皮亚杰的认知发展阶段理论，在小学低年级的认知结构中，知觉表象占优势，他们主要运用的是形象思维和知觉思维，缺乏抽象性。因此在设计图标时，图标所采用的图形符号在文化观念上要与学生相一致，图标的图形符号要与操作目标具有内在联系。如图 4-8 所示，在游戏界面左侧，分别为学生提供了音乐、提示、暂停、返回等按钮，这些按钮采用的图标都是学生在日常生活中经常见到的标志，能准确反映出图标所代表的意思，便于学生进行操作。

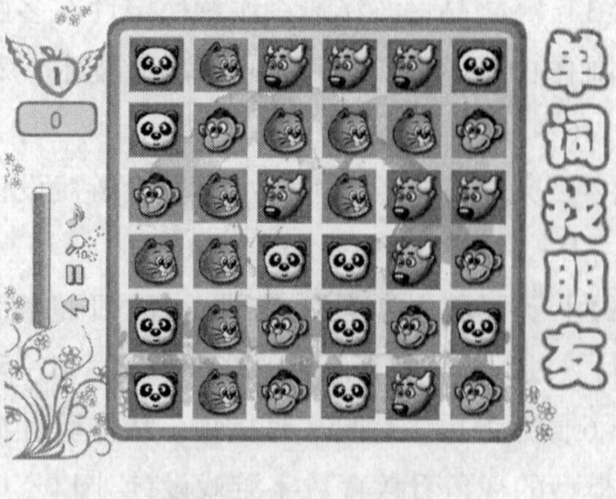

图 4－8 图标界面设计

（三）按钮的设计

按钮是视觉界面中最常用到的交互元素。按钮的动态效果设计主要包括鼠标经过、按下、弹起、单击等过程的状态。一般来说，学生对按钮进行操作后，按钮在状态上要给予信息反馈。一般的动态效果都是模拟现实中按钮操作的状态，这样的设计能够给学生带来较为真实的游戏体验。此外，指向性按钮还可以为学生提供导航，帮助学生选择不同的关卡以及返回主页面。

三、通过游戏界面信息增强游戏的沉浸感

教学内容渗透在游戏活动中，能够为学生提供真实的英语情境，使学生完全融入其中，达到一种“身临其境，忘乎所以”的感觉。当学生将自己融入到游戏所创设的情境之中，只集中注意力于游戏目标、任务的发展上，排除周围一切无关因素的干扰，集中全力探究并建构所学知识的时候，游戏的教学目标才有实现的可能。因此，使学生在教育游戏中产生强烈的沉浸感是教育游戏设计成功的一个前提。

（一）教学内容与游戏内容相融合

教育游戏和传统教学形式各具优势，又各存弊端。在设计游戏的时候一定要考虑它与小学英语教学内容的联系性，以及在教学过程中知识信息传达的有效性。例如在涂颜色游戏中（如图 4－9 所示），游戏提供了颜色面板，每一种颜色代表一个英语单词。当学生选择颜色涂抹时，系统会读出单词的发音。学生在享受画画乐趣的同时，掌握了单词的发音及意思，学习内容与游戏元素能够很好地融合，衔接很自然。游戏界面呈现给学生的信息除了游戏元素之外，还包含了教学内容，学生沉浸在游戏活动中，在玩乐的同时，能够有效接收知识信息，提高学习效率。

图 4－9 涂颜色游戏

（二）增强学生对游戏角色的认同感

学生对游戏角色的认同感是影响其在游戏中沉浸感的重要因素。学生的角色扮演过程是学生定义角色的过程。学生在学习英语的过程中，依据个人想法塑造角色，角色的发展影响着学生的情绪和态度，从而增强学生对游戏角色的认同感。例如，设计一个学英语单词的多人游戏，整个游戏都是用英文表现，给游戏设计一些故事情节，并且添加团队的设计。学生在游戏过程中，可以进行角色扮演，同时可以进行合作学习。学生在游戏中有团队的感觉，并且在获得一定成绩后有上升的机会，与此同时，学习者和周围的伙伴产生交互，满足角色的需要，这是认同感需求。整个游戏过程，学生积极参与，将自己完全融入游戏所创设的虚拟情境中，提高了学习效率。

（三）游戏内容与实际生活相结合

在设计小学英语教育游戏的情节时，游戏的学习内容应该是生活中实际存在的、与学生密切相关的问题或知识，解决问题的策略也应该是现实生活中用到的或尽可能真实的方法。例如，购物乐游戏就是模仿日常生活中买东西的情境设计的一款帮助学生牢记单词的游戏。学生根据游戏要求，选择和所提供的单词相匹配的物品放入自己的购物车。在整个游戏过程中，实现了知识从虚拟情境到现实生活的迁移。要使学生沉浸在游戏中，不仅仅是游戏场景要形象逼真，更多的是游戏内容要基于相对真实的生活体验，这样才能更有效地学以致用。

总的来说，从学习动机的激发、游戏的操作和英语知识的传递等方面，研究如何提高小学英语教育游戏界面信息传达的有效性，可以使游戏设计者找到一个游戏的乐趣与教学内容传授的平衡点，不仅能促进学生的学习，还能在一定程度上培养学生的艺术素养。

参考文献：

[1] 张军征．多媒体教学软件设计原理与方法[M]．北京：科学出版社，2007：199－206.

[2] 尚俊杰，李芳乐，李浩文．“轻游戏”：教育游戏的希望和未来[J]．电化教育研究，2005（1）：24－26.

[3] 高晓晶，游泽清．注意稳定性在多媒体教材制作中的应用[J]．现代教育技术，2007（2）：36－38.

[4] 雍花．基于理解的小学教育游戏设计与实现[D]．无锡：江南大学，2010.

[5] 许黎黎，曾祥霖．新课改背景下的教育游戏设计[J]．当代教育论坛，2005（22）：51－52.

[6] 万力勇，赵鸣，赵呈领．从体验性游戏学习模型的视角看教育数字游戏设计[J]．中国电化教育，2006（10）：5－8.

[7] 张刚要，马德俊．教育游戏的现状分析与发展研究[J]．电化教育研究，2008（2）：68－72.

[8] 马颖峰，孙彦青，马霞歌．探究式教育游戏角色设计的机制研究[J]．现代教育技术，2009（1）：51.

专题五　面向教育信息化的教师专业发展研究

河北省农村信息技术教师专业能力调查与对策分析
——以“国培计划”河北师范大学信息技术教师培训为例

陈晓丽　张庆秀

（河北师范大学，河北　石家庄　050016）

摘　要：随着教育改革的深入进行，信息技术教育已在农村中小学普及，信息技术教师的专业化发展已成为信息社会和现代教育对信息技术教师的必然要求。2010 年，“国培计划”的出台再次强调了教师专业化发展问题，并把农村义务教育教师培训作为教师培训工作的重中之重。信息技术学科是一门新兴的学科，农村信息技术教师专业化发展也处于初级阶段，为探求农村信息技术教师专业化发展的途径，以参加“国培计划”河北师范大学培训的农村信息技术教师为研究对象，对其专业化水平进行调查分析，并提出相应对策，以期为今后促进全国农村教师专业化发展的相关研究提供参考。

关键词：农村信息技术教师　专业化发展　国培计划

一、引言

随着教育改革的深入进行，信息技术教育已在农村中小学普及，信息技术教师的专业化发展已成为信息社会和现代教育对信息技术教师的必然要求。2010 年，“国培计划”的出台再次强调了教师专业化发展问题，并把农村义务教育教师培训作为教师培训工作的重中之重。教师专业化指的是教师专业能力提高的过程和结果，是指教师不断获取新知识、增长专业能力的历程。

中小学信息技术教师是基础教育信息化发展的核心主体，是基础教育信息化的主要实现者，肩负着培养学生信息素养和促进学生全面发展的重要责任。要能够胜任当前中小学信息技术教育，并能够在新一轮教改中获得专业发展，必须具备扎实的专业知识、较强的教学设计和实施能力、精湛的教学资源开发能力、娴熟的信息技术与课程整合能力，以及一定的教育科研能力等。

在调查研究的过程中发现，农村中小学信息技术教师专业知识和专业能力的缺失严重影响着农村基础教育质量和教师的专业化发展，提高农村信息技术教师的专业能力，完善其知识结构已成为基础教育改革和教师专业化发展的必然要求。

二、研究设计

由于信息技术是一门新兴的学科，有关信息技术教师专业化发展的研究也处于起步阶段，以往的研究侧重于基本理论研究，对于教师专业化发展的含义、特征、意义、阶段划分、影响因素等作了比较深入的探讨，而对农村信息技术教师的专业能力提升途径的研究相对较少。

为了使本研究具有针对性与实效性，笔者在亲历“国培计划”河北师范大学信息技术教师培训的整个过程中借技术辅导之机对参加培训的农村信息技术教师现有的专业水平进行了调查和访谈，研究对象来自河北省各县、乡（镇）初中和小学，总人数为 115 人。研究内容涉及教师的基本情况、教学能力、专业知识、教育资源开发能力、信息技术与课程整合能力、教育科研状况等。问卷调查是在培训正式开始前进行的，采用当场发放当场回收的方式，共发放 115 份，收回 109 份，收回率为 94%，并对收回的问卷进行了详细的分析统计。

三、农村中小学信息技术教师专业能力分析

（一）知识结构不完善

教师专业知识是教师专业化发展的首要决定因素。调查结果如图5-1所示，多数农村信息技术教师都认为自己的知识结构需要完善，其中26%的教师认为自己缺乏教育学和心理学的知识，23%的教师认为自己缺乏人文社会科学方面的知识，31%的教师认为自己缺乏学科专业知识，20%的教师认为自己缺乏教育科研知识。这与信息技术教师年轻化和来源复杂的特点是紧密相关的。年龄分布中，如图5-2所示，大多信息技术教师是中青年教师。

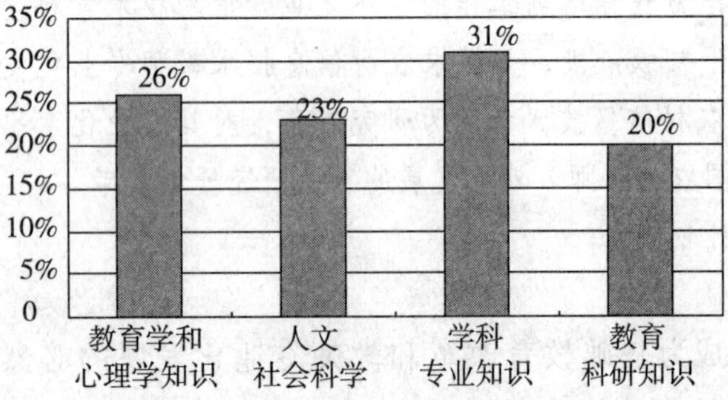

图5-1　教师专业知识缺乏统计图

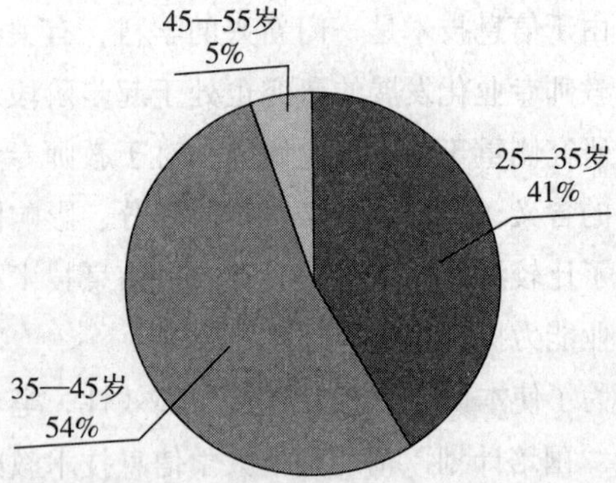

图5-2　信息技术教师年龄分布图

通过访谈进一步了解到，有些信息技术教师是由其他学科转过来的，信息技术并不是他们在大学所学的专业，信息技术知识是由于工作的需要通过自考、函授等方式获得的；有些信息技术教师是因为学校缺乏专任的信息技术教师临时兼任的。这不但会影响教师的个人发展，而且会严重影响广大农村的信息技术教育质量，加大城乡教育差距。

（二）教学设计能力薄弱

教师专业能力的核心是教师教学设计和实施能力，信息技术课程的教学设计，要以现代教育理念为指导思想，运用现代学习理论、网络环境与多媒体技术等对整个教学系统进行分析和统筹规划，为学生提供良好的条件，实现现代化的课堂教学。由于信息技术学科还未列入中考和高考的必考科目，导致信息技术学科的教学问题在农村中小学得不到重视，加上信息技术教师身兼数职、地位不稳定，对于“如何教”“教什么”还处于摸索阶段，单从对教学设计理解程度的调查结果来看，对教学设计不了解的人有21%，理解教学设计并经常进行教学设计的人占总人数的23%，多数教师只在有评比、听课检查等活动时才认真设计课程。

（三）信息技术与课程整合能力不强

课程整合作为一种隐性形态的信息技术课程也起到信息技术教育的功能。教育部在《基础教育课程改革纲要（试行）》中提出：“大力推进信息技术在教学过程中的普遍应用，促进信息技术与学科课程的整合，逐步实现教学内容的呈现方式、学生的学习方式、教师的教学方式和师生互动方式的变革，充分发挥信息技术的优势，为学生的学习和发展提供丰富多彩的教育环境和有力的学习工具。”由此可知，信息技术课程不但是一门独立的课程，也是各个学科的支撑课程。在无形中，信息技术教师就担当了两个角色，不但是学生的老师，同时也是教师的老师，需要具有整合的思想和能力。但是通过调查发现，信息技术教师的课程整合能力不太理想，真正熟悉信息技术与课程整合的教师只有32%，一线教学中认真设计、实践过整合课的教师更是寥寥无几。

（四）资源开发意识和能力欠缺

新课程的实施使教师角色发生了很大的变化，由课程的实施者变成了课程的开发者和实施者，信息技术教学资源为教学的有效开展提供了各种教材、案例、影视资料、图片、课件等，也包括教师资源、教具、基础设施等，这就对信息技术教师有了更高的要求。通过调查显示，信息

技术教师中76%的教师通常只使用教材和用PowerPoint制作的多媒体课件教学，对于Flash、Dreamweaver、Authorware等交互性较强的多媒体课件制作软件，多数信息技术教师只是熟悉其基本操作，还不能够运用这些多媒体制作软件制作出优质的教学资源。通过查看教师们先前制作的课件发现，教师们课件制作的目的不够明确，课件没有解决教学内容中的重点和难点，有的浮于形式，有的死搬书本，有的缺乏美感，有的远离学生的实际生活……整体来看，没有体现出信息技术教师应有的水平和优势。

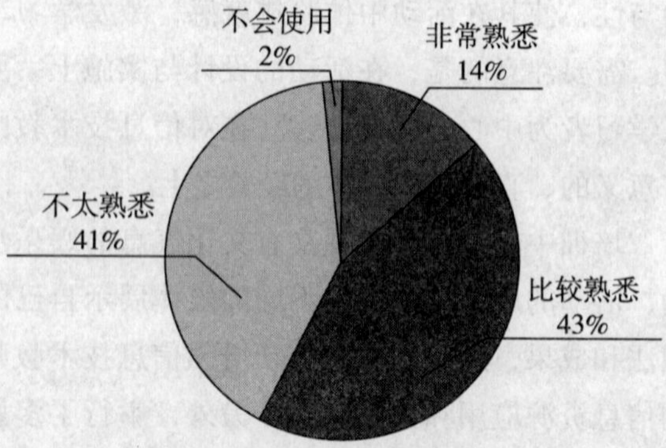

图5－3　信息技术教师的多媒体教学软件操作水平

（五）教育科研能力较低

新课程所蕴涵的新理念、新方法都要求教师成为研究者，成为一名研究型的教师。在教师的专业能力中，科研能力是不可或缺的一部分，是一名教师在本专业领域内创新能力、研究能力、自我发展与更新能力的最好体现，是教师持续发展的基础，是提高教学水平的关键。但由于农村中小学校科研项目少，资金短缺，奖评不到位，积极性差，以升学为主等因素导致农村教师科研能力较差，成果较少，严重缺少与外界的交流。就发表论文这一项，从调查结果看，参训教师中发表过科研论文的人仅有20%，具体如图5－4所示。

在访谈的过程中还了解到，只有极少数农村教师可以将新的教育科研成果运用到教学实践中，多数农村信息技术教师仅仅了解一些新的教育科研成果，并不能将其运用到自己的教学实践中。

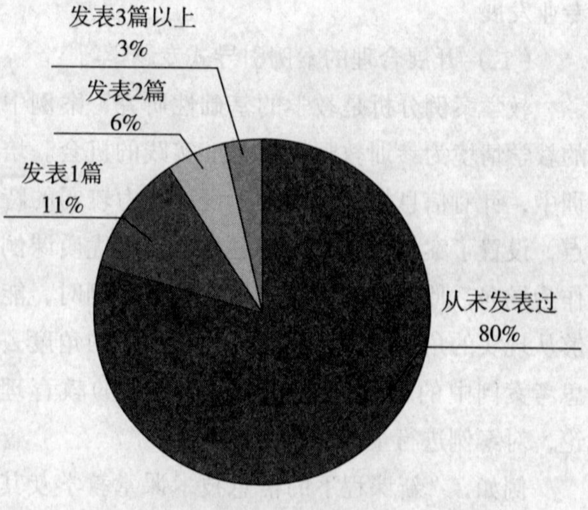

图5－4　农村教师发表科研论文统计图

四、促进农村信息技术教师专业化发展的思考和对策

教师的专业化发展在农村是一个长期被忽视的问题，信息技术教师这一特殊的群体尤为严重。我国农村教师的整体素质偏低、专业化发展滞后，已成为制约农村教育改革、发展和新课程顺利实施、推进的瓶颈。此次“国培计划”河北师范大学信息技术教师培训中，通过分析参训农村教师的专业水平，采用了以下促进教师专业化发展的措施。

（一）营造教师专业发展文化

根据农村信息技术教师知识结构不完善的特点，培训课程中除了精心安排专业课程外还合理安排了心理学、教育学及教学管理方面的课程，从而使信息技术教师打破学科界限，努力汲取各方面的文化知识，提高自己的文化底蕴。

此次培训中在显性课程开设的同时也注重隐性课程的开发，使参训教师在显性课程中收获知识的同时在隐性课程中提升自己的信息素养，丰富信息文化。例如，培训伊始的“破冰活动”在自然而然的情况下使来自不同地区的老师在短时间内聚拢在一个学习小组内，培训中的“教育信息化环境参观”无形中使信息技术教师感觉到信息技术的重要性和自己肩负的责任……在这种氛围下，每位教师都会以自我发展为荣，不断更新自己的知识库，增强教育智慧，积极地进行自我专业发展。

（二）开展合理的案例引导式专题学习

教学案例分析是教学的基础性研究，案例中的教学情境为参训教师提供了准实践的机会。培训中，针对信息技术教师教学设计能力较弱的特点，设置了案例引导式的专题学习，以优质课例作为导向，使他们在面对具体的教学案例时，能够从现实的角度出发，设身处地从专业的角度去思考案例中的教学问题，并结合有关的教育理论，对案例进行全面透彻的分析。

例如，“新课程下的信息技术课堂教学及其设计、教学技能训练”专题学习中首先观摩优质的教学案例，使教师对成功的课堂教学有一个宏观的认识；然后分成若干实践小组，结合教学案例，创设教学情境，通过“头脑风暴”的方式开展案例分析、讨论、演练等，对课堂教学技能进行剖析、实践，并结合 Web Quest 探究式学习方式，在教学设计理论的指导下组织参训教师以小组为单位选择授课内容、设计教学方案，通过“微格教学”进行教学技能训练；之后通过录像反馈再进一步修改教学设计方案，提高教学技能，在不断的实践过程中思考、创新，从而提高自己的教学设计和教学实施能力，力求把教师专业素质的提升真正落实到课堂教学的每一环节，实现课堂教学水平的整体优化。

（三）组建专业发展共同体

信息技术教师作为信息技术与课程整合的引领者，不仅仅要强调个体的发展，而且也要强调个体在群体中的发展和群体共同的发展。培训中以“破冰活动”的分组为基本学习小组，并誉名“家庭”，每个家庭都有自己的“家长”和成员，利用培训中动态因素之间的互动，促进学习和交流，以“家庭”的成绩为评价标准，发挥群体的积极性，提高个体的学习动力和能力。

专业发展共同体的思想可以进一步迁移到农村中小学，在充分利用远程教育资源的基础上构建教师学习共同体，通过专家与一线教师合作、信息技术教师与其他学科教师互助、信息技术教师与教研员携手、职前教师与职后教师优势互补等，共同探讨信息技术与课程整合的内涵、特征和途径，从而设计精致的整合方案，开发相应的教学平台，在相互协作中开展整合实践课，再通过反复的修改、实践，提升信息技术与课程整合的能力，优化课堂教学。

（四）实现培训方式活动化

信息技术教师多数是中青年教师，根据其学习特点和本次的培训经验我们认为，有效的文化活动、专题活动、比赛活动、教研活动等可以提高培训的实效性，提高教师的专业能力。活动化的培训方式能够较好地调动教师学习的积极性和参与性，使其在活动中体验成就感，激发学习动力。需要注意的是，在活动的设计与实施上，要以学习者为中心，把活动建立在对信息技术教师有意义的、直接的和具体的经验之上。

培训中，组织了多种富有文化气息的娱乐活动，活动的原则是要借助不同的媒体展示自己的想法和成果，通过这样的活动增强信息技术教师的信息资源应用和开发意识。另外，举行了多媒体课件比赛和说课比赛活动，其中说课比赛也要求借助多媒体或网络，充分调动起教师设计和开发教学资源的动力，素材搜集的过程、课件集成的过程也都是一种提升和锻炼。最后在大家的相互演示、交流和专家的点评中享受集体智慧。类似的活动可以开展在校际之间、区域之间，从而开发优质的教学资源，实现资源共享，开发精品课程，丰富课程资源，共同构建有效促进教师专业发展的良好环境。

（五）积极反思促进专业成长

教师的专业发展在某种程度上就是一种自我反思的过程，反思被认为是“教师专业发展和自我成长的核心力量”，是教师专业发展最为积极的手段，是教师专业发展的关键途径。此次培训的核心思想是“参与、反思、互动、成长”，秉承这种理念采用了撰写研修日志、教育叙事、教学方案、博文等方式来促进参训者总结反思。

培训中及培训后，设置信息技术学科领域的科研课题，鼓励教师申请立项，通过督促一线教师积极参与课题研究、将自己教学实践中的问题作为课题来研究（课题形式可以是论文、精品课件、教育叙事、教学设计方案等），从而落实培训的实质目的。即以“思”促“行”、以“行”助“研”，通过叙事、思考、实践、提升，达到新的教育境界，使教师成为“实践+反思”的教育成功者。

总之，信息技术是一个迅速发展、与时俱进的学科，基础教育改革要求信息技术教师必须提高自己的专业能力，内因与外因的结合决定了信息技术教师专业化发展是一个漫长、动态的过程。我国农村信息技术教师的专业化之路任重道远，对此，有关教育部门仍需加大建设和支持力度，教育研究者仍要不懈努力，加深对信息技术教师专业成长之路的研究，农村信息技术教师也要坚定克服困难的信心，努力提高自身专业水平，进一步提升我国信息技术教师队伍整体的专业化水平。

参考文献：

［1］祝智庭．新编信息技术教学论［M］．上海：华东师范大学出版社，2008：228－235.

［2］潘小明．教师专业发展的有效途径——实践＋反思［J］．小学数学教师，2002(3)：39－40.

［3］王长纯．教师专业化发展：对教师的重新发现［J］．教育研究，2001(11)：46－48.

［4］钱旭升，姚瑞丽．农村中小学信息技术教师培训现状分析［J］．2009(12)：57－60.

［5］王睿，丁华平，闫建红．浅析运用创新思路提升农村教师专业能力［J］．科技教育，2011(1)：112－113.

＊基金项目：河北师范大学硕士研究生科研基金项目“基于活动理论的中小学信息技术教师培训实践研究（201001012）”、河北师范大学科技创新课题“河北省农村信息技术教师专业化发展策略研究（BE201134193423）”。

信息技术教师专业发展研究综述

田宝春　李海清　高丹阳
（河北大学教育学院，河北　保定　071002）

摘　要： 信息技术教师是信息技术教育成败的关键，信息技术教师的专业发展是信息技术教育取得发展的必由之路。为促进信息技术教师专业发展和本领域得到更好的发展，对信息技术教师专业发展的研究尤显重要和紧迫。本文首先以教师专业发展为研究对象进行文献梳理，厘清了教师专业发展的概念界定，区分了教师专业发展和教师专业化，综述了教师专业发展结构研究、教师专业发展阶段研究、促进教师专业发展的理论研究，最后总结出关于信息技术教师专业发展的结论与启示。

关键词： 信息技术教师　专业发展　综述

随着基础教育信息化的推进和新一轮课程改革的深入，信息技术教育在我国基础教育领域的地位日渐凸显，信息技术教师是信息技术教育成败的关键，所以有效促进信息技术教师的专业发展是信息技术教育取得发展的必由之路。在我国，有关教师专业发展的研究已取得一定成果，但针对“信息技术教师的专业发展”的研究还很缺乏。为有效促进信息技术教师的专业发展，对这一课题的研究尤显重要和紧迫，具有重要的理论意义和现实意义。

一、教师专业发展研究现状

（一）教师专业发展的界定

关于教师专业发展的概念众多，但尚没有达成一致的意见。霍伊尔（Hoyle，E.）认为，“教师专业发展是指在教师教学职业生涯的每一阶段教师掌握良好专业实践所必备的知识和技能的过程”。佩里（Perry，P）认为，“就其中性意义上来说，教师专业发展意味着教师个人在专业生活中的成长，包括信心的增强、技能的提高、对所任教学科知识的不断更新拓宽和深化以及对自己在课堂上为何这样做的原因意识的强化”。我国教育学教授傅道春认为，“教师专业发展是指教师个体专业水平提高的过程和结果，以及教师群体为争取教师职业的专业地位而进行的努力和斗争的过程”。我国台湾学者罗清水认为，“教师专业发展乃是教师为提升专业水准与专业表现而经自我抉择所进行的各项活动与学习的历程，以期促进专业成长，改进教学效果，提高学习效能”。朱宁波认为，“教师专业发展是指教师个体历经职前师资培育阶段、任教阶段和在职进修的整个过程中都必须持续地学习与研究，不断地发展其专业内涵，逐渐达到专业圆熟的境界”。由叶澜教授主编的《教师角色与教师发展新探》将国内外现有的相关研究归为三类：第一类是指教师的专业成长过程；第二类是指促进教师专业成长的过程（教师教育）；第三类认为以上两种含义兼而有之。我们可以从名称结构上对其加以区分：“教师・专业发展”和“教师专业・发展”。

容易和教师专业发展混淆的一个词是教师专业化，教师专业化是职业专业化的一种。教师专业化的概念是教师在整个职业生涯中，通过专门训练和终身学习，逐步习得教育专业的知识与技能并在教育专业实践中不断提高自身的从教素质，从而成为一名合格的专业教育工作者的过程。它包含双层意义：既指教师个体通过职前培养，从一名新手逐渐成长为具备专业知识、专业技能和专业态度的成熟教师及其可持续的专业发展过程，也指教师职业整体从非专业职业、准专业职业向专业性质进步的过程。

教师专业发展和教师专业化二者之间既有区别也有联系。区别在于，“教师专业发展”主要指教师个体的、内在的专业化提高；而“教师专业化”更多是从社会学角度加以考虑的，主要强调教师群体的、外在的专业性提升。联系在于两个概念是相通的，均指加强教师专业性的过程，可以这样认为，“教师的专业发展”是“教师专业化”的必然途径。叶澜在《教师角色与教师发展新探》中在不引起歧义的情况下对教师专业化和教师专业发展进行了区分，他把教师专业发展理解为教师内在结构不断更新、演进和丰富的过程，而教师专业化则是指教师群体的、外在的专业性的提升，从广义上讲二者是相通的。同时他还认为，由教师专业化到教师专业发展是教师由被动到主动的发展过程。这两个不同的思维角度是随着教师专业发展研究进程而不断明晰的。20世纪60年代到70年代，为了提升教师专业化程度，人们采用的是群体专业化策略，关注教师作为专业性职业的地位及其提高的问题。20世纪80年代以来，教师专业化的重心由群体转向个体，教师的专业发展成了教师专业化的方向和主题。人们越来越清楚地意识到，提高教师专业地位的有效途径是不断提高教师的专业教育水平，从而促进教师的专业发展。(见表5-1)

表5-1　教师专业发展与教师专业化的区别

	教师专业化	教师专业发展
外部	教师专业地位的认可	个人职业阶梯的上升
内部	严格规范的资格许可和任职制度	个人专业素质的提高和专业实践的改进

综上所述，笔者认为教师专业发展是指教师个体具有动态性、多阶段性、多层次性、目的性的发展过程。动态性指教师内在专业结构和知识不断更新、演进和丰富，它贯穿于教师职业生涯的始终；多阶段性指教师专业发展是职前教育(师范教育阶段)、上岗教育和在职提高一体化的过程；多层次性指教师专业发展包括了知识的积累、技能的娴熟、能力的提高、态度的转变和情意的发展等；目的性指教师通过不断的学习和探究历程来拓展其专业内涵，提高专业水平，获得专业成长。

（二）教师专业发展结构研究

教师专业发展结构是教师专业发展研究的另一主要内容，它包括两项内容：一是教师专业结构（素质构成）；二是教师专业发展的知识与能力基础。

教师既然作为专业人员，必然具有相应的专业结构。关于这一点，学者们的研究从不同角度推演出了不同的结构，如表5-2所示。

表5-2　教师专业结构研究汇总

研究者	教师专业结构构成
顾明远	专门（所教学科）的知识和技能体系，职业道德，进修的意识和不断学习的能力，职业的自主权
叶澜	教育信念，知识结构，能力结构，专业态度与动机，自我专业发展需要和意识
朱小蔓	观念系统，知识系统，伦理与心理人格系统
林崇德等	职业理想，知识水平，教育观念，教学监控能力，教学行为与策略
傅道春	专业知识，专业能力，专业训练，专业组织，专业伦理，专业自主，专业服务
庞丽娟等	专业基础，专门的儿童发展与教育理论和实践知识，教育实践能力，专业责任感和服务精神
张传燧	知识维，能力维，个性品质维
肖丽萍	职业知识、技能、行为与态度

知识与能力基础对于教师专业发展具有举足轻重的作用。关于教师专业发展的知识与能力基础的研究，学者也是从不同角度进行了构建，结果如表5-3所示。

表5-3　教师知识与能力基础研究汇总

研究者	教师知识与能力基础构成
叶澜	科学与人文的基本知识，学科的专门性知识，教育学科类知识
朱小蔓	学科知识，教学法知识，对儿童进行认识和把握的知识，各种作为教育背景的自然社会和人文科学的知识
林崇德等	本体性知识，实践性知识，条件性知识
傅道春	文化科学知识，专业学科知识，教育和心理学知识，教育情境知识
张传燧	通识性知识，本体性知识，素养性知识，条件性知识，行为性知识，实践性知识
刘捷	科学文化知识，学科专业知识，教育专业知识

（三）教师专业发展阶段研究

关于教师专业发展阶段的研究，经常被提及并被我国学者所认同的西方学者的研究成果如表5-4所示。

表5-4　西方学者关于教师专业发展阶段的研究

研究者	阶段论
傅乐	教学前关注，早期生存关注，教学情境关注，关注学生
卡茨	求生存，巩固，更新，成熟
司德菲	预备生涯，专家生涯，退缩生涯，更新生涯，退出生涯
伯利纳	新手，高级新手，胜任，熟练，专家
安鲁赫	职前期，初任期，安全期，成熟期
格雷高克	形成期，成长期，成熟期，充分专业化期
麦克唐纳	过渡期，探索期，创造实验期，专业教学期
休伯曼	入职期，稳定期，歧义期（1）（2），准备退休期

我国学者在这一领域也开展了一些研究，有些是基于国外研究的推演，有的则是在对本土优秀教师或名师研究的基础上概括而来。邵宝祥、钟祖荣等的研究比较著名，尤其是邵宝祥主持的全国教育科学“九五”规划教育部重点课题，课题组成员在对全国20多个省市3000多份中小学教师研究的基础上，从教师教育教学能力发展出发，提炼出教师专业成长的“四阶段论”，如表5-5所示。

表5-5　我国学者关于教师专业发展阶段的研究

研究者	阶段论
邵宝祥等	适应阶段（从教1—2年），成长阶段（从教3—8年），称职阶段（35岁以后高原阶段），成熟阶段
钟祖荣等	准备期（职前），适应期（从教1—3年），发展期（从教4—10年），创造期
傅道春	积累期，成熟期，创造期
庞丽娟等	准备阶段（师范教育），求生阶段（任职第一、第二年），巩固阶段（任职第三、第四年），更新阶段（任职第四、第五年），成熟阶段（任职四五年以后）
王铁军等	入职适应期（18—25岁）、成熟胜任期（25—35岁）、高原平台期（35—45岁）、成功创造期（40—55岁）、退职回归期（55岁—退休）

根据上述研究，笔者认为，尽管研究者们对教师专业成长的阶段有不同的划分，但具有一定的规律性。教师专业成长总是从不成熟到逐渐成熟直至成为专家，其间的发展不是线性的、单向度的和一直向前的，而是有波折，停滞不前甚至倒退的。

（四）促进教师专业发展的理论研究

研究教师专业发展理论的目的是为了有效促进教师专业发展。促进教师专业发展的研究大致可分为三个层面：一是教师专业化基本范式（模式）的探讨；二是促进专业化发展的基本途径的研究；三是一些具体方法、做法的介绍。

就教师专业发展的基本范式而言，有学者认为，教师专业发展有三类取向：理智取向；实践—反思取向；生态取向。理智取向主张教师要具有“学科知识”和“教育知识”，向专家学习某一学科的学科知识和教育知识，正规的培训是基本策略。实践—反思取向主张重心不在于让教师获得外在的、技术性的知识，而是通过“实践”促发教师“反思”，从而促发教师对于自己、自己的专业活动直至相关的物、事有更为深入的“理解”，发现其中的意义。生态取向认为教师专业发展不完全依靠自己孤军奋战，并非孤立地形成与改进其教学的策略与风格，而是更大程度上依赖于“教学文化”或“教师文化”，正是这些为教师的工作提供了意义、支持和身份认同，因此，促进教师专业发展最理想的方式应当是一种合作的发展方式，要构建一种合作的教师文化。

走向“校本”是绝大多数学者比较认同的促进教师专业化发展的最主要途径。其中，校本教研、校本培训、教师专业发展学校等是经常被人们提及的。

近几年来，深受国外教师专业化策略以及校本教研理念的影响，我国许多学者提出了种种实践取向的促进教师专业发展的方法。其中，比较著名的是教育叙事、案例研究等。

二、信息技术教师的专业发展研究现状

我国信息技术教师专业发展研究起步较晚，21世纪初相关研究才逐渐增多起来。如刘赣洪、贺伟荣在《信息技术教师专业发展策略研究》中提出采用校际培训和同侪教练模式促进信息技术教师专业发展；赵健指出在信息技术教师成长过程中要注重反思与对话，呼吁教育部门关注教师地位提升；齐颖在论文中论述了采用网络实训平台对信息技术教师进行专业培训的构架设想；詹青龙、顾小清在《信息技术教师培训的新思维》一文中在批判惯势思维的基础上提出了新的培训思维范式——嵌入式培训，它强调基于课堂教学实践情境并与教师日常教学工作互动的培训；舒慧东在《中小学信息技术教师专业发展的多元审视》一文中提出信息技术教师专业化发展的研究，不能仅从教育学角度寻求方法和策略，同时也要从社会学、经济学、文化学、心理学等多个视角，对信息技术教师发展的阻碍因素进行分析；廖媛媛在其硕士论文《中学信息技术教师的专业发展研究》中分析了影响信息技术教师专业发展的因素，并分别对新手型、熟手型、专家型教师提出了促进其专业发展的策略。

近几年，随着教育信息化的发展和新课程改革，涌现了一些关于信息技术促进信息技术教师专业发展的文章。如缪小龙在《网络环境下聚焦备课组促进信息技术教师专业发展》一文中较详细地阐述了基于网络环境的集体备课方案和实施过程，以此促进信息技术教师的专业发展；胡文鹏、冼伟铨在《博客圈学习共同体：信息技术教师专业发展新平台》一文中提出建立博客圈学习共同体，并介绍了其主要功能模块的作用，通过交流、反思、研讨和实践促进信息技术教师的专业发展；王玲、陈跃在《播客Podcasting促进教师专业化发展的应用研究》中提出利用播客促进教师专业发展等。

三、结论与反思

信息技术教师专业发展在教师专业发展的范畴之内，可以参考教师专业发展研究的理论成果和模式，譬如教师专业发展的界定、专业发展的结构、发展阶段以及促进策略。通过对于信息技术教师专业发展的综述可以看出，研究者主要针对信息技术教师专业发展促进策略进行研究，对于信息技术教师专业发展的界定、专业发展的结构、发展阶段并没有专门的研究。

信息技术教师专业发展是否可以直接引用普适的教师专业发展理论？是否可以直接把国外信息技术教师专业发展理论拿来作指导？当今网络技术与信息技术高速发展，信息技术教师在其专业发展的过程中“单打独斗”已经跟不上时代发展的步伐，是否可以系统探讨基于网络的“生态取向”与“内在主体式”研修体系相结合构成的教师专业发展模式？这些问题都值得我们继续探讨与研究。

参考文献：

[1] 顾明远．教师的职业特点与教师专业化[J]．教师教育研究，2004，16（6）：5-6.

[2] 叶澜．教师角色与教师发展新探［M］．北京：教育科学出版社，2001：26-27.

[3] 朱小蔓．谈谈教师“专业化成长”［J］．南通师范学院学报（哲学社会科学版），2001，

17(1)：89.

[4] 林崇德，等．教师素质的构成及其培养途径［J］．中小学教师培训（中学版），1998(1)：10.

[5] 傅道春．教师的成长与发展［M］．北京：教育科学出版社，2001：138－179.

[6] 庞丽娟，等．论教师专业化［J］．教育理论与实践，2002，22(1)：38－42.

[7] 张传燧．教师的类型及其素质培养探析［J］．高等师范教育研究，2000(6)：61－62.

[8] 肖丽萍．国内外教师专业发展研究述评［J］．中国教育学刊，2002(5)：56－57.

[9] 叶澜．新世纪教师专业素养初探［J］．教育研究与实验，1998(1)：44－45.

[10] 刘赣洪，贺伟荣．信息技术教师专业发展策略研究［J］．江西教育学院学报，2006(3)：25－27.

[11] 齐颖．信息技术教师网络实训平台建设［J］．中国成人教育，2009(19)：91.

[12] 舒慧东．中小学信息技术教师的专业发展的多元审视［J］．教学与管理，2010(15).

[13] 张传燧．教师专业化：传统智慧与现代实践［J］．教师教育研究，2005，17(1)：16.

[14] 刘捷．建构与整合：论教师专业化的知识基础［J］．课程·教材·教法，2003(4)：61－63.

[15] 邵宝祥，等．中小学教师继续教育基本模式的理论与实践［M］．北京：北京教育出版社，1999：68－70，124－128.

[16] 廖媛媛．中学信息技术教师的专业发展研究［D］．新疆师范大学，2007.

[17] 王铁军，等．名师成功：教师专业发展的多维解读［J］．课程·教材·教法，2005(12).

[18] 教育部师范司．教师专业化的理论与实践［M］．北京：人民教育出版社，2001：9－12.

中小学教师隐性知识管理模式的建构

徐永祥

（浙江师范大学教师教育学院，浙江　金华　321004）

摘　要： 中小学教师的隐性知识对于提升基础教育教学质量和教师素质具有重要意义，当前对教师隐性知识管理的研究大多停留在理论论述阶段。本文在对教师隐性知识特征分析的基础上，从隐性知识管理关注的4个环节出发，分别就各环节提出中小学教师隐性知识的具体管理模式，以期实现中小学教师对自身隐性知识的有效管理。

关键词： 教师　隐性知识　知识管理

进入知识经济时代，知识成为最有价值的经济资源[1]。英国哲学家波兰尼将知识分成显性知识和隐性知识。隐性知识是存在于个人头脑中的、存在于某个特定环境下的、难以正规化、难以沟通的知识，是知识创新的关键部分[2]。隐性知识管理属于知识管理的研究范畴，包括隐性知识到显性知识的转化和隐性知识到隐性知识的转化。中小学教师的知识同样可以分为显性知识（一线教师通过各种途径所获取的教育理论、教育方法、教学资源等）和隐性知识（依赖于教师的经验背景，在复杂且不确定的教学情境中，通过不断地进行反思性活动而形成的教育观念、教学经验、技巧等），其中的隐性知识在很大程度上更能深刻地反映一个教师在专业方面的成熟度。同一所学校不同教师间所具有的隐性知识内容显然是不一样的，如果这些知识能被其他教师获得和利用，不仅有助于学校教学质量的整体提升，同样有助于教师个体素质的提升，促进教师专业的发展。

当前越来越多的中小学已经意识到运用知识管理的方法来共享教师知识的重要性，并采取了积极的行动。但目前的努力仅仅停留在对教师显性知识进行管理这一层面，对隐性知识的管理则较少涉及。另外，通过翻阅现有教师隐性知识管理的相关文献发现，国内在这方面的研究存在以下两方面问题：一是关于教师隐性知识管理的研究大多停留在理论论述阶段，并未提出实际的应用模式；二是许多文献根据显性知识和隐性知识相互转化的SECI模型，阐述了如何实现教师隐性知识到显性知识的转化，但从认知心理学关于内隐认知的相关研究来看，目前要实现个体隐性知识到显性知识的转化，是极其困难的。基于以上的研究背景，本文通过对中小学教师隐性知识的管理模式进行建构（不涉及隐性知识的显性化），以期实现中小学教师个体对其自身隐性知识的有效管理（包括隐性知识的获取、利用、转移和共享），并为今后此方面实证研究的开展提供一点理论参考。

一、中小学教师隐性知识的特征

中小学教师的隐性知识是其在长期的教学实践活动中积累的知识，与个体的体验和经验紧密相关，不易用语言表达，也不易通过语言和文字等传播方式来学习。这类知识存在于知识承载者个体之中，并与之紧密相连、无法分割。因此，具有以下鲜明的特征。

1. 难以表述。

隐性知识很难通过语言、文字、图片或符号进行明确表述与逻辑说明，它是中小学教师非语言智力活动的成果，这是隐性知识最本质的特性。

2. 个体性。

隐性知识是教师个体在长期的一线教学实践中积累的教育经验和教育智慧。它在产生过程中往往容易受个体的主观经验、热情、信念、教育价值、教学风格等的影响，是因人而异的。这种知识储存于教师头脑中，与教师本人紧密联系，无法脱离。因此，教师的隐性知识具有个体性，是个性化的知识。

3. 实践性。

教师个体的知识是依存于一定背景，在实践中总结出来的实践性知识，同研究者运用的“理论性知识”相比，它缺乏严密性和普适性，是一种多义的、活生生的、充满柔性且有个人效能的功能性知识[3]。它既是在实践中建构的，又是关于实践的，最后还要指向实践。而隐性知识是教师在具体实践活动中形成的某种思想和行为倾向，是教师生活世界和经验世界的结晶。因此，实践是中小学教师建构隐性知识的平台。

4. 情境性。

隐性知识主要来自教学实践，教学实践离不开具体教育问题与教育情境的支撑，而教育问题与教育情境又是复杂多变的。同时隐性知识多表现为教师的经验和教学智慧，是随机和零碎的。以上二者决定了教师所获得的隐性知识难以测量与评价，其价值只有在具体的情境中运用才能显示。

二、中小学教师隐性知识管理模式的总体建构

对于隐性知识管理的定义，目前还没有一个比较公认的表述，根据隐性知识的特征，有学者提出个体隐性知识的管理中，需要解决个体隐性知识的获取、利用、转移和共享的问题[4]。基于上述对隐性知识特征的分析，中小学教师隐性知识的有效管理同样应包含隐性知识的获取、利用、转移和共享这4个环节。其中获取、利用和转移指的是教师个体层面上隐性知识的管理，而共享则是从学校整体的层面上进行努力，实现学校内不同教师间隐性知识的共享。中小学教师隐性知识管理模式的总体建构如图5－5所示。

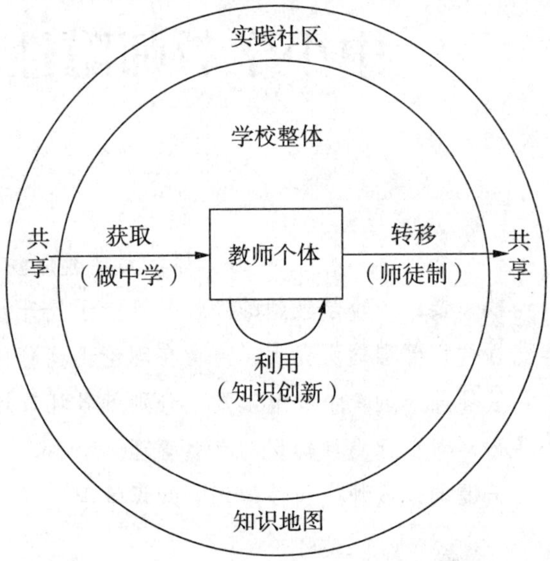

图5－5 中小学教师隐性知识管理模式的总体建构图

1. 获取。

获取是指教师根据自身的需要，以及学校提供的环境，通过某种方式从其他教师那里取得所需要的隐性知识。

2. 利用。

利用是指教师个体获得隐性知识后，使用、拓宽、延伸这些隐性知识以及重构自己个人的知识系统。

3. 转移。

转移是指教师将自己的隐性知识通过某种方式传递给其他教师，实现隐性知识在学校内部的流通。

4. 共享。

共享是指学校从整体上创设一个良好的隐性知识管理环境，以实现不同教师间隐性知识的大范围共享。

三、中小学教师隐性知识管理模式的具体建构

为了能够使隐性知识真正实现有效的管理，根据教师隐性知识的特征和隐性知识管理的定义，针对中小学教师隐性知识的获取、利用、转移和共享这4个环节提出相应的管理模式。

（一）教师个体获取隐性知识的模式建构

学习是获取知识的主要渠道，个体隐性知识的获取同学习息息相关。由于隐性知识包含着不能以一种直接标准化的方式表达的学习和技能，因此通过实践活动就成为获取隐性知识的关键途径，其中“做中学”是一种有效的模式。“做中学”的学习过程指的是教师原有的知识不能满足工作需要，需要不断进行自我探索，分析思考，尝试新方法，不断试错，直到最后解决问题，并对已有的知识和工作经验进行反思、建构的过程。这类学习的特点在于显性知识内化为个人的隐性知识，是一个知识的建构过程。这个过程包括两个方面，一方面是行动过程，即把显性知识运用到工作中，通过反复的操作和长时间的积累，获得技能诀窍知识。这方面知识具有较强的任务专用性，必须经过实践才能获取，一般叫做经验知识。另一方面是认知过程，即个人根据自己的经历，对“做中学”行动过程进行反思和抽象，思考实践工作中的理论问题，并将其系统化、条理化，经过长时间的联系和思考，内化为个人身体知识的一部分。

总的来说，教师在日常教学工作中一方面通过不断的实践，另一方面通过不断的教学反思，来将显性知识内化为隐性知识，以获得隐性知识。教师个体通过“做中学”获取隐性知识的模式如图 5 -6 所示。

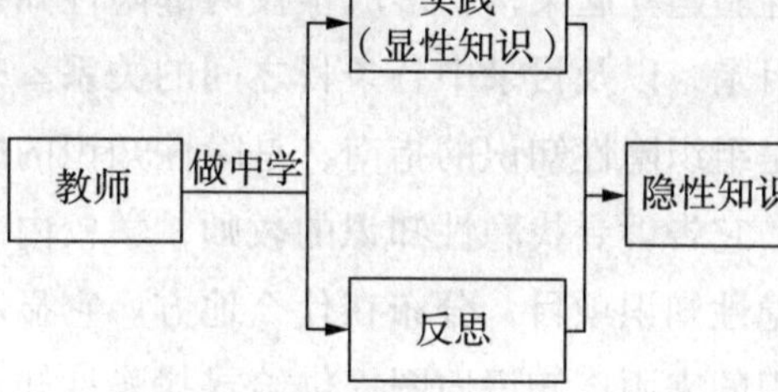

图 5 -6　教师通过“做中学”获取隐性知识的模式图

（二）教师个体利用隐性知识的模式建构

教师一旦获取隐性知识后，将会在无意识的状态中利用隐性知识，而无须附加任何条件。因此，教师个体利用隐性知识的焦点，被转移到教师在利用这类知识的过程中进行知识创新的角度上。

从技术创新的观点看，隐性知识是一个组织的创新之源，这是因为，隐性知识既包含着发现创新问题的启发性期待，也孕育着解决该问题的方法预期。在学校内部，隐性知识同样是教师进行知识创新的源泉，教师个体获得隐性知识后，在使用这些知识的过程中拓宽、延伸这些隐性知识，并重构自己个人的隐性知识，形成新的知识内容，然后通过一定的方式将新的知识内容传递出去，无形中为学校创造了知识价值。在这个过程中，教师将获得的隐性知识拓宽、延伸，以及将其同原有知识进行结合重构，是知识创新的关键。教师个体利用隐性知识进行知识创新的模式如图 5 -7 所示。

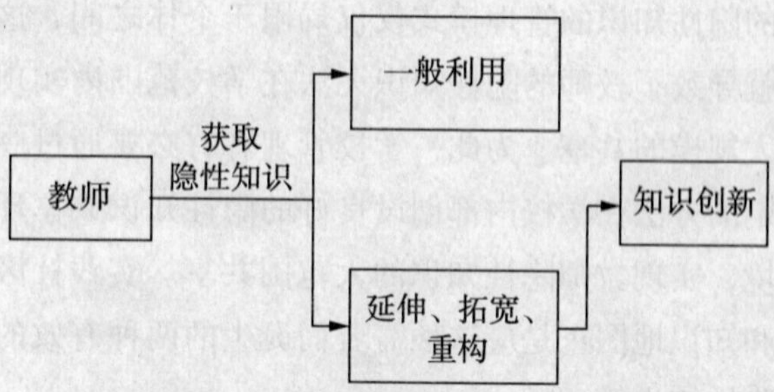

图 5 -7　教师利用隐性知识进行知识创新的模式图

（三）教师个体转移隐性知识的模式建构

个体隐性知识转移的过程，是隐性知识到隐性知识的传递过程。在这个过程中，一些技术工具无法起到重要作用，面对面地交流、观察和模仿是传播和转移这种知识最直接和最佳的途径。而师徒制模式是能够集面对面交流、观察和模仿体验于一体的最好模式。通过观察隐性知识拥有者的教学活动，其他教师可以在不知不觉中掌握教学方法与技能，包括那些连知识拥有者也不能清楚表述的方法与技能等。隐性知识的传递只能通过一个人对另一个人的观察、模仿、顿悟才能消化。实践证明，这种形式确实有助于教师隐性知识的转移传递，从而促进其他教师的专业成长。

由于隐性知识具有极高的价值，比如一些名师的“绝活”，所以如果没有相应的激励和补偿措施，拥有隐性知识的教师往往不愿意将自身的隐性知识进行转移，这就有赖于学校从组织层面上进行监控。教师个体转移隐性知识的模式如图 5 -8 所示。

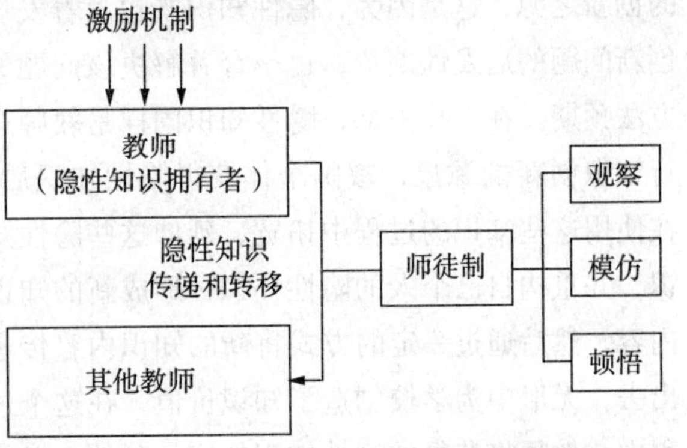

图 5－8 教师通过“师徒制”转移隐性知识的模式图

（四）教师整体共享隐性知识的模式建构

由于隐性知识特点的限制，以上三点所建构的隐性知识的管理模式仅仅局限于个体之间，这就导致了教师的隐性知识无法在学校范围内实现大规模的共享。为此，学校管理者有必要通过一定的方法在学校内部创设良好的隐性知识共享环境，实现教师隐性知识的大范围共享。实践社区和知识地图正是应这种需要而诞生的两种有效的隐性知识管理模式。

1. 实践社区。

中小学教师隐性知识的管理与教师的非正式学习有着密切的联系。研究发现，人们在工作学习中习得的知识有 80% 来自于非正式学习[5]。不仅如此，非正式学习环境还是知识创新和隐性知识验证、传播与管理的天然土壤。这是因为：一方面，隐性知识不能用文字直接表述，通过示范、行为，或在适当的场景下共同实践最有利于隐性知识传播、发展；另一方面，在非正式学习环境中，人们在工作或休息的同时有意或无意地共同完成体验与认知过程，这符合隐性知识所要求的传播、发展环境。

实践社区是非正式学习环境的一种重要也是卓有成效的形式。将实践社区运用到学校当中，教师可以在自发的、共同的实践活动中相互启发，相互促进，有助于知识创新。如果教师之间有着共同的关注点、相同的问题，或者对同一个话题感兴趣，通过实践社区提供的各种对话方式，在不断发展的基础上相互影响，可以学习到更多的知识和专业技术。更重要的是，教师可以通过参与到知识社区的活动中，并根据其不同的工作经历和兴趣爱好，组成不同的讨论组，形成一种非正式的学习群体，就各自的问题或者感兴趣的话题展开讨论，在直接的讨论对话中实现隐性知识的转移。因此学校管理者需要创设一些实践社区，如咖啡屋、活动室等，为教师营造一种非正式的学习环境，吸引教师加入到实践社区中，使他们在休闲娱乐中转化、传递隐性知识。教师整体共享隐性知识的“实践社区”模式如图 5－9 所示。

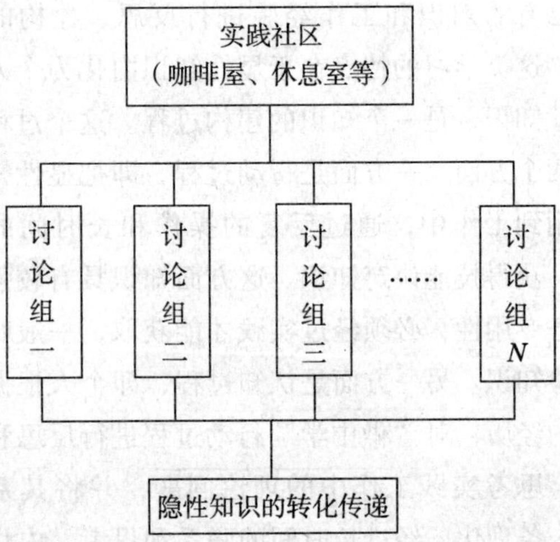

图 5－9 教师整体共享隐性知识的“实践社区”模式图

2. 知识地图。

随着社会的进步和信息技术的发展，当前大部分学校都建设有自己的校园网。因此可以利用学校的网络平台为学校教师隐性知识的管理服务。

知识地图利用信息技术将难以编码的教学技巧和经验建立起架构，形成学校内部隐性知识资源的目录，以及目录中各条目之间的关系。知识地图是组织隐性知识的指南，是隐性知识的库存目录，它告诉寻找隐性知识的教师，学校内部有什么隐性知识项目，分布在什么地方。它显示的是知识的来源，知识地图提供给寻找隐性知识的教师一种人员与专家查询系统，寻找专家就像通过查阅地图寻找地点一样。通过知识地图，受训教师可以很快地找到自己所需要的专家，然后与之联系，以获取相应的知识。

知识地图通过提供隐性知识提供者的信息，使教师在寻找难以编码的隐性知识时，直接找到隐性知识的提供者，并与之直接沟通交流，获取所需的隐性知识。其原理如下：出于个人意愿或者是在激励机制的促进下，学校内部拥有隐性知识的教师将自身所具有的难以量化编码的隐性知识的类型、特征发布到学校网络平台的个人主页上。然后平台管理员通过对教师个人主页的统一管理，将所有隐性知识的类型、特征收集在一起，根据隐性知识的类型、特征，编制出所有隐性知识的资源目录以及资源目录中各条目间的关系，而这些资源目录以及目录中各条目间的关系在知识地图上的具体体现，则是隐性知识提供者的个人信息。不同的个人信息通过这些人所提供的隐性知识所形成的资源目录以及资源目录中各条目间的关系组织在一起，形成知识地图。这样其他教师配合搜索引擎的使用，便能像在地图中寻找某一地点一样，方便地在知识地图中获取自己所需隐性知识的提供者的个人信息。然后通过个人信息找到隐性知识提供者，与之直接进行沟通交流并获取所需知识，实现隐性知识的转移和传递。教师整体共享隐性知识的“知识地图”模式如图 5－10 所示。

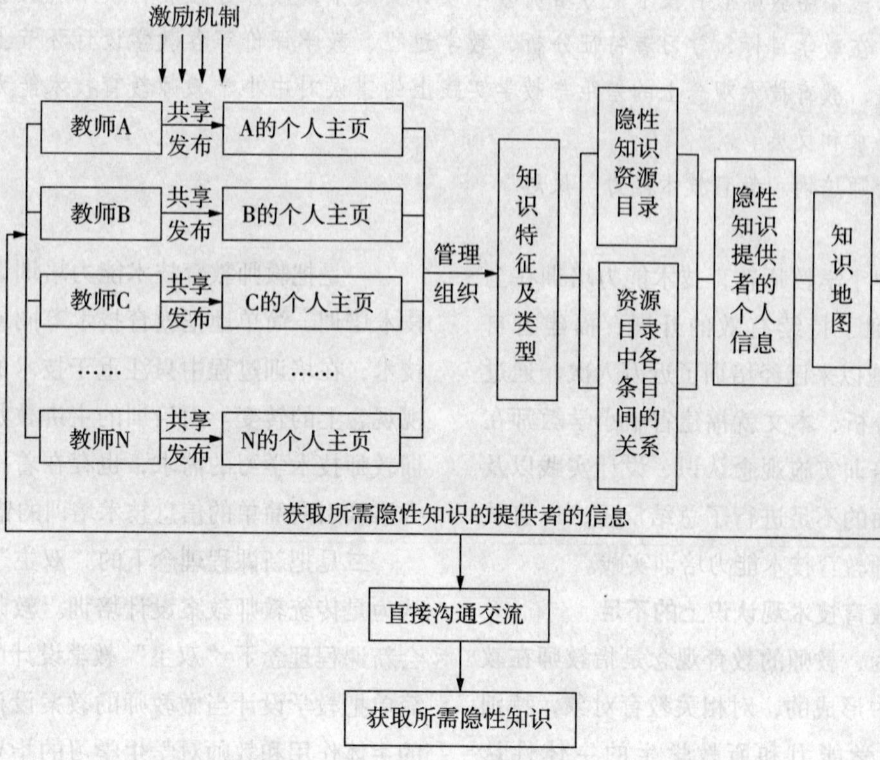

图 5－10　教师整体共享隐性知识的“知识地图”模式图

总的来说，通过对中小学教师隐性知识特征的分析，从隐性知识管理关注的 4 个环节出发，提出中小学教师隐性知识管理的模式图，并对隐性知识管理的各个环节提出具体的应用模式，能为教师隐性知识的有效管理提供有意义的应用参考。同时，由于隐性知识的高价值性，要使学校内部拥有隐性知识的教师主动转化传递其隐性知识，需要学校激励机制的配合，而这也向中小学管理者提出了新的要求。

参考文献：

［1］陈祖义，华勇．教师隐性知识管理研究［J］．职业时空，2007(9)：19－20.

［2］［5］黄荣怀，郑兰琴．隐性知识论［M］．长沙：湖南师范大学出版社，2007：34－165.

［3］方明．缄默知识论［M］．合肥：安徽教育出版社，2004：221.

［4］李作学．隐性知识计量与管理［M］．大连：大连理工大学出版社，2008：152.

*基金来源：浙江省大学生科技创新活动计划（新苗人才计划）“‘学校群’教师教研协作平台”（项目编号：2010R404054）。

中小学教师教育技术能力培训教学设计实践的反思

李呈林　陈展虹　柯　菁

（福建教育学院信息技术研修部，福建　福州　350001）

摘　要：在中小学教师教育技术能力培训教学设计实践中，教师存在教育技术观及教学设计理念认识上的不足，在教学目标、学习者特征分析、教学过程、教学评价等各教学设计环节上也存在不同形式的各种错误，教育技术观念上的差距与教学实践上的错误对中小学教师教育技术能力培训组织实施提出了新的要求和反思。

关键词：教师培训　教育技术能力　反思

近年来，中小学教师教育技术能力培训在全国各地已经得到了持续有效的开展，福建省自2008年8月实施以来已经培训了近万人次。通过对培训情况的分析，本文就福建省中小学教师在教育技术能力培训实施观念认识、设计实践以及培训组织三方面的不足进行了总结反思，以有效促进中小学教师教育技术能力培训实践。

一、教师教育技术观认识上的不足

申继亮认为，教师的教育观念是指教师在教育、教学实践中形成的，对相关教育对象，特别是对自己的教学能力和所教学生的主体性认识[1]。叶澜1998年指出，任何教育行为都不可能脱离教育观念，不管教师是否意识到，但它是实实在在的，并顽强地、无孔不入地渗透在教师的教育行为中[2]。教师的教育技术实践也受到教师教育观念的影响与制约[3]。中小学教师教育技术观呈模糊、片面和表面化等特点，培训应明确区分信息技术和教育技术。从教师对培训的描述可以看出，存在用信息技术培训代替教育技术培训的现象。信息技术技能的掌握不会必然导致教育技术能力提高和教育观念的更新。[4]

从参训教师的教育技术观来看，主要存在以下两个方面的不足。

一是把教师教育技术能力培训误认为是信息技术培训。简单地把教育技术等同或描述为信息技术，在培训过程中只注重于技术的学习，而忽视观念上的转变。而培训的主讲教师为了迎合参训教师技术学习的需求，也存在着把教育技术能力培训引向简单的信息技术培训的错误倾向。

二是把新课程理念下的“双主”教学设计误认为是传统教师教案设计培训。教师没有真正体会新课程理念下“双主”教学设计的内涵，只是简单把教学设计当做教师的教案设计，忽视学生的主体作用和教师对学生学习的指导性质，没有真正从学生个体特征和学习思维习惯、认识发展程度方面来设计教学，从而偏离了教师教育技术能力培训的本意。

二、教师教学设计上常见的错误

由于培训教师教育技术观念认识上的不足，培训教师在教学设计上表现出不同形式的错误：缺乏教材分析，没有以学生为主体的三维教学目标分析或者依旧囿于教师教学的角度来设计教学目标，学习者特征分析徒具形式，媒体选择分析、教学流程图设计、教学策略设计、教学评价设计等混乱随意、各行其是。因此，教师教育技术能力培训的效果大打折扣。主要的错误形式有以下几种。

（一）概述设计流于形式

部分培训教师没有设计概述或教材分析部分，对其设计的课程内容泛泛而谈，而对于教学中选用的教材、教学内容的先后关系、教学设计的总体思想和设计思路等则无从得之。例如：

高中语文文学名著阅读——“论语”专题（高一年级），所需课时：2课时。

《论语》作为孔子及门人的言行集，内容十分广泛，多半涉及人类社会生活问题，对中华民族的心理素质及道德行为起到重大影响。在两千多年的历史中，它一直深深地影响着我们。而其中教给我们的“交友之道”，有许多值得借鉴的地方。

中小学教师除了有效设计好自己的课堂教学外，更应该以资源分享的视角来有效借鉴和合理选用他人设计良好的教学设计方案。从这个角度看，教材分析、教学设计总体思想和设计思路显得尤为重要。下面的叙述会使你对教学设计整体有一个清晰的认识。

《解三角形应用举例》是人教版新课标教材高中数学必修五第一章“解三角形”第2节的内容，是学完了正弦定理和余弦定理后对定理的应用，共两课时，本节课为第一课时。

本节课重点是创设问题情境，通过对不可到达桥头的桥长、不可到达顶部的塔高的测量方法的探究，运用正、余弦定理来解决与解三角形相关的问题，让学生亲身经历和体验运用三角函数来解决实际问题的过程，培养学生抽象、概括、分析问题和解决问题的能力，使学生感受到“生活处处有数学”，提高应用数学的意识。

（二）教学目标设计定位泛化

教学目标设计是整个教学设计的灵魂。教学过程、教学内容、教学策略、教学评价等的设计都应该围绕教学目标来有效设计。新课程理念下的教学设计应该是以学生为主体的三维教学目标设计，应该突出学生的主体作用。同时，在设计教学目标时，应该使目标尽量地明确具体，避免目标的过程化和虚假化。经过培训，受训教师基本掌握了以学生为主体的教学目标设计原则，但还存在教学目标设计模糊化、过程化、虚假化的现象。例如：

1. 知识与技能

（1）能理解并积累文中常用的文言词语，进一步培养文言阅读能力。

（2）背诵《论语》中关于交友之道的名言警句。

（3）了解、掌握《论语》中关于朋友的作用、择友、察友以及处友等方面的主要观点。

（4）能在理解、掌握的基础上进行课外写作。

2. 过程与方法

（1）课前查找《论语》中关于“交友”的语句，翻译，理解。学生利用课外时间阅读，培养自主学习能力。

（2）能结合原著，展开专题思辨，能结合生活实际谈谈自己对《论语》中关于朋友的作用、择友、察友以及处友等方面的看法，并在理解、掌握内容的基础上进行写作，从中感受经典的魅力。

（3）主要的教学方法：自主探究法、点拨法、讨论法、指导法。

3. 情感态度与价值观

（1）了解交友之道，谨慎择友、察友和处友。

（2）感受中国文化经典的魅力，热爱中国的文化经典。

在上例中，知识与技能目标较模糊，没有具体说明学生要理解和掌握的文言词语，要背诵《论语》中哪些交友的名言警句，关于朋友的作用、择友、察友、处友的主要观点有哪些，哪些是只要了解的，哪些是要求掌握的。在过程与方法目标中，把课前查找与能够学会课前查找混淆，把教学目标过程化。在情感态度与价值观目标中，“感受中国文化经典的魅力”又有目标夸大的嫌疑，可以将二者合而为一，改为“能学会感受中国经典文化中交友之道的精髓，学会谨慎选择朋友、体察朋友和与朋友友好相处”。

设计良好的教学目标应该是尽可能明确具体的，同时不会刻意地提取三维教学目标，而由设计好的教学目标来提炼出教学的重点和难点，可以做到重难点突出、有的放矢。例如：

1. 知识与技能

(1) 能够运用正弦定理、余弦定理等知识和方法解决有关测量距离、高度、角度的实际问题。

(2) 掌握解三角形应用题的基本步骤和基本方法。

(3) 培养运用图形、数学符号表达题意和应用转化思想解决数学问题的能力。

2. 过程与方法

(1) 经历将实际问题抽象为数学模型的过程，体会数学建模思想。

(2) 能够从数学角度去思考问题，体验解决问题方法策略的多样性。

(3) 体验合作学习的过程，能在小组合作探究中清楚地表述自己的观点，善于倾听和评估不同意见。

3. 情感态度与价值观

(1) 意识到数学知识在现实生活中的重要作用，增强对数学学习的兴趣。

(2) 在探究合作过程中，增强探究意识与合作意识，增强与人交流的意识。

(3) 通过课外实习活动，体会数学的应用价值。

教学重点：探索解三角形问题的方法，得到实际问题的解。

教学难点：根据题意建立数学模型，画出示意图。

如此设计，教学目标明确具体，教学重点、难点的引出合理而且自然。

(三) 学习者特征分析浅尝辄止

在学习者特征分析的处理上，参训教师最容易陷入的错误就是徒具形式、浅尝辄止。例如：

学生已学过《论语》中的一部分内容，对《论语》不太感兴趣。

只作了学生对《论语》不太感兴趣的分析，却没有对学生对《论语》不太感兴趣的原因作进一步的分析。又如：

他们是龙岩第四中学高一年级的学生，来自城乡结合部，英语基础较差。

对学生的英语基础的分析，以"英语基础较差"一言以蔽之，缺乏客观和全面的分析。

(四) 媒体分析游离于教学目标、教学策略选择之外

媒体分析是培训教师比较容易忽略的问题，培训教师存在要么没有设计媒体选择分析表，要么与相应的教学目标、教学策略不一致等错误。例如：

多媒体设备：电脑、投影设备、课件等。

实验器材：万能表、干电池、二极管、待测电阻若干。

本例教学设计中没有教学媒体选择分析表。下面的例子中的媒体选择分析表则简单合理，可以很清晰地看到各知识点的学习目标和教学方式、预计占用时间等内容，如表5-6所示。

表5-6 媒体选择分析表举例

知识点	学习目标	媒体类型	媒体内容要点	教学作用	使用方式	所得结论	占用时间（分钟）	媒体来源
复习回顾	掌握	PPT	正、余弦定理	A	E	知道解三角形问题的方法	3	自制
情境引入	设疑	PPT	欣赏泉州秀美风光，提出问题	B	D	从生活实际抽象出数学问题	2	自制
测量距离	理解	PPT	求西湖刺桐阁与湖中小岛的距离（一处不可达）	D F	E	建立数学模型	5	自制

续表

知识点	学习目标	媒体类型	媒体内容要点	教学作用	使用方式	所得结论	占用时间（分钟）	媒体来源
变式训练	探究	PPT	求西湖拱桥的跨度（两端均不能到达）	G	B C	掌握测量距离的方法	10	自制
测量高度	探究	PPT	求刺桐阁的高度	G	B C	掌握测量高度的方法	20	自制
总结归纳	理解	PPT	如何解斜三角形应用题	J	F	理解解斜三角形应用题的一般步骤	3	自制
课外拓展	了解	PPT	古代天文学家如何测量地月距离	H	G	了解测量地月距离的原理	1	自制
实习作业	应用	PPT	周末进行实地测量	K	G	完成实习报告	1	自制

①媒体在教学中的作用分为：A. 提供事实，建立经验；B. 创设情境，引发动机；C. 举例验证，建立概念；D. 提供示范，正确操作；E. 呈现过程，形成表象；F. 演绎原理，启发思维；G. 设难置疑，引起思辨；H. 展示事例，开阔视野；I. 欣赏审美，陶冶情操；J. 归纳总结，复习巩固；K. 其他。
②媒体的使用方式包括：A. 设疑—播放—讲解；B. 设疑—播放—讨论；C. 讲解—播放—概括；D. 讲解—播放—举例；E. 播放—提问—讲解；F. 播放—讨论—总结；G. 边播放、边讲解；H. 其他。

（五）教学流程图设计各行其是

在教学流程图的设计上，多数培训教师没有理解教学流程图的内涵，要么使用清一色的矩形框，要么为求简单或美观而各行其是。如图 5－11 所示。

这个流程图虽然比较美观，把教师活动与媒体使用混合到了一起，有创新却不符合教学流程图设计的初衷。规范的教学流程图应该可以很明确地看出教学中教师活动、学生活动的先后关系及其媒体选择使用情况。

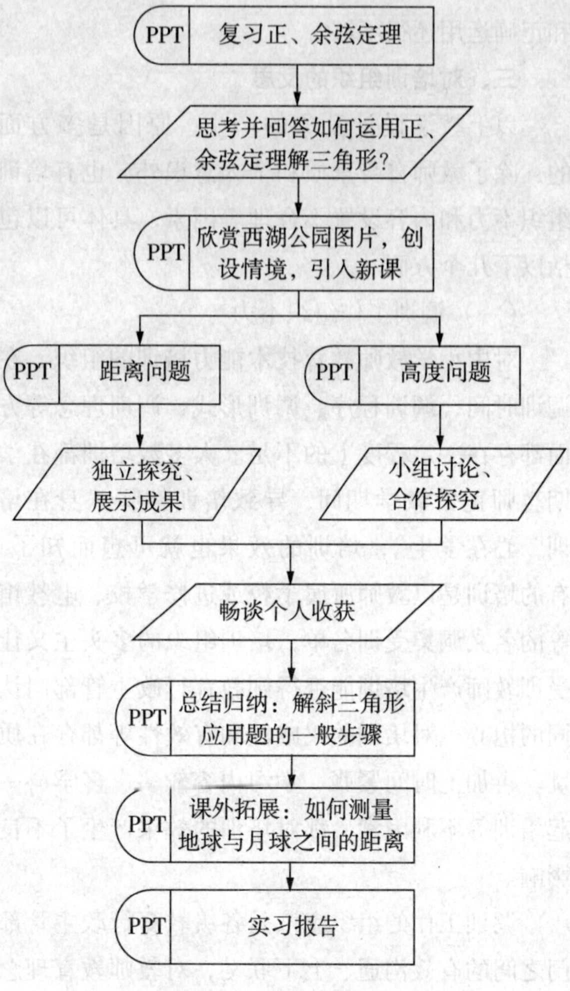

图 5－11　教学流程图举例

（六）教学过程与教学内容脱离

教学过程与教学内容的脱离是另一个问题。在教师的教学设计中，一般都是从传统的教案设计转向新课程理念下的教学设计。很多教师在传统的教案中会撰写详细的教学过程和教学内容，而在培训的教学设计中只有简单的纲要知识点，这样的教学过程设计显得过于简单，很难在教学设计中看到体现教师创造性的内容。

（七）教学评价设计混乱随意

教学评价设计是教师教学设计最混乱随意的部分，存在以下几种错误现象。

一是不能区分教学设计成果评价量表与教学

设计中的教学评价方案设计的区别，错把教学设计成果评价量表当做教学评价设计。

二是把教学评价设计等同形成性练习设计或课后练习，把具体的形成性评价的习题作为教学评价设计的内容。

三是教学评价的设计偏离教学目标。评价的重点要么与教学目标无关，要么没有突出重点、难点。

四是教学评价过于偏重质性的评价，而对于知识点的定量评价基本忽略。评价方案设计了很多学生学习态度、课堂表现、小组协作情况等调查问卷的评价内容，却没有课堂练习与课后作业，或者情况正好相反。

五是教学评价部分充斥着各种各样的评价表格和评价项目，却只是简单的堆砌，并没有说明这些评价资料该如何使用。

由此可以看出，教师对教学评价的真正理解和正确运用还很不够。

三、对培训组织的反思

以上教学设计乱象的产生，原因是多方面的，除了教师自身素质和个人意识外，也有培训组织不力和内容设置不合理等因素，具体可以包括以下几个方面。

（一）调训工作组织不力

对中小学教师教育技术能力培训的组织，在调训时间、调训程序、调训形式、调训理念等方面都存在一定程度上的不足。大多数培训都在学期教师正常教学期间，导致培训教师“身在培训，心在学生”，培训的效果也就可想而知了。有的培训是以教师所属学校或进修学校、电教馆等的名义调集受训名单，培训组织的多头主义让受训教师产生培训能否得到教育行政主管部门认同的担心，对培训的权威性和有效性等都存在质疑。再加上时间紧张、学习内容较多、多学科一起培训等不利因素，都对培训的效果产生了不良影响。

调训工作的组织应该是各级教育行政主管部门之间的有效沟通、上下联动，对教师教育理念的一次彻底的革新，培训应该统一于各级教育行政主管部门的管理之下。同时，培训应该是在教师正常教学时间之外的集中充裕的时间下进行，如利用寒暑假有计划地轮训中小学教师。

（二）内容设置不足

中小学教师教育技术能力培训内容的设置应该突出两方面的一致：既是教育理论（多元智能、建构主义、后现代主义等）与教学设计理念（双主教学）的结合一致，又是技术实践与理念内化的结合一致。在这两个方面一致的主导下，教学内容设置方面，要求在一定的技术实践下，强调教育理论和教学设计理念的渗透。重点应该是教育理论和教学设计理念的内化和领悟。对不同学科和不同年龄层次的中小学教师，在内容设置上应该有所差别。例如，对教学经验较丰富的教师应该多讲一些实用的教育技术和教学工具的使用，少讲理论的内容，多实践多探究少讲授；而对新录用的教师或职称相对较低的教师，培训中应更多地强化教育理论的渗透，在教育技术的实践和工具的运用上以任务驱动、自主实践为主，适当增加理论讲授的时间。在教学设计理念的渗透过程中，要注意与传统教案设计的区别与比较。

此外，由于中小学教师学科背景不同，而且地域差异带来各地区教育现状的不同，可以在分年龄段、分学科、分地区集中组织为主的情况下，把不同地区的各年龄段的优秀教师交叉到其他的教师学习共同体中参与培训，达到既学习借鉴又共同提高的目的。

（三）对培训考核的反思

每一次的教师培训应该都只是教师成长的一个新起点。要保证教师培训的实效，让培训的内容贯彻到每位教师的长期教学实践中，对培训考核不应该仅仅只是一份证书或者几十份继续教育学时证明，应该有完善长效的教师考核机制作保证，如将教师教学能力水平测试等作为教师年度考核和职务晋升的依据，全面客观地分析和记录教师的教学能力、理论水平、技术等级、科研水平等各方面能力。同时，考核过程应该有培训教师的参与，以保证考核结果更加客观真实、合理有效。此外，培训考核可以与教师教学行为研究相结合，历经教学设计—教学实践—教学研究这样一个循环实践与理论提升的多次飞跃，真正让每一位教师成为一个知行合一的教育工作者（或教育家）。

总之，中小学教师教育技术能力培训应使受训教师树立正确的教育技术观，使其在教学实践过程中，坚持“学生主体，教师主导”的教学形式，从教和学两方面改进教学，经过不断地探索实践，逐渐从一个教学的执行者成长为一个教学的研究者。

参考文献：

［1］申继亮，辛涛．教师素质论纲［M］．北京：华艺出版社，2001.

［2］叶澜．更新教育观念，创建面向21世纪的新基础教育［J］．中国教育学刊，1998（2）：6－11.

［3］Ertmer, P. A. *Teacher Pedagogical Beliefs: The Final Frontier in Our Quest for Technology Integration*?［J］. Educational Technology, Research and Development, 2005, V. 53(4): 25－39.

［4］张志祯．从教师的教育技术观看教育技术培训［J］．中国远程教育，2008(3)：61－64.

新疆中小学教师教育技术能力现状调查及分析

王　炜

（新疆师范大学教师专业发展研究中心，新疆　乌鲁木齐　830054）

摘　要：本文以新疆中小学教师的教育技术能力为研究对象，采用问卷的方法对样本区的1000余名教师进行了调查，对涉及教育技术能力的4个维度的数据进行了统计分析，指出了存在的问题，并对培训工作提出了若干建议。

关键词：中小学教师　教育技术能力

2004年12月，教育部颁布了我国第一个关于教师专业能力的标准——《中小学教师教育技术能力标准（试行）》（以下简称《标准》），并于2005年启动“全国中小学教师技术能力建设计划”（以下简称“计划”）。2005年7月，辽宁等9省（直辖市、自治区）率先实施了试点培训。2006年12月下旬，新疆维吾尔自治区积极争取教育部支持，启动了由教育部师范司批准立项的“新疆教育技术能力建设计划远程培训项目”，组织完成了全区共110名“中小学教师教育技术能力建设计划”培训者的历时两个月共50学时的免费培训工作，使我区在组织实施“中小学教师教育技术能力建设计划”工作中迈出关键性一步。培训的实施标志着中小学教师教育技术能力建设计划在新疆的正式启动。2007年5月，按照教育部项目办工作安排，新疆精心选派了22名培训者参加国家级培训，通过培训，他们实施“计划”的能力得到提升，也为我区各地州开展培训工作培养了培训者。2008年4月，新疆维吾尔自治区教育厅启动了新疆首批中小学教师教育技术能力的网络培训。为了今后更好地开展这项工作，提高培训的绩效，了解和掌握新疆中小学教师教育技术能力的现状，我们选择了有代表性的地区作为样本，进行了问卷调查，对数据进行了处理，分析了其中存在的问题，并就今后开展培训工作提出了若干建议。

一、研究对象与研究方法

（一）研究对象

本研究以乌鲁木齐市、伊犁地区、喀什地区、哈密地区和阿克苏地区为样本，以城市（或城镇）、乡镇分层随机抽取14所学校的教师作为调查对象。

（二）研究方法

本研究主要采用问卷调查法。依据《标准》，从意识与态度、知识与技能、应用与创新以及社会责任4个方面入手，设计了调查问卷，并进行了前测，对问卷的信度和效度进行了分析，对问卷进行了修订。调查问卷共发放1400份，回收问卷1150份，回收率82.1%；其中有效问卷1065份，有效率为92.6%。

二、结果分析

本次调查主要从教师基本情况以及《标准》的4个维进行分析。

（一）教师基本情况

如表5－7、5－8所示，在被调查的教师中，汉族教师与少数民族教师的比例接近于新疆中小学教师队伍的常模，教师年龄的分布也接近于现状；文科教师与理科教师的比例接近。

（二）教师教育技术能力情况

1. 教师教育技术能力基本情况描述。

（1）意识与态度情况描述。

表5－7　教师基本情况（一）

基本情况	性别		年龄				民族		学校类型		是否城市	
	男	女	20—30	31—40	41—50	>50	汉	少数民族	重点	普通	是	否
频数	390	675	235	385	325	120	420	625	325	740	355	710
有效百分比（%）	36.62	63.38	22.07	36.15	30.51	11.27	39.44	60.56	30.52	69.48	33.33	66.67

表5－8　教师基本情况（二）

基本情况	学历				学校层次			任教科目		
	中师	大专	本科	硕士	小学	初中	高中	文科	理科	其他
频数	25	335	685	20	350	485	230	450	520	95
有效百分比（%）	2.35	31.45	64.32	1.88	32.86	45.54	21.60	42.25	48.83	8.92

表5－9　教师关于教育技术能力的意识与态度的基本情况

<table>
<tr><td colspan="2">意识与态度维度</td><td colspan="5">调查分析</td></tr>
<tr><td colspan="2" rowspan="2">对教育技术重要性的认识</td><td>非常重要</td><td>比较重要</td><td>无所谓</td><td>不重要</td><td></td></tr>
<tr><td>42.3%</td><td>52.6%</td><td>4.7%</td><td>0.5%</td><td></td></tr>
<tr><td colspan="2" rowspan="2">应用意识</td><td>经常使用</td><td>尝试过</td><td>知道，没有尝试</td><td>仅仅听说过</td><td>不知道</td></tr>
<tr><td>41.8%</td><td>36.6%</td><td>15.2%</td><td>4.2%</td><td>1.9%</td></tr>
<tr><td rowspan="4">评价与反思</td><td></td><td colspan="2">有评价、反思意识</td><td colspan="3">无评价、反思意识</td></tr>
<tr><td>教学资源的评价、反思</td><td colspan="2">93.1%</td><td colspan="3">6.9%</td></tr>
<tr><td>教学过程的评价、反思</td><td colspan="2">66.3%</td><td colspan="3">33.7%</td></tr>
<tr><td>教学效果效率的评价、反思</td><td colspan="2">93.1%</td><td colspan="3">6.9%</td></tr>
<tr><td colspan="2" rowspan="2">终身学习</td><td colspan="2">学习新知识、新技术的意识与态度</td><td colspan="3">利用教育技术学习</td></tr>
<tr><td colspan="2">92.2%</td><td colspan="3">59.7%</td></tr>
</table>

如表5－9所示的统计分析数据可以看出，意识与态度维度中，94.9%的教师能够认识到教育技术的重要性。具有教育技术应用意识的占78.4%，其中36.6%的教师仅仅是尝试过；而知道或听说过教育技术的占19.4%，这些教师没有尝试过在教学中应用教育技术。在评价与反思意识这一方面，93.1%的教师具有评价与反思意识，并对教学资源的利用进行评价和反思，66.6%的教师能够对教学过程进行有意识的评价与反思，93.1%的教师具有对教学效果效率进行评价的意识。关于终身学习，92.2%的教师具有学习新知识、新技术的意识，但能利用教育技术进行终身学习的只占59.7%。

（2）知识与技能情况描述。

表 5－10　教师知识与技能基本情况

<table>
<tr><td colspan="2">知识与技能维度</td><td colspan="5">百分比（人数）</td></tr>
<tr><td rowspan="9">基本知识</td><td rowspan="2">概念的了解</td><td>学习过</td><td colspan="2">听说过</td><td colspan="2">不知道</td></tr>
<tr><td>64.8（138）</td><td colspan="2">35.2（75）</td><td colspan="2">0</td></tr>
<tr><td rowspan="2">理论基础的理解</td><td>学与教的理论</td><td colspan="2">心理学基本理论</td><td colspan="2">传播理论</td></tr>
<tr><td>27.1（57）</td><td colspan="2">—</td><td colspan="2">—</td></tr>
<tr><td rowspan="3">教育技术理论基本内容的掌握</td><td rowspan="2">教学系统设计</td><td colspan="2">教学媒体</td><td rowspan="2" colspan="2">信息处理与加工、信息技术与课程整合</td></tr>
<tr><td>操作</td><td>选择</td></tr>
<tr><td>15.7（33）</td><td>70.5（148）</td><td>26.2（55）</td><td colspan="2">41.8（89）</td></tr>
<tr><td rowspan="2">信息检索的方法</td><td>利用网络等手段</td><td colspan="2">图书资料</td><td colspan="2">与人沟通及其他</td></tr>
<tr><td>68.4（141）</td><td colspan="2">51.9（107）</td><td colspan="2">21.8（45）</td></tr>
<tr><td rowspan="10">基本技能</td><td rowspan="2">信息加工的方法</td><td>自己创作</td><td colspan="2">修改</td><td colspan="2">未作加工</td></tr>
<tr><td>49.0</td><td colspan="2">87.1（175）</td><td colspan="2">10.3（22）</td></tr>
<tr><td rowspan="2">信息利用的方法</td><td>自用</td><td colspan="2">提供给他人</td><td colspan="2">共享</td></tr>
<tr><td>49.0（101）</td><td colspan="2">10.8（23）</td><td colspan="2">29.1（62）</td></tr>
<tr><td rowspan="2">教学媒体选择与开发的方法</td><td>依据学习者特征</td><td>依据媒体特性</td><td>依据教学方法</td><td>依据教学目标</td><td>依据教学内容</td></tr>
<tr><td>66.5（137）</td><td>70.5（148）</td><td>50.2（107）</td><td>54.5（116）</td><td>88.8（183）</td></tr>
<tr><td rowspan="2">教学系统设计方法</td><td>熟练掌握</td><td colspan="2">知道</td><td colspan="2">不了解</td></tr>
<tr><td>34.0（71）</td><td colspan="2">52.2（109）</td><td colspan="2">13.9（2）</td></tr>
</table>

《标准》从基本知识和基本技能两个方面描述知识与技能这个维度。在知识的掌握和学习中，学习过教育技术基本概念的占64.8%，学习过教学理论与学习理论的只占27.1%，几乎都未涉及心理学基本理论的学习；对教育技术理论基本内容的掌握中，掌握媒体操作的占70.5%，掌握信息技术与课程整合知识的占41.8%，如表5－10所示。在信息检索中最常采用的方法是从网络中搜索所需要的信息，然后进行一定的修改，为自己所用；在媒体选择与开发方法上，主要从教学内容、媒体特性、学习者特征3个方面入手；教学系统设计作为教育技术的核心，能够应用的仅占34.0%，知道“教学设计”的占52.2%，不了解者达13.9%，如表5－11所示。

表 5－11　对教学设计的了解情况

	频数	有效百分比（%）
很熟悉，常用	71	34.0
知道一些	109	52.2
好像和教案差不多吧	13	6.2
不知道	16	7.6

（3）应用与创新情况描述。

表5－12　教学设计与实施情况

应用与创新维度			有效百分比（%）（人数）
教学设计与实施	教学目标的描述	备课时	80.7（171）
		教学媒体选择时	54.5（116）
	教学内容的描述	备课时	85.4（182）
		教学媒体选择时	85.9（183）
	学生特点的描述	备课时	86.3（182）
		教学媒体选择时	64.3（137）
	利用技术评价学生（Excel）	是	68.0（138）
		否	31.5（64）
	利用技术评价教学过程	是	33.3（59）
		否	65.7（118）
	为学生提供使用技术的机会	经常	18.8（39）
		一般	31.3（65）
		偶尔	29.3（61）
		没有	20.2（43）
科研与开发	利用技术学习业务知识		37.1（79）
合作与交流	利用技术与学生学习交流		22.2（46）
	利用技术与同事在教学方面进行交流		24.4（52）

表5－13　媒体使用情况

ai / nij / fij	5 第1位	4 第2位	3 第3位	2 第4位	1 第5位	Wij	排序
光学投影仪	40	9	18	15	14	0.107051	3
录音机	31	31	14	15	11	0.116026	2
电视机/录像	8	28	26	18	11	0.088782	6
多媒体计算机	52	29	19	18	11	0.153846	1
计算机网络	17	32	17	13	14	0.097436	4
标本或是实物	10	18	23	27	10	0.081731	7
挂图	21	19	16	25	20	0.095833	5
幻灯机	3	9	12	6	12	0.035577	9
VCD	7	6	14	3	8	0.036859	8
其他	3		7	6	8	0.017949	10

注：fij表示第i行第j列的观察频数；

nij表示因子A在第i个水平和因子B在第j个水平上样本的观测值；

ai表示第i行的相应值；

Wij表示第i个因子在第j个变量的得分系数。

由表5－13可以看出，经常使用的几种教学媒体是多媒体计算机、录音机、光学投影仪、计算机网络、挂图、电视机/录像。

教学媒体使用中，激发学生学习兴趣是教师首先考虑的因素，其次是开阔眼界、突出重点、解决难点，培训学习能力为最后考虑的因素，如表5－14所示。

表5－14　教学媒体使用目的

fij ＼ nij ＼ ai	5	4	3	2	1	Wij	排序
	第1位	第2位	第3位	第4位	第5位		
激发学生学习兴趣	144	13	16	5	14	0.270513	1
开阔学生眼界	10	90	13	35	13	0.170513	2
突出教学重点	17	35	80	14	6	0.159936	3
解决教学难点	10	31	47	63	4	0.142628	4
增加教学容量和密度	9	10	11	20	41	0.063782	6
培训创造力和想象力	5	13	12	31	41	0.069231	5
培训学生的学习能力	8	5	11	10	42	0.049679	7

教学资源的来源中，由自己开发的仅占49.8%，与他人合作开发的占29.6%，从网上直接下载的占57.6%，如表5－15所示。

表5－15　教学资源的来源

教学资源的来源	有效百分比（%）
自己开发	49.8
与他人合作开发	29.6
网络下载	57.6
学校购买	8.4
其他	3.5

在应用与创新维度中，教学内容是备课及教学媒体首先要考虑的因素，分别达85.4%和85.9%；在备课中学生特点（86.3%）、教学目标（80.7%）也是考虑因素；68.0%的教师能够利用技术评价学生（Excel），利用博客、录像等技术评价教学过程的仅占33.3%；能够为学生经常提供使用技术的机会的占18.8%；37.1%的教师能够利用网络等技术学习相关的业务知识，22.2%的教师能够利用QQ、MSN、E－mail与学生交流，24.4%的教师能利用技术与同事进行教学方面的交流与讨论，如表5－12所示。

（4）社会责任情况描述。

教师对教育技术所蕴涵的社会责任理解不一。其中平均55.44%的教师讲过至少一项如何健康使用网络学习资源，有12.9%的教师从未关注使用网络的注意事项；同时，有25.8%的教师反对学生进网吧。

2. 影响教师教育技术能力水平的因素分析。

本研究对影响教师教育技术能力水平的相关因素作了统计分析，结果如表5－16所示。

表5－16　年龄等与《标准》维度的等级相关分析

		意识与态度	知识与技能			应用与创新		
		教育技术对教学的重要性A3	概念的了解A1	信息技术与课程整合的了解A2	教学设计A5	为学生提供运用技术实践的机会A22	应用教育技术对学生成绩进行评价A21	教学媒体的评价A14
性别	r	－0.68	－0.86	－0.98	0.078	－0.133	0.232＊	0.053
	p	0.333	0.218	0.161	0.272	0.057	0.001	0.453
年龄	r	－0.030	0.029	0.155＊	0.50	0.111	－0.135	－0.073
	p	0.668	0.680	0.027	0.482	0.114	0.059	0.309

续表

		意识与态度	知识与技能			应用与创新		
		教育技术对教学的重要性 A3	概念的了解 A1	信息技术与课程整合的了解 A2	教学设计 A5	为学生提供运用技术实践的机会 A22	应用教育技术对学生成绩进行评价 A21	教学媒体的评价 A14
教龄	r	0.0333	-0.173	0.42	-0.072	-0.130	0.073	-0.037
	p	0.637	0.013	0.545	0.308	0.064	0.309	0.608
学历	r	-0.174*	0.283***	0.364***	0.186**	0.228**	-0.331***	0.060
	p	0.013	0.000	0.000	0.008	0.001	0.000	0.396
学校类型	r	-0.23	-0.42	0.033	-0.084	0.159	0.011	-0.020
	p	0.739	0.551	0.633	0.223	0.023	0.879	0.782
学校层次	r	-0.176*	0.246***	0.375***	0.082	0.227*	-0.343***	-0.17
	p	0.000	0.000	0.000	0.248	0.001	0.000	0.813
教学科目	r	0.097	0.140*	0.214*	0.037	0.413***	-0.226*	0.114
	p	0.171	0.048	0.002	0.604	0.000	0.001	0.113
民族	r	-0.197**	0.038***	0.428***	0.121	0.495***	-505***	0.139
	p	0.005	0.000	0.000	0.092	0.000	0.000	0.055
城乡	r	0.227**	-0.266***	-0.249***	-0.185**	-0.309***	0.268***	0.001
	p	0.001	0.000	0.000	0.008	0.000	0.000	0.000

（1）教龄差异的影响。

本研究结果表明，不同教龄的教师在意识与态度、对基本概念的了解、对信息技术与课程整合的了解、对教学媒体评价、在为学生提供运用技术实践的机会方面均无差异。

不同教龄的教师对教学设计的了解存在差异（x^2 检验值为 17.322，Sig = 0.044 < 0.05）；教龄在 10—15 年的对教学设计的了解最低，5—10 年教龄的教师对情况了解得最好。（如表 5 - 17 所示）

表 5 - 17　教龄差异的影响

教龄	对教学设计的了解			
	很熟悉（%）	知道一些（%）	和教案相似（%）	不知道（%）
<5 年	25.7	37.9	33.3	0
5—10 年	38.6	30.1	25.0	40.0
10—15 年	15.7	12.6	33.3	26.7
>15 年	20.0	19.4	8.3	33.3

（2）学历差异的影响。

本研究结果表明，不同学历的教师在意识与态度方面无差异（x^2 检验值为 11.905，Sig = 0.219 > 0.05）。

如表 5 - 18 所示，对基本概念的了解存在差异（x^2 检验值为 17.587**，Sig = 0.001）；随着学历的提升，对教学设计的学习程度越高。

表 5 - 18　学历差异的影响

学历	对教学设计的了解	
	学习过（%）	听说过（%）
中专	40.0	60.0
大专	49.2	50.8
本科	74.4	25.6
硕士	100	0
总计	66.3	33.7

如表 5 - 19 所示，对信息技术与课程整合的了解存在显著差异（x^2 检验值为 35.427，Sig = 0.000）；本科、硕士研究生对信息技术与课程整合的应用与了解较好，大专学历的教师应用较差。

表 5-19　对信息技术与课程整合了解的差异

学历	对信息技术与课程整合的了解				
	经常使用（%）	尝试过（%）	知道,没尝试过（%）	仅仅听说过（%）	不知道（%）
中专	40.0	60.0	0	0	0
大专	14.3	42.9	28.6	11.1	3.1
本科	54.9	32.3	9.8	1.5	1.5
硕士	75.0	25.0	0	0	0
总计	42.4	36.1	15.1	4.4	2.0

如表 5-20 所示，对教学媒体评价方面存在着差异（x^2 检验值为 17.728，Sig = 0.038 < 0.05）。

表 5-20　对教学媒体评价的差异

学历	教学媒体的评价			
	极其显著（%）	比较显著（%）	有效（%）	不显著（%）
中专	40.0	0	40.0	20.0
大专	21.7	53.3	11.7	13.3
本科	13.0	68.7	14.5	3.8
硕士	50.0	50.0	0	0
总计	17.0	62.0	14.0	7.0

（3）学校类型的差异影响。

本研究结果表明，重点学校与非重点学校的教师在意识与态度方面存在差异（x^2 检验值为 7.962，Sig = 0.047 < 0.05），如表 5-21 所示。

表 5-21　学校类型差异的影响

是否重点学校	对教育技术重要性的认识			
	非常重要（%）	比较重要（%）	无所谓（%）	不重要（%）
是	42.5	42.5	8.3	1.2
否	39.0	58.5	2.4	0
总计	41.5	53.1	4.8	0.5

（4）学校层次不同的影响。

学校层次与信息技术与课程整合的重要理解极其显著相关（r = -0.375 ***，p = 0.000），中小学教师对信息技术与课程整合的了解存在极其显著的差异（x^2 检验值为 33.939，Sig = 0.000）；随着层次的提高，对信息技术与课程整合重要性的认识反而下降，源于随着年级的升高，升学压力增大，教师的关注点放在了分数、升学率上，传统授课方式得到了进一步强化，如表 5-22 所示。

表 5-22　学校层次不同的影响

学校层次	对信息技术与课程整合重要性的认识			
	非常重要（%）	比较重要（%）	无所谓（%）	不重要（%）
小学	49.0	47.9	3.1	0
初中	42.9	47.6	9.5	0
高中	29.7	64.1	4.7	1.6
总计	41.6	53.0	5.0	0.5

（5）城乡差异的影响。

本研究结果表明，地域因素与教师的意识与态度呈显著相关（r = 0.227**，p = 0.001），城乡教师在意识与态度方面存在差异（x^2 检验值为 15.223，Sig = 0.019 < 0.05），农村教师对信息技术重要性的认识高于城市教师，如表 5-23 所示。

表 5-23　城乡教师意识与态度方面的差异

	信息技术对教学的重要性			
	非常重要（%）	比较重要（%）	无所谓（%）	不重要（%）
城市	36.0	57.9	5.5	0.6
农村	62.2	37.8	0	0
总计	41.5	53.2	4.8	0.5

地域因素与基本技术掌握程度相关性极其显著（r = -0.266**，p = 0.000），对基本概念的了解少数民族教师与汉族教师存在极其显著的差异（x^2 检验值为16.904，Sig = 0.000），城市教师对基本概念的掌握高于农村教师，如表5－24所示。

表5－24　城乡教师对基本概念掌握的差异

	对基本概念的掌握	
	学习过（%）	听说过，但没有具体了解（%）
城市	72.6	27.4
农村	37.8	62.2
总计	66.2	33.8

城乡教师对信息技术与课程整合的了解存在着差异（x^2 检验值为19.303，Sig = 0.013 < 0.05），如表5－25所示。

表5－25　城乡教师对课程整合了解的差异

	信息技术对教学的重要性			
	非常重要（%）	比较重要（%）	无所谓（%）	不重要（%）
城市	36.0	57.9	5.5	0.6
农村	62.2	37.8	0	0
总计	41.5	53.1	4.8	0.5

教师所在地域与教学设计掌握程度呈显著相关（r = -0.185**，p = 0.008），城乡教师对教学设计的了解存在显著的差异（x^2 检验值为18.652，Sig = 0.005），城市教师对教学设计的掌握程度好于农村教师，如表5－26所示。

表5－26　城乡教师教学设计掌握程度的差异

	教学设计的掌握情况			
	很熟悉，常用（%）	知道一些（%）	与教案相似（%）	不知道（%）
城市	36.6	53.8	5.6	4.3
农村	30.6	41.7	8.3	19.4
总计	34.5	52.2	5.9	7.4

城乡学校在为学生提供技术实践的机会方面存在着显著的差异（x^2 检验值为24.208，Sig = 0.000），如表5－27所示。

表5－27　城乡学校为学生提供技术实践机会的差异

	为学生提供技术实践机会			
	经常（%）	一般（%）	偶尔（%）	没有（%）
城市	22.7	67.1	13.0	5.6
农村	23.5	47.1	14.7	14.7
总计	16.9	62.2	13.9	7.0

三、存在的问题

（一）对教学设计的认识偏差

教学设计是教育技术的核心。在调查问卷中可以看出，教师基本上将“教学设计”与教案等同起来，没有系统的思想联系教学中的各要素。在教师教案中体现的仅仅是教学目标、教学内容、教学过程。对于教学媒体的描述、教学策略的设计及意图、学习者特征有针对性的分析很少；而对于教学评价，在教学设计作品中几乎未能体现。

（二）信息技术与课程整合的形式单一

应用于教学的信息技术内涵丰富，主要包括电子音像技术、卫星电视广播技术、多媒体计算机技术、人工智能技术、网络通信技术、仿真技术和虚拟现实技术；同样，信息资源也多种多样，主要指文字、图形、图频、声音、动画、视频等形式。而信息技术与课程整合要求把信息技术与学科教学有机融合。

在本次研究中，课堂中信息技术大多仅使用多媒体计算机技术。有些课件的应用，就是简单的黑板搬家。教师们对于媒体与教学的关系，如何在教学中应用媒体，感到迷惑，难以进行有效的整合。

（三）教学媒体的选择依据不充分

教学媒体的选择一定要与教学相适应，需要考虑多方面的因素。大多数教师选择教学媒体时主要考虑使用方便或是单位的要求；而能够同时考虑教学内容、教学目标、教学方法、媒体特性、学习者特征的教师仅占18.27%。

四、对教育技术能力培训的建议

（一）对培训者的建议

培训是教师教育技术能力建设的有效途径之一。培训内容、培训对象、培训策略方法等都是需要考虑的因素。

1. 调整培训重点。

对于培训内容，教学设计的理论与方法、教与学基本理论、教学媒体选择与开发、教学媒体的使用原则、信息技术与课程整合应该成为重点。特别是教学设计，需要系统地进行描述，不能仅停留在简单分析教学内容和学习者特征、选择教学策略上。教学设计需与实践紧密结合，选择合适、大量的案例，给教师以直观形象的感知，便于其对理论的理解，也便于其在自身的教学实践中进行尝试。而对于教学媒体的操作与使用，教师已经具备一定能力，媒体的使用已经成为掌握教育技术理论的基础，应加强媒体选择原则的讲解。对教育技术易混淆的内容（如教育技术与信息技术、教学设计与教案等）要做重点讲解；培训内容在一定范围内具有灵活性，将培训内容分解成不同程度的模块，供受训教师选择。此外，还应增加教育技术研究方法，提供对教育技术应用研究的支持。

2. 提供相适应的少数民族文字培训资源。

少数民族教师在知识与技能方面与汉族教师有着差异，在资源获取方面也有所不同。少数民族文字资源相对汉语资源少，资源有限。因而，在培训中，应为少数民族教师提供相应的、必要的学习资源，以满足不同汉语水平教师的需求。

（二）对受训教师的建议

教育技术的应用仅靠意识和态度是不够的，需要将意识转化为实践。在教学过程中积极应用教育技术，充分利用信息技术学习业务知识，与同事、学生、学者专家进行交流合作，进一步提高自己的信息技术能力。

使用教学媒体时，应从学习者特征出发，考虑媒体特性、教学内容、学校条件等多种因素，综合选择使用，切忌盲从。

*本论文是国家社科基金“十一五”规划2010年度教育学一般课题——新疆中小学教师教育技术能力建设的混合模式研究（BCA100025）、新疆维吾尔自治区高校科研计划重点项目——新疆中小学教师信息技术能力培训的模式研究（XJEDU2009131）的阶段性成果。

基于混合模式实践共同体的师范生教育技术能力培养途径探究

高 明[1] 解月光[2]

(1. 东北师范大学理想信息技术研究院，吉林 长春 130117

2. 东北师范大学软件学院，吉林 长春 130117)

摘 要：在教师专业化发展过程中教师职前的培养与职后的培训是一体化的，因此《中小学教师教育技术能力标准（试行）》对于师范生教育技术能力培养具有十分重要的指导作用，构建基于混合模式的实践共同体是解决师范生教育技术能力培养的一种途径。本文通过对实践共同体支持师范生教育技术能力培养的可行性进行分析，进而系统地从实践共同体的成员构成与功能、实践活动流程、运行机制、模型设计以及支撑实践共同体所需的技术构架5个方面构建针对师范生教育技术能力培养的实践共同体，为探究职前教师专业发展提供了新的方式与途径，希望能为职前教师专业化教育与发展的进一步研究提供借鉴。

关键词：实践共同体（CoPs） 师范生 教育技术能力 培养途径

为了提高我国中小学教师教育技术能力水平，促进教师专业能力发展，2004年国家教育部正式颁布了《中小学教师教育技术能力标准（试行）》（简称《标准》），这是我国中小学教师的第一个专业能力标准[1]。

中小学教师教育技术能力的培训、考核与认证等工作于2005年开始在全国如火如荼地开展起来。从教师专业化与教师职前与职后培养一体化的理念出发，该标准对于师范生教育技术能力的培养同样具有十分重要的指导意义[2]。

如何培养师范生（非教育技术专业）的教育技术能力以便更好地践行该《标准》，为职后教师专业发展奠定良好的基础呢？自从Lave和Wenger（1991）阐述实践共同体（CoPs）以来，利用实践共同体策略为教师构建了一个富有价值的平台，并已经被广泛用做教师专业发展干预模式的教学试金石[3]。由此，本文提出的培养途径是构建混合模式的实践共同体，即让师范生在探究性项目设计的实践过程中体验信息技术与具体学科教学有效整合，在项目实施、教学实习过程中遇到实际问题、教学困惑时能及时获得教育技术教师的帮助，获得中小学专家教师的指点，并与共同体成员分享知识、共享资源、共同提高教育技术能力。

一、实践共同体支持师范生教育技术能力培养的可行性

教育技术能力是任何学科的教师必备的专业实践能力，是大、中、小学每一位教师都必须具有的能力，也就是“如何进行教学的能力”[4]。师范院校是中小学教师的主要培养基地，绝大部分师范院校本科毕业生的就业选择是深入中小学一线教学。因此，在校师范生的教育技术能力培养质量直接关乎他们在未来的教学生涯中能否有效地使用信息技术促进学科教学以及提升自身的专业化发展。

教育技术能力是一项实践性很强的师范技能，因此在师范院校教育技术公共课的开设中，实验课的开课比例将直接决定所开课程的效果。

然而，从师范生教育技术能力培养情况的调查数据[5]中可以看出，认为实验课所占比例很大的仅占所调查人数的1.3%，认为一般的占16.8%，认为很少的占15.7%，根本没有开设的占66.2%。师范生教育技术能力培养主要依靠“现代教育技术”课程，但这门课只开设一学期，大约48学时，课程开设时间短且缺乏实验练习，使这门课程的开设流于形式，教学效果不理想。由此，导致师范生实践实验机会过少，教学设计能力差，对信息技术与课程整合的掌握和应用能力严重不足。

结合目前师范生整合能力的培养中遇到的实际困难，可以通过混合模式的实践共同体这一途径得以解决。实践共同体（Community of Practices）是指在特定知识领域内，基于共同认知和兴趣的特定人群为了解决实际问题、分享实践经验、提升专业素养与能力，从而开展有效的合作实践，进行社会化学习的一种非正式性组织。实践共同体具有三个特征：特定知识领域、实践活动与学习共同体。实践活动的有效开展、隐性知识的获得与共享是实践共同体的核心价值体现。

实践共同体所具有的典型特征与旨在发展师范生的实践能力是相切合的，以实践活动为中心的实践共同体可以让师范生在实践活动中实际体验信息技术与学科教学的整合，并在与他人的合作交流中增加实践性知识，弥补现行师范生教育技术能力培养的不足。

二、基于师范生教育技术能力培养的混合模式实践共同体具有的特点

（一）强调信息技术与课程有机整合的实践活动

信息技术与课程的有效整合需要具备技术层面的显性知识和隐性知识。技术层面的显性知识包括教育技术的基本技能，而技术层面的隐性知识则包括物化技术（工具、设备的熟练使用和技巧掌握）与智能技术（教学系统设计与整合方法论指导下的方法、策略、技巧等）。基于师范生教育技术能力培养构建的实践共同体具有以下5种特征，可以支持技术层面的隐性知识显性化，更好地实现技术与课程的有效整合。

①实践活动是在创设具体情境中解决问题。

②隐性知识的习得发生在实践应用的过程和环境当中。

③实践活动通过协作的方式开展。

④实践共同体成员在沟通交流中不断分享实践经验与诀窍。

⑤隐性知识显性化与技术制品的生成是实践共同体集体智慧的结晶。

（二）重视教学反思与评价

实践共同体为教师（包括师范生）搭建一个属于自己群体的平台，支持分享在实际的教学中遇到的具体问题、经验或是教训，寻找对自己或他人有意义的实践和问题解决途径，积极反思与评价教学资源、教学过程以及教学效果和效率。

（三）突出合作与交流，体现知识与资源的共享

教师实践共同体平台，可以让师范生在基于学科的项目实践活动中及时获得教育技术教师的帮助，获得中小学专家教师的指点；可以让新手教师体会到职业的归属感和认同感，遇到实际教学难题时不会感觉自己是在孤军奋战；可以让在职教师与同事（尤其是跨校的）、技术人员、学科专家、教育技术专家等广泛开展合作与交流。

三、构建基于师范生教育技术能力培养的混合模式实践共同体

实践共同体主要有两种类型：一种是纯粹的网上实践共同体，其参与者来自全球各地，不太可能面对面交流，参与主体间彼此是陌生的，只是由于对某一领域共同的兴趣与爱好而集结在一起的；另一种是混合模式的实践共同体，参与者既需要面对面交流又要在线合作，这种模式既可以有效避免纯粹的网上实践共同体带给参与者的陌生感和不信任感，又可以发挥网上实践共同体的灵活性（如地点、时间、学习计划、学习需求、学习风格和实时学习等）、合作化程度高、反馈率高等优势。本研究采用的是混合模式下的实践共同体。

本研究的混合模式实践共同体包含两大部

分：一部分是共同体成员在现实中的面对面交流；另一部分是网上同步或异步交流与合作活动。现实中的面对面交流，是为更好地进行网上合作探究活动作准备和铺垫的，其交流活动主要包括由教育技术专业课教师对师范生的教育技术公共课进行教学，和由中小学专家型教师作为客座教授作报告，以及由共同体成员组织座谈会、研讨会等。而在网上的实践共同体活动主要是合作完成基于学科的探究性项目，以此作为培养师范生将信息技术与学科课程进行整合能力的重要平台。

（一）实践共同体的成员构成与功能分析

基于师范生教育技术能力培养而构建的实践共同体主要由高师院校师范生（以下均指非教育技术专业）、大学教育技术专业教师以及中小学专家型教师这三部分群体构成（如图 5－12 所示）。成员构成的多样性，是实践活动开展有效性、集体智慧生成全面性和科学性的前提和保证。

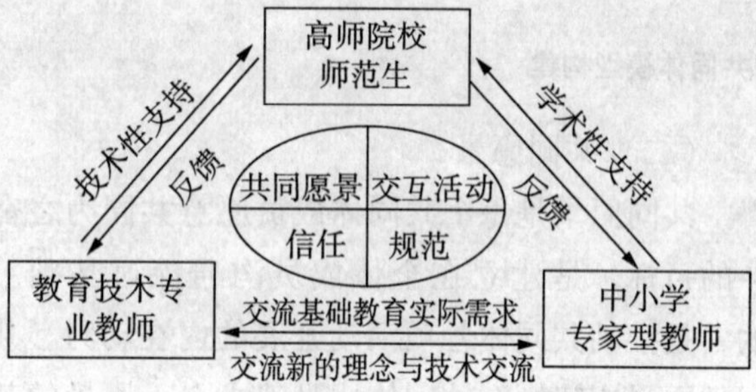

图 5－12　混合模式实践共同体构成分析

师范生与大学教育技术专业教师、中小学专家型教师彼此之间是多向互动的。在实践共同体的活动过程中，教育技术专业教师与师范生共同商讨解决在任务过程中遇到的技术性难题，并向师范生提供各种技术资源上的支持，同时，师范生不断地向教师提供反馈，以便教师调整教育技术公共课教学的进度、难度，以及技术讲解的深度与广度。

中小学专家型教师在任务设计与实施的过程中，在师范生的实习教学或是成为新手教师时，为师范生和新手教师提供学术性援助（这里主要指教学经验交流、情感沟通、实践性知识等），使师范生或新手教师在遇到具体的、真实的教学困难时，可以获得专家型教师宝贵的经验、技巧、反思与教训等。同时，师范生以及新手教师的反馈，会给专家型教师带来新的思考角度与认识，并在此过程中逐步走向信息技术与学科整合的高级阶段——信息技术与学科的融合与变革，提升教师自身的专业发展。

在实践共同体中，大学的教育技术专业教师和中小学专家教师的沟通与交流，是促进教育理论与教育实践融合的新的尝试。由此，中小学专家教师会获得更多的技术支持（尤其是智化技术在信息技术与课程整合过程中的重要作用），同时，大学教师可以了解更多有关基础教育的实际需求，从理论层面上改善教学系统设计模式，从技术运用层面上调整师范生教育技术公共课的教学内容，以便切合信息化教育环境下各学科教师的专业技能需求。

（二）实践活动流程

实践共同体的活动是通过完成 PBL 模式的探究性项目展开的，其操作程序分为“选定项目—制订计划—活动探究—作品制作—成果交流—活动评价”6 个步骤。基于 PBL 模式的探究性项目具有的基本特征主要表现为：学习活动是有意义的，基于项目学习的主体；参与者之间要就作品制作进行交流和讨论，从而得出结论或产生一些新问题；是多种学科知识的交叉；强调学习活动中的合作，形成学习共同体；学习具有一定的社会效益；学习过程中需运用多种认知工具和信息资源[6]。PBL 模式的探究性项目的基本特征符合以实践为核心的实践共同体的整体需求，因此将其作为实践活动的主要流程。

（三）实践共同体的模型构建

如图 5－13 所示，基于师范生教育技术能力培养而构建的实践共同体模型主要由三部分组成：最外圈的是基于 PBL 模式探究性项目的操作程序，分为“选定项目—制订计划—活动探究—作品制作—成果交流—活动评价”6 个步骤，是共同体的主要实践活动流程；箭头的指向代表着步骤进行的顺序，在项目实施的过程中每个步骤都要经历，既不能越位也不能改变顺序；项目呈现的是闭合性流程，即项目与项目之间是相互连续、彼此关联并螺旋上升的，这一轮项目的结论或知识结晶是下一个项目开始的前提与基础，这样在项目逐渐扩大和延伸的过程中，个人与集体不断地创造出新的知识，隐性知识不断地显性化并得以积累，知识库的存量就会不断地增加。中间部分是实践共同体的三大参与主体，三者之间的交互是体现在整个探究性项目的每个步骤当中的，是全面的、深层次的交互合作。最内侧是实践共同体共同遵循的原则，是共同体持续运作的内在机制和保障。

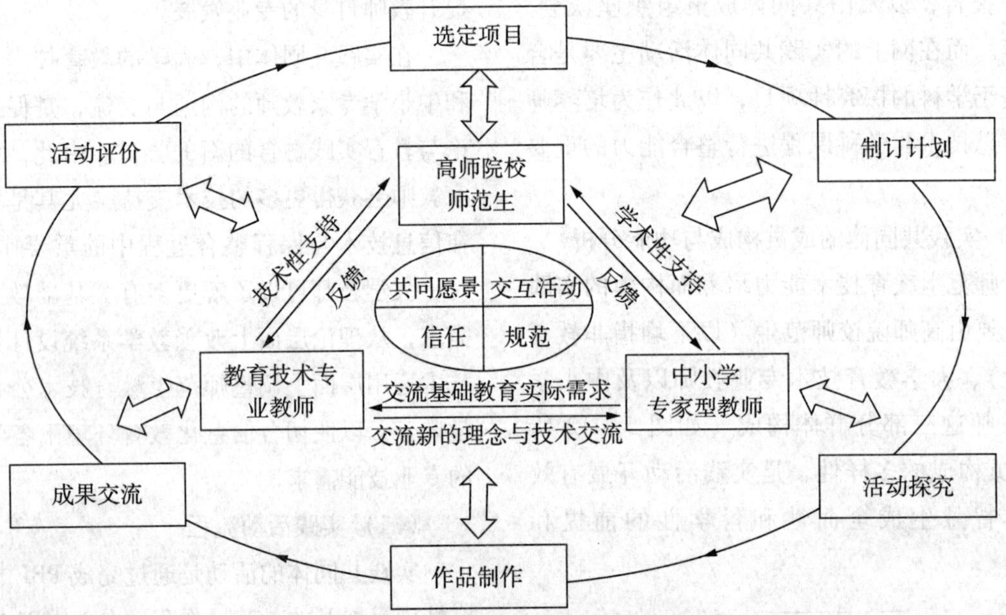

图5-13 混合模式实践共同体模型构建

四、混合模式实践共同体的运行机制

基于师范生教育技术能力培养而构建的实践共同体能够持续运行，应该遵循以下原则，即角色转换、共同愿景、互动合作、信任与共同遵守规范。这些原则是实践共同体得以运作、持续的内在机制和内在保证。

（一）角色转换

在实践共同体中，这三大参与主体的角色并非一成不变。随着师范生整合能力的提升以及师范生变成在职教师的后实践能力的长足发展，其在实践共同体内的角色扮演可以发生变化，逐渐由培养主体——师范生的角色，转换为中小学专家型教师或是教育技术教师，其整合能力也由信息技术的应用走向信息技术与学科教学的融合与变革，从而提升教师自身的专业发展。角色的转换给实践共同体带来了新的血液，从受惠者到施惠者的转变体现了教师自身的成长与能力的提高。

（二）共同愿景

共同愿景是每个共同体成员愿意共同为之奋斗的目标，是建立在全体成员沟通探讨基础上的，是推动共同体各项活动开展的内在动力。共同的愿景应建立在共同体成员追求个人愿景的基础上，因为只有追求个人愿景的人才会真正关心共同体的共同愿景[7]。对此，本实践共同体的共同愿景是为了解决职前教师或新手教师面临的实际教学问题，体验与分享信息技术与课程整合的实践经验，提升教育技术能力。

（三）互动合作

实践共同体活动形式主要围绕探究性的项目活动展开，在项目完成的每一阶段都需要三大参与主体互动合作，通力完成。因此，互动合作是实践共同体活动得以开展的有效保障。

（四）彼此间的信任

实践共同体中有效的交互和持续的知识共享是建立在彼此间信任的基础之上的。如果个人不信任其他人的工作与奉献的知识、经验、技巧时，共享隐性知识和技能，创造集体智慧结晶就无从谈起了。混合模式的实践共同体可以为参与主体创设建立彼此间信任感和身份认同感的条件，在学期开始前，邀请教育技术专业教师、中小学专家型教师与师范生组织小型的座谈会，在轻松平等的环境下了解熟悉其他成员的学历背景、兴趣爱好、能力特长、信息技术素养等，为今后网上的学习、合作、交流做好铺垫。

（五）共同制定并遵守规范

虽然加入到实践共同体中是每个参与者的自发行为，但是要想共同体能够持续地发展，活动得以有效进行，单靠参与者的自觉是不够的，配以制度上的保障是完全有必要的。基于此，实践共同体要遵守以下规范。

一是要求共同体成员每周共同参与一次实时在线学术交流活动（以视频会议为主），汇报各个项目组一周的研究成果，交流心得，并提出面临的难题，供集体探讨解决；视频会议设置主持人、汇报人（项目组的代表）、记录员等职务，人员选定采用轮换制，记录员负责将会议内容、建议、问题解决的一致性意见和分歧等撰写成文档，作为集体智慧的结晶保存在共享的知识资源库里。

二是要求共同体成员至少每两天登录实践共同体网站（或论坛）一次，每周回帖数不少于5次，且要提出建设性意见并阐述其原因，每帖不少于40字，严禁只用表情图标等回帖。

三是建议成员提出的问题最好为争议性问题或者是情境性问题，发生在自己身上或周遭环境中的教育现象、问题，或是在教学过程中的心得、体会都可，不提倡从理论到理论的探讨。

四是要求共同体成员每学期至少参与一个完整的项目活动，并在期末的时候撰写一篇专项研究报告，共享在知识资源库里。

五、支撑混合模式实践共同体的技术构架

实践共同体的技术构架要更好地服务于“以技术为支撑的团队发展”，而不是“以技术为主导的团队发展”，其设计重点应该放在如何将技术用到维持实践共同体的正常运转上[8]。我国在虚拟实践共同体领域的发展还不太成熟，相对来说，建立以论坛或专题网站为主要平台的实践共同体可行性很高。论坛或专题网站具有时效性、互动性、角色扮演等特点，交流、评论、资源上传、下载、搜索、更新等功能也比较强大。在平台的基础上，基于学科的探究性项目实践活动的每一个步骤，都需要运用相关的认知工具和技术来支撑小组任务的有效开展，如表5－28所示。

表5－28　网上实践共同体的技术构架

项目步骤	主要任务	技术支持
选定项目	教学资源搜索与搜集，生成基于具体学科的问题情境	搜索引擎、RSS、网络专题讲座、NoteExpress等
制订计划	教学内容、教学资源的提取与结构化	概念图、共享白板、Visio等
活动探究	教学内容、教学资源与媒体的加工、组织与开发	QQ、网络视频会议、E-mail、Blog、思维导图等
作品制作	教学内容、教学资源的再加工、创造	PowerPoint、Authorware、FrontPage等
成果交流	新知识分享，交流信息技术与课程整合设计过程的心得体会等	BBS、Wiki、Blog、Tag、Podcast等
活动评价	生成集体智慧，即对教学资源的设计与利用、教学过程的安排、教学效果与效率的反思与评价（教学实习或在实际教学过程中尝试）	电子学档等

六、结语

对比国外的研究，国内将实践共同体策略运用到教师的专业发展领域仍需要更多更深入的研究，如何将实践共同体策略与中国教育的实际国情相结合、与教师的实际需求相结合等问题则有待进行深层次挖掘。

参考文献：

[1] 何克抗．关于《中小学教师教育技术能力标准》[J]．电化教育研究，2005（144）：34-40.

[2] 胡来林．师范生教育技术能力与《标准》差距的调查与分析［J］．教育信息化，2005（9）：40-43.

[3] Whitehouse，P. L.，Breit，L. A.，McCloskey，E. M.，Ketelhut，D. J.，& Dede，C. *An overview of current findings from empirical research on online teacher professional development.* In C. Dede（Ed）. Online professional development for teachers：Emerging models and methods（pp. 13-29）. Cambridge，MA：Harvard Education Press.

[4] 何克抗．正确理解"中小学教师教育技术能力培训"的目的、意义及内涵［J］．中国电化教育，2006(238)：20-21.

[5] 成玲．关于师范生教育技术能力培养的研究［D］．兰州：西北师范大学，2007.

[6] 钟志贤．信息化教学模式——理论建构与实践例说［M］．北京：教育科学出版社，2005：113-142.

[7] 王作亮．教师专业化和教师学习共同体的建构［J］．江西教育科研，2006（2）：51-53.

[8] Farooq U.，Schank，P. K.，Harris，A.，Fusco，J.，Schlager，M. *Sustaining a community computing infrastructure for online teacher professional development：A case study of designing tapped in Computer-Supported Cooperative Work*，2007，16(4-5)：397-429.

专题六　基础教育信息化发展研究

论农村学校推进教育信息化的特殊性及其对绩效评估体系构建的影响

魏俊杰[1]　解月光[2]

（1. 教育部数字化学习支撑技术工程研究中心，吉林　长春　130024

2. 东北师范大学软件学院，吉林　长春　130024）

摘　要：通过对农村学校推进教育信息化的特殊性进行研究，发现农村学校推进教育信息化在教育信息化发展水平、学生提升信息素养途径、推进模式和角色承担等方面存在特殊性，这些方面反映了构建专门针对农村学校的绩效评估指标体系的必要性、重要性和紧迫性的同时，也要求在构建绩效评估指标体系时应坚持评估发展阶段性的原则，充分考虑农远工程推进模式的因素，强调农村学校扮演好“文化中心”的角色。

关键词：农村中小学　教育信息化　农村特殊性　绩效评估

一、问题的提出

虽然农村中小学校的教育信息化发展已基本进入起步阶段，但由于学校属于非商业性服务单位，学校教育信息化建设所需资金主要依靠国家预算拨款，许多学校在教育信息化建设过程中缺乏教育投资的绩效意识，出现了诸如学校领导和教师对教育信息化建设的必要性和紧迫性认识不够、人浮于事、追求面子工程等现象，造成了信息化设备与资源的闲置，高投入并没有实现高的教育产出，学校自身还远未达到良性运转的高级阶段。如果政府或学校自身不积极利用绩效评估的杠杆对教育信息化的建设进行实时督查、引领和推动，不仅会造成极大的浪费，也必然会给本来普遍存在教育经费紧张的农村中小学教育信息化可持续发展带来负面影响。

为了构建出一套适合农村实际特点的绩效评估指标体系，增强绩效评估的针对性、实效性，有效服务于农村教育信息化发展，有必要在构建评价指标体系之前，从农村实际出发，深入分析农村中小学推进教育信息化的特殊性。

二、农村学校推进教育信息化的特殊性

在参考相关文献的观点和相关课题的调研数据基础上，发现与城市学校相比，农村学校推进教育信息化在教育信息化发展水平、学生提升信息素养途径、推动模式和角色承担 4 个方面具有特殊性，具体分析如下。

（一）农村学校信息化发展存在明显的滞后性

相对城市而言，我国农村因其经济条件、地理环境和历史等因素，广大中小学普遍存在教育信息化开展得比较晚，且教育观念滞后，加上地方政府在农村中小学，尤其是农村小学的信息化建设上投入普遍不足，使得农村学校在人力、物力、财力等方面均受到较大限制，无论软硬件条件，还是应用的意识和水平，与城市学校从一开始就不在一个水平线上。

与此同时，对于很多学校在教育信息化的投资上缺乏系统考虑，甚至认为教育信息化建设就等于购买计算机和网络，忽视软件应用的开发和人员水平的提高，造成以下两个结果：一是硬件投资和软件投资不匹配，重硬轻软问题严重；二

是大规模的硬件投资带来连续的后继性投资和维护问题[1]。由于普遍存在教育经费紧张问题的农村学校没有将有限的资金用在刀刃上，很多学校信息化设备的运行和维护面临困难，造成了信息化设备与资源的闲置，这种情况进一步拉开了农村学校与城市学校之间的差距。

总之，先天的不足加上后天的畸形发展，使得农村学校的信息化发展相对城市学校出现了明显的滞后，发展步伐较为缓慢。

（二）学生提升信息素养途径相对单一

对于农村地区给学生提供的信息化环境情况，有研究对“学生家庭拥有电脑情况”的调查数据表明，县小、县中和乡小家里拥有电脑的百分比分别是48.2%、30.8%、27.7%，而村小和乡中学的学生中拥有电脑的家庭不足或刚过10%[2]，反映了目前农村地区家庭信息化环境的缺失。对“学生主要的上网地点”的调查数据显示，选择“基本不上网”的村小比例高达82.3%，乡小为60.1%，县小为44.6%，从“基本不上网”的比例可以看到农村学校尤其是农村教育信息化的末梢神经——村小在培养学生信息素养上所面对的严峻形势。而在上网的学生中，村小，在家上网的为1.5%，在学校上网的为12.5%，在网吧的为3.8%；乡小的三项数据依次为家24.5%，学校9.0%，网吧6.4%；县小的三项数据依次是家39.9%，学校10.4%，网吧5.2%[2]。从这三项数据可以看出，在信息化环境越是薄弱的农村地区，在家庭、社区和学校三个途径中，学生提高信息素养的重任越倾向落到学校，因此，学校的信息化建设及应用水平往往就决定了学生信息技术能力的发展水平。这跟城市的情况有所不同，因为城市家庭往往能给孩子提供一个较好的信息化环境，学校、家庭和社区等多种渠道共同作用来决定学生的综合能力，尤其是利用信息技术解决问题能力的发展水平。与此同时，相比家庭和社区来说，学校是有目的、有系统的、有组织的，在理论上对学生的信息素养提高发挥促进作用的可能性也是最大，当然这需要建立在学校教育信息化建设及应用处于高绩效状态的基础上。

（三）有专门的国家级项目推动

在农村中小学校的教育信息化推进过程中，起重要作用的当属农村中小学远程教育工程（以下简称“农远工程”）、“校校通”工程，以及近几年的“班班通”工程等几个国家级项目。尤其是专门针对农村学校的“农远工程”，有别于城市中小学，它将农村中小学按照“三种模式”[3]有层次、有针对性地进行了推进。将三种模式从配备对象和配备设备两方面进行对比的结果如表6－1所示。

从表6－1的对比中，不难看出以下特点。

一是三种模式对应三类配备对象，前一种模式是后一种模式的子集。模式三，即针对农村初中的配置与城市里一般中小学的配备条件相同或相似。模式二缺少网络条件下的学习环境，但可以通过中国教育卫星宽带传输网，快速大量接收优质教育资源。模式一则只有教学光盘这一种电子资源。

二是农村中小学，主要是指农村学校布局调整确需保留的教学点、乡中心小学、村完小和农村初中这4类学校。

三是“农远工程”配备的DVD播放机、电视机、卫星接收系统、计算机教室和多媒体教室，加上“校校通”“班班通”工程中侧重建设的网络。这几方面共同构成了农村学校的信息化基础设施。

表6－1　“农远工程”三种推进模式对比表

	配备对象	配备设备
模式一	农村学校布局调整确需保留的教学点	电视机、DVD播放机、教学光盘
模式二	乡中心小学和村完小	模式一＋卫星接收系统、计算机
模式三	农村初中	模式二＋计算机教室、多媒体教室

总之，并非所有农村学校都如城市学校一样DVD播放机、电视机、卫星接收系统、计算机教

室和多媒体教室、校园网等一应俱全，在提供推进策略等时需要更具针对性。

（四）学校“文化中心”的角色对当地农村社区具有特殊意义

相对城市中小学来说，在农村中小学推进教育信息化，除了可提升学生、教师等学校内部人员的信息素养和综合发展外，还有一个重要任务是发挥文化中心的作用，辐射带动周边社区信息文化的形成和农民综合素质的提升，以加快广大农民致富的步伐，推进社会主义新农村的建设。具体表现为农村学校推进教育信息化对当地社区及居民应有以下两方面的促进作用。

1. 居民信息意识的增强。

有研究对“家长的态度对学生利用网络学习的影响情况”进行了调查，结果显示48.5%的学生选择家长反对，12.0%的学生选择家长的态度对自己没有影响，而村小高达56.4%的家长反对孩子上网，认为网络影响孩子学习[4]。试想如果学校很好地发挥了提升当地群众信息化意识与素养的责任，让他们亲身体会到信息技术尤其是网络给孩子学习带来的巨大优势，他们也就不会有这么大的偏见。因此，相对城市学校，农村学校担负着增强当地居民信息意识的重要责任，应充分利用好教育信息化资源，采用家长观摩、体验等方式，促进农村地区居民对信息技术的重视，改变当前对于计算机，尤其是网络普遍存在的认识误区。

2. 居民综合素质，尤其是农业知识与技能的提升。

学校可以利用自身的信息化设备与资源，针对社区居民实际需求，为党员干部教育和农民技术培训等提供支持，积极开展与家长、社区的互动，进而切实提高当地居民以下几方面的素养：（1）学会利用信息技术手段了解科学的耕种与养殖方法，丰富防灾减灾知识等，以提高农牧产品的产量；（2）学会利用信息技术手段了解农副产品的市场信息等，积极开拓农牧产品销售渠道；（3）利用信息技术手段了解国家的惠农政策及相关法规等，学会懂得科学利用土地并利用相关法律政策维护自身合法权益；（4）学会利用信息技术手段在线学习和寻找就业的机会，拓展就业技能，拓宽就业渠道。

三、对绩效评估体系构建的影响

针对以上对农村学校推进教育信息化特殊性的分析，笔者认为“农村学校教育信息化发展的滞后性”“有专门国家级项目推动”和“承担社区文化中心的角色”三方面的存在都进一步反映出不太适合城乡共用一套绩效评估指标体系，具有专门针对农村构建绩效评估指标体系的必要性；而“农村学校信息化发展的滞后性”与“学生提升信息素养途径的相对单一性”两方面的对比凸显了针对农村学生发展信息素养最重要、最有效的途径——学校构建绩效评估指标体系的重要性和紧迫性。

其中，针对“农村学校教育信息化发展的滞后性”，要想逐渐缩小城乡学校之间的差距，使学校切实发挥在促进学生信息素养方面的作用，这要求所构建的绩效评价指标体系应避免仅适合于教育行政部门对当地学校进行横向评估，而是也可以用于学校自评，并应具备较好的可操作性、导向性和指导性，能够让学校发现在建设与应用过程中哪方面存在低效问题的同时，也能了解下一步的补救措施是什么，帮助其在资金等各方面有限的条件下实现最优的资源配置，从而以评促建，以评促改，以评促发展，为学生提升信息素养提供一条有保障的途径，并成为农村学校在教育信息化前进路上的得力助手。

因此，想要构建一套具备较好可操作性、导向性和指导性，且适合农村实际特点的绩效评估指标体系来指导农村教育信息化实践，在具体构建时还应依托农村学校推进教育信息化的特殊性，满足以下几点。

（一）坚持评估发展阶段性的原则

由于基础教育信息化的发展是一个连续的、渐进的过程，将长远目标不断细化为多个阶段性目标，往往对学校的信息化发展，尤其是发展滞后且进展缓慢的农村学校来说更有指导意义，更能发挥评估工作本身的导向功能。为此，应该坚持评估发展的阶段性原则，即将国家教育信息化发展的长远目标进行细化。例如，杨斌等在《农村基础教育信息化绩效评估模型的构建》中倡导的四阶段论，即将农村基础教育信息化的发展过程划分为起步、应用、融合和变革四个阶段[4]。基于该“四阶段论”，甚至可以进一步细化为更多阶段来建立教育信息化评价指标体系，对发展滞后的广大农村学校来说将会更具可操作性和指导价值。

（二）充分考虑“农远工程”推进模式的因素

由于“农远工程”存在三种推进模式，开展教育信息化绩效评估时，一方面在所评估学校的类型和基础设施的选择上，应充分考虑到影响“农远工程”推进模式的因素，可以将农村学校布局调整确需保留的教学点、乡中心小学、村完小和农村初中四类学校作为重点评估对象，对基础设施的评估要避免仅强调计算机及网络的应用，而忽略 DVD 播放机、电视机、卫星接收系统，因为后者对模式一和模式二的学校同样重要；另一方面，在阶段水平表征以及发展策略提供等方面也应该在“四阶段论”基础上针对不同模式的农村学校进一步细化，以便给予农村学校，尤其是前两个模式的学校在推进教育信息化方面更好的支持，使有限的投入发挥最大的效益。

（三）强调农村学校扮好“文化中心”的角色

针对农村学校在当地社区的特殊意义，在进行农村学校教育信息化绩效评估时，“学校与家长、社区互动程度”“居民信息意识及综合素质，尤其是农业知识与技能的提升”也是需要进行考察的，应该通过增设该项以便引导农村学校扮演好“文化中心”的角色，发挥其在新农村建设中应有的作用。其中“学校与家长、社区互动程度”可以作为信息化综合应用模块的考察项来评估学校有没有意识以及用实际行动去扮演好“文化中心”的角色；而“居民信息意识及综合素质，尤其是农业知识与技能的提升”可以作为信息化主体发展模块的考察项，用于评估有没有产出应有的效益。

四、总结与展望

针对以上对农村学校推进教育信息化的特殊性及其对开展绩效评估所带来影响的分析，在进一步建立针对农村地区的基础教育信息化绩效评价指标体系时，应尊重农村学校实际存在的特殊性，关注教育信息化参与主体的内在需求，以学校、教师、学生的发展为本，充分考虑农村学校“文化中心”的特殊意义，注重构建具备较高的可信度与可操作性的评价指标体系，注重发挥绩效评估的导向、引领的功能，使其能够从评估结果中分析、诊断学校在建设与应用过程中存在的问题，提供反馈，为学校进行发展规划提供依据，引领农村学校的教育信息化发展尽快步入正轨，并健康、有序和可持续发展，使学生等主体的信息素养和综合能力得到发展的同时，也能更好辐射带动周边社区信息文化的形成，推进社会主义新农村的建设。

参考文献：

[1] 解月光，孙艳，刘向永．可持续发展：农村教育信息化的战略选择［J］．东北师范大学学报，（哲学社会科学版），2008(1)：40 -44.

[2] 解月光．《欠发达农村基础教育信息化推进策略研究》（课题编号：05JJD880006）研究报告［R］．2010：7 -88.

[3] 教育部办公厅．教育部办公厅关于全面推动农村中小学现代远程教育三种模式应用的指导意见［Z］．教基厅［2005］5 号．

[4] 杨斌，解月光，孙艳．农村基础教育信息化绩效评估模型的构建［J］．中国电化教育，2009(7)：29 -32.

＊本文系全国教育科学“十一五”规划 2010 年度立项课题（国家一般课题）“农村基础教育信息化绩效评估体系构建及应用研究”（课题编号：BCA100097）的阶段性研究成果之一。

广西乡镇中学教育信息化建设情况调查研究

王兴辉[1]　孔雪龙[2]

（1. 广西教育学院，广西　南宁　530023

2. 广西师范学院教育技术系，广西　南宁　530023）

摘　要：本文针对广西教育发展的总体情况，对已有的教育信息化评价模型进行了改造，构建了包含基础设施、网络资源、信息素养、管理和应用5个一级指标，17个二级指标的教育信息化评价指标体系。根据教育信息化评价指标体系制定相应调查问卷，对广西115所中学的校长进行了学校教育信息化建设情况的问卷调查。通过运用科学的方法使用SPSS统计分析软件对调查结果进行统计和分析研究，以乡镇中学为主体，县城中学为参照，得出广西乡镇中学教育信息化建设和应用的现状。对现状进行分析，提出促进学校信息化建设的3个方面的对策：加强设备应用，提高投资效益；立足校本培训，组建教师共同体；强化校长信息技术领导力。

关键词：乡镇中学　教育信息化　调查

一、前言

近10年来，我国出台了一系列关于农村中小学信息化建设的文件和政策。2003年《国务院关于进一步加强农村教育工作的决定》中指出，"实施农村中小学远程教育工程，促进城乡优质教育资源共享，提高农村教育质量和效益"。2006年5月，中共中央办公厅、国务院办公厅印发《2006—2020年国家信息化发展战略》指出，应"持续推进农村现代远程教育，实现优质教育资源共享，促进教育均衡发展"[1]。2010年国家中长期教育改革和发展规划纲要（2010—2020年）提出，"到2020年，基本建成覆盖城乡各级各类学校的教育信息化体系"，特别强调"重点加强农村学校信息基础建设，缩小城乡数字化差距"。同时，国家也实施了一系列农村中小学校信息化建设工程，如"校校通"工程、"农村中小学远程教育"工程等。

广西作为西部地区，是否能实现到2020年与全国同步，基本实现教育现代化，基本形成学习型社会的目标[2]，乡镇中小学教育信息化建设至关重要。本研究的目的就是通过对广西乡镇中学信息化建设现状的调查与分析研究，提出建设对策。

二、调查对象及评价体系构建

（一）调查对象

为了解学校信息化建设的整体状况，确定调查对象为115所中学的校长共115人，其中县城中学8所、乡镇中学107所。共发放调查问卷115份，回收问卷115份，回收率为100%，其中有效问卷为113份，有效率为98%。

（二）评价体系构建

在参考、借鉴中外有关评价指标的基础上，确定了由设施、资源、素养、应用、管理5个大类构成教育信息化指标体系（Index System of Education Informatization，简称ISEI）[3]的总体框架，包含了5个一级指标，26个二级指标。本文根据广西的实际情况和调查的需要，对该指标体系作了调整，将5个一级指标修改为基础设施、网络资源、信息素养、管理、应用，将二级指标调整并压缩为17个，如图6－1所示。根据教育信息化评价指标体系编制“学校信息化建设情况调查表”。所有数据通过 SPSS 统计分析软件进行录入和统计分析，生成相应的图表信息。

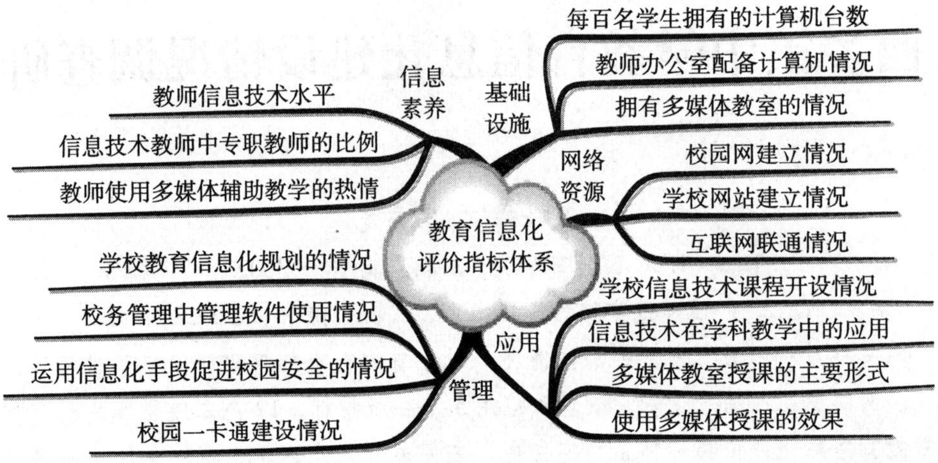

图 6－1　教育信息化评价指标体系

三、调查数据分析

（一）基础设施建设情况

1. 学生计算机普及情况。

实施教育信息化过程中计算机是必不可少的工具，也是学生融入信息社会的重要依托。本次调查中，通过数据统计得出，每百名学生拥有的计算机数均值为6.6，生机比为15.2∶1。城乡差异较为明显，县城中学每百名学生拥有 8.5 台计算机，乡镇中学为4.7 台，其中有 4% 的乡镇中学没有为学生配备计算机。

2. 教师计算机普及情况。

在教育信息化推进过程中，教师扮演的是主导者的角色，而计算机则是教师不可或缺的工具。通过调查显示，教师办公室电脑配备情况中，每人一台的为 0.9%，每办公室一台的为 63.1%，有 36% 的中学教师办公室并没有配备电脑。城乡差异显著，如图 6－2 所示，县城中学都实现了每办公室配备一台电脑，没配备电脑的学校都集中在乡镇中学，乡镇中学中有 39% 的学校没为教师配备电脑。

3. 多媒体教室配备情况。

多媒体教室的配备情况不理想。在所调查的 115 所中学中，拥有多媒体教室的均值为 1.54，县城中学平均为2.38，乡镇中学为1.47，少数乡镇中学没有配备多媒体教室。平均 624 名学生配备一间多媒体教室。

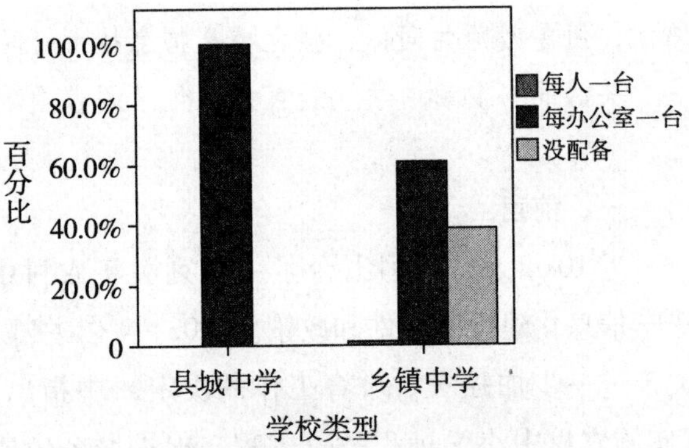

图 6－2　教师办公室电脑配备情况

（二）网络资源建设情况

1. 校园网建立情况。

校园网建设步伐有待提高，只有 38.3% 的学校建立了校园网。存在城乡差异，其中县城中学中 62.5% 的学校建立了校园网，乡镇中学为 36.4%。

2. 学校网站建设与互联网连通的情况。

“校校通”工程提出一个目标，2010 年前，争取使全国 90% 以上独立建制的中小学都能上网，不具备上网条件的少数中小学校也可配备多媒体教学设备和教育教学资源。通过统计数据显示，县城中学联网率为 100%，乡镇中学为 75.2%。乡镇中学网络接入比例较低，如图 6－3 所示。学校网站建设情况中城乡差异显著，县城中学中75%的学校建立了校园网，乡镇中学为28%。

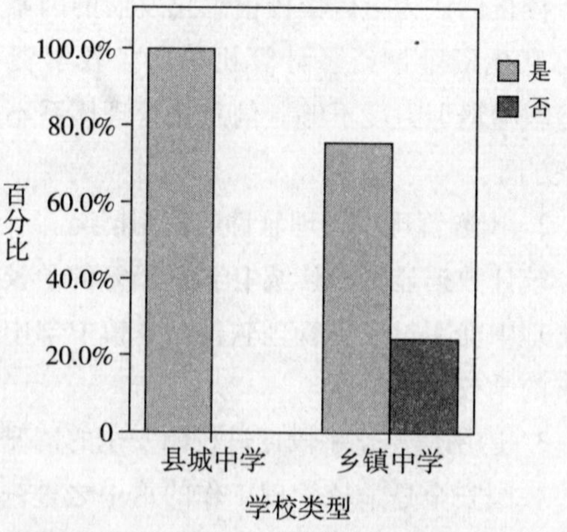

图6－3　互联网连通情况

（三）信息素养水平与培养

1. 信息技术专职教师情况。

随着教育信息化的不断推进，广西乡镇中学信息技术教师队伍得到了壮大，但还不足以满足信息化迅速发展的需求。统计结果显示，信息技术教师中专职教师所占的比例为53%。

2. 教师的信息技术水平。

教师信息技术培训日益受到重视，统计数据显示，14.8%的学校教师全部参加过培训，56.5%的学校大部分教师参加过培训，只有3.5%的学校教师基本没有参加培训。仍存在城乡差距，如图6－4所示，县城中学全部或大部分教师参加了培训，而乡镇中学只有少数教师或基本没有教师参加培训。

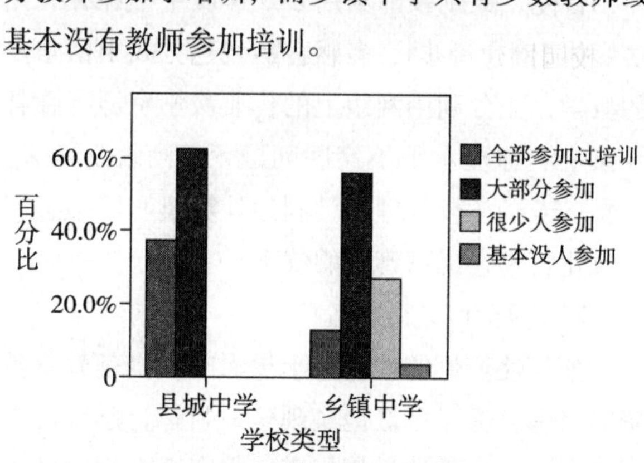

图6－4　教师信息技术培训情况

3. 教师使用多媒体辅助教学的热情。

调查结果显示，大部分教师（64.3%）对多媒体辅助教学的热情一般，对多媒体热情高的教师（22.6%）比例多于不愿运用多媒体的教师（9.6%），有少数的教师（3.5%）还没有掌握多媒体应用的技能，需加强对这部分教师的培训。

（四）教育信息化应用

1. 学校信息技术课程开设效果。

参与调查的115位校长中，20.2%的校长认为信息技术课程可以提高学生的信息素养，68.4%的校长认为信息技术课程对学生的学习有效果，9.6%的校长认为对学校没实际的帮助，只有1.8%的校长认为对学生的学习会产生负面的影响。可见，大部分中学校长肯定了信息技术课程对学生发展的积极作用。但仍存在城乡差距，如图6－5所示，只有乡镇中学存在校长对信息技术课程的效果持怀疑、否定态度的情况。

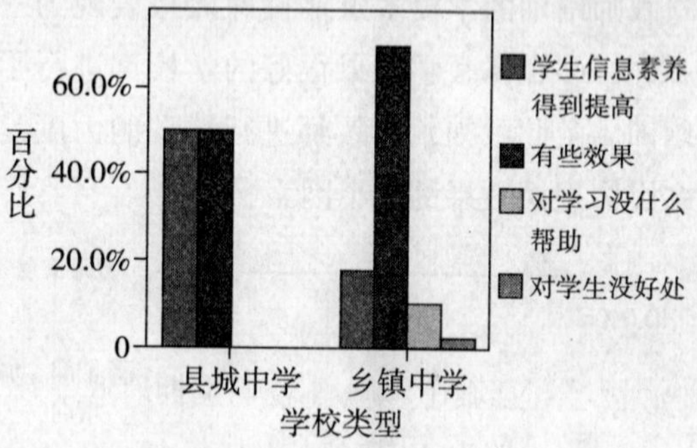

图6－5　信息技术课程开设效果

2. 多媒体教室授课与学科教学中信息技术应用情况。

统计数据显示，多媒体教室的利用情况中，56.1%的学校主要在日常授课中使用，42.1%的学校在公开课中使用，0.9%的学校将其应用在讲解试题和期末复习中。为了进一步探究多媒体教室的使用情况，对学科教学中使用多媒体的频率进行了调查。如图6－6所示，语文的使用率高达63.6%，其他学科的使用率普遍偏低，因此，多媒体教室在学科教学中的使用并未常态化。

3. 教师使用多媒体授课的效果。

教师使用多媒体授课的效果并不理想，只有20.9%的校长认为运用多媒体进行教学的效果很好，绝大部分认为运用多媒体授课并没有产生明显的教学效果，其中5.2%的校长认为运用多媒体教学对教学效果产生了负面的影响。

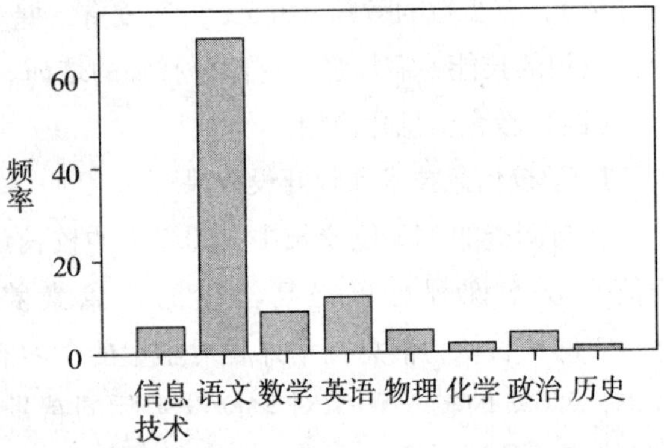

图6-6　多媒体教室学科使用情况

为了进一步探究影响多媒体授课的因素，将教师使用多媒体授课的效果与教师的信息技术水平进行了比较分析。如图6-7所示，基本没有参与教师培训的学校多媒体授课效果表现为一般和不好，多媒体教学效果很好的学校都进行了教师培训。由此可知，对教师进行培训的力度是影响多媒体授课效果的一个因素。

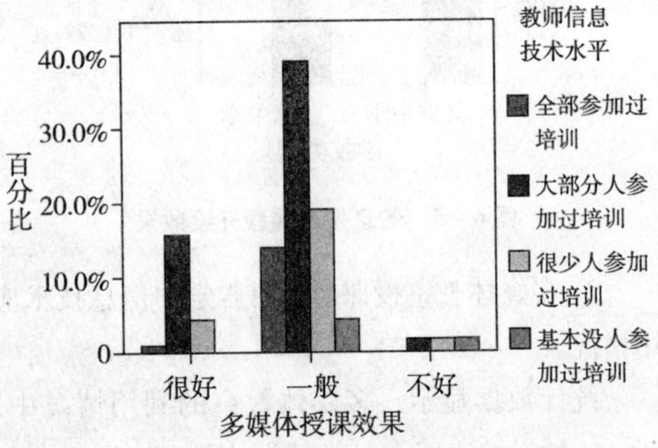

图6-7　教师信息技术水平与多媒体授课效果的关系

（五）管理与运行机制

1. 学校教育信息化规划的情况。

（1）学校教育信息化经费投资不容乐观。

针对本次调查问卷的开放性问题“你对学校信息化建设的看法”，回收的55份有效问卷中有24位校长明确表示信息化建设经费不足，部分学校的经费非常短缺，特别是乡镇中学。

（2）拥有教育信息化规划的学校比例。

在本次的统计数据中，通过开放性问题“你对学校信息化建设的看法”的调查结果显示，只有14.5%的校长认为学校正在有规划地逐步实现教育信息化，而乡镇中学基本没有制定相应的规划。校长们认为阻碍学校信息化发展的因素主要有信息化资金缺乏、计算机陈旧、教学资源匮乏、教师培训力度不够、信息化管理体系不健全5个方面。

2. 校务管理中管理软件的使用情况。

统计数据显示，县城中学中75%的学校在日常管理中使用过校务管理软件，乡镇中学中仅有55%的学校使用过。

3. 运用信息化手段促进校园安全的情况。

校园安全是学校管理工作的重中之重，根据统计数据显示，所调查的县城中学中有75%的学校安装了视频监控设备以保障校园的安全，乡镇中学中只有46.7%的学校安装了监控设备。

4. 校园一卡通建设情况。

校园一卡通的建设既可以提高学校的管理效率，而且节省了硬件的成本投入。本次调查结果显示，只有12.3%的学校实现了校园一卡通。

四、广西乡镇中学教育信息化建设建议

（一）加强设备利用，提高投资效益

1. 加强基础设施的利用率。

学校进行基础设施建设的目的是促进学校的教育信息化，切实地对教师的教学、学生的学习和校务管理产生积极的作用。只有充分利用这些设备，才能体现其价值。

首先，鼓励教师利用多媒体教室上课，利用多媒体形象、生动、多感官的表达方式丰富自身的教学，充分利用网络上的优质教学资源，弥补乡镇中学师资水平不高的问题，提高教学效果。其次，鼓励学校管理人员利用计算机和网络进行信息化管理，提高管理的效率。

2. 进行针对性投资。

如何使产生的效益大于投入的成本是教育投资的目标，为了更好地实现这一目标，学校可根据自身情况合理地规划投资，将资金有针对性地投入到信息化建设的某一具体领域。根据本校现有的资源和条件，规划本校的教育信息化发展各阶段的效益指标，考虑追加成本的有效结构[4]。

从而进行决策，选择最适合本校的投资领域，让学校看到信息化建设的成果，带动整个学校信息化建设的发展。

（二）立足校本培训，组建教师共同体

教师是教育信息化的最终执行者，其信息技术素养直接决定着教育信息化的成功与否。统计数据显示，大部分学校只有少数教师参加过培训。针对这一现状，学校应立足于校本培训，组建教师学习共同体。

1. 立足校本培训。

进行教师信息技术培训的目的是使教师更好地将信息技术应用到学科教学中，切实地提高教学效果。然而传统的信息技术培训往往以强调信息技术本身为主，忽视了信息技术与学科教学的结合，并且统一的培训通常是基于一般性的需求，未必能针对不同学校的具体情况。

校本培训则更关注学校的实际需要，注重教师的信息技术技能与教学实践相结合，具有较强的针对性。它把培训工作贯穿于教育教学工作中，实现了培训的经常化和长期化。而且实现了学校现有资源的充分利用，解决了大范围的统一培训带来的资金不足的问题。

2. 构建教师共同体。

共同体是由分享着知识、价值观和目标的人们组成的社会组织。教师可以组建话语共同体、实践共同体、知识建构共同体和学习共同体中的任何一种。

组建教师共同体，共同体内教师通过讨论与协作分享教学理念、教学方法、教学经验。信息技术水平较强的教师分享信息技术与学科整合的直接经验，通过讨论与交流，指导其他学科教师进行信息技术的整合并不断完善自身整合的方法，达到共同体内成员共同提高的目的。

关于如何培育共同体，乔纳森提出可通过以下几个方面促进共同体的发展：交流、关注差异、分享文化、适应、对话和访取信息等[5]。

（三）强化校长信息技术领导力

1. 校长的信息技术领导力。

校长在学校教育信息化建设的过程中处于至关重要的地位，信息技术能否走进学校、走进课堂，很大程度上取决于校长对信息技术的理解、认同以及对实施教育信息化建设的积极领导。

“校长的信息技术领导力”是指中小学中的校长指明信息技术在学校教育中应用的目标，通过说服、指导、支持、激励等行为对学校中的教师和其他管理人员产生影响，使这些人员接受上述目标并使之成为自己的目标，最终共同实现信息技术在学校教育中的有效应用，促使每一名学生成功的过程[6]。

2. 加强校长信息技术领导力。

本文在参考美国国际教育技术协会（International Society for Technology in Education，简称ISTE）推出的面向管理者的美国教育技术标准、英国教育与劳工部于2004年发布的《国家校长标准》（*National Standards for Head Teachers*）以及我国教育部于2004年颁布的《中小学教师教育技术能力标准（试行）》中管理人员教育技术能力标准的基础上，通过对115位校长进行调查所产生的数据结果的分析，结合广西的实际情况提出了应强化校长在5个方面（如图6－8所示）的信息技术领导力，以此推动学校信息化建设的发展。

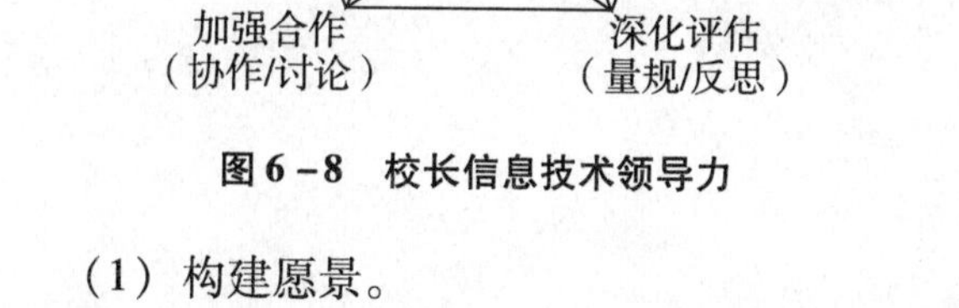

图6－8　校长信息技术领导力

（1）构建愿景。

校长应该在充分调研的基础上，综合所在区域的信息技术发展规划和本校现有的资源以及发展情况，制定基于“用技术学”的信息化建设发展总规划。明确总规划中各个子阶段需实现的目标，使学校所有人接受此目标并使之成为每个人自己的目标，最终凝聚全校的力量实现共同的目标。

（2）培育文化。

积极鼓励在教学、学习和校务管理等活动中使用信息技术，使教师、学生和学校管理人员形成用信息技术解决问题的意识。建立校园学习共同体，分享共同体内的价值观，培育优良的校园文化。

（3）提高效益。

合理规划学校资金投入，加强学校现有人力、物力、资源的利用率。建立学校资源共享平台，支撑校本培训和共同体的建设，促进教师的专业发展，实现资源的高内聚。

（4）加强合作。

在学校内部，组建教师共同体，鼓励教师相互协作，通过讨论与交流分享在学科教学中应用信息技术的经验。在学校外部，积极组织教师与信息技术专家进行沟通、交流，促进本校教师共同体的发展。同时，加强与其他学校的交流与合作。

（5）深化评估。

建立基于量规的教师教学效果评估体系，对教师的教学效果进行绩效评估。通过量规建立关于易理解性、描述性和能否与教师进行清晰交流的评估等级，提供多方面的丰富的信息来促进教师进行反思性学习。

参考文献：

［1］中共中央办公厅、国务院办公厅《2006—2020 年国家信息化发展战略》［R］.［2006-05-08］. http：//www.gov.cn.

［2］马飚. 全面推进广西教育事业科学发展上水平［N］. 中国教育报，［2010-10-22］.

［3］王珠珠，刘雍潜，黄荣怀，赵国栋，李龙. “中小学教育信息化建设与应用状况的调查研究”报告［J］. 中国电化教育，2005.

［4］郭莉，祝智庭. 教育信息化的成本效益分析［J］. 电化教育研究，2005(6)：15-18.

［5］David H. Jonassen. 学会用技术解决问题（第2版）［M］. 任友群，等，译. 北京：教育科学出版社，2007：133-139.

［6］张敬涛，杜媛. 英美中小学校长信息技术领导力研究现状及启示［J］. 电化教育研究，2009(4)：111-115.

专题七　理论研究与学科建设

日本学科学习心理学研究综述及其启示

边家胜　董玉琦

（东北师范大学信息技术教育研究所，吉林　长春　130024）

摘　要：日本学科学习心理学的研究发端于20世纪60年代中期，目前日本学者分别从认知心理和情绪的角度开展研究，有代表性的研究人物分别是被称为奠基人的现东北大学名誉教授细谷纯和宫城教育大学的本间明信教授。本文以这两位学者的研究为中心介绍了日本学科学习心理学的研究状况，在此基础上得出启示，指出我国的教育技术学研究应该深入学科和学习者，并提出了“新学习技术（CTCL）”的构想。

关键词：日本学科学习心理学　认知心理　情绪　新学习技术

课堂教学中，我们常会遇到以下情况，教师在很认真地讲解新的知识，学生也在很认真地听讲，但是无数遍的讲解，并不能使学生很快地理解接受。这是为什么呢？日本著名学科学习心理学构筑人——东北大学名誉教授细谷纯先生指出，之所以出现上述类似情况，主要是因为教师在讲解新知识时并没有考虑到学生的心理认知变化。细谷纯认为教师在进入课堂讲授新的教学内容前，必须充分考虑到学生可能出现的心理认知变化，只有这样才能实现“理解教学”。

正是基于上述目的，细谷纯构筑了日本学科学习心理学。目前日本学科学习心理学具有两个研究视角：一种是从学生心理认知角度出发，代表人物为现东北大学名誉教授细谷纯先生及其弟子；另一研究视角为学生的情绪变化，代表学者为日本宫城教育大学的本间明信教授等人。

本文将以文献综述的形式介绍细谷纯和本间明信的研究，在此基础上指出他们的研究对于今日我国教育技术学发展的启示意义，并提出“新学习技术（CTCL）”理论构想。

一、关于日本学科学习心理学

人们对于“学习心理学”恐怕并不陌生，“学习心理学”所研究的并不是具体学科学习中的学生心理，而是具有泛学科性。与“学习心理学”不同，“学科学习心理学”研究将具体的学科学习与学生的认知心理及课堂中的情绪变化紧密联系起来，探讨促进学生课堂学习的方法。

日本“学科学习心理学”发端于20世纪60年代中期，构筑人为时任东北大学教育学部教授的细谷纯。细谷纯认为，“学科学习心理学”所要关注的是学科教学中学生在接受新知识的过程中认知心理的变化，探求教师如何消除学生在接受新知识时所遇到的心理认知障碍，实现“理解教学”[1]这一最终目标。不难看出，在进行“学科学习心理学”研究时，细谷纯所采取的研究视角为学生的学习认知心理。随后在70年代中后期，日本宫城教育大学本间明信教授等人运用GSR计测学生心理变化的生理指标，通过其研究学生在课堂学习中的情绪变化。

上述两方面研究构成了日本学科学习心理学的研究范畴，下面笔者将分别从这两方面对日本学科学习心理学进行详细介绍。

二、学科认知角度的研究

如上所述，从学科认知角度开展学科学习心理研究的主要代表人物为现东北大学名誉教授细谷纯先生，作为日本“学科学习心理学”的奠基者，其最大贡献在于将处于学校教育核心地位的“学科学习”纳入了教育心理学的研究视野，目的在于通过对学习者学习认知心理的研究，探索实现“理解教学”为目标的课堂教学方式。

需要指出的是，“理解教学”主要体现在两方面：①教师应是教材和学习者的研究者，教师应依据学习者的认知心理采用适当的教学方法将知识通俗易懂地传授给学生；②采用适当的方法使学生认识到自己的“偏差认知”。

因此，围绕上述目标，日本学科学习心理学的研究主要围绕以下 3 方面展开：①课堂教学中，学生不能正确理解接受教师所讲授的新知识的原因；②学生“素朴概念”的成因；③消除学生的“素朴概念”，实现“理解教学”的方法。

（一）“素朴概念”及其成因

在细谷纯的论著中，分别有“素朴概念”“规则体系”等的提法，主要是指学生凭自己的“先入观”去认识、理解新知识；本文中暂以“朴素概念”称谓学生的这种“先入观”。

这种先入观的由来一般有下述途径。①来源于现实生活经验。当然这种现实生活经验有的是自己感悟出的，而有些是从周围人处获得，还有些是从各种媒体获得的认识。②来源于课堂学习。学生通过对新知识的学习获得了新的认识，继而对这种认识作无限大的“一般化”，认为只要是与此相类相似的现象、问题都可以用这一概念进行解释，相反，对于不能解释的现象则认为那是不可理解乃至错误的，从而忽视了所谓“一般化”的局限性和适用范围。

细谷纯认为学科学习过程中，知识概念的学习实际上是“规则学习”，无数个“规则”并非孤立，而是系统地构成了“规则体系”。这种规则体系的学习并非只是单纯的“记忆学习”，它实际上是由无数个“内涵”所组成的体系；学生通过学习，理解并掌握内涵以及与之相对应的外延。

“素朴概念”相对于“规则体系”而言，实际上可以理解为“错误规则体系”。如上所述，其大致有两个来源，但无论哪个来源最终都是学生个人经过自我理解、认识而形成的一般化。而这种错误规则体系中规则命题的前提项与规则体系中的规则命题相比，存在选择错误、选择范围过窄或选择范围过宽等问题；同样，通过对两者的归结项的比较，也会发现这样的问题，即结论归结错误、归结结论的适用范围过大或者过窄等。

细谷纯认为，正是因为学生在接受新知识前就已具有了相关的“素朴概念”，所以才会导致学生不能正确理解并接受教师在课堂教学中所讲授的新知识。

这是因为学生在真正掌握了规则体系之后，就具备了可能解决属于这一体系内问题的能力，但同时也意味着下一个不属于体系内的问题被创造了出来。这是因为正如上文所述，学生将以掌握的“规则体系”无限“一般化”，继而对任何问题、现象的判断认识都会以此为标准根据，所以就会产生疑问。

（二）实现“理解教学”的途径

细谷纯在论述师生关系时指出前者应是后者进行课堂学习的援助者，而学习援助能否成功实现的关键和困难之处恰恰在于如何使学习者顺利地实现由“素朴概念”到正确的“规则体系”的转变。当然这种转变的顺利实现与实现“理解教学”密切相关。

1. 课堂教学活动的展开方法。

细谷纯认为，为了有效地实现“规则体系”的转变，可以用规则和事例，即“规则—例证体系”来表示课堂教学活动。规则用符号 ru 表示，指具有一般性的规则，包括定义、公式、公理、假说等；符号 eg 表示例证，指可以证明 ru 的具有特殊性的规则或事物间关系的描述。倒如，代数中的交换定律 $a+b=b+a$ 是 ru，而 $3+4=4+3$ 及 $2+5.1=5.1+2$ 这些都是 eg。

细谷纯非常重视 ru→eg1，eg2……这一教学策略，认为这是一种简洁、效率高而又利于形成规则体系的策略。该策略意为先提出规则，然后举出一系列例证来证明规则的适当性。这种策略的实施过程为：①明确将要学习的目标 ru；②分析或了解学生是否已形成了与之相关的“素朴概念”；③在以上分析基础上按 ru→eg1，eg2……去教学，让学生一步步去辨别和接受 ru。这三个步骤中，①②是教学前的工作，③是实施教学。

2. 学生“素朴概念”的消除策略。

在课堂教学阶段实际上就是采用具体的策略消除学生的“素朴概念”，并使之接受 ru。细谷纯列出了以下几种具体策略。

(1) 反证法。

反证法又被称为“正面冲突法”。指通过事先的分析发现学生具有“素朴概念”时，可以采用直接举出与“素朴概念”相对立的 eg，让两者发生正面冲突，使学生重新组织自己的规则体系，放弃“素朴概念”，接受新的正确规则。

(2) 迂回法。

迂回法也可称为由易入难引导法，是指暂不指出素朴概念，而是允许其利用这一认知去解决可以解决的问题，而最终的结论和学习者的预想一致，在这一过程中使学习者得到新的学习规则，并认识到原先的认知并不能解决所给出的问题。

(3) 内涵扩大型策略和外延扩大型策略。

当要教授的规则、内涵包括众多属性时，教师可以从其中一个属性开始教学，逐步扩展到其他所有的属性。这被称为内涵扩大型策略，目的在于让学生从局部开始逐渐了解所学规则的整体内容。

外延扩大型策略是在通过学习一个典型例证，使学生掌握基本规则这一基础之上，再逐渐扩展到与典型例证相关的其他例证。

三、学习情绪方面的研究

与细谷纯等人不同，本间明信等人在进行学科学习心理研究过程中，主要关注的是教师与学生在课堂学习中情绪的变化情况。为了测定这种情绪变化，本间明信等人在日本国内首先将 GSR 测定法运用于实际的课堂教学中。

由于本间明信是这一研究领域具有代表性的研究者，所以下面将主要介绍他的研究成果。由于 GSR 测定法是本间明信等人进行研究的重要手段，所以在介绍其研究内容和成果之前将对 GSR 和相关的教学研究作一个介绍。

(一) GSR 与 GSR 教学研究

GSR 全称为 Galvanic Skin Reflex，通常被译为“皮肤电反应”。通常情况下，人体皮肤电阻抗在数十千欧至数百千欧之间；而某种情况下，这一阻抗会出现急剧的短暂的减小现象，这就是 GSR。

GSR 教学研究是指通过反映教学过程中学生及教师心理变化的 GSR 的计测来探索教学规律的研究，它的基本前提是人的生理变化伴随着心理变化。

(二) 本间明信的 GSR 教学研究的目的

本间明信利用 GSR 测定反映教学中学生心理变化的生理指标的目的在于以下 4 点：①成功的教学，对于教师的行为，学生们即使不能明确地回答，也一定会有自身的心理变化，但这种心理变化不一定通过表情显现出来；②教学中决定着教学成效的“课堂气氛”；③教学过程中，优秀教师能够准确地察觉出哪个学生想对教师或其他学生表达什么，并因势利导将教学引向成功。那么他为什么会具备这种能力？④教材的优劣，必须通过整个教学过程、整个单元来评价。但对于表扬的效果或逆效果、教室配置的影响，优秀教师几乎是无意识地进行评价。那么这种技术性的秘诀是什么？

(三) GSR 计测的科目与对象

GSR 实际计测几乎包括了全部学校教育的全部科目，如音乐、国语、理科、社会、体育、算数及美术等。在这些科目中，本间明信尤其对音乐课合唱、国语课朗读、体育课的体操、理科课的实验等进行了比较细致深入的研究。

计测对象则涵盖了幼儿园中的孩童、小学生、中学生、大学生等学生群体，其中小学生是主要的被测试群体。

(四) 本间明信的主要研究成果

本间明信通过多年的研究取得了以下成果。

1. GSR 的集团现象。

集团现象包括两重所指：①教学中 GSR 对应

于教学的展开不是个别地出现，而是以集团的方式出现，即时间意义上的集团现象；②教学中出现 GSR 的集团不是分散的，而是集中在某一空间，即空间意义上的集团想象。

2. 集团间的相互作用。

本间明信通过计测发现，教学中集团与集团存在着相互作用。如，在合唱的教学中，把学生分成相向的前后两排，并且前排站着唱，后排坐着听，或者后排站着唱、前排坐着听，不论哪种情况，前后两排学生的 GSR 大致相同，并且与教学的展开相对应。

此外，集团与个人之间也存在着相互作用。例如，算数教学中，到黑板前说明自己解答理由的学生本人表现出较大的 GSR，同时倾听说明的其他学生也出现较大的 GSR。

3. GSR 开关现象及其解释。

这一现象是指集团与集团、集团与个人之间在某种情况下 GSR 交替出现的现象。本间明信认为该现象表现出教学过程中学生的精神集中与放松。教学过程中 GSR 的出现并不是与精神的紧张状态相对应。

4. 躲避现象。

对于来自外界的信息，如同接受、拒绝一样，作为一种心理结构，存在着既不是接受也不是拒绝，而是不愿意与外界发生联系的可以称为躲避的状态。

5. GSR 的一般类型及种类。

大量的 GSR 波形的研究表明，GSR 的类型为“山、谷、山”，开始是较大的反应，接着是反应的平静，然后又是较大的反应。

对于个人的 GSR 波形，可将其分成单纯形和微动形两种。所谓单纯形，其主要特点是反应的有无十分明显；而微动形相对于前者而言，主要特点是较大的反应不多，微小的反应频繁。

6. GSR 与其他生理指标的关系。

作为探求精神活动、心理过程的生理指标，除了 GSR 以外，还有血压、脉搏、脑波等因素可以考虑。本间明信通过研究，指出这些生理指标与 GSR 存在着一定的对应关系。

7. 教学气氛的研究。

本间明信关于教学气氛研究的成果主要表现在已初步明了了教学中学生的举止、表情的特点。表现在：①超出想象的不断变化；②既有身体几乎不动的时候，也有身体连续变动的时候；③发生变化时，不是单独的一个学生，而是多个学生的运动；④有时出现在某一时刻全体学生同时发生某种运动的现象。

四、日本学科学习心理学对教育技术学的启示及 CTCL 的提出

（一）日本学科学习心理学对我国教育技术学的启示

通过前面对日本学科学习心理学的介绍不难看出，无论从哪个视角进行研究，其目的都在于促进教师的课堂教学与学生的课堂学习。而且更为重要的在于，无论是细谷纯还是本间明信，都将学科教学与学习者紧密联系起来，关注课堂教学中学生的心理变化，重视研究教学中的“人”，并积极地提出相应的解决办法。

教学中遇到难题，需要教师运用一定的技术、手段去解决。当然，提到技术、手段，大家第一印象必然是现代化的教学手段，比如计算机、多媒体等。但我们认为这类为了促进教学与学习的技术只能是“物化”技术；而教学法及日本学科学习心理学研究者针对课堂学习中学生认知和情绪变化所提出的有关策略也应属于技术、手段范畴，相对于“物化”技术，它们应称为“智化”技术，或者为“软”技术。但毋庸讳言，无论是“智化”技术还是“物化”技术，它们都是为了解决教育过程中所出现的问题，是为了促进教学。

那么何为“教育技术”呢？其研究的最终目的是什么呢？

关于“教育技术”，AECT 在 1994 年给出了以下定义。

94 定义：教育技术学是对学习过程和学习资源的设计、开发、运用、管理和评价的理论与实践。

不难看出，教育技术研究的对象为学习过程

与学习资源；当然无论是“过程”还是“资源”，都与“学习”相关。所以教育技术学研究的目的当然也是为了促进和改善教学与学习。

但是目前我国教育技术发展状况是怎样的呢？东北师范大学教育技术研究所研究小组通过对《电化教育研究》和《中国电化教育》两种期刊2006—2008年连续三年的1767篇文章的分析研究指出，我国的教育技术研究者的研究重点主要为教学资源和手段的应用、教学过程的优化，对于学习中的“人”——教师和学生的研究很少，只占17.9%；而将技术与学科、学科与学习者相结合作为研究对象的文章所占比例则更少。笔者认为，要真正实现教育技术研究的目的，即运用教育技术促进和改善教学与学习，就必须将教育技术学研究如学科学习心理学一样深入至学科学习、深入至学习者中。

（二）CTCL的提出

针对目前我国教育技术学研究所存在的问题，同时借鉴日本学科学习心理学研究的经验，我们提出了“新学习技术（CTCL）”的教育技术新范式，即主张在文化（Culture）视野下将技术（Technology）、学习内容（Content）、学习者（Learner）相统合开展教育技术研究。

技术、学习内容、学习者、文化是CTCL中需要考虑的四大要素。

前面已有论及，“技术”包括物化技术和智化技术。教学过程中所使用的计算机、数字投影仪等旨在促进教与学活动的工具和设备属于物化技术；而课堂教学设计等为了促进学生学习的相关知识、策略、方法则属于智化技术范畴。我们认为CTCL中的“技术”是为“‘学习者’开发的技术，是‘学习者’使用的技术，是优化‘学习者’学习的技术，是促进‘学习者’发展的技术。”

“学习内容”指的是具体的学科学习内容，这里的学科涵盖了目前学校教育中的所有科目。

我们还认为，关注“学习者”，并不意味着对教师的忽略。同时，对于“学习者”的研究要立足于学习者的学习认知心理、情绪变化及学习动机等。

无论是开展教学还是进行教育技术学研究，都是在一定的地域中进行的，所以为了更好地对上述问题进行研究，必须要在“文化”的视野下进行。

本研究小组目前将学科学习心理研究作为开展CTCL研究的第一步尝试，即以一个具体学科为学习内容（Content），以学习者的学习心理为切入点，对学习者（Learner）的学习展开研究，并通过基于学习心理的学科教学设计、基于学习心理的学科数字化学习资源等技术（Technology），来促进学习者的学习。

参考文献：

[1] 董玉琦．新学习技术的基本构想与初步研究［R］．辽宁师范大学，2011.

[2] 细谷纯．教科学習の心理学［M］．日本仙台：東北大学出版会，2001.

[3] 本間明信．授業中の生徒の内面的変化についての研究［R］．日本仙台：宮城大学教育学部付属授業分析センター，1996.

教育技术学专业教材建设存在的问题及建议

施德路　于洪涛

（内蒙古民族大学传媒学院，内蒙古　通辽　028043）

摘　要： 教育技术学专业教材的质量是培养教育技术学专业人才的重要保障，对教育技术学专业的发展具有重要的作用和意义，但是目前使用的教育技术学专业教材还存在一些问题，本文在对现行的教育技术学专业教材进行统计分析的基础上，找出其中重复的内容和错误的地方，并对教育技术学专业教材建设提出了几点建议。

关键词： 教育技术学　专业　教材

教育技术学专业教材的质量对教育技术学专业的教学有至关重要的作用，何克抗教授主编的8本教育技术学专业主干课程系列教程对教育技术学专业的教材建设具有重要的作用和意义，许多院校的教育技术学专业都在使用这套教材，我校已经有3届本科生部分地使用了这套教材。在使用过程中我们发现，教育技术学专业主干课程系列教材间存在着许多重复的内容，并且和相关教育技术学专业基础课程教材间也存在着重复的内容。此外，还发现部分教育技术学专业教材教学内容存在错误。本着提高教育技术学专业教材质量的目的，我们对这些教材中重复和错误的内容进行了梳理。

一、教育技术学专业主干课程系列教材中存在着大量的重复内容

作为教育技术学专业系列教材，教材和教材之间应该具有逻辑性并尽量避免重复的内容，并且系列教材和教育技术学专业基础课教材也不要有太多的重复内容。笔者在使用这些教材中发现了73处内容重复的地方，统计结果如表7-1所示。

表7-1　教育技术学专业教材中重复的内容一览表

序号	重复内容	教材名称	教材名称	教材名称	备注
1	教育信息化的特征	教育技术学[1]385页	网络教育应用[2]17页	信息技术与教育[3]26页	
2	网上教育信息的特点	教育技术学94页	网络教育应用45页		
3	网上教育信息资源分类	教育技术学91页	网络教育应用47页		
4	协同实验室	教育技术学302页	网络教育应用264页		
5	多媒体网络教室的构成	教育技术学304页	网络教育应用159页		
6	多媒体网络教室的基本功能	教育技术学304页	网络教育应用162页	教学媒体理论与实践453页	
7	虚拟学社	信息技术与教育101页	网络教育应用272页		
8	虚拟教室	信息技术与教育101页	网络教育应用193页		
9	虚拟现实造型语言（VRML）	信息技术与教育119页	网络教育应用319页		

续表

序号	重复内容	教材名称	教材名称	教材名称	备注
10	虚拟现实技术在教育中的应用	信息技术与教育125页	网络教育应用325页	教育技术学280页	
11	智能代理的概念	教育技术学282页	网络教育应用326页	信息技术与教育145页	
12	学习媒体的分类	教育技术学80页	教学媒体的理论与实践[4]5页	教育传播学157页	
13	信息的定义	信息技术与教育2页	教学媒体的理论与实践19页	教育传播学60页	有矛盾
14	麦克鲁汉媒体观	教育传播学[5]154页	教学媒体的理论与实践30页		
15	流媒体	计算机辅助教育[6]129页	教育技术学84页		
16	网络课程的设计原则	计算机辅助教育110页	教学系统设计[7]307页	网络教育应用95页	不一致
17	戴尔《经验之塔》	教育传播学164页	教学媒体的理论与实践35页		
18	教学基本原则的7个原则	学与教的原理[8]236页	教学媒体的理论与实践42页		不一致
19	搜索技巧	网络教育应用52页	教育技术学研究方法75页		
20	常用搜索引擎	网络教育应用54页	教育技术学研究方法79页		
21	学习的概念	教育技术学105页	学与教的原理39页		
22	学习目标分类	教育技术学106页	学与教的原理53页		不一致
23	制约学习的因素	教育技术学116－122页	学与教的原理117－196页		
24	学习风格的含义及构成	教育技术学119页	学与教的原理159页		
25	学习动机含义及分类	教育技术学121页	学与教的原理141－145页		
26	教学过程的含义及要素	教育技术学123页	学与教的原理198－199页		
27	计算机辅助教学英文翻译	计算机辅助教育2页	信息技术与教育32页		不一致
28	媒体的概念	教育传播学151页	教学媒体的理论与实践4页	多媒体画面艺术[9]1页	
29	虚拟现实的基本特征	网络教育应用318页	多媒体技术及其教育195页	教学媒体理论与实践493页	

续表

序号	重复内容	教材名称	教材名称	教材名称	备注
30	虚拟现实概念	网络教育应用318页	多媒体技术及其教育[10]194页	信息技术与教育105页	
31	非线性编辑系统	电视教材编导与制作253－262页	教学媒体的理论与实践265页		
32	多媒体教学软件的开发流程	多媒体技术及其教育应用225页	教学媒体的理论与实践364页		不一致
33	多媒体教学软件的特点	多媒体技术及其教育应用211页	教学媒体的理论与实践362页		不一致
34	网络功能	信息技术与教育75页	教学媒体的理论与实践150页		
35	多媒体教学软件的类型	教学系统设计269页	教学媒体的理论与实践363页		
36	多媒体教学软件的设计	教学系统设计270页	教学媒体的理论与实践365页		不一致
37	评价的分类	教学系统设计138页	教育技术学研究方法275页		
38	电化教育到教育技术	教育技术学61页	教育技术导论39页		
39	个别化教学方法	教育技术学48页	教育技术导论19页		
40	AECT'94定义	教育技术学3页	教育技术导论72页		
41	教育技术的范畴	教育技术学4页	教育技术导论76页		
42	教育技术的学科性质	教育技术学10页	教育技术导论82页		
43	教育技术学的理论基础	教育技术学19页	教育技术导论90页		有差别
44	符号的类型及符号的本质	教育传播学98页	教学媒体的理论与实践26页		
45	教学媒体编制的原则	教育技术导论146页	教学媒体的理论与实践69页		有差别
46	以教为主的教学系统设计	教育技术学169－177页	教学系统设计52－142页		
47	以学为主的教学系统设计	教育技术学178－183页	教学系统设计148－212页		
48	S－P表	教育信息处理152页	教育技术学研究方法255页	计算机辅助教育189页	
49	可达矩阵	教育信息处理69页	教育技术学研究方法307页		
50	正态分布	教育信息处理121页	教育技术学研究方法338页		

续表

序号	重复内容	教材名称	教材名称	教材名称	备注
51	语言实验室的类型	教育技术导论 162 页	教学媒体的理论与实践 411 页		
52	视频会议系统及其分类	信息技术与教育 96 页	教学媒体的理论与实践 430 页		
53	视频点播	信息技术与教育 93 页	教学媒体的理论与实践 434 页		
54	视频点播在教育中的应用	信息技术与教育 94 页	教学媒体的理论与实践 440 页		有差别
55	计算机网络的类型	网络技术基础教程 7 页	教学媒体的理论与实践 442 页	计算机应用基础 300 页	
56	网络传输介质	网络技术基础教程 8－26 页	信息技术与教育 55－58 页		
57	多媒体数据库管理基本功能	多媒体技术及其教育应用 178 页	教学媒体的理论与实践 505 页		不一致
58	多媒体数据库管理层级结构	多媒体技术及其教育应用 180 页	教学媒体的理论与实践 506 页		
59	教育信息资源的特点	网络教育应用 45 页	教学媒体的理论与实践 511 页		
60	教育资源分类	网络教育应用 44 页	教学媒体的理论与实践 511 页		
61	电视教材的类型	电视教材编导与制作[11] 20 页	教学媒体的理论与实践 284 页		
62	蒙太奇	电视教材编导与制作 119 页	教学媒体的理论与实践 287 页		
63	景别、运动镜头	电视教材编导与制作 114 页	教学媒体的理论与实践 291 页		
64	镜头组接原则技巧	电视教材编导与制作 124 页	教学媒体的理论与实践 294 页		
65	电视教材图像编辑点	电视教材编导与制作 262 页	教学媒体的理论与实践 307 页		
66	配音艺术	电视教材编导与制作 273 页	教学媒体的理论与实践 309 页		
67	摄像要领	电视教材编导与制作 194 页	教学媒体的理论与实践 300 页		
68	画面布局	电视教材编导与制作 200 页	教学媒体的理论与实践 301 页		

续表

序号	重复内容	教材名称	教材名称	教材名称	备注
69	动态构图	电视教材编导与制作204页	教学媒体的理论与实践304页		
70	电视教材的评价	电视教材编导与制作283页	教学媒体的理论与实践313页		
71	计算机系统	信息技术与教育33页	教学媒体的理论与实践332页		
72	计算机病毒	计算机应用基础20页	教学媒体的理论与实践340页		
73	ISM法	教育信息处理[12]72页	教育技术学研究方法[13]303页		

在高校教学过程中，一般来说，一名教师负责讲授和建设2—3门课程，教育技术学专业系列教材是主要的参考书，也是修订教学大纲的重要参考资料。由于这些课程是由不同教师来讲授，教师所学的专业可能不同，水平和能力也可能不同，普通教师很难对教育技术学专业教材进行系统的研究，因此教材中重复的内容可能被不同的教师讲了多遍，这显然不利于学习者对本专业的教学内容进行系统的学习和理解，而且还浪费学习者的时间。另外，对于一些名词概念在不同的教材中有不同的解释和说明，有的相差很大，这对学习者的学习也是不利的。这些情况就导致了许多教育技术学专业的毕业生反映教育技术学专业教材的内容重复多、内容杂、深度不够。在编写教育技术系列教材的时候，要充分利用教育技术专业专家学者的优势，紧扣教学大纲，不仅要注重教材本身的系统性，还应该注重教材间的逻辑性和系统性。

二、教育技术学专业系列教材中部分内容存在错误

笔者认为，教育技术学专业系列教材中，除了存在一些重复的内容外，还存在一些错误的内容，包括印刷错误和内容错误，本文对错误的内容进行了统计，以与大家共同探讨。

（一）《教育技术学研究方法》中存在的问题

第一，《教育技术学研究方法》中第262页，图10.5集体应答曲线中标注的“t_b，t_d，t_c，t_a”在图下面的说明文字中找不到相关的标注字母。

第二，《教育技术学研究方法》中第265页，倒数第二行有文字“例如，在图9.13的集体反应曲线中”，但图9.13在书中查找不到。倒数第一行，“$R = >6\frac{N}{2}$”不正确，建议改为“$R = 6 > \frac{N}{2}$”。

第三，《教育技术学研究方法》中第312页，图B所显示的内容和下面对图B的解释说明不符。

第四，《教育技术学研究方法》第337页表13.2次数分布表有错误，如表7-2所示。书中求得组距为5，而表中组距为6，且每组有重复，建议改为表7-3。

表7-2　次数分布表

组别	组中值（Xc）	次数（*f*）	积累次数（*ef*）	积累百分比（%）
95~100	97.5	3	50	100
90~95	92.5	4	47	94
85~90	87.5	10	43	86
80~85	82.5	8	33	66
75~80	77.5	6	25	50
70~75	72.5	5	19	38
65~70	67.5	5	14	28

续表

组别	组中值（Xc）	次数（f）	积累次数（ef）	积累百分比（%）
60～65	62.5	4	9	18
55～60	57.5	3	5	10
50～50	52.5	2	2	4
合计		50	/	/

表7-3　修改后的次数分布表

组别	组中值（Xc）	次数（f）	积累次数（ef）	积累百分比（%）
96～100	97.5	2	50	100
91～95	93	4	48	96
86～90	88	9	44	88
81～85	83.5	9	35	70
76～80	78	4	26	52
71～75	73	8	22	44
66～70	67.5	4	14	28
61～65	64	2	10	20
56～60	58	6	8	16
51～55	52.5	2	2	4
合计		50	/	/

这就直接导致图13.8次数分布直方图的错误，建议改为图7-1。

图7-1　次数分布直方图

第五，《教育技术学研究方法》中第357页，在“从表13-19中可以看出，样本t=38.544＞T（7）0.05”，在表中看不出来t=38.544。

（二）《教育信息处理》中存在的错误

第一，《教育信息处理》第45页第10行预选项数k公式错误，建议改为：

$$k = 2^{-\sum_{i=1}^{c} p_i \log 2 p_i}$$

第二，《教育信息处理》第74页$M = (A+I)^3 = (A+I)^4$的可达矩阵有误，书中是：

$$\begin{pmatrix} 1 & 0 & 0 & 0 & 0 \\ 1 & 1 & 1 & 1 & 1 \\ 1 & 0 & 1 & 1 & 1 \\ 1 & 0 & 1 & 1 & 1 \\ 1 & 0 & 0 & 0 & 1 \end{pmatrix}$$

经计算建议改为：

$$\begin{pmatrix} 1 & 0 & 0 & 0 & 1 \\ 1 & 1 & 1 & 1 & 1 \\ 1 & 0 & 1 & 1 & 1 \\ 1 & 0 & 1 & 1 & 1 \\ 1 & 0 & 0 & 0 & 1 \end{pmatrix}$$

第三，《教育信息处理》第100页图4.11S-T图的实例画线有误，按照书上提供的数据所画的S-T图和图4.11不一致。

第四，《教育信息处理》第157页图7.4S-P中“P3、P7、P10、S10”注意系数计算不够精确，经计算建议改为“P3=0.95，P7=0.19，P10=0.18，S10=0.38”。

（三）《教学媒体的理论与实践》中存在的错误

《教学媒体的理论与实践》第30页，在表2-2教学媒体使用的符号中，录音带一行中，受刺激感官为“视觉”有误，建议修改为“听觉”。

（四）《计算机辅助教育》中存在的错误

第一，《计算机辅助教育》第189页图7.7 S-P表的S线和P线画反了，书上说的所谓“S线”应该为P线，书上说的所谓“P线”应该为S线。

第二，《计算机辅助教育》第12页，对虚拟演播室的解释有误，书中写的是“在演播室中会存放一些多媒体学习课件，学习者可以通过个人计算机观看课件，公司、学校以及个人都可以把自己的课件上传，供他人使用”。书中对虚拟演播室的这个解释和通常理解的虚拟演播室概念不同，建议改为“虚拟演播室是一种全新的电视节目制作工具，虚拟演播室技术包括色键技术、计算机虚拟场景设计和蓝背景技术、灯光技术和摄像机跟踪技术等。虚拟演播室技术是在传统色键抠像技术的基础上，充分利用了计算机三维图形技术和视频合成技术，根据摄像机的位置与参数，使三维虚拟场景的透视关系与前景保持一致，经过色键合成后，使得前景中的主持人看起来完全沉浸于计算机所产生的三维虚拟场景中，而且能在其中运动，从而创造出逼真的、立体感很强的电视演播室效果”。

第三，《计算机辅助教育》第214页，书上说“SQL Server 7.0是一种比较通用的语言，在关系数据库领域里有着重要的作用”，这种提法不妥，SQL Server 7.0应该是数据库系统，建议对这部分内容进行修改。

三、对教育技术学专业教材编写的建议

（一）采用系统观指导教育技术学专业系列教材的编写

对教学系统设计和课程开发的研究与实践是教育技术学专业的特色，在编写教育技术学专业系列教材的时候应该以系统观为指导，把教育技术学专业作为一个系统，对教育技术学专业进行教学系统设计，根据教育技术学专业的培养目标来选择教学内容即编写哪些教材，确定教育技术学专业教材内容的广度和深度，确定教材和教材之间的逻辑性和关系。在编写的过程中既要注意教材本身的系统性，又要注意教材间的逻辑性，尽量避免出现大量的重复内容，并且要避免当前教育技术学专业教材和专业基础课程教材体系混乱不成系统的局面。

（二）减少教材中的错误，提高教材质量

教材的质量反映在教材内容的深度和广度是否适合本专业的培养目标，教材的内容是否准确无误等方面。在现行的教育技术学专业教材中，存在着一些错误的地方，这些错误分为两类，一是印刷错误，二是知识内容方面的错误。无论是哪一类错误，都会影响教育技术学专业教材的质量。在教材使用中如果发现错误，要及时修改和更正，否则错误的内容会让学习者产生误解，甚至是迷惑。笔者发现有的教材已多次印刷，但其中的错误并没有修改和更正，这显然对教育技术学专业、对学习者是不负责任的。建议在教材出版前，加大对教材内容的科学性进行审查的力度；在教材出版后，对教材的使用情况进行跟踪，及时发现教材中存在的问题，以便在再次印刷时进行修正。

参考文献：

[1] 何克抗，李文光．教育技术学［M］．北京：北京师范大学出版社，2002：10.

[2] 祝智庭，王陆．网络教育应用［M］．北京：北京师范大学出版社，2001：9.

[3] 黄荣怀．信息技术与教育［M］．北京：北京师范大学出版社，2002：10.

[4] 李运林，徐福荫．教学媒体的理论与实践［M］．北京：北京师范大学出版社，2003：8.

[5] 南国农．教育传播学［M］．北京：高等教育出版社，1995：5.

[6] 张琴珠．计算机辅助教育［M］．北京：高等教育出版社，2003：12.

[7] 何克抗，郑永柏，谢幼如．教学系统设计［M］．北京：北京师范大学出版社，2002：10.

[8] 王逢贤．学与教的原理［M］．北京：高等教育出版社，2000：7.

[9] 游泽清．多媒体画面艺术基础［M］．北京：高等教育出版社．2003：3.

[10] 傅德荣．多媒体技术及其教育应用［M］．北京：高等教育出版社，2003：12.

[11] 李运林，徐福荫．电视教材编导与制作［M］．北京：高等教育出版社，2004.

[12] 傅德荣，章慧敏．教育信息处理［M］．北京：北京师范大学出版社，2001：9.

[13] 李克东．教育技术学研究方法［M］．北京：北京师范大学出版社，2003.

教育技术学专业主干课程教材建设问题探析

——信息道德教育的视角

汪基德[1]　郝兆杰[1]　赵万霞[2]

（1. 河南大学教育科学学院，河南　开封　475004；

2. 华中师范大学信息技术系，湖北　武汉　430079）

摘　要：信息道德教育在教育技术学专业人才培养中不可或缺。教材中包含的信息道德内容在一定程度上影响着信息道德教育的实施与开展。本文从信息道德教育的视角，对教育技术学专业8门主干课程教材进行内容分析，发现现行主干课程教材存在着包含信息道德内容少、信息道德内容编排集中、信息道德教育内容不完整、重于“说教”等问题。针对这些问题，本文提出将对信息道德教育的重视落实在行动中，信息道德教育需与学科渗透，信息道德教育方法需革新等建议。

关键词：信息道德教育　教育技术学专业主干课程　教材建设　内容分析

一、问题的提出

恩格斯曾指出“每一个阶级、甚至每一个行业，都各有各的道德”。确实，在信息行业也有与之相对应的信息道德。信息道德是指人们在信息活动中应遵守的伦理道德规范，它是信息社会调节人与人、人与社会之间、人与自然之间的关系的信息行为规范的总和[1]。信息活动的发展史早已向社会展示了这样一个道理，信息道德是信息活动健康发展的内在约束力。倘若人们的道德水平长期跟不上信息技术的发展，将会导致信息活动的混乱、无序、不道德行为频繁发生。[2]

信息道德教育是德育在信息时代的新发展，它因信息技术的广泛使用并产生一系列道德问题而引起关注。信息道德教育是教育技术学专业不可忽视的重要一环。首先，教育技术倡导技术、传播技术、应用技术，在教育学的二级学科群中，没有一个学科像教育技术学那样和现代信息技术如此“亲密接触”。在信息犯罪频发、网络伦理问题日益严重的今大，与其他二级学科相比，教育技术学有更多的责任和义务担负起提升受教育者信息道德水平的重任，这是其应有的社会担当。其次，当前“教育类行业”和“技术类行业”是教育技术学专业人员从业的主要领域。若从专业人员具体的技术活动来看，无论其作为技术工作者的开发、设计与传播，还是其作为教育工作者的技术倡导、传播与应用，抑或是作为社会个体的各种技术应用活动，都需要良好的信息道德作为内在约束力。倘若不具备良好的信息道德，在极具隐蔽性特征的技术活动中，人性之“恶”难免会滋生、泛滥。如是，技术工作者的职业操守无从谈起，教育者的“育人”“传道授业”将成为一句空话，作为公民的基本素质亦将沦丧。因此，无论是该学科的应然社会担当，还是专业合格人才素质胜任力需求，都要求教育技术学将信息道德视为本专业的核心培养目标。

2001—2006届教育部高等学校教育技术学专业教学指导委员会（以下简称“教指委”）为规范专业培养，在第一轮主干课程的基础上，重新思考本专业的课程设置与教学内容，于2003年年底提出8门主干课程，即“教育技术导论”“教学系统设计”“远程教育”“媒体理论与实践”“信息技术与课程整合”“学与教的理论”

“教育技术研究方法”和“教育技术项目实践”[3]，并重新规划、设计、出版了系列教材。主干课程的设置与系列教材的出版，规范了教育技术学专业的人才培养，为各高校教育技术学专业课程设置及教材选取提供了蓝本，对教育技术学专业的发展有很大的促进作用。

教材是向学生传授知识、技能和思想的材料。教材通过预设内容而决定教学内容、教学活动和教学进程[4]。对于信息道德教育而言，教材中包含的信息道德内容在一定程度上影响着信息道德教育的实施与开展。那么在教指委指定的8门主干课程的教材中包含信息道德的情况如何呢？基于上述思考，笔者对这8门主干课程教材进行了内容分析，以期从某一侧面反映出教育技术学专业信息道德教育情况，并为后续教育技术学专业教材规划提供借鉴。

二、对8门主干课程教材的内容分析——信息道德教育的视角

（一）对8门主干课程教材的选取

教指委指定8门主干课程后，便组织全国教育技术学专家编写系列教材，并与高等教育出版社合作，于2006—2007年两年间先后出版了主干课程中的6门，即黄荣怀主编的《教育技术学导论》、何克抗主编的《教学系统设计》、李芒主编的《学与教的理论》、王以宁主编的《教育媒体理论与实践》、谢幼如主编的《教育技术学研究方法基础》和何克抗主编的《信息技术与课程整合》。本研究选择这6本教材作为分析对象。对于未在该系列教材中的另外两门主干课程教材，我们选择陈丽主编的《远程教育学基础》（高等教育出版社2004年出版）和江北战主编的《教育技术项目实践》（湖北科学技术出版社2005年出版）为分析对象。

（二）对8门主干课程教材的内容分析

综合诸多学者的观点，我们认为当前信息道德教育应包括以下几个方面的内容：①科学理解信息技术与人、社会、自然的关系，形成正确的价值观；②不浏览、制作、传播淫秽、反动、违法作品或信息；③不窥视、传播他人隐私信息；④尊重他人的知识产权，遵循科学研究的道德规范；⑤做到信息诚信，不发布虚假信息；⑥尊重他人财产权，不借助信息技术损害他人利益；⑦不干扰他人计算机网络工作；⑧倡导道德自律，培养“慎独”精神；⑨承担信息责任和义务；⑩形成良好的信息职业道德[5][6][7][8][9]。通过对8本主干课程教材进行全息式阅读，笔者对教材中与信息道德教育相关的文本进行了汇总整理。同时为了研究的需要，我们将汇总的信息道德文本与信息道德教育的10项内容进行了对应分析。为了统计方便，1—10项内容分别用A、B、C、D、E、F、G、H、I、J表示；对于那些没有与上述10项内容相对应、仅是对信息道德做一般性解释或是对信息道德教育进行口号式倡导的文本，则用X来表示。按照此法处理，8本教材包含信息道德及信息道德教育内容分布情况分别如表7－4至表7－11所示。

三、8门主干课程教材中存在的问题——信息道德教育的视角

前面已经指出，教材中包含信息道德的情况在一定程度上影响着信息道德教育的实施与开展。基于对教育技术学8门主干课程教材的内容分析，站在信息道德教育的视角，我们发现现行主干课程教材主要存在以下问题。

（一）包含信息道德内容少

由表7－4至表7－12不难看出，“包含信息道德内容少”是现行8本主干课程教材的共同问题，也是最突出的问题。在8本教材中，包含次数最多的为《信息技术与课程整合》，有10次；其次是《教育技术学导论》，有9次；其余几本教材均不超过5次，包含次数最少的为《远程教育学基础》，全书仅有2次。“总页码和出现次数的比例”用来表征“出现1次信息道德内容的平均页数”，该比例似乎更能说明这个问题。由表7－12可知，在8本教材中，只有两本教材的该项比例低于30：1，最低的《教育技术学导论》的比例为18.6：1，《信息技术与课程整合》以29.7：1的比例紧随其后，除这两本教材外，其余的均在40：1以上，高于90：1以上的就有4

本，最大的则达到162.5∶1。也就是说，多本教材中每90多页甚至160多页才会出现一次与信息道德教育相关的内容。“包含信息道德内容少”是笔者对教材进行内容分析时最直观的感受，在动辄几百页、数十万字的教材中，包含信息道德的内容真是少之又少，而此状况势必会影响到该专业教学中的信息道德教育。

表7－4　《教育技术学导论》中包含信息道德的情况

序号	书中表述	内容类型	章、节、页
1	把绩效技术和职业道德方面的研究作为重点内容提取出来	J	第一章、第2节、第16页
2	他们将技术视为文化、知识、道德进步和人类“自我拯救的手段”	A	第二章、第1节、第37页
3	编辑和审稿人将根据论文中开列的文献清单初步判断该论文的水平以及作者对有关学科的背景知识水平，自然在一定程度上也可以判断作者的科学道德	D	第四章、第5节、第77页
4	信息情感与意识涉及人们对信息及信息技术的态度、情感、意识与道德规范，是形成信息素质的重要动力	A	第五章、第2节、第96页
5	信息免疫能力是指有正确的人生观、价值观，能够自觉清除信息垃圾，避开有害信息，抵制不良信息的侵蚀和干扰	B	第五章、第2节、第96页
6	使学生掌握各种信息工具，培养信息意识、情感、伦理道德，提高信息获取、处理、创新的能力	X	第五章、第2节、第97页
7	高中阶段：树立正确的信息伦理观；大学阶段，有一定的信息经济、信息文化、信息道德观念；成人阶段：信息经济、信息文化、信息道德观念较强	X	第五章、第2节、第99页
8	信息道德与法规包括信息及信息技术的价值观、道德观等	X	第五章、第2节、第100页
9	信息技术课程教学目标，要处理好知识目标、情感目标、技能目标的关系	X	第五章、第2节、第102页

表7－5　《教学系统设计》中包含信息道德的情况

序号	书中表述	内容类型	章、节、页
1	推动他们从不同的侧面了解社会，体验人生并进而关心现实，增强社会责任感	I	第四章、第5节、第106页
2	从认知特征、起点水平和情感态度准备情况以及信息技术技能等方面详细、明确地列出学习者特征	X	第六章、第3节、第163页
3	社会水平和团体水平的法律、标准、规范、政策、策略、伦理道德、文化传统以及个体水平的价值观、信仰等	I	第八章、第1节、第250页

表7－6　《学与教的理论》中包含信息道德的情况

序号	书中表述	内容类型	章、节、页
1	在网络环境中，学生必须加强自律，加强自我管理，学会根据自己的实际情况，选择适当的学习内容和学习方式，主动探索，获取自己需要的知识和信息	H	第一章、第4节、第23页

续表

序号	书中表述	内容类型	章、节、页
2	如何正确地处理和利用各种社会信息和价值倾向，使之有利于学生身心健康发展	X	第四章、第1节、第138页
3	教学环境作为青少年长期生活于其中的、可感可知、具体生动的一种微观社会环境，在青少年道德情感和道德行为的形成中有着其他环境不可替代的重要作用	X	第四章、第1节、第139页
4	培养学生分辨信息和价值的能力，自觉抵制不良信息和价值倾向的影响	H、B	第四章、第1节、第146页

表7-7　《教育媒体理论与实践》中包含信息道德的情况

序号	书中表述	内容类型	章、节、页
1	能履行与信息和信息技术相关的符合伦理道德的行为规范	X	第二章、第2节、第36页
2	教学目标的任务包括培养学生的科学世界观和道德品质	X	第五章、第7节、第190页
3	Blog鼓励知识共享，同时又注意保护知识产权和个人隐私	D、C	第七章、第2节、第362页

表7-8　《教育技术学研究方法基础》中包含信息道德的情况

序号	书中表述	内容类型	章、节、页
1	案例中教师的基本信息素养包括信息意识、道德与伦理	X	第三章、第2节、第64页
2	实验对象对媒体的反应：接触媒体时所表现的行为、情感态度以及对媒体内容的认知程度	X	第四章、第3节、第83页
3	教师的信息素养评价体系包括信息伦理，又可划分为责任意识、服务意识、安全意识	I	第七章、第3节、第178页
4	撰写论文时，如果参考了别人的材料、数据、论点、文章，要注明出处，这反映了作者严肃的科学态度，体现了研究论文的科学依据，同时也是尊重别人劳动成果的表现	D	第十章、第2节、第262页

表7-9　《信息技术与课程整合》中包含信息道德的情况

序号	书中表述	内容类型	章、节、页
1	根据目前国内外大多数教育技术专家和计算机专家的意见，信息素养应当包括“信息意识、信息技术知识与能力、信息道德”三个方面	X	第一章、第1节、第6页
2	信息道德是指在信息社会中生存所必需的有关信息的道德、法律观念与社会责任	I	第一章、第1节、第6页
3	信息技术对人类社会的深刻影响，要求把信息素养作为信息社会的文化基础	X	第一章、第1节、第8页
4	培养学生的信息素养，它包括信息意识、信息技术知识与能力、信息道德三个方面	X	第一章、第1节、第17页
5	加强信息伦理道德教育	X	第一章、第2节、第24页

续表

序号	书中表述	内容类型	章、节、页
6	信息素养的内涵包括信息意识、信息能力、信息道德等三个方面，而且在关注学生信息能力培养的同时不能忽视信息意识和信息道德的培养	X	第二章、第3节、第46页
7	培养学生高尚的道德情操和健康的审美情趣，形成正确的价值观和积极的人生态度，是教学的重要内容	A	第二章、第3节、第48页
8	要注意怎样才能从大量信息中寻找有用信息、避免信息污染	B	第四章、第2节、第106页
9	认知目标涉及与学科相关知识、概念、原理与能力的掌握；情感目标则涉及思想感情与道德品质的培养	X	第五章、第3节、第152页
10	有助于学生知识的掌握、能力的培养、思维的发展以及道德情操的陶冶	X	第七章、第4节、第294页

表7－10　《远程教育学基础》中包含信息道德的情况

序号	书中表述	内容类型	章、节、页
1	如果你想改编或者重印他人的成品以满足这门课程的需要，必须注意版权许可	D	第六章、第3节、第215页
2	版权：在教学内容、素材和软件模块方面，必须保证无侵权行为	D	第六章、第5节、第240页

表7－11　《教育技术项目实践》中包含信息道德的情况

序号	书中表述	内容类型	章、节、页
1	AECT'05定义：教育技术是通过创造、使用、管理适当的技术过程和资源，促进学习和改善绩效的研究与符合道德规范的实践	X	项目十一、第149页
2	广义的信息素养包括信息意识、信息能力和信息道德三方面的素质	X	项目十一、第161页
3	信息道德是在信息领域调整人们之间相互关系的行为规范和社会准则，它是信息化社会最基本的伦理道德之一	X	项目十一、第161页

表7－12　8本主干课程教材包含信息道德情况汇总统计表

课程名称	次数	分布页数	总页码	总页码与次数比例	分布章数	总章数	分布章数与总章数比例
教育技术学导论	9	8	167	18.6∶1	4	6	66.7%
教学系统设计	3	3	271	90.3∶1	3	8	37.5%
学与教的理论	4	4	181	45.25∶1	2	4	50%
教育媒体理论与实践	3	3	423	141∶1	3	8	37.5%
教育技术学研究方法基础	4	4	264	66∶1	4	10	40%
信息技术与课程整合	10	9	297	29.7∶1	5	7	71.4%
远程教育学基础	2	2	325	162.5∶1	1	8	12.5%
教育技术项目实践	3	2	275	91.67∶1	1	16	6.25%

表 7－13　8 本主干课程教材包含信息道德教育内容类型统计表

内容类型	次数	占总次数比例（%）	内容选项	次数	占总次数比例（%）
A	3	7.89	G	0	0
B	3	7.89	H	2	5.26
C	1	2.63	I	4	10.53
D	5	13.16	J	1	2.63
E	0	0	X	21	55.26
F	0	0	—	0	0

（二）信息道德内容编排集中

传统德育有一基本原则为“细水长流、潜移默化”[10]，即强调德育不可一蹴而就、一劳永逸，而应该对学习者进行渐进式、绵延式渗透。作为传统德育的新发展，信息道德教育亦要遵循此原则。此原则落实在具体的教材建设中，则要求信息道德内容在编排上应该是分布式的而不应该是集中式的。然而，笔者对 8 本主干课程教材内容进行分析时却发现，大部分教材对信息道德内容的编排都有些集中。由表 7－12 可知，8 本教材中没有一本教材是每章都包含信息道德的，“分布章数与总章数比例”最高的为《信息技术与课程整合》，比值为 71.4%，即全书 7 章中有 5 章涉及信息道德内容；紧随其后的是《教育技术学导论》，比值为 66.7%；排在第三位的是《学与教的理论》，比值为50%；其余 5 本教材该项比例均低于 50%，即整本教材中有一半以上的章节没有涉及信息道德教育；比值最小的为《教育技术项目实践》，该比值仅为 6.25%。当然，造成统计意义上“编排集中”的原因有两个：一是该教材涉及信息道德内容的绝对次数少；二是教材编写时没考虑信息道德教育“细水长流”的特点，从而造成“事实性”的编排集中。其中第二个原因是可以通过调整教材编写策略进行弱化或避免的。

（三）信息道德教育内容不完整，重于“说教”

前面已指出，信息道德教育至少包括“科学理解信息技术与人、社会、自然的关系，形成正确的价值观”等 10 项内容，然而笔者通过对教材中包含的信息道德文本与信息道德教育的 10 项内容的比较分析发现，现行主干课程教材中的信息道德教育在内容上很不完整。由表 7－13 可知，在信息道德教育 10 项内容中，出现最多的是“尊重他人的知识产权，遵循科学研究的道德规范”，8 本教材中共出现 5 次，占总出现次数的 13.16%。出现次数次之的是“承担信息责任和义务”，8 本教材中共出现 4 次，占总出现次数的 10.53%；而“科学理解信息技术与人、社会、自然的关系，形成正确的价值观”“不浏览、制作、传播淫秽、反动、违法作品或信息”各出现 3 次；“倡导道德自律，培养‘慎独’精神”出现的总次数为 2 次；“不窥视、传播他人隐私信息”“形成良好信息职业道德”各出现 1 次；“做到信息诚信，不发布虚假信息”“尊重他人财产权，不借助信息技术损害他人利益”“不干扰他人计算机网络工作”这 3 项信息道德教育内容则从未出现过。“信息道德教育内容不完整”亦成为该套教材另一个突出问题。而在 8 本教材中，出现最多的则是“对信息道德作一般性解释或是对信息道德教育进行口号式倡导”，共出现 21 次，占总出现次数的 55.26%。不难看出，当前教材中涉及的信息道德，多为简单提及，蜻蜓点水，一笔带过，缺乏深入的诠释和注解，缺乏鲜活的案例和道德情境，这使得整套教材“说教”过重，“口号”过重，形式单调。此问题无疑会增加教育技术学专业培养中实施信息道德教育的难度。

四、对教育技术主干课程教材建设的建议——信息道德教育的视角

从信息道德教育的视角，现行教育技术主干课程教材还有很大的改进空间。适逢 2006—2010 届教指委在原 8 本主干课程的基础上，又推出新一轮的 8 本主干课程，在此专业发展背景下，无论是新编还是修订，新一轮主干课程教材建设或将会启动。基于以上论述，笔者对主干课程教材建设提出以下建议。

（一）转变思想，将对信息道德教育的重视落实到具体的行动上

无论是《基础教育改革纲要（试行）》中“知识与技能、过程与方法、情感态度与价值观”三维一体的课程标准，还是《中小学信息技术课程指导纲要（试行）》《普通高中技术课程标准（实验）》中对“信息素养”的具体诠释，均反映出业界对信息道德教育与日俱增的重视。但是，信息道德教育绝不能停留在各级各类的文件中，也不能仅仅止步于口号，它必须落实到具体的行动中。这些具体的行动既包括日常的教学行为，也包括教材建设。因此，在教育技术主干课程教材建设中，必须把对信息道德教育的重视落实在课程目标研制上，落实到教学内容的选择、撰写和编排上，这是在教学过程中实施信息道德教育的前提，也是解决当前主干课程教材建设信息道德层面问题的前提。

（二）深入理解信息道德、信息道德教育的内涵

当前教育技术主干课程教材建设存在的问题，一个重要原因在于编写者没有深入理解信息道德、信息道德教育的内涵。众所周知，信息道德是一个内涵丰富的概念，是知、情、意、行的统一，如果不厘清信息道德的成分、结构和内容，教材中涉及的信息道德难免会肤浅、不完整、低层次重复。同样，信息道德教育也是一个复杂的、与时俱进的概念，深入理解信息道德教育的内容是达成良好信息道德教育成效的保障。如果对信息道德教育的内涵理解不到位，在教材建设中将不知道选取哪些内容培养学生的哪些素质。以己昏昏，如何使人昭昭？因此编写者必须深刻理解这两个概念的内涵，这是教育技术学主干课程教材建设中落实信息道德教育的又一前提。

（三）注重信息道德教育的学科渗透

德育要运用“价值认识的形成依赖于相关真理”这一基本规律，即要把价值观念的教育渗透在知识、信息的传播过程中[11]。信息道德教育同样要遵循这一规律，即要重视信息道德教育与具体学科知识的渗透。学科教学能否渗透信息道德教育，关系到信息道德教育的成效。以知识为载体，具有巨大的说服力和感染力，能给学生深刻影响，达到知识与道德、教学与教育、教书与育人的统一[12]。同时由于学科课程开设的持续性，使得信息道德教育细水长流、潜移默化、润物无声，符合学生意识形态形成的特点。这就要求教材编写者要深入挖掘学科内容的道德元素，将信息道德教育有机地融入学科知识的学习中。由于教育技术拥有较强的技术特性，因此，在教材建设过程中，尤其要重视把价值观渗透在技术开发和应用之中。众所周知，技术是蕴涵价值的，技术的价值性包含在其知识、方法、程序及其结果之中，蕴涵着丰富的内容[13]。努力挖掘技术的道德价值是教育技术学专业实施信息道德教育的生长点。当然，我们并不要求所有的教育技术学学科知识都必须与信息道德挂钩，我们追求信息道德教育与学科的理想渗透，而理想的学科渗透是适切的、有机的、和谐的，而不是突兀的、牵强的、生硬的。

（四）革新信息道德教育方法

德育忌讳说教，注重体验[14]，信息道德教育亦应如此。然而，当前教育技术主干课程教材中的信息道德教育，更多的却是以“说教”的方式呈现的，前面已指出，此乃教育技术学主干课程教材建设中存在的又一突出问题。因此，在后续的主干课程教材建设中，必须注意信息道德教育方法的革新。此处的革新是指对当前枯燥的“说教”方法的突破、丰富和完善，具体说来，则是指进行教材建设时，应注重信息道德教育案例和信息道德教育情境的构建，以增加学生信息道德体验，发挥“陶冶”“暗示”“体验”等方法的作用，变“刻意”教育为“无为”教育，突破空洞枯燥的说教，重视学生的自我思考、自我判断和自我体验[15]，以达到良好的信息道德教育效果。

五、结束语

当然，教材中关注信息道德只是信息道德教育取得实效的必要条件，而非充分条件，它还需

要在基于该教材实施的教学中，师生共同努力，积极参与信息道德教育的各项活动，这才是信息道德教育产生实效的保障。另外需要说明的是，本研究虽然以“教育技术学专业主干课程教材”为研究对象，但并不是说教育技术学专业的其他课程不需要关注信息道德，事实上它们同主干课程一样需要关注信息道德，无疑，本研究的结论对教育技术学专业其他课程的教材建设也将有一定的启示作用。

参考文献：

[1] 左明章，许雄．中小学信息道德教育的目标与内容的探讨［J］．中国电化教育，2002(5)：23－25.

[2]［9］沙勇忠，王怀诗．信息伦理论纲［J］．情报科学，1998(6)：492－497.

[3] 教育技术学专业教学指导委员会教育技术学专业规范征求意见稿，2007.

[4] 俞红珍．教材的“二次开发”：含义与本质［J］．课程·教材·教法，2005(12)：9－13.

[5] 左明章．青少年信息道德教育问题研究［J］．科技进步与对策，2002(4)：176－177.

[6] 陈春萍．当前大学生网络道德教育的内容和方法［J］．广西社会科学，2002(1)：212－214.

[7] 王彦杰．论网络时代大学生的信息道德教育［J］．中国成人教育，2008(3)：54－55.

[8] 梁俊兰．信息伦理学：新兴的交叉科学［J］．国外社会科学，2002(1)：46－50.

[10]［12］郭永福．育人为本 德育为先 立德树人［J］．中国教育学刊，2010(12)：1.

[11]［13］吴倬，张瑜．论高校网络德育工作的几个基本原则与方法［J］．思想教育研究，2009(1)：8－12.

[14]［15］刘彦文．德育方法基本特征分析［J］．教育探索，2008(11)：100－101.

高中信息技术教材质量静态比较研究

刘　力　　白　艳　　张晓卉

（沈阳师范大学，辽宁　沈阳　110034）

摘　要：本文基于质量学的研究视角，以辽宁省现行的两套高中信息技术教材为例，采用课程难度模型对教材进行内在质量的静态比较。在静态分析内在质量时，从内容难度、素材选取、图表功能等方面进行比较。刻画该模型的课程广度通过细化知识点来衡量，课程深度通过对描述学习目标的行为动词赋值的方法来量化。同时，对教材内容的呈现方式从情感素材、文字图表两方面采用内容分析法进行比较。研究发现：①两个版本教材内在质量基本相同；②浙教版教材绝对难度大于粤教版教材；③两个版本教材均缺乏可操作性。

关键词：信息技术教材　内在质量　静态比较

一、引言

高中信息技术教材是否体现了信息技术新课标的教学理念，是否有利于教师教学、学生学习，是否保障了课程的顺利实施，各地区如何最科学地选择教材，教师如何最有效地使用教材，教材编写者如何根据实际使用情况修订完善教材。对教材质量进行科学有效的比较与分析是回答上述问题的关键，也是发展与完善信息技术教材的重要依据。内在质量主要指教材的文本质量，既涉及教材内容，又涉及教材形式。内容难度是衡量教材内容的核心指标之一，内容的呈现方式是教材内容表达的关键。因此，我们选取教材内容难度和呈现方式为教材内在质量研究的基本维度，以辽宁省现行的两套高中《信息技术基础》教材（“浙教版”和“粤教版”）为例，对信息技术教材内在质量进行静态研究，其中，模型法可以“定量刻画”，克服传统研究方法基本停留在经验式的直观判断层面，缺乏令人信服的数据支撑的不足。同时，内容分析法可以准确把握内容分析的逻辑性、条理性和要害性。

二、教材内容呈现方式的比较

影响课程难度的基本要素至少有3个：课程广度、课程时间和课程深度。这3个因素构成课程难度立体结构的3个不同维度[1]。课程深度反映了课程内容之间的设计顺序、编排和组合的逻辑深度，以及所潜在的学科思维深度。课程广度反映了课程内容水平组织的结构特征，由于教材内容能较好地呈现课程内容，本文不明确区分两者的不同。

（一）课程难度模型

课程难度与课程深度成正比，与课程时间成反比。同样，课程难度与课程广度成正比，与课程时间成反比。这样，单位时间内的课程深度和单位时间内的课程广度是刻画课程难度很重要的量，分别称为“可比深度”和“可比广度”。

如果用 N 表示课程难度，S 表示课程深度，G 表示课程广度，T 表示时间，可以建立关系式用来近似刻画课程难度与其相关因素之间的关系[2]：

$$N = \alpha \cdot \frac{S}{T} + (1-\alpha) \cdot \frac{G}{T}$$

其中，可比深度为$\frac{S}{T}$，可比广度为$\frac{G}{T}$，α 满足 $0 \leqslant \alpha \leqslant 1$，被称为加权系数，反映了课程对于可比深度$\frac{S}{T}$、可比广度$\frac{G}{T}$的侧重程度。

需要指出的是，“教师实施课程的程度、影响课程实施的有利因素及障碍，以及不同实施策略的成效”[3]也会影响课程难度，课程难度模型 N 刻画的是静态的课程难度，静态即仅仅从文本角度对教材进行分析、评价，不涉及课程实施状态下的教材使用问题。静态课程难度又可称为绝对难度。

（二）两个版本教材绝对难度的对比

1. 课程广度。

课程广度是指课程内容所涉及的范围和领域的广泛程度。对此，可以用通常所说的“知识点”的多少进行量化。信息技术课程标准可以细化为30个知识点，其中，“信息获取”主题包含10个知识点，“信息加工与表达”主题包含6个知识点，“信息资源管理”主题包含5个知识点，而“信息技术与社会”主题则有9个知识点[4]。与课程目标细化的30个内容要点比较，浙教版教材缺少2个知识点：“1.6 学会根据问题确定信息需求和信息来源”和“3.2 描述各种方法的特点，分析其合理性”。粤教版教材按课程标准基本要求介绍了所有的知识点。另外，浙教版教材增加了12个知识点，粤教版教材增加了8个知识点。由此可知，两个版本教材都对课程标准进行了拓展，且浙教版教材的课程广度要大于粤教版教材，在课程时间与课程深度相同的条件下，浙教版教材因为增加课程广度而引起的难度变化大于粤教版。

2. 课程时间。

课程时间是指完成课程内容所需要的时间，对此，可以用通常所说的“课时”多少进行量化。《信息技术基础》属必修模块，2学分。建议安排在高一上、下学期36课时完成[5]。本文选取浙教版、粤教版的平均课时数作为课程标准中相应主题内容的课程时间。而各版本教材课程时间则依据教师培训时，专家及骨干教师提出的建议时间，最终确定各主题课程时间，如表7－14所示。

表7－14　各主题课程时间

	信息获取	信息加工与表达	信息资源管理	信息技术与社会
浙教版	10	18	5	3
粤教版	8	18	6	4
课程标准	9	18	5.5	3.5

3. 课程深度。

课程深度泛指课程内容所需要的思维的深度，这是一个很难量化的要素，可通过课程标准中课程行为目标的高低去把握，刻画行为目标的动词称作行为动词，行为动词要求明确、可测量、可评价[6]。通过对刻画课程目标的行为动词赋值的方式可以对课程深度进行最大量化。课程标准中使用相关的行为动词对高中信息技术课所要达到的知识、技能水平以及情感态度与价值观程度提出了明确的要求，按课程目标的三维目标将行为动词深度赋值，结果如表7－15所示。结合课程广度表，对各主题深度进行统计，将各主题及平均课程深度汇总，结果如表7－16所示。由此可见，浙教版教材“信息获取”的课程深度低于课程标准，其他主题深度均高于课程标准；粤教版教材“信息资源管理”的课程深度高于课程标准，其他主题深度均低于课程标准。从平均深度可知，浙教版教材深度略高于课程标准，粤教版教材深度略低于课程标准。

表7－15　行为动词之知识性目标深度赋值

目标 赋值	知识性目标
1	描述、列举、了解、熟悉
2	理解、比较、检索、解释
3	分析、选择、学会、确定

表7－16　各主题及平均课程深度

	信息获取	信息加工与表达	信息资源管理	信息技术与社会	平均
课程标准	2.1	2.67	1.8	2.33	2.23
浙教版	2.09	2.89	2	2.42	2.35
粤教版	2	2.44	1.86	2.3	2.15

4. 课程难度对比分析。

根据课程难度模型，将课程标准、浙教版教材、粤教版教材的4个主题进行课程难度对比分析会发现："信息获取"部分浙教版教材绝对难度更贴近于课程标准；"信息加工与表达"部分粤教版教材难度更贴近于课程标准；"信息资源管理"部分粤教版教材的绝对难度更贴近于课程标准，而浙教版明显偏难；"信息技术与社会"部分粤教版教材吻合度更好。

三、教材内容难度的比较

教材内容的呈现方式是学生身心发展规律在教材编写中的具体体现，是教材编写者独具匠心的结晶。它可以体现在版面设计、栏目设置、素材选取、插图设计和话语呈现等方面。本文着重从情感素材、文字与图表方面进行教材内容呈现方式的比较。

（一）情感素材的比较

教材蕴涵情感因素有两种情况，其一，当教材内容涉及直接反映人类实践活动以及直接反映人在活动中的情感时，其间所蕴涵的情感因素，即为显性的情感因素；其二，有些教材内容主要在于反映客观事实，并不带明显的情感色彩，但在反映客观事实时，仍会不知不觉地使人感受到其中隐含的情感，这种情感因素可以称为隐性情感因素[7]。可以将蕴涵这两种情感的素材统称为情感素材。在信息技术教材中，情感素材的选取是课程目标中"情感态度与价值观"的具体体现。浙教版教材情感素材的呈现主要集中在每小节的"讨论交流""实践体验"和"综合探究"栏目中，并将其作为任务线索，即将情感态度与价值观的培养融合到学生知识与技能的实践中；粤教版教材情感素材的呈现主要集中在"知识导入"和章后的"综合活动"当中，很少作为小任务的活动线索出现。

（二）文字、图表的比较

教科书呈现内容的符号有两类：视觉符号和语文符号。视觉符号是把实际事物的原本形态呈现出来的符号，最主要的形式是图表。语文符号是可以读出来的符号，其主要形式是文字[8]。图表和文字呈现内容各有所长。文字的描写较能确切地阐明知识的内涵，图表以视觉化呈现方式表现非线性的知识架构。

从文字方面来看，浙教版教材专业术语较多，语言精练，但语言的叙述风格很接近于计算机专业教材，因而不容易激发学生阅读的积极性。粤教版本教材用词准确但不华丽，语言比较贴近学生的生活，易让学生产生一种亲切感，喜欢去读。

信息技术教材中使用的图表丰富多样，包含实物图、示意图、屏幕截图、数据表格等多种类型。两个版本教材都比较重视图表的使用，表明在教材的编写过程中，教材编写者非常重视图表在教材中的地位和作用，从而不惜花费人力和财力收集、拍摄大量的照片或单帧抓取影像画面，穿插在教材的合适位置。相比之下，浙教版教材总体图表使用量明显多于粤教版，但"信息资源管理""信息技术与社会"主题的图表使用量少于粤教版的。同时，浙教版图表使用明显倾向于屏幕截图（131/215≈61%）、实物、实景图片。除了在介绍"信息获取"内容时，使用了较多的示例外，其他章节基本没有用到，因此，浙教版教材的图表科学性较强，趣味性较差。粤教版教材则综合运用了实物图和截屏，趣味性较强。此外，从与内容的联系上看，浙教版图表更重视强化学生的操作技能，粤教版图表更重视加深学生的知识理解。

四、结论

通过对两个版本的高中信息技术教材的静态比较研究发现，两套教材存在以下几方面比较突出的特点。

（一）两个版本教材内在质量基本相同

通过对两个版木教材课程难度、课程内容呈现方式的静态比较，以及教师和学生认同度的动态比较，发现两个版本教材虽然在具体内容分析上略有不同，但内在质量的总体水平基本相同。

（二）浙教版教材绝对难度大于粤教版教材

使用"难度模型"对教材4个主题内容进行难度分析，关于"信息获取"的难度，浙教版低于课程标准，而粤教版高于课程标准；关于“信息加工与表达”的难度，浙教版高于粤教版，且两个版本均高于课程标准；关于“信息资源管理”的难度，浙教版高于粤教版，且两个版本均大于课程标准；关于“信息技术与社会”的难度，浙教版高于课程标准，粤教版略低于课程标准。从整体分析来看，浙教版教材整体内容偏难。粤教版与浙教版相比，更贴近于课程标准。

（三）两个版本教材可操作性欠佳

两本教材内容丰富多彩，图文并茂，三维目标明确，都很好地体现了课程目标的要求，但同时都存在着可操作性欠佳的问题。对于浙教版教材来说，可能的原因为内容偏难，语言专业性强；对于粤教版教材来说，可能的原因为任务活动设置较大，很难在有限的课程时间内完成。此外，课程标准能力体系明确，知识体系模糊，教师整体素质偏弱是导致两个版本教材操作性差的共同原因。

参考文献：

[1] 孔凡哲，史宁中．现行教科书课程难度的静态定量对比分析［J］．教育科学，2006（6）．

[2] 孔凡哲，张恰．教科书研究方法与质量保障研究［M］．长春：东北师范大学出版社，2007.

[3] 张善培．课程实施程度的测量［J］．当代华人教育学报，1999，1（2）．

[4] 刘娟娟．五套高中《信息技术基础》新课标教材的比较研究［D］．上海：华东师范大学，2009.

[5] 中华人民共和国教育部制订．普通高中技术课程标准（实验）［M］．北京：人民教育出版社，2003.

[6] 钟启泉，崔允漷，张华．为了中华民族的复兴《基础教育课程改革纲要（试行）》解读［M］．上海：华东师范大学出版社，2001：8.

[7] 崔允漷．有效教学［M］．上海：华东师范大学出版社，2009：6.

[8] 黄显华，霍炳坤．寻找课程论和教科书设计的理论基础：增订版［M］．北京：人民教育出版社，2005.

[9] 朱光明．关于高中信息技术教材编写的思考与探索［J］．课程·教材·教法，2005（5）．

[10] 解月光．普通高中技术课程实施个案研究——学校水平的特征与归因［D］．长春：东北师范大学，2007.

[11] 王晓燕．国内高中信息技术教材研究［D］．北京：首都师范大学，2007：6.

[12] 张青．现行高中信息技术教材评述［J］．课程·教材·教法．2005(2)．